TERREUR DANS L'HEXAGONE

GENÈSE DU DJIHAD FRANÇAIS

GILLES KEPEL

avec ANTOINE JARDIN

グローバル・ジハードのパラダイム

パリを襲ったテロの起源

ジル・ケペル
アントワーヌ・ジャルダン
義江真木子 訳

新評論

日本語版への序文

1

二〇一五年一月七日、パリで風刺紙「シャルリー・エブド」編集部襲撃事件が発生した。その後、二〇一六年七月二六日にノルマンディー地方のカトリック教会で八十六歳のジャック・アメル神父がミサの最中に殺害されるまでのほぼ一年半に、フランス国内で二百三十九人がジハーディストによるテロの犠牲となった。犠牲者の国籍はフランス人に限らず様々であり、その宗教も同じく様々である。

これら犠牲者の中には、二〇一五年一一月一三日に同時発生したパリ北郊サン・ドニ市内の大スタジアム「スタッド・ド・フランス」、パリ市内の複数のカフェのテラス、同じくパリ・バタクラン劇場のコンサートでのテロ犠牲者百三十人も含まれている。一一月一三日の連続テロは、第二次大戦中にオラドゥール・シュル・グラーヌ村でナチスが村民六百人以上を集団虐殺した事件以来、フランス国内における一般市民の殺戮としては最悪の規模となった。

フランスは、二〇一〇年代に入って「新しいイスラム主義のテロ」による攻撃を最初に受けた国となった。しかし、フランスに続き、ヨーロッパではデンマーク、ベルギー、ドイツもそれぞれテロによる犠牲者を出すことになった。ベルギーでは二〇一六年三月に同時発生したブリュッセル空港と地下鉄マルベーク駅での自爆テロにより三十人以上が死亡。マルベーク駅は欧州連合（ＥＵ）機関の最寄り駅である。ドイツでは二〇一六年一二月一九日のベルリンのクリスマスマーケットを標的とするテロで十二人が死亡した。ベルリンでのテロは、チュニジア人ジハーディスト、アニス・アムリの黒いトラックが買い物客で賑わう市中心部のクリスマスマーケットに突っ込むという事件で、これは、同年七月一四日のフランス革命記念日の夜にニースで白いトラックが花火見物客の中に突っ込んで八十六人の犠牲者を出した事件を想起させる。いずれのテロもダーイシュ（ＩＳＩＳ）*が犯行声明を出し、ニースのトラックは白、ベルリンのトラックは黒と、ＩＳＩＳが使うシンボル色と同じであった。「第三期ジハーディズム」はヨーロッパを西洋の「柔らかい腹（弱点）」とみなし、その第一の標的とした。アルカイダによる九・一一のアメリカ同時多発テロが世界のイスラム教徒を動員するのに失敗した後、二〇〇五年以降に形成されていくのが第三期のジハーディズムである**。

　しかし、アメリカも依然、この新しいジハーディズムの標的である。過激なイスラム主義〔本著三頁訳注**参照〕の名の下に、二〇一五年一二月にカリフォルニア州サン・バーナディーノの銃乱射で十四人が死亡した後、二〇一六年六月一二日にはフロリダ州オーランドの同性愛者のナイトクラブ「パルス」におけるテロで五十人が死亡した。オーランドのテロの翌日には、フランス、パリ郊外のマニャンヴィルで警官のカップルが殺害された。

　西洋諸国で継起するこうした襲撃事件の目的は、市民の間に反感を呼び起こすことで、ヨーロッパやアメリカに居住するイスラム教徒への報復行為を挑発することである。ジハーディストの想像の世界においては、報復行為を受けたイスラム教徒は自分たちを「イスラムフォビア***（嫌イスラム）」の犠牲者とみなし、すべてのイスラム教徒がジハードの旗の下に結集する。こうして勃発する宗教戦争により最終的に西洋世界は破壊され、ジハードが全世界で勝利を収める。これこそがジハーディストが夢見る筋書きである。しかし、この筋書きは実現にはほど遠い。それはヨーロッパそしてアメリカの社会が、イスラム教徒を人質に取ろうとするジハーディストとその他のイスラム教徒とを混同するという過ちに陥ることなく、落ち着いた反応を示してきたためである。

＊　「ダーイシュ（Da'ish）」は「イラクとシャームのイスラム国」を意味するアラビア語　al-Dawla al-Islamiya fi 'Iraq wa al-Sham の略称。ＩＳＩＳは英訳 Islamic State in Iraq and in al-Sham の略号。本邦訳においてはＩＳＩＳを使用する。ＩＳＩＳは二〇一四年六月二九日の「カリフ制国家」宣言（本著三一頁訳注＊＊＊＊参照）時に「イスラム国（ＩＳ=Islamic State）」と改称されたが、フランスなどでは国家としての「イスラム国」を認めない立場から、呼称としてダーイシュやＩＳＩＳが使われ続けている場合が多い。シャームは、シリア、レバノン、ヨルダン、パレスチナ、イスラエルなどを含むアラブ・イスラム世界の地理的区分で「大シリア」に相当する（本著二六三〜二六四頁参照）。

＊＊　「ジハーディズム（ジハード主義）」はアラビア語の「ジハード」から派生した現代語。イスラム教の名の下に行う暴力の行使を「ジハード」として正当化する現代の過激思想を指す。「ジハード」は元来「奮闘努力」を意味するアラビア語で、アラーの道の実現へ向けた個人の内面的努力までも含む概念であるが、そのあり方の一つとしてイスラム世界の防衛・拡大のための武装戦、つまり「聖戦」が存在する。Ｇ・ケペルは「ジハーディズム」を第一期、第二期、第三期に分類する（本著八三頁以降参照）。「イスラム主義」とは、イスラム教を規範として西洋の影響の超克を目指す復興運動であり、個人の日常生活の統制から既存の世俗政権と対立する社会・政治運動へと展開していった。「ジハーディスト」とは「ジハーディズム」を奉ずる人。

＊＊＊　「イスラム恐怖症」を意味する「イスラムフォビア」は、イスラム教やイスラム教徒に対する偏見、敵視、憎悪を意味する。Ｇ・ケペルによれば、この言葉は一九九〇年代にムスリム同胞団（本著五頁訳注＊＊＊＊参照）によって使われはじめた。

もっとも、各国の有権者の怒りは、エスニシティ（民族集団）とその文化の問題を政治キャンペーンの中心テーマに据える、極右ポピュリスト（大衆迎合主義者）候補者への支持拡大につながっていった。マリーヌ・ルペンを党首とするフランスの「国民戦線（ＦＮ）」、ドイツの「ドイツのための選択肢（ＡｆＤ）」、オランダの「自由党（ＰＶＶ）」、さらに、オーストリアやハンガリーの連立政権の中核をなす反移民・反イスラム政策を掲げる極右政党の伸張の背景にも、ヨーロッパにおけるジハーディストによるテロの問題がある。ヘルト・ウィルダース率いるオランダのＰＶＶはイスラムの聖典であるコーランの発禁を主張している。ヨーロッパで発生したテロの犯人のほとんどは、ヨーロッパで生まれ育った若者で、ヨーロッパ諸国の市民であった。ヨーロッパの極右アイデンティティー政党は、アメリカでイスラム教徒の入国禁止や国内イスラム教徒の登録義務化を公約に掲げ当選したトランプ大統領の誕生に士気高揚している。ヨーロッパの極右政党が敵視するのは移民とイスラム教だけではない。極右は、ＥＵをも敵視し、ナショナル・アイデンティティー（一国の国民としての帰属意識）の見直しを主張している。グローバル化によって職と従来のライフスタイルを脅かされる白人のロウアーミドル（中流の下）層は、将来への方向性を見失っている。極右政党によれば、この「アノミー[*]」から国民を保護できるのはナショナル・アイデンティティー以外にない。極右が煽ろうとするのは、「移民」と「国家主権のＥＵへの移譲」によって伝統的なヨーロッパのアイデンティティーが消失しつつあるという危機感である。「移民」とは主に地中海の南岸と東岸からの移民であり、ヨーロッパの民族がこれら移民に取って代わられ消滅する「グラン・ランプラスマン[**]（大交代）」というシナリオが主張されている。ＥＵについては、機能不全の官僚機構であり、アウトソーシングと失業を助長するだけの、ビジネス界に牛耳られた組織にすぎない、と受けとめられている。

こうしたコンテクストにおいて、フランスでは国内のイスラム教徒有権者の投票動向が政治の舞台の新たなファクターとして登場してきた。イスラム教徒有権者の票が有意に表明されはじめたのは二〇〇七年の大統領選挙である。しかし、それが決定的に表明されたのはその五年後、二〇一二年の大統領選挙であり、イスラム教徒有権者の票は社会党のオランド候補支持票としてその勝利に貢献した。ところが、オランド大統領が就任してほどなく、二〇一二年一一月に政府が提出した同性間結婚を認める法案***をきっかけに、イスラム教徒有権者の票が左派を離れはじめる。国内のモスク（イスラム教の礼拝堂）で礼拝を指導する導師《イマム》の多くが同性間結婚への拒否を宣言し、信者である有権者がこれに続いた。こうして左派を離れたイスラム教徒有権者の票を取り込もうとしているのがイスラム教共同体のロビーである。特に、ムスリム同胞団****系の活動家らは「イスラムフォビア」抗議の運動を通じてフランスのイスラ

* 社会規範の動揺・弛緩・崩壊によって生じる混沌、無規制、喪失状態。社会学においてデュルケムが提唱した概念。

** フランスの作家ルノー・カミュが二〇一〇年に提唱した概念。極右アイデンティティー系勢力が強く主張している。

*** 二〇一三年五月に公布された「同性カップルの結婚を認める法律」。

**** 「ムスリム同胞団」は一九二八年にエジプトでハサン・アル・バンナにより設立されたイスラム主義組織。社会運動からイスラム国家建設を唱える政治団体へと発展した。国内では非合法化、合法化を繰り返しながら活動を継続し、他のアラブ諸国にも影響力を広げていった。エジプトでは、二〇一〇年末に始まる「アラブの春」（本著八九頁訳注*参照）後の二〇一二年大統領選挙でムスリム同胞団のモルシが大統領に選出されたが、翌二〇一三年の軍事クーデタで失脚。二〇一六年一〇月の破棄院（最高裁）判決で禁固二十年の刑が確定した。

ム教徒に対する自分たちの政治的覇権を確立しようとしている。

本著は、二〇一五年の末、パリとその近郊で発生した一一月一三日の連続テロの直後にフランスで出版された。事実についての精確な知識を基礎に、西洋におけるジハーディズムに関する情報を読者に提供することがその目的である。本著の方法論の第一のベースは、フランスの周縁化された都市郊外地域、特に悪名高い「バンリュー」(原注)を中心に三十年以上にわたって行ってきたフィールドワークである。もう一つのベースは、現代において、まったく新しい形をとって出現しつつあるジハードを動機づけるイデオロギー文献の解読である。対象とする文献はアラビア語の一次資料である。この二つの作業をベースとしたうえで、本著は、「現代のジハード」を歴史的展望の中に位置づけて三つの画期に分類し、その比較を行う。ジハーディズムの第一期（一九七九〜九七年）は、アフガニスタンでのジハードから、その余波であるボスニア、エジプト、アルジェリアでの不毛に終わったジハードを指し、第二期（一九九八〜二〇〇五年）は、アメリカを標的とするアルカイダによるジハードを指す。第二期は、二〇〇一年の九・一一同時多発テロで頂点に達した後、アメリカ軍の占領下にあるイラクでのジハード失敗により終焉を告げる。本著が焦点をあてるのは、二〇〇五年を転換点として始まる第三期のジハーディズムである。第三期ジハーディズムは、ヨーロッパを標的とし、かつ、イスラム世界からヨーロッパに定住した移民の子弟から、すなわちヨーロッパに住む数百万人の若者の間からジハーディストをリクルートしようとする点が特徴である。第二期ジハーディズムの頂点、すなわち九・一一においてニューヨークとワシントンを襲撃したのはオサマ・ビンラディンによるトップダウン方式の組織であった。第三期ジハーディズムは反対に、ボトムアップの網状組織《ネットワーク》を活用する。第三期ジハーディズムはまた、ソーシャル・メディアの驚異的な発展をフル活用する。動画共有サイト「ユーチューブ」がスタートしたのも二〇〇五年であった。

フランスにおいて二〇〇五年は、中東および北アフリカからの移民の子弟が多く集中する恵まれないバンリューを舞台に、かつてない規模の暴動が発生した年であった。* 暴動に参加した若者らはジハーディズムとは何ら関係がなかったものの、この暴動は、第三期ジハーディズムのブランドである「民族と人種を境界線とする隔離された飛び地」の論理に基づく暴力の出現と時を同じくしていた。第三期ジハーディズムはさらに、フランスの刑務所を最高に好適な孵化装置《インキュベーター》として増殖する。フランスの刑務所で服役中であったジハーディストが、軽犯罪で服役した若者の指導者《メントル》となり、彼らに政治宗教的な暴力とさらには殉教による贖罪という終末論的救済の展望を与えた。この第三期ジハーディズムが数年間にわたる潜伏期を経て噴出したのが、二〇一二年三月、南仏トゥールーズおよびモントーバンで軍人やユダヤ人学校の子ども・教師らが射殺されたモアメド・メラによる事件である（メラ事件〔後出〕）。このジハーディズムはその後も持続し、二〇一五年一月七日の「シャルリー・エブド」編集部襲撃、同年一一

（原注）　本著のコンテクストにおいて「バンリュー（banlieues）」とは、パリをはじめとするフランスの大都市郊外で、主に移民と移民の子弟が集中して居住する地区を指す。外国でもそのまま通じるようになった数少ない現代フランス語の一つである〔なお、本著では、「郊外」「郊外の大衆地区」「シテ」といった表現が頻繁に使用されるが、現代フランスにおいて、こうした表現は「移民が多く住む地区」の代名詞となっている〕。

＊　本著「プロローグ」および第1章参照。

月一三日のバタクラン劇場襲撃、二〇一六年七月一四日のニースでの殺戮で極点に達した。

この新しいジハーディズムが第一に狙う標的、それがフランスである。その背景には、バンリューに住む移民系の若者の失業率が悲惨なまでに高いという社会的現実がある。また、かつてのフランス植民地支配の歴史を背景に、これら若者の多くがアラビア語圏である北アフリカからの移民の子弟である点も、アラブ世界のジハーディスト・リクルーターにとっては願ってもない好都合であった。リクルーターはこうして、フランスの北アフリカ系移民の共同体を中心的ターゲットにしてリクルートを進めていった。これに比べ、ドイツのトルコ系移民の子弟、イギリスのインド・パキスタン系移民の子弟に対する勧誘は比較的限られていた。しかし、ＩＳＩＳに忠誠を誓ったチュニジア人ジハーディストがベルリンでクリスマスマーケットを襲撃したことにも示されるように、ヨーロッパ全体が標的とされているのは間違いない。

新しいジハーディズムの西洋での、さらに世界的な展開という観点から見たとき、現在のフランスの状況は典型的かつ予言的である。ジハーディズムがフランス以外のヨーロッパや北アメリカ、世界のその他の地域に拡大する中で、フランスで起こった状況を深く理解することは、各国の置かれた状況を解読するための手助けとなろう。

二〇一六年一二月二八日

＊　＊　＊

二〇一六年七月一四日、ニースでジハーディストのトラックが花火見物客の中に突入するというテロが発生した後、同年一二月にはベルリン、翌二〇一七年三月にはロンドン、四月にはストックホルム、この六月三日には再びロンドンで、同じタイプのテロが発生した。このことは、テロリストが、ジハードと何の関係もないはずの群衆を標的に、車という陳腐な日常生活の道具をいかに容易く殺人兵器に変貌させうるかという事実を示している。しかし、また一方では、こうしたテロを際限なく繰り返しても、イスラム教徒の民衆をジハードの旗の下に結集させることはできないという事実も明らかになりつつある。

こうした形のテロは、誰にでも実行が可能である。犯人となるテロリストは、サラフィー主義〔本著二九頁訳注＊＊＊参照〕集団との接触により洗脳された場合もあれば、インターネット上で動画共有サイトやＳＮＳを浴びるほど閲覧したあげくに過激化した場合もある。サラフィー主義集団においては、スンニ派イスラム教の中で最も厳格主義のウラマー（イスラム教における知識人・法学者）が、信徒に絶対的服従を求め、「背教者」「異端者」「不信仰者」*が奉じる価値との断絶を説く。サラフィー主義によれば「背教者」「異端者」「不信仰者」の流血はシャリア（イスラム法）に照らして合法である。

＊　本著四七頁訳注＊参照。

となりうる。

こうした誰もが実行できるテロは、かつてなかったほどに遍在性《ユビキタス》を帯び、したがって、誰もが標的
ビンラディン率いるアルカイダが西洋の超大国アメリカを空から襲撃した二〇〇一年の九・一一テロとは異なり、その後に生まれた新しいジハーディズムは、空からではなく、社会の草の根から攻撃を仕掛ける。西洋の「柔らかい腹」であるヨーロッパが優先的に標的とされることは確かにせよ、西洋諸国、イスラム諸国を問わず、あるいはそれ以外のどの国々においても、過激なイスラム主義を地球上で勝利させようとするジハーディストがその気になりさえすれば、テロはどこででも発生しうる。

ヨーロッパにおいては、欧州連合（ＥＵ）離脱決定により不安定化したイギリスが、二〇一七年三月以降、三回にわたってテロの連続標的となった。三月二二日には、ロンドン、ウェストミンスターの国会議事堂に通じる橋を車で猛進してきた男が通行人二人を死亡させ、議事堂警護の警官一人を刺殺した。標的は、世界最古の民主主義の象徴ウェストミンスターである。ＥＵ離脱交渉を控えるメイ首相が召集した六月八日投票の繰上げ総選挙でも、期間中、五月二二日にマンチェースターのコンサート会場入口で発生した自爆テロ（二十二人が死亡）、六月三日にロンドン橋とテームズ川南岸バラ区で発生したテロ（男三人がワゴン車で橋上の通行人をはねた後、飲食店の客らを刺殺。少なくとも七人が死亡）という事件に見舞われた。

中東では、二〇一六年の大晦日の夜にイスタンブール（トルコ）のナイトクラブを標的とした銃乱射事件、二〇一七年の四月九日にはエジプトのタンタとアレクサンドリアのコプト派キリスト教会を狙った爆破事件、同年六月七日にはイランの首都テヘランで国会議事堂をホメイニ廟への同時襲撃事件が発

生した。極東や南アジア諸国も例外ではない。二〇一六年一月にはインドネシアの首都ジャカルタ市内で爆弾テロが発生し、同年七月にはバングラデシュの首都ダッカのレストランが襲撃された。ダッカのテロでは日本人も七人が犠牲となった。

二〇一五年一月末にはISISに拘束されていた日本人二人が処刑された*。すなわち、日本がジハードの標的の一つとなったことは間違いない。遡れば、日本では一九九一年にサルマン・ラシュディ氏の小説『悪魔の詩』を翻訳した大学助教授が殺害された。以後、世界の様々な場所でジハーディズムのテロに遭遇し、犠牲となる日本人も後を絶たない**。

「第三期ジハーディズム」のテロは、桁外れの資金や手段を必要としないことから、「貧者のテロ」とも呼ばれる。こうしたテロを行うグループの目的は、標的とする社会に恐怖感を与え、脅迫し、過剰反応させ、イスラム教徒を敵視するよう仕向け***、さらにそれによって、今度はイスラム教徒全体がこの暴

＊　会社経営者の湯川遥菜氏とジャーナリストの後藤健二氏が処刑された。

＊＊　二〇一三年一月、アルジェリア・イナメナスの石油プラントを狙ったテロでは十人、二〇一五年三月のチュニス・バルドー美術館でのテロでは三人が死亡。二〇一七年五月三一日にはアフガニスタンの首都カブールで最悪規模の自爆テロが発生、日本大使館員二人が負傷した。また、二〇〇一年の九・一一同時多発テロにおいても二十四人が犠牲となった。イラクでは二〇〇四年に日本人青年一人が殺害されている。

＊＊＊　ロンドンでは六月一九日、北部フィンズベリー・パークのモスクを訪れていたイスラム教信者の中にワゴン車が突入する事件が発生した。ウェールズ地方出身のイギリス人男性が犯人で、「イスラム教徒を殺す」と言っていたとの目撃情報もある。

力的な過激派グループを自分たちの擁護者とみなすようにすることである。しかし、この戦略にはいくつかの大きな障害が立ちはだかった。

一つは、標的となった社会の回復力《レジリエンス》である。攻撃されたヨーロッパ社会の市民は、イスラム教徒もそうでない者も、パニックに陥ることなく、強い回復力を示した。もう一つは、ＩＳＩＳが移民の子弟である何百万人もの若者を動員しようと狙ったそのヨーロッパでは、社会も制度も、ジハーディストやそのシンパと、その他多数のイスラム教徒とを同一視しなかったことである。その結果、過激派は孤立し、極度に暴力的で劇的なテロを演出してはみたものの、逆に自分たちが極めて少数派でしかなかったことを曝け出す状況となった。

テロには政治的な効率性の面で著しい問題がある。テロが効率的であるためには、大衆を迅速に動員できなければならない。それが可能でなければ、一九九〇年代にエジプト、アルジェリアあるいはボスニアで観察されたように、ジハードは破綻し、組織は崩壊し、かつてのシンパも離反していく。

彼らにとってのもう一つの大きな障害は、二〇一七年に入ってから中東で地政学上の大きな転換が生じていることである。モスルを中心都市とするイラク北部から、ラッカを中心都市とするシリア北部にかけてのスンニ派地域では、現在、ここを制圧していたＩＳＩＳのカリフ制国家「イスラム国（ＩＳ）」が、有志連合軍の攻勢を受けて後退局面に入っている。イラクでは有志連合の軍隊がモスルに進攻し、シリアでは同じく有志連合軍が世界遺産のパルミラ、北部のアルバブとマンビジュを奪還した後、六月に入ってついにラッカに進攻した*。ジハーディスト側は激しく抗戦しているとはいえ、ＳＮＳ上での彼らの交信を見ると、大規模なテロでヨーロッパ中を震撼させ得意満面になっていたかつての慢心ぶりはもはや見られない。サイバージハーディストの多くは、自分たちの戦略は失敗したと判断しており、一時撤退したうえで敵との新たな対決方法を探る以外にないと考えている。

現在進行しつつあるこうした状況を理解し、問題解決へ向けた新たな展望を開いていくための知見は、過去から教訓を引き出すことによってこそ得られる。この点で、二〇一五年一月から二〇一六年七月の一年半に二百三十九人という多くの犠牲者を出したフランスほど、そうした教訓を引き出すのに有益な手がかりを与えてくれる例はない。

フランスにおける「第三期ジハーディズム」は、五年前の大統領選挙の直前、二〇一二年三月のモアメド・メラによる殺害事件によって初めて噴出し、同選挙で当選したオランド大統領の任期と同期するように進行した。オランド大統領の任期は二〇一七年五月をもって終了し、同月一四日、親EUで、中道からの広範な政界再編を目指すエマニュエル・マクロン（三十九歳）が史上最年少で新大統領に就任した。極右FNのマリーヌ・ルペン候補は予想通り他候補を抑えて決戦投票に残ったものの、決選投票ではマクロン候補が得票率六六・一〇％対三三・九〇％という大差でルペン候補を下した。

今回の大統領選挙は、ジハーディストのテロによる混乱や影響が強く懸念されていたが、いくつかのテロ計画も当局により次々と検知、摘発され、懸念された状況は回避された。しかしながら、大統領選第一回投票直前の四月二〇日にはパリ・シャンゼリゼ大通りで警備にあたっていた警官を標的とするテ

＊　二〇一七年六月六日にラッカ進攻が発表され、その後七月一〇日には、イラク首相がモスル奪還を宣言した。

ロが発生、警官一人が射殺され、六月六日にはノートルダム大聖堂前で、警備中の警官がハンマーで襲撃される事件も発生した。「第三期ジハーディズム」は、マクロン時代に入ったフランスから姿を消したわけではない。*

二〇一七年六月七日

G・K

（訳者付記）二〇一六年一二月に執筆が完了していた本著「外国語版のための序文」案は、その後二〇一七年六月初旬まで、日本語版の出版準備中に生じたヨーロッパや中東における状況の進展を踏まえ「日本語版のための序文」として加筆が行われた。本序文が二〇一六年一二月二八日付け、二〇一七年六月七日付けの二部からなっているのはそのためである。

＊　フランスでは二〇一六年の六月一一日と一八日に実施された国民議会（下院）議員選挙で大統領与党「共和国前進」が単独過半数を獲得し、大統領公約の実施へ向けた議会運営上の基盤を固めた。一方、翌一九日には、シャンゼリゼ大通りで再び警備にあたっていた治安部隊を標的とするテロが発生した。過激化によりいわゆるSファイル（本著三一七頁訳注＊参照）にリストアップされている犯人が憲兵隊の車両に突入したもので、車が炎上して犯人が死亡。車内からカラシニコフ銃などが見つかった。

グローバル・ジハードのパラダイム／**目次**

目次　16

凡例

一　本文中の〔　〕は著者のもの、〔　〕および＊印は訳者のもの。
一　人物名に付した年齢は言及当時のもの。
一　巻末収録の事項・地名索引は原著にはなく、日本語版のために訳者が作成した。

グローバル・ジハードのパラダイム

パリを襲ったテロの起源

Le traducteur a bénéficié, pour cet ouvrage,
du soutien du Centre national du livre.
翻訳者はこの作品の翻訳にあたり CNL フランス国立書籍センターの援助を受けた。

Gilles KEPEL avec Antoine JARDIN
TERREUR DANS L'HEXAGONE
Genèse du djihad français

われわれがあれほど愛したシリアとともに逝った、
ジュリアン・ジャラル・エディン・ヴェスと
ヴラディミール・グラスマンの思い出に捧げる*

---

* ジュリアン・ジャラル・エディン・ヴェスはシリアのアレッポを拠点として活動したフランス人音楽家。ヴラディミール・グラスマンはアラビア語・歴史の専門家、外交官。両氏ともに2015年に死去。

2015年11月15日　ＩＳＩＳによる犯行声明文

──速報「十字軍フランスに対する、パリの祝福された襲撃についての声明」
ヒジュラ暦1437年　サファル月２日［2015年11月15日、原文のまま書き写し*］

慈悲深く慈愛あまねきアラーの御名において

いと高きアラーはこう仰せられた。「そして彼らは、自分たちの城砦をもってすればアラーから身を守ることができると考えていた。だが、アラーは思いがけない方向から彼らを襲撃し、彼らの心に恐怖を投げ込んだ。彼らは、アラーの信者たちと一緒になって自分たちの手で自分たちの家を壊しはじめた。慧眼なる者よ、これを戒めとするがよい」コーラン59章、第２節。

アラーがその大義をお助けになった祝福された襲撃において、カリフ国の兵士たちである信者のグループは──アラーが彼らに力と勝利を与えんことを──冒瀆と退廃の都、ヨーロッパにおける十字架の旗頭である都、パリを標的とした。

現世を縁を切った信者のグループが、アラーの道における死を望みつつ、自分の宗教と預言者と同盟者たちを救けつつ、敵を辱めつつ望みつつ、敵に向かって進んだ。彼らはアラーに誠実であった。我々は彼らがアラーに誠実であったと考える。アラーは彼らの手を通じて征服し、十字軍どもの土地において十字軍どもの心の中に恐れを投げ込んだ。

爆弾ベルトと突撃銃を持った８人の同胞が、フランスの首都の中心において前もって綿密に選ばれた場所を標的にした。フランスの愚か者であるフランソワ・オランドが観戦していた、十字軍の二つの国フランスとドイツの試合が行われていたスタッド・ド・フランス**、背徳の祝宴に数百人の偶像崇拝者が集まっていたバタクラン、さらに、10区など、11区、18区のその他の標的であり、そして、これらを同時に標的にした。彼らの足下でパリは震え上がり、通りは縮み上がって彼らには窮屈になった。これらの襲撃の成果は、少なくとも十字軍の200人が殺害され、さらに多くが負傷した。アラーに称賛と誉れあれ。

アラーは我々の同胞に助け、彼らが望んでいたもの（殉教）を与えられた。彼らは、銃弾を使い尽くした後、不信仰者どもの只中で爆弾ベルトを爆破させた。アラーが彼らを殉教者の間にお受け入れになり、我々が彼らに加わることをお許しにならんことを。そして、フランスと、フランスの道に続く者は、十字軍の先頭に立ったために、我々の預言者を侮辱したために、フランスにおいてイスラム教と戦い、カリフ国の地において自分たちの飛行機でイスラム教徒を爆撃すると吹聴したために、自分たちがイスラム国の主な標的にあり続け、死の匂いを感じ続けるだろうということを知らなければならない。彼らの飛行機は、パリの悪臭に満ちた通りでは彼らにとって何の役にも立たなかった。この襲撃は嵐の始まりでしかなく、熟考し、教訓を引き出そうとする者への警告である。

アラーは最も偉大なり。

「力を有するのは、アラーとその使徒、そして信者たちである。だが、偽信者たちはそれがわからない」コーラン63章、第８節。

＊　フランス語の犯行声明中には文法・綴りの誤りがかなり見受けられるため、その一部について誤りのニュアンスの訳出を試みた。訳文中に日本語として不自然な箇所が多いのはそのためである（アラビア語版原文は左頁）

＊＊　パリ北郊サン・ドニ市にあるフランス最大のスタジアム「スタッド・ド・フランス」ではフランスとドイツのサッカー親善試合が行われていた。

فرنسا

عاجل

بيان عن غزوة باريس المباركة على فرنسا الصليبية

٢ صفر ١٤٣٧

بسم الله الرحمن الرحيم

قال تعالى: {وَظَنُّوا أَنَّهُم مَّانِعَتُهُمْ حُصُونُهُم مِّنَ اللَّهِ فَأَتَاهُمُ اللَّهُ مِنْ حَيْثُ لَمْ يَحْتَسِبُوا وَقَذَفَ فِي قُلُوبِهِمُ الرُّعْبَ يُخْرِبُونَ بُيُوتَهُم بِأَيْدِيهِمْ وَأَيْدِي الْمُؤْمِنِينَ فَاعْتَبِرُوا يَا أُولِي الْأَبْصَارِ}.

في غزوة مباركة يسّر الله لها أسباب التوفيق، انطلقت ثلةٌ مؤمنة من جند الخلافة أعزَّها الله ونصرها، مستهدفين عاصمة العهر والرذيلة، وحاملة لواء الصليب في أوروبا (باريس)، فتيةٌ طلقوا الدنيا وأقدموا على عدوّهم يبتغون القتل في سبيل الله نُصرة لدينه ونبيه صلى اللّه عليه وسلم وأوليائه، وإرغاماً لأنف أعدائه، فصدقوا الله نحسبهم كذلك، ففتح الله على أيديهم وألقى في قلوب الصليبيين الرعب بعقر دارهم.

حيث قام ثمانيةُ إخوة ملتحفين أحزمةً ناسفة وبنادق رشاشة باستهداف مواقع منتخبة بدقة في قلب عاصمة فرنسا، منها ملعب (دي فرانس) أثناء مباراة فريقي ألمانيا وفرنسا الصليبيتين حيث كان معتوه فرنسا (فرانسوا أولاند) حاضراً، ومركز (باتاكلون) للمؤتمرات حيث تجمّع المئات من المشركين في حفلة عهرٍ فاجرة، وأهدافاً أخرى في المنطقة العاشرة والحادية عشر والثامنة عشر وبصورة متزامنة، فتزلزلت باريس تحت أقدامهم، وضاقت عليهم شوارعها، وكانت محصّلة الهجمات هلاك ما لا يقل عن مائتي صليبي وإصابة أكثر من ذلك ولله الحمد والمنّة والفضل.

وقد منَّ الله على إخواننا ورزقهم ما يحبون ففجروا أحزمتهم في جموع الكفار بعد نفاد ذخيرتهم، نسأل الله أن يتقبلهم في الشهداء ويلحقنا بهم.

ولتعلم فرنسا ومن يسير على دربها أنهم سيبقون على رأس قائمة أهداف الدولة الإسلامية، وأن رائحة الموت لن تفارق أنوفهم ما داموا قد تصدّروا ركب الحملة الصليبية، وتجرأوا على سبّ نبينا صلى اللّه عليه وسلم، وتفاخروا بحرب الإسلام في فرنسا، وضرب المسلمين في أرض الخلافة بطائراتهم التي لم تغنِ عنهم شيئا في شوارع باريس وأزقتها النتنة، وإنّ هذه الغزوة أول الغيث وإنذار لمن أراد أن يعتبر.

والله أكبر

{وَلِلَّهِ الْعِزَّةُ وَلِرَسُولِهِ وَلِلْمُؤْمِنِينَ وَلَٰكِنَّ الْمُنَافِقِينَ لَا يَعْلَمُونَ}

パリ、サン・ドニ、二〇一五年一一月一三日金曜

二〇一五年一一月一三日金曜、ＩＳＩＳとつながりを持つ殺人者のコマンド（特殊攻撃隊）がパリを大規模な流血事件の舞台に変えた（バタクラン劇場やカフェのテラスでの襲撃）。同年一月七日から九日にかけて、パリ市内にある「シャルリー・エブド」編集部とポルト・ド・ヴァンセンヌのユダヤ系食品店「イーペル・カシェール」で発生した悲劇からわずか十カ月後の惨劇だった。一月の事件の後に「#私はシャルリー（#jesuisCharlie）」という合言葉がＳＮＳを埋め尽くしたように、一一月の事件の後にも、今度は「#私はパリ（#jesuisParis）」という合言葉がＳＮＳ上にあふれ、大きな連帯の動きが世界中に広がった。世界各国の様々な建造物がフランス国旗の三色にライトアップされ、アメリカ大陸からオーストラリアまで、フランス国歌「ラ・マルセイエーズ」が鳴り響いた。

パリの北郊に位置するサン・ドニ市では同じ一一月一三日の夜、国内最大のスタジアム「スタッド・ド・フランス」でフランスとドイツのサッカー親善試合が行われ、オランド大統領をはじめとする観客八万人が集まっていた。このスタジアムをパリ市内と同時刻に狙ったテロは失敗。テロリスト三人はス

タジアムの外で自爆し、通行人一人が犠牲となった。歴代フランス国王の墓所がある大聖堂で有名なサン・ドニ市は、国内で最もイスラム教徒住民が多いセーヌ・サン・ドニ県の最大の都市であり、その意味で「フランスのイスラム教の首都」でもある。

さらにそのサン・ドニでは五日後の一八日、大聖堂に近い、麻薬のディーラーや不法移民が無断居住する汚い建物に潜伏していたコマンドに警察が突入し、コマンドのメンバー三名が死亡した。* モロッコ政府からの通報が突入作戦の背景にあった。

翌日、指紋鑑定により、うち一人の身元が判明する。一三日に発生した一連のテロの主犯と目されるモロッコ系ベルギー人、アブデラミド・アバウドである。父親はモロッコ南部のスースの出身で、ヨーロッパでハヌート（hanout＝アラビア語で「小売店」）を経営して成功している商店主の一人であった。居住地は、「フランス語圏ジハードの孵化装置《インキュベーター》」という評判が定着することになるブリュッセルのモレンベーク・サン・ジャン地区である。アバウドは軽犯罪で刑務所行きを重ねた前科者だったが、二〇一三年にシリアに渡航した後は、ＩＳＩＳがＳＮＳ上に投稿する残忍な動画の「ゴアな《血なまぐさい》」ヒーローとして登場するようになっていた。**

アバウドの他にもアルジェリアまたはモロッコからの移民の子弟で、フランスあるいはベルギーに生

＊　三名のうち一名の自爆がきっかけで、他の二名も死亡。

＊＊　切断した首をボールにして遊ぶ場面などが動画に映っていたとされる。ジハーディストとしてのアバウドの戦士名はアブ・オマール・アル・ベルジキ（アル・ベルジキはベルギー人の意）。

まれ、教育を受けた若者がテロ犯に含まれていた。そのうちの何人かは、極めて短期間で過激化したことがわかっている。
サン・ドニのスタジアム内に入れないまま自爆した三人の一人、ビラル・アドフィ（二十歳）がその一人である。アドフィのフェイスブックを見ると、二〇一四年にはまだ、プールサイドでアルコール入りのカクテルを飲む海水パンツ姿の写真が投稿されている。アドフィは強迫性の大麻常用者でもあった。もう一人が、アバウドの従妹で、サン・ドニの警官隊突入の際にアバウドとともに死亡したアスナ・アイト・ブーラセン（二十六歳）である。ブーラセンはパリ北郊のクリシー・ラ・ガレンヌ（セーヌ・サン・ドニ県）で生まれ、幼少時に両親が離婚して里親に預けられた。ディスコの常連でウォッカを好み、化粧して出歩く活発な女性であったが、その数カ月後には突然、全身をベールで覆った写真をフェイスブックに投稿している。

　パリのバタクラン劇場を襲撃した犯人の一人、サミ・アミムールは、アルジェリア北部カビリア地方からの移民の家庭に生まれた。家庭は宗教色は薄かったものの、ベルベル＊人としての文化的アイデンティティーは強く、自宅があったドランシー（セーヌ・サン・ドニ県）ではボランティア活動家の家庭として知られていた。サミ・アミムール自身は一年余り路線バスの運転手として勤務したことがある。パリと近郊の公共交通機関を運営するパリ交通公団（ＲＡＴＰ）では、郊外《バンリュー》の大衆地区を走る路線バスが地元の若者に石つぶてで襲撃される事件が相次いだことへの対策として、雇用を求める同じ大衆地区出身の若者を多数採用しており、アミムールもその一人であった。ただし、こうした採用策の結果、ＲＡＴＰのバス運転手の間に「イスラム・アンテグラル＊＊（islam intégral）」の影響が目立つようになり、対策の見直しも叫ばれている。アミムールは、ル・ブラン・メニル（セーヌ・サン・ドニ県）にあるサラフィー主義＊＊＊のモスクに通いはじめた後に運転手の仕事を辞め、イエメンへの渡航を企てた容疑で司法当局のブラックリストに載る。その後、シリアへ渡ってＩＳＩＳに合流した。バタクラン劇場を襲撃した際、アミムールはビデオゲームで分身《アバター》を次々に撃ち殺して遊ぶかのように、多数の人質をなぶりものにしたあげく平然と射殺したとされる。

同じく、パリとサン・ドニでの襲撃に加わったブリュッセルに住む二兄弟、ブライム・アブデスラムとサラ・アブデスラムは、モレンベーク・サン・ジャン地区でカフェを営んでいたが、このカフェは、テロがあった日のちょうど十日前に、大麻の密売を理由に当局により閉鎖された。そして二〇一五年一一月一三日、パリ市内の複数のカフェを襲撃した車に同乗していたとされるブライムは、最後に市内の

＊　ベルベル人は北アフリカの先住民族。早くからイスラム化されたが、アラビア語と異なる独自の言語を持つ。

＊＊　「イスラム・アンテグラル」とは、特にサラフィー主義者（次の訳注参照）が、彼らにとってのあるべきイスラム教実践のあり方をフランス語で示すときに使う表現。人生のすべてをイスラム教に捧げることによってハラル（halal＝シャリア〔イスラム法〕に照らして合法の意）を実現することを指す。

＊＊＊　サラフィー主義とは、堕落した既存社会の価値観と断絶したうえで、理想化された純粋なる初期イスラム教への回帰を唱える復古思想。「サラフ」は「敬虔なる祖先」の意。コーランとハディース（預言者の言行録）の字義通りの理解・適用を求める厳格主義の教義である。歴史的コンテクストに合わせた解釈という考え方は排除される。あくまで非政治的な流れとみなされていたが、Ｇ・ケペルによれば、一九九〇年頃から、サラフィー主義を宗教的根拠としつつ暴力的なジハード遂行を目指す、サラフィー・ジハーディズムの台頭が観察されるようになった。アルカイダ、ＩＳＩＳなどはサラフィー・ジハーディズムに分類される。

ナシオン広場に近いカフェで単独で自爆して死亡し（十二人が負傷したが、ブライム以外に死者はいなかった）、「スタッド・ド・フランス」に車でテロ犯を送り届けたサラだけは自爆には至らず、翌日、フランスからベルギーに脱出、逃亡した。サラがブリュッセルのモレンベーク・サン・ジャン地区のアパートに潜伏中のところを逮捕されたのは二〇一六年三月になってからである。このときの逮捕が引き金となって、その四日後には、今度はブリュッセル空港と地下鉄マルベーク駅で新たなテロが発生した。

右に挙げたテロ犯は、いずれもフランスおよびベルギーの郊外大衆地区の典型的産物といえる若者であり、彼らの親はヨーロッパ社会への統合と社会的地位の向上を信じていた移民世代であった。二〇一五年一一月一三日のテロ犯の中には、こうした若者のほかに、シリアおよびイラクからヨーロッパへと向かう難民に混じりフランスへ入国した者二人も含まれていた。

要するに、ＩＳＩＳは、ヨーロッパ社会の周縁に追いやられた「シテ」*（主に大都市郊外《バンリュー》の低所得層向け団地が建ち並ぶ、移民系住民が集中している地区）をレバントにおけるジハードと結びつけることで、ヨーロッパでのテロを誘発させたのである。レバントでは極度に暴力的で残虐なジハードが至るところで吹き荒れ、その映像はリアルタイムでインターネット上に流されていた。一方、ヨーロッパでは郊外の「シテ」の若者がテロを実行し、来たるべき内戦と宗教戦争の温床になろうとしていた。

一一月一三日の殺戮に関し、ＩＳＩＳが発表したアラビア語とフランス語による犯行声明文を本著冒頭に掲載した。声明文の中でＩＳＩＳは、このテロを「祝福された襲撃（ghazwa）」と呼んでいる。そしてこの「祝福された襲撃」は、パリの住民を、その出自を問わずに無差別に標的とするものであった。移民系住民の比率の高い地区が襲撃の対象になったこと、しかもカフェやレストランのテラスに向けて手当たり次第に機関銃が発射されたこと、またバタクラン劇場の不特定多数の観客が殺戮の対象になったこと、そしてその手法が中東での自爆テロに倣ってことごとく自爆ベストを使用したこと、これらがその証拠と言える。対して、二〇一二年三月のモアメド・メラによる南仏トゥールーズとモントーバンでの殺害事件（メラ事件）[＊＊]、および二〇一五年一月に発生した一連の殺害事件[＊＊＊]の場合は、ユダヤ人、あるいはイスラム教徒でありながらフランスの軍人や警官となったことで「背教者」とみなされた者、そしてジハーディストから「イスラムフォビア（嫌イスラム）」の烙印を押されたジャーナリスト等が標的となった[＊＊＊＊]。

二〇一二年三月のメラ事件から二〇一五年一一月のバタクラン劇場襲撃までの殺戮はすべて、ＩＳＩＳの理論家たちが西洋の「柔らかい腹（弱点）」とみなすヨーロッパで「万人の万人に対する戦争」を引き起こし、内破を誘発して、そこに「カリフ制国家」[＊＊＊＊＊]を樹立するという一貫した戦略に基づいたも

＊　レバントはシリア、レバノン、ヨルダン、パレスチナ、イスラエルなど「シャーム（大シリア）」とほぼ重なる地域だが、西洋から見た呼称。

＊＊　軍人殺害（三月一一日、一五日）、ユダヤ人学校の児童・教師殺害（三月一九日）事件（後出）。

＊＊＊　「シャルリー・エブド」編集部襲撃（一月七日）、警官二名の殺害（一月七日、八日）、ユダヤ系食品店「イーペル・カシェール」襲撃（一月九日）事件（後出）。

＊＊＊＊　同類の事件に、二〇一四年五月のブリュッセルにおけるユダヤ博物館襲撃事件がある（本著三三頁訳注＊参照）

＊＊＊＊＊　「カリフ」とは預言者ムハンマドの「後継者」の意。ウンマ（イスラム共同体）を宗教と政治の両面で率いる指導者を指し、オスマン帝国皇帝もカリフを称した。カリフ制再興はイスラム主義の掲げる目標の一つであり、「イスラム国（ＩＳ）」はアブ・バクル・アル・バクダディをカリフとして国家樹立を宣言した。

のであった。ただし、二〇一五年一一月の場合は無差別テロであったという点で戦略実施上の方向修正が現れたのである。この方向修正は、「第三期」のジハーディストが世界、ヨーロッパ、とりわけフランスに対して仕掛ける攻撃の本質を理解するうえで、また、彼らの動機を理解するうえで、一つの鍵となる要素である。

本著は、これら一連の犯罪について、一つの見取図を提供する。この作業を通じて、われわれは次のような問いに突き当たることになろう。すなわち、犯人となった若い男女は果たして、「グローバル・ジハード」という世界規模の戦略を負うに足る人材であったのか、むしろ反対に、この一一月のテロは、網状組織《ネットワーク》によるテロの欠陥を暴露した事件ではなかったのかと。この無差別テロに続いて発生した二〇一六年七月一四日のニースでの花火見物客を狙ったテロも、また同年一二月一九日のベルリンのクリスマスマーケットでのテロも、同じタイプのテロである。網状組織のテロは、極度に暴力的ではあるが精密さに欠ける活動家たちにその実行を委ねる。これら活動家のほとんどは移民の子弟でもある。この点で、われわれは、第三期ジハーディズムのテロのモデルが、中央組織により綿密に計画された第二期ジハーディズムのテロのモデルとどのように異なるかを見ることになろう。第二期を体現したのはアルカイダであり、九・一一はその頂点をなすテロであった。これに対し、町のチンピラだったアブデラミド・アバウドやサラ・アブデスラム、あるいは強盗犯だったアメディ・クリバリや前科者のモアメド・メラ、メディ・ネムーシュ、クアシ兄弟*をはじめとする第三期ジハーディズムの実行犯の知的水準は初歩的なものであった。これは、犯行声明の言語水準がしばしば嘆かわしいものであることにも表れている。オランド大統領は一一月一三日のテロの直後に招集した上下両院合同会議で、フランスは「戦争中」

であると宣言した。しかし、この若者らは本当に、フランスが敵とする「ジハーディストの軍隊」の将校であったのだろうか？　われわれに突きつけられた課題を、もう一度、より正確に見極め直すべきではないか？　見極めを誤って的外れの反撃に走れば、ＩＳＩＳがわれわれに対して仕掛けた策略にますます深く嵌まり込んでいくだけであろう。

二〇一五年、そしてこれに続く二〇一六年は、「恐怖《テロ》」がその極点に達し、恐れの感情が激しく引き起こされた年である。ジハーディズムの「恐怖《テロ》」は、「不信仰者」〔本著四七頁参照〕の社会を宗教別のゲットーに分裂させ、「野蛮化（tawahhoush）」し、ゲットー間に内戦を誘発して社会を崩壊させることを狙っている。ジハーディストが抱くこうした常軌を逸した黙示録的ビジョンの基盤にあるのは、「イスラムフォビア」の犠牲者と感じているイスラム教徒をジハーディストとして「リクルートできる」という幻想である。彼らの幻想によれば、殺戮行為への反動として「イスラムフォビア」がますます激化し、その結果、それに耐えかねた多くのイスラム教徒がイスラム主義者の血塗られた旗の下に勇んで結集することになる。

この観点から見ても、二〇一五年一一月一三日の無差別の殺戮――そして翌年六月のニースでのテロ

＊　アメディ・クリバリはユダヤ系食品店「イーペル・カシェール」襲撃事件（二〇一五年一月九日、四名を殺害）の犯人で、襲撃の前日にパリ南郊モンルージュ市でアンティル諸島出身の女性警官を殺害。メディ・ネムーシュはブリュッセルにおけるユダヤ博物館襲撃事件（二〇一四年五月二四日、四名を殺害）の犯人。クアシ兄弟は「シャルリー・エブド」編集部襲撃事件（二〇一五年一月七日、十二名を殺害）の犯人で、駆けつけた北アフリカ出身の警官を「背教者」として殺害。本著第Ⅱ部に詳しい。

や一二月のベルリンでのテロも含めて――は、二〇一五年一月七日から九日にかけて発生した殺戮とは異なる。一月七日から九日にかけてのテロの直後、一月一一日には史上最大規模のデモがフランス各地で組織された。*この大デモは、ＩＳＩＳが始動させようとした社会の自己破壊の悪循環には決して陥るまいとする、国民の意思の表れであった。ただし、本著の最終章で詳しく分析するように、「#私はシャルリー（#jesuisCharlie）」というスローガンにはある種の曖昧さが内包されていた。つまり、このスローガンは一部のイスラム教徒には、クアシ兄弟とアメディ・クリバリに殺害された犠牲者への連帯を示すものではなく、預言者ムハンマドを侮辱する風刺画**を掲載した新聞社への賛同であると受け止められた。これが彼らを一月一一日のデモから遠ざける結果となった。

これに対し、一一月一三日直後の状況はまったく違っていた。本著の冒頭に掲載したＩＳＩＳの犯行声明（本著では、アラビア語版と併せて、中途半端な教育を受けた人間の手になる間違いだらけのフランス語版をそのまま掲載した）は、「祝福された襲撃」により「少なくとも十字軍の二百人」を殺害したと主張している。しかし、犠牲者の多くは、ＩＳＩＳが口実とする「十字軍」ともキリスト教とも関係がなかった。声明は、「ヨーロッパにおける十字架の旗頭」という烙印をパリに押しているが、襲撃の舞台となったパリ十区と十一区についてこれは相応しくない。アラブ世界研究家で、中東現代史の専門家でもあるピエール＝ジャン・リュイザールはこう述べている。

> 襲撃された地区は、タバコとグラスを手に持った若者が、モスクへ行く若者と交流する姿が見られる地区である。イスラム国（ＩＳ）がフランス社会を閉鎖的アイデンティティーの社会へと後退

させ〔…〕、破壊しようとしたのは、まさにこうした社会のあり方であった。〔閉鎖的アイデンティティーの社会においては〕各人が他者を、その人の考え方や人間性に応じて考慮するのではなく、どの共同体に所属しているかに応じて考慮する。

ＩＳＩＳのフランス語の声明文は、犯罪の正当性をさらに強調するため、バタクラン劇場に集まった観衆を、「背徳の祝宴」に集う「偶像崇拝者」と呼ぶ。厳格なイスラム教の教義によれば、偶像崇拝は死によって罰せられる以外に道はない。アラビア語の犯行声明では、バタクラン劇場の観客はみな「ムシュリキン（mushrikin）」、すなわちアラー以外の複数の神性を信仰する多神教徒であり、コンサートは罰せられるべき「淫売の乱痴気騒ぎ（haflat ʿahir fajira）」である。このような道徳的な指弾は、狂信的な人々ならともかく、大概の人から見ればロックコンサートに当てはめるには行き過ぎであり、ほとんど説得力がない。この種の指弾は、ＩＳＩＳがラッカ〔シリア中北部〕やホムス〔シリア西部〕の制圧後、建物の上から同性愛者を突き落とし処刑した場面を思い起こさせる。このときの処刑の映像は、教訓的動画としてＩＳＩＳによりインターネットに投稿されたが、バタクランでの殺戮と道徳的指弾は、「カリフ制国家」を支配するこうした慣行をパリに持ち込むためになされたとも言える。

ＩＳＩＳは、自分たちの残虐行為を実行するためにフランスのイスラム教徒を洗脳し、動員しようと

＊　フランス全国で四百万人、パリだけで百五十万人が集まった。
＊＊　本著六三頁訳注＊および七〇頁以降参照。

している。しかし、声明文にあるようなこじつけの誇張がフランスのイスラム教徒にどれほどの誘導力を持ちうるのか、効果は疑わしい。二〇一二年三月のメラ事件や、二〇一五年一月のクアシ兄弟とアメディ・クリバリによる事件の直後とは反対に、二〇一五年一一月の事件直後の場合、フェイスブックやツイッター上に何千もの「いいね！」が付くことはなかった。むろんインターネット上の「ジハードスフィア」*が狂ったように殺戮を讃えたのは驚くにあたらないが、ＩＳＩＳが支持の獲得を狙った多くのイスラム教徒の間から聞かれたのは、この組織を自分たちの最悪の敵とみなす反応であった。その一つが、大スタジアム「スタッド・ド・フランス」のテロ未遂を付近で目撃したイスラム教徒、タレク（三十三歳）の発言である。タレクは報道関係者を前に、「戦争するフランスは、郊外《バンリュー》からの支持をあてにしてほしい」と述べた。

これまでテレビやコンピュータの画面上にしか存在しなかった、レバノン、イスラエル、パレスチナ、シリア、イラクを連想させる内戦シーンが、突然フランスに、そして翌年にはベルギー、ドイツに現実のものとなって出現した。ＩＳＩＳはこれらの社会の内に、自分たちが望んだ対立を生み出すことに成功したのだろうか？　一方、二〇一五年一一月一三日のテロの直後に上下両院合同会議を招集したオランド大統領は、集まった議員を前にこう演説した――「金曜の夜、パリとスタッド・ド・フランスに対してなされた犯行は戦争行為である。これは、フランスが自由の国であり、人権の祖国であるがゆえに戦いを仕掛けてきた、ジハーディストの軍隊による犯行である」。果たして、このような断定は妥当であろうか？

オランド大統領はこのとき初めて「ジハーディストの軍隊」という表現を使った。しかし、「ジハーディストの軍隊」という表現を使う限り、この犯行が真の国家に由来したものであることを前提としなければなるまい。大統領はこの表現を使うことで奇妙にも、真の国家を標榜するＩＳＩＳの主張を認めたことになる。シリアとイラクにおけるＩＳＩＳとの戦いは、たしかに軍事力（特に海軍と空軍）を必要とする。しかし、フランス国内やベルギー、ドイツ、さらにその他の国々の内における「テロとの戦い」は、あくまで警察の領域である。また、この「テロとの戦い」において次に必要とされるのは、この現象を進行させたヨーロッパの土壌そのものを分析し、それを、一九八〇年代のアフガニスタンからアルカイダ、九・一一、そして現在に至る国際ジハーディズムの流れと関係づける能力である。フランスのジハードの「起源」を理解しない限り、われわれは政治的な近視眼に陥ることをまぬかれない。今、フランスには、この「起源」を理解するための徹底した分析に基づくケーススタディーが存在するのであり、このケーススタディーを、他の国々にも通用するパラダイムへと昇華させることが可能である。ところが不幸なことに、足元のフランスにおいては、指導者層の大半の精神的地平が依然、近視眼の次元にある。こうした指導者層の無能がジハーディズムのテロにより白日の下にさらされるたび、有権者の票は極右へと流れていく。

二〇一五年一一月一三日の殺戮はフランス国民の間に大きな動揺を引き起こした。事件後しばらく、新聞の一面や報道番組のトップニュースは連日、関連報道で埋まった。いくらか日にちが経ち、その他のニュースが並んで取り上げられるようになったその年の暮れ、一二月六日と一三日に行われる州議会

＊　ウェブサイト、ブログ、ＳＮＳなどを通じて結びついたジハーディストの世界。

議員選挙の候補者ポスターが投票所の学校前に設置され出した。選挙の結果、北仏ノール・パ・ド・カレ州と南仏プロヴァンス・アルプ・コートダジュール州で極右政党「国民戦線（ＦＮ）」が大躍進を遂げた。『フランスの情熱――シテの声』（ガリマール、二〇一四年＊）において指摘した通り、この二つの州はフランス国内でも特に、民族・宗教上の違いを背景とする社会組織の亀裂が深まっている地域である。

二〇一五年一一月の殺戮事件により、隠れていた何かが浮かび上がった。浮かび上がったものの意味は、事件をコンテクストの中に据え直すことによって初めて解読できる。

二〇一五年一一月の殺戮事件はまた、二〇一六年に入ってフランスや近隣諸国で発生する新たな殺戮事件の前触れでもあった。本著の冒頭に掲載した「祝福された襲撃」の犯行声明は、ある一つの世界観に反響させたときにのみ初めて意味をなすものであり、それゆえに、その世界観を形づくるあらゆる次元を解読していくことが緊要である。ここで、この解読作業の導入として、二〇一五年にインターネット上で公開されたある文章を引用しよう。この文章は、「西洋においていかに生き残るか？　ジハード戦士のガイド　二〇一五年」というタイトルで、ＩＳＩＳシンパのＳＮＳ上で拡散されているものである。

本当の戦争がヨーロッパの只中で激化している。我々はテロリストではなく、平和な市民であろうとしているにもかかわらず、不信仰者の指導者たちは、我々イスラム教徒はすべてテロリストであるとメディアで絶えず嘘をつく。我々は追いつめられて過激化を強いられている。彼らはこれが原因となって敗北し、ローマは征服されるだろう。

メディアを所有する人間が千年にわたってヨーロッパと西洋をその砦としてきた。彼らはヨーロッパと西洋にイスラム教が勃興することを望まない！　権威と姦通と酒と金を持ち続け、それらを失いたくないのだ。彼らは、中東でイスラム国に始末をつけ、真のイスラム教が西洋で勃興するのを妨げるために、メディア上でのキャンペーンに何十億ドルもの金を注ぎ込む。［…］これは両方にとって生きるか死ぬかの問題だ。生き残るのはどちらか一方だけだ。アラー（神）の最後の使徒であるムハンマド（彼に平和あれ）は、最後の勝利とヨーロッパの首都ローマの征服を我々に約束した。ただし、これはペルシャ（イラン）を征服した後だ。［…］

預言者ムハンマド（彼に平和あれ）のウンマ（国家）において、我々は、世界のどこにあっても、我々の宗教と自分を守るために身を挺して戦うことを教えられた。もし、お前がこの武装防衛に反対する平和主義者であるなら、自分の宗教が原因で今あるいは将来、刑務所入りになるだろうことを覚えておけ。お前が自分の信仰（Iman）を持ち続けられるかどうか、自問してみよ。逸早く攻撃に転じる者は、あらゆる状況に対応しうることを学ぶ。学んだ者が手に入れるのは、おそらく投獄を命じる長い判決ではなく、殉教（chahada）だろう。

＊　Gilles Kepel, Passion fançaise. Les voix des cités, Gallimard, 2014. 二〇一二年六月の国民議会議員選挙では、フランス史上初めて、北アフリカを中心とする移民系フランス人四百人が立候補した。G・ケペルは二〇一三年以降、全国を回ってそのうち約百人にインタビューを行い、その結果をこの著書にまとめた。ケペルが特に注目したのが北仏のルーベと南仏のマルセイユであり、それぞれノール・パ・ド・カレ州とプロヴァンス・アルプ・コートダジュール州に所在する。

プロローグ　「ブールの行進*」から「『シャルリー・エブド』襲撃」と「バタクラン襲撃」へ

二〇一五年一一月一三日、パリ市内のバタクラン劇場と北郊サン・ドニ市の大スタジアム「スタッド・ド・フランス」において新たな殺戮事件が発生した。同年一月にはシェリフ・クアシ、サイド・クアシの兄弟、そしてアメディ・クリバリの三人を犯人とする連続殺戮事件**が発生しており、それから十カ月を待たずに発生した新たな惨劇であった。

* 「ブール（beur）」とは、フランスで生まれ育った主にマグレブ諸国（具体的にはアルジェリア、チュニジア、モロッコ）系移民の子弟を指す俗語で「アラブ（arabe）」の音節倒置からきている逆さ言葉。「ブールの行進」とは、移民の子弟が一九八三年秋に行った「差別主義に対する平等のための行進」に対し、当時のフランスメディアが付けた呼称（後出）。

** 二〇一五年一月七日から九日にかけて、主に、パリ市内にある風刺紙「シャルリー・エブド」編集部内とユダヤ系食品店「イーペル・カシェール」で生じた襲撃事件を指す（本著三三頁訳注*参照）

これら一連の事件は、フランス各地の都市郊外に広がる大衆地区《バンリュー》（「シテ」）を揺るがせた二〇〇五年秋（一〇月～一一月）の暴動から十年目に発生した。また、チュニジア、エジプト、リビア、イエメン、バーレーン、シリアなど、アラブ諸国で発生した民衆蜂起「アラブの春」（二〇一〇年末～二〇一一年初頭）〔本著八九頁訳注＊参照〕から数えれば五年目にあたる。

二〇一五年一月に発生した「シャルリー・エブド」編集部とユダヤ系食品店「イーペル・カシェール」での殺戮、そして警官二名（「シャルリー・エブド」編集部近くで殺害されたアメド・メラベとパリ南郊のモンルージュで殺害されたクラリッサ・ジャン＝バティストの両警官）の殺害という一連の事件は、近年の激動の歴史の延長線上に位置づけられる。フランスにおいては、「レトロコロニアル」、すなわち北アフリカにおける植民地時代の「抑圧されたもの」の揺り戻しである。北アフリカから中東に至るアラブ世界でも、革命という地震が連続した。フランスにおいてテロリズムが炸裂した「シャルリー・エブド」編集部襲撃事件は「フランスの九・一一」であった。四日後の一月一一日には全国規模の大デモが行われた。集まった民衆四百万人は「私はシャルリー（Je suis Charlie）」というスローガンを掲げてこれに応じた。この事件は、二〇一二年のメラ事件*を皮切りとする新しいジハーディズムによるのテロの一つであった。一九九六年以降、十六年にわたってテロの発生がなく〔本著八七頁訳注＊＊＊参照〕、国土の聖域化に成功してきたフランス治安当局の不意をつく形で、ジハードが再び出現した。

そして二〇一五年を通じ、一月の事件の余震と見られる事件が相次ぐ。二〇一五年四月一九日、パリ南郊のカトリック教会へのテロを計画していたジハーディストが偶然から逮捕された。**六月二六日には、シリアやイラクでのＩＳＩＳによる残虐行為をまねた頭部切断事件***がフランス国内で初めて発生した。八月二八日には、アムステルダム発パリ行の国際高速列車タリス車内で、幸い惨事には至らなかったものの、発砲事件が発生した＊＊＊＊。そして一一月、パリとサン・ドニで同時襲撃事件が発生する。ジハーディズムは今やフランスに根を下ろした。ＩＳＩＳが二〇一四年六月に樹立を宣言したレバントの「カリフ制国家」にはすでにフランス人の若者数百人が合流し、千五百人が出発途上か、あるいはフランスに戻る途上かのいずれかの段階にある。彼らの多くは、植民地独立以後《ポストコロニアル》の時代にフランスにやって来たイスラム教徒移民の子弟であるが、三、四人に一人は新たにイスラム教に改宗した若者である。女性も多い。

こうした数字に照らしてみたとき、われわれが直面する前代未聞の「恐怖《テロ》」は、フランス社会に蔓延

＊　モアメド・メラは、二〇一二年三月一一日、一五日、一九日に南仏トゥールーズとモントーバンで発生した連続射殺事件の犯人。軍人やユダヤ人学校の児童・教師が標的となりメラ自身を含めて八人が死亡した（本著八七頁訳注＊＊＊＊および第３章参照）。

＊＊　自分が携帯していた銃を誤射して負傷し、自分で救急車を呼んだことがきっかけで、パリ南郊ヴィルジュイフ市にあるカトリック教会へのテロを計画していたアルジェリア生まれの学生シド・アメド・グラム（二十四歳）が逮捕された。

＊＊＊　フランス南東部のイゼール県で、勤務先の輸送会社社長を殺害して頭部を切断し、これを化学工場の外柵にくくり付けた後、ガスボンベを積んだ車で工場内に突っ込む事件が発生した。犯人のヤシン・サリはモロッコ・アルジェリア系フランス人。

＊＊＊＊　モロッコに生まれ、二〇一四年まで家族とともにスペインに居住していたアユブ・エル・カザニ（二十四歳）が逮捕された。

する不安の噴出であり、社会の変貌に対する政財界エリート層の無策の結果であると判断せざるを得ない。ジハーディズム台頭の背後には、フランスの共和政およびその非宗教性《ライシテ》の理念との断絶を目論むサラフィー主義の定着がある。しかし、フランスにおけるジハーディズムの台頭は、実はそれだけが孤立して進行した現象ではない。選挙における極右政党「国民戦線（ＦＮ）」の躍進、インターネット上におけるアイデンティティー系あるいは陰謀論系ウェブサイトの氾濫もまた、ジハーディズムと並行して進行した「フランス社会の亀裂」の症状であり、理論家のアラン・ソラルや、集客役であるコメディアンのディユドネがその流れの代表的人物である。* こうしたフランス社会内部での亀裂の症状が、移民系住民が集中する大都市郊外《バンリュー》の「シテ」のみならず、伝統的なフランスの庶民が住む戸建ての住宅街までを覆っているのである。（原注）

このように、二〇〇五年秋の暴動と二〇一五年のテロ発生を隔てる十年間に、フランス社会には新たな断層が広がっていた。そして、ポストコロニアル時代の移民の子弟としてフランスで生まれた若者が、この新たな断層を象徴する大きな社会問題となった。その表れが社会や制度との暴力的な衝突である。自分たちの希求や欲求不満を、非暴力的かつ政治的に表明していく若者たちがいなかったわけではない。しかし、様々な暴力的衝突が発生した挙句に、移民の子弟である若者たちは暴力の烙印を押され、メディアの人質となった。また、烙印を押されたことの反動として、今度は「イスラムフォビア（嫌イスラム）」という被包囲妄想が醸成されることにもなった。一方、二〇〇五年から二〇一五年にかけての十年間はまた、こうした暴力的衝突の真逆にあたる別のタイプの行動が、多くの若者を取り込んで広く定着していく時期でもあった。移民の子弟である多くの若者がフランス生まれのフランス市民として成長し、選挙権を行使しはじめる時代が到来したのである。

イスラム教徒移民の子弟である彼らは、親の世代には与えられなかった市民権を集団的に得ることで、フランス国内の選挙に有意な程度に参加できるようになった。単に多数の若者が投票所に赴くようになっただけではない。各種選挙において、こうした若者の間から数百人規模の候補者が立つようにもなった。もっとも、二〇〇七年の大統領選挙では彼らの票が生きることはなかった。自分たちの意思とは正反対に、彼らの存在が保守政党「国民運動連合（ＵＭＰ）」**を率いるニコラ・サルコジ党首の勝利を助けることになった。サルコジは、国民の間に大きな不安を呼んだ二〇〇五年秋の暴動を断固鎮圧した当時の内相で、大統領選の決選投票では極右支持層の票が回ったことで快勝した。移民の子弟である大衆地区の新しい有権者層の多くは、対立候補の社会党セゴレーヌ・ロワイヤル氏に投票したが及ばなかった。

次の二〇一二年の大統領選挙では、社会党フランソワ・オランド候補が接戦の末に現職のサルコジ大統領を下した。世論調査機関のアンケートによると、この選挙では、「自分はイスラム教徒である」と答えた投票者の票の八〇％以上がオランド候補に回った。これらの有権者は、移民やイスラム教徒に対

＊　アラン・ソラルは反ユダヤ主義で知られるフランスの政治活動家。「左翼国家主義者」を自称するが、一般には極右に位置づけられる。反ユダヤ主義的言動で知られるコメディアンのディユドネ（ディユドネ・ムバラ・ムバラ。カメルーン人の父親を持つフランス人）と近い関係にある（本著一三一頁以降参照）。

（原注）　フランスよりはるかに失業率の低いドイツでも、二〇一五年以降、中東から百万人を超える難民の受け入れを行ったのと並行して、反移民・反イスラムの極右政党「ドイツのための選択肢（ＡｆＤ）」が急速に党勢を伸ばしつつある。

＊＊　「国民運動連合（ＵＭＰ）」は二〇〇二年から二〇一五年まで活動した保守政党で、二〇一五年に共和党に改称した。

して問題発言の多かったサルコジ大統領を敗北させるべく、オランド候補に一票を投じたのである。

フランスは、絶対王政の流れを汲むジャコバン主義とナポレオン主義という二つの建国神話を基盤とした強力な国家アイデンティティーを有する。ところが、二十世紀に入ると、激しい社会的衝突が連続し、西ヨーロッパで最も強力な共産党の一つとなる「フランス共産党」が形成されることになった。フランス共産党は、階級闘争というカウンターカルチャーをテコに、国内の大衆地区を自らの砦に変え、絶頂期には共産主義の「輝かしい未来」というユートピアの下に、政治的発言力の弱い階層の不満を代弁する「護民官機能《トリブヌス》」を担っていた。しかし、市町村や労働組合、青年運動、慈善団体を牛耳り、こうした組織内で党幹部の昇進を可能にしていたこの共産党も、二十世紀最後の四半世紀に生じた激動を生き残ることはできなかった。

工業化社会の終焉とともに大量失業が恒常化するなか、交代勤務の流れ作業に従事する多数の労働者が組合組織に守られていた時代は終わりを告げ、未熟練労働者の連帯に代わって個人のイニシアティブに価値を置くサービ業の時代が到来した。これにより、移民を両親とする若者だけでなく、いわゆる「生粋の」フランス人大衆層の若者の間にも、失業中か、インフォーマル経済や闇商売で生活の糧を得る者が増えていった。「労働者の党」はもはや、彼らの居場所ではなくなっていた。

こうして時代遅れとなった「労働者の党」に代わって、二通りの異議申し立て運動が同時進行的に発展していく。その一つが極右のアイデンティティー系ナショナリズムの潮流であり、もう一つがイスラム指向の潮流である。今日ではその両方が、かつてのフランス共産党のように、「社会から取り残された者たちこそ明日の勝利者になれる」という神話を作り上げ、荒廃した社会が魔法の杖の一振りで再建できるかのような強いユートピア幻想を振り撒いている。この新しい形の「輝かしい未来」においては、共産党の赤旗に代わり、権威主義政党の「茶色の旗」と、イスラム教の預言者ムハンマドの「緑の旗」がたなびいている。プロレタリア対ブルジョワジーの階級闘争という、つい最近までの標準だった対立モデルは姿を消し、新たな二種類の対立モデルが登場している。極右のナショナリズムに則れば、「フランス人」対「グローバル帝国」（ユダヤ人とフリーメーソンが陰謀を企んでいるという一九三〇年代に流行した陰謀論の無意識の借用）、あるいは「フランス人」対「移民」という対立モデル、イスラム指向に則れば、「イスラム教徒」対「不信仰者＊（kuffar＝クファル）」という対立モデルである。

これら二つの世界観においては、連帯するにせよ敵対するにせよ、集団への帰属を決める基準として誇示されるのは、もはや社会的なそれではない。自分の社会的地位が脅かされているという強迫観念が、こうした集団への帰属の真の理由であったとしても、帰属理由として公に主張されるのは別の次元の基準である。すなわち、これら二つの世界観の信奉者が拠り所とする想像上の共同体はいずれも、横断的で、社会的に均質でなく、道徳的な確信と代替倫理の確立にその存在理由を求めようとする。そこでは、道徳的信条は常に「脅かされているもの」として知覚され、これを保持するためには「妥協と腐敗にまみれた既成の政治制度にはない倫理の体系」を新たに実現しなければならない。

極右勢力を見ると、二〇一四年の欧州議会議員選挙で高得票率を獲得して以来、「フランスの第一党」を自負する「国民戦線（ＦＮ）」を中心にして、ＦＮのレトリックではカバーしきれない主張を展開す

＊　「不信仰者」とはイスラム教を信仰しない者すべてを指す。

る団体が寄り合い所帯的に共存している。その一端にくるのが、二〇一二年提出の同性間結婚を認める法案に反対した「マニフ・プール・トゥス（すべて人のためのデモ）」*をはじめ、FN支持層よりは穏健な有権者層の支持を受けて示威行動を行う保守団体である。もう一端にくるのが、「ファショスフィア」**として分類される極右ウェブサイトの一群である。この中には、「イスラム教徒の侵略」に対抗し「生粋のフランス人すべての結集」を呼びかける過激なアイデンティティー政党や、「シオニズム」に対抗し、フランスの先住民族「ガリア人」の子孫からイスラム教徒の若者である「最近のフランス人」までをまとめて動員しようとする陰謀論勢力などが混在している。

「イスラム教系」の運動を見ても、世代的、社会的、政治的な要因によって多くの亀裂が存在している。多数のグループが、フランス人口のほぼ八％を占めるイスラム教徒住民を自分たちのグループに取り込むべく、また、これら住民を宗教的、文化的障壁による隔離された「共同体」として構造化すべく、覇権を争って競合している。イスラム教徒住民は、フランス人全体の平均に比べて若く、貧しく、人口増加率が高い。新しい動きとしては、イスラム教に改宗する若者の増加が挙げられる。彼らは、一般大衆層やプチブルジョワ層に属する「生粋の」ヨーロッパ系の若者たちである。

このイスラム教徒人口群は現在、フランス社会に大きな課題を突きつけ、かつ選挙で重要な票田をなしはじめており、今後もその傾向はさらに強まるだろう。しかし、この人口群が、イスラム教の政治的・宗教的起業家が一九八〇年代末頃から躍起になっていること、すなわち「スカーフの着用」「ハラル（halal）***の尊重」「同性間結婚の禁止」といった文化的境界のマーカー（標識）によって境界線の内側に囲い込まれ、統一戦線を形成する可能性はほとんどない。

この種の起業家集団の一つとして一九八〇年代に登場したのが、政治的イスラム主義の国際的主流をなすムスリム同胞団系の団体、「フランス・イスラム教組織連合（UOIF）」****である。この団体は、北アフリカやレバントで生まれ教育を受けた、アラビア語を話す「ブレダール」（アラビア語で「片田舎（bled）から来た人」）と呼ばれる世代が主導する組織で、二〇〇〇年代半ばまではフランスで圧倒的な影響力を誇り、「学校におけるイスラム教のスカーフ着用」を一貫して要求し続けてきた。しかし、「公立学校において宗教的帰属を示す目立った徴の着用を禁じる法律」が二〇〇四年に成立し〔本著五九頁訳注*参照〕、二〇〇五年秋に全国の郊外《バンリュー》地区で一連の暴動が発生してからは影響力を失い、イスラム教の教義と象徴をめぐる彼らの闘いは、サラフィー主義勢力からの競合を受けることになった。

サラフィー主義は、「イスラム教徒の人生はすべてイスラム教に捧げられるべきである」とする「イスラム・アンテグラル」の教義そのものであり〔本著二九頁訳注**参照〕、「不信仰者」の社会との隔絶を図る「大きな物語」を構築することで文化的アパルトヘイトを推進する。すでに社会の周縁に追いや

*　同性間結婚のスローガンであった「マリアージュ・プール・トゥス（すべての人のための結婚）」への対抗スローガンを冠した保守の圧力団体。

**　ウェブサイト、ブログ、SNSなどを通じて展開される極右勢力の世界。

***　シャリア（イスラム法）に照らして「許されている」「合法」を意味し、食品などにも適用される。

****　正称は、一九八九年までは「フランスにおけるイスラム教組織連合（Union des organisations islamiques en France）」、一九八九年以降「フランスのイスラム教組織連合（Union des organisations islamiques de France）」に改称（本著三四三〜三四四頁参照）。

られている郊外大衆地区では、このサラフィー主義による文化的境界のマーカーが増殖するにつれ、イスラム教が規範となり、その規範が住民を強く制約する「ハビトゥス*」となっていく。こうしてサラフィー主義勢力は、郊外大衆地区の若者を取り込んでいったのである。

ＵＯＩＦとサラフィー主義という二つの流れはいずれも規則と禁止を発令し、フランス社会の既存のアイデンティティーに挑戦する表象の世界を組み立てていく。この二つの流れと結びつく形で、選挙におけるロビー活動を目的に掲げた団体も派生していった。その中で最も目立つ活動を行っているのが、「セーヌ・サン・ドニ県イスラム教徒アソシエーション連合（ＵＡＭ93**）」である。セーヌ・サン・ドニ県はフランスにおいて初めてイスラム教徒住民が人口の過半数に達した県である。ＵＡＭ93は、二〇一四年の市町村議会議員選挙ではシテの票を社会党支持から切り離すため、右派への投票を促すキャンペーンを大々的に展開した。

二〇一二年のオランド政権発足後、シテの若者の票が社会党支持から右派支持へと転換する直接的な原因となったのは、二〇一二年一一月に社会党政府が提出した同性間結婚を認める法案である。法案に反対する前述の保守系圧力団体「マニフ・プール・トゥス（すべての人のためのデモ）」にイスラム教団体が合流し、イスラム教導師《イマム》の何人かが社会党政権を「地上に堕落をもたらす者」と批判したうえで、選挙によって制裁するよう命令を発したのである。それ以前、二〇一二年四月から六月にかけての大統領選挙と国民議会（下院）議員選挙のときは、イスラム教徒有権者の多くが主に「社会的帰属」の基準に従って左派政党に投票した。しかし、二〇一三年五月に「同性カップルの結婚を認める法律」が公布されてからの二〇一四年以降の選挙になると、社会党への支持票が減少しはじめる。これは、経済危機の長期化による人心の荒廃もさることながら、社会党への支持の基準（社会的帰属）が道徳・宗教上の価値観と対立するようになったためである。

このように、ポストコロニアル時代の移民の子弟である若者たちが示した選挙行動には明確な変化が見られた。その推移を検証すると、彼らは、社会的帰属意識から見れば左派に近いが、民族・宗教上の主張に従えば右派に接近するという傾向を持ち、ジレンマの状態にあることがわかる。すでに二〇一二年の国民議会議員選挙において、移民子弟である候補者の中から、一方では極右ＦＮやアラン・ソラル、ディユドネの精神的宇宙を主張する者が、他方ではイスラム主義のレトリックを展開する者が出てきたというのも、こうしたジレンマの反映であった。しかも、この傾向は、移民系有権者だけに限られたものではなかった。共産党の瓦解後、一般大衆層も全体として左派政党への支持を止めて極右政党に票を投じるようになり、二〇一五年現在、労働者層の政党支持率では極右ＦＮが第一党となるに至っている。

移民の子弟である若者たちの政治舞台への登場は、二〇〇五年から二〇一五年までの十年間に様々な変転を見せた。その建国神話として位置づけることができるのが、二〇〇五年秋の暴動から二十年以上

＊　社会学者ブルデューによる中心的概念の一つ。それと自覚されなかったうちに社会的に獲得されていく特有の性向や習慣、行動様式を指す。

＊＊　フランスの県には通し番号が付いており、セーヌ・サン・ドニ県の県番号は「93」。同県は県番号「93」で示唆されることが多く、移民やイスラム教徒住民の多い県としてイメージされている。

前に遡って行われた、一九八三年秋の「差別主義に反対する平等のための行進」である。これは、新聞メディアが「ブール（beur）の行進」と呼んだ示威行動で、フランス人口の新しい構成要素であるブール、つまりマグレブ諸国からの移民労働者二世による、初めての自己主張の試みであった。この行進が組織されたのはアルジェリア独立からほぼ二十年後である。すなわち、ポストコロニアル時代の移民であるアルジェリア人労働者を親に持つ、フランス生まれの世代が成人に達した時期である。

「差別主義に反対する平等のための行進」は、南仏マルセイユの北部から始まり、リヨンを経て、北仏のルーベまで、全国を南から北へ縦断する形で行われた。いずれもアルジェリア系移民が集中する地区である。植民地としての「フランスのアルジェリア」はその二十年前に消え去ったが、フランス各地の郊外のシテには、アルジェリアからの移民とその子弟が新しい「アルジェリアのフランス」を形成していた。「アルジェリアのフランス」は、「フランスのアルジェリア」のいわば鏡像である。「差別主義に反対する平等のための行進」は、かつてのフランス帝国主義時代と現在の「レトロコロニアル」時代の連結点にあたる一九八三年という時期に、「アルジェリアのフランス」に属する若者を動員して行われた運動であった。「ブールの行進」は一九八三年一二月三日、大統領府において、政治参加に関する自分たちブールの要求を当時の大統領フランソワ・ミッテラン（社会党）に提出して終了する。要求を提出した若者たちは、アルジェリア独立戦争を戦ったアルジェリア民族解放戦線（ＦＬＮ）の兵士の子どもたちの世代でもある。ＦＬＮの一斉蜂起により独立戦争が勃発したのは一九五四年一一月一日の「赤い万聖節*」であった。その四日後、当時、内相であったミッテランは、「唯一可能な交渉は戦争である」と宣言していた。

「ブールの行進」の発端は、普遍的な理想に基づく権利の要求であった。行進に参加した若者たちは、自分たちが普遍的理想に基づく権利を剝奪されていると感じていた。その背景には、一九八一年以降繰り返されていた「暑い夏」** の経験があった。警官が移民系の若者に対して「人相を理由とする嫌疑」をかけ、過剰対応するケースが多発し、身元確認や小競り合いをきっかけに暴動へと発展した結果、数名の死者が出ていた。この行進はしたがって、「ブールの行進」という呼称が示すように、新しいエスノジェネレーション（出自と文化を共有する一つの民族《エスニック》集団に属することを特徴とした世代）が普遍的権利の回復という要求表明を通じてフランスの政治舞台に登場しはじめる画期をなす運動であった。

ところが、一九五四年のミッテランの表現を借りれば、一九八三年のブールからの要求に対してミッテラン大統領が採った「唯一可能な交渉」は、術策であった。その術策によりブールの若者たちは、政党への参加を促される代わりに、反差別主義団体*** を使った劇場型政治の観客として留め置かれることになった。自分たちアラブ（arabe）人を「ブール（beur）」という逆さ言葉で呼んだことにも表れるように、彼らはフランス社会との交雑の産物であった。そうした彼らをもっとうまくフランス社会に統合さ

＊　「万聖節」は、キリスト教で諸聖人のために毎年一一月一日に行われる祝祭。本文中の「赤い万聖節」は「流血の万聖節」の意。独立戦争勃発の日とされるこの日、アルジェリア各地ではテロが発生し、フランス人を中心に十人が死亡したとされる。

＊＊　ミッテラン大統領の当選後まもない一九八一年の夏、リヨン郊外で若者数十人が自動車への放火などを行い、警官隊と衝突した。以後、こうした「暑い夏」が繰り返されるようになっていた。

＊＊＊　後述の「ＳＯＳラシスム」を指す。

せることは可能だったのではないか。

ミッテランの術策には二つの側面があった。一つは、若者の運動を広範に糾合して彼らとの連帯を喧伝し、極右に烙印を押しつつ、同時に極右を利用することである。極右FNの伸長に伴って右派は分裂し、一九八八年の大統領選挙でミッテランは再選に成功した。もう一つは、行進に加わった若者らの固有の立ち位置を、とりわけパレスチナ解放機構（PLO）のアラファト議長に倣ったクーフィーヤ（パレスチナの伝統的な格子模様のスカーフ）の着用に現れるような彼らのパレスチナ寄りの姿勢を、より広範な反差別主義運動の中に希釈させたことである。「私の仲間に手を出すな」と書いた黄色い掌をロゴマークとする団体「SOSラシスム」の運動がそれである。この反差別主義運動の牽引役を果たしていたのは、実はユダヤ人の団体であった。

ミッテラン時代に端を発するこの権謀術策《マキアヴェリズム》は現在まで大きな負の遺産を残し、その影響はますます深刻化している。一方では、極右が政権獲得を射程に入れるまでに勢力を拡大し、もう一方では、イスラム教徒移民の子弟に振りかかる社会的な周縁化がサラフィー主義、さらにはジハーディズムの浸透を促しているのである。

本著の目的は、フランスの中で時代がどのように転換し、同時に、フランスの中でジハードがいかにして産み落とされてきたかを詳かにすることにある。第1章から第3章までの第Ⅰ部（**潜伏期**）では、二〇〇五年から二〇一二年にかけての転換期において、ほとんど誰も気づかぬうちに社会が根底から変貌し、フランスのジハードが秘かに育ちはじめたことと、その背景を検証する。パリ東郊のクリシー・

スー・ボワ（セーヌ・サン・ドニ県）から始まった二〇〇五年秋の暴動は、「フランスのイスラム教の第三世代」〔本著七六頁参照〕を産み落とした。そして、これと時期を同じくして中東では、シリアの理論家アブ・ムサブ・アル・スーリの大著『グローバルなイスラム抵抗への呼びかけ』（二〇〇五年）が第三期ジハーディズムの勃興を強力に促した。

フランスでは二〇〇七年に右派サルコジが大統領に選出された。サルコジ政権は二〇〇五年秋の暴動の反動から誕生した政権であり、その政治上のソフトウェアは極右から借り受けたものであった。サルコジ政権は二〇一二年のメラ事件とともに幕を閉じる。メラ事件は、現在まで続く第三期ジハーディズムのテロの先駆けとなった事件であり、ＳＮＳによってもたらされた『グローバルなイスラム抵抗への呼びかけ』という外国由来のイスラム主義イデオロギーと、フランスの過激化したサラフィー主義によって生み出された新しい政治社会学的状況とが融合することで発生した事件であったが、諜報機関はこの事件を予測する能力をまったく欠いていた。

第４章から第６章までの第Ⅱ部（**噴出期**）では、二〇一二年五月の大統領選挙で「イスラム教徒の票」を取り付けて当選したオランド大統領が、その半年後の同性間結婚法案を契機に、いかにしてその支持を失っていったかを検証する。支持を失った理由は、経済危機の深刻化でシテの住民が大きな打撃を受けていたという事情もある。しかし、決定的だったのは、同性間結婚法案に反対するカトリック教徒とイスラム教徒が共に、保守的な価値観を擁護する「マニフ・プール・トゥス（すべての人のためのデモ）」に賛同したことである。この第Ⅱ部では、「シャルリー・エブド」編集部襲撃事件の四日後に行われた大規模デモと、このデモが孕む意味をめぐる論議までを視野に入れる。

以上に概観したような状況が、フランスのジハードの噴出を助長した土壌である。(原注) フランスの郊外大衆地区は現在、極右ＦＮの否応のない伸張とサラフィー主義の浸透との狭間に絡めとられた状態にある。そして、最も過激なサラフィー主義者たちは、シリアと「イスラム国（ＩＳ）」に目を凝らしつつ、内戦によるヨーロッパの破壊を呼びかけている。

（原注）二〇一六年にフランス以外の各国でも類似の事件が次々と発生したように、こうした状況はフランスだけに限定されるものではない。フランスのケースは、世界的なジハード拡散の背景を解読するためのパラダイムとなりつつある。

I

潜伏期

クリシーの暴動からサルコジ時代へ（二〇〇五〜一一年）

二〇〇五年から二〇一二年にかけて、フランスのイスラム教の中で大きな転換が起こる。二〇〇五年秋に発生した暴動から二〇一二年三月のモアメド・メラによる連続射殺事件まで、二つの出来事を隔てるのはわずか七年である。しかし、その七年間はあらゆる危険を孕み、かつ、その危険の萌芽を摘みとる機会が次々と失われていく七年間であった。二〇一二年三月のメラ事件によってジハーディストによるテロが衝撃的に復活し、フランスがテロのない聖域となっていた十六年間に終わりを告げた。メラ事件が発生したのは、大統領選の選挙期間の幕開けとほぼ同時であった。選挙ではオランド大統領が当選した。当選の一因は、国内の「イスラム教徒の票」が多数、オランド支持に回ったことにあった。大統領選に続き同年六月に実施された国民議会（下院）議員選挙には、イスラム教徒移民の子弟がフランス史上初めて、四百人以上の規模で立候補した。彼らは自らフランス市民であることを十全に引き受け、国民主権を体現するために立候補した。

つまり、この七年間は、それまでフランスの政治制度の埒外に置かれていた人々の政治面での「統合」プロセスが目立った形で進行し、それと並行して、もう一つの動きが水面下で秘かに進行していく時代であったのだ。「フランスのイスラム教の第三世代」と呼びうる世代が台頭するのは二〇〇四年から二〇〇五年にかけての時期である。これは、スタジ委員会が「非宗教性《ライシテ》」に関する報告書を提出した二〇〇三年一二月から「二〇〇五年秋の暴動」にかけての時期と重なる。この「第三世代」の若者たちは、「フランス・イスラム教方向性・考察評議会（CORIF）」（一九八九年にピエール・ジョクス内相が設置）や、「フランス・イスラム教評議会（CFCM）」（二〇〇三年にサルコジ内相が設置）といった公的なイスラム教代表機関とは距離を置き、イスラム教の名の下に、フランスで長い歴史を持つキリスト教徒やユダヤ教徒と同等の市民権を臆することなく要求するようになる。

しかし、フランス国内のイスラム教徒の社会基盤は脆弱である。新しい政治的市民権の要求と彼らをとりまく社会的現実との間には乖離があった。そのことが、フランスのイスラム教世界を分断して緊張を招きやすい状況を生み、「イスラム・アンテグラル」の浸透に好都合な条件を与えることにもなった。特にサラフィー主義を拠りどころに、あるべきイスラム教の実践を説く「イスラム・アンテグラル」は、社会の閉塞状況を打開する想像上の解決策を提案する。その解決策は、極左や極右が掲げてきた急進的ユートピア思想の寄せ集めか、それらに取って代わるものとして提示されるため、人々をよりいっそう引きつける。イスラム教への改宗者がかつてないほど増加しているのはこのためである。

フランス国内におけるこうした変化は、国際ジハーディズムの変貌を受けてさらに加速した。アブ・

＊「共和国における非宗教性（ライシテ）の原則の適用」をテーマとする報告書。共和国調停人（オンブズマン）の任にあったベルナール・スタジが委員長を務めた。報告書の提言に基づく「公立学校において宗教的帰属を示す目立った徴の着用を禁じる法律」が翌二〇〇四年三月一五日に成立した（本著七七頁訳注＊＊参照）。

ムサブ・アル・スーリの著書『グローバルなイスラム抵抗への呼びかけ』がインターネット上で発表されたのは二〇〇五年一月である。アブ・ムサブ・アル・スーリはこの大著の中で、西洋世界との主たる戦い方をヨーロッパ内部におけるテロの遂行として理論化し、ヨーロッパ社会の中で「統合がうまくいっていない」移民の子弟をテロ遂行のための格好の道具とみなす。この著書は、外からアメリカを攻撃したアルカイダの論理とは一線を画し、ヨーロッパ諸国を内部から攻撃する戦略を推奨する。目的は、ヨーロッパ諸国を内戦に導き、ヨーロッパ全体を内破させることにある。

ヨーロッパ育ちの若いジハーディストが訓練のために次々とイラクやアフガニスタンの戦場へ旅立つなかで、こうした思想がゆっくりと熟成し、モアメド・メラが登場する土壌を生み出していった。

二〇一二年三月、南西フランスのトゥールーズとモントーバンでモアメド・メラによる殺戮事件が発生する。しかし、ほぼ時を同じくして、その真逆の立場から、イスラム教徒移民の子弟であるフランス市民の若者が、大統領選での投票行動や国民議会議員選挙での立候補を通じて、政治的統合への意思を初めて大々的に表明する。彼らが示した政治的統合への意思は、共通の価値を核とし多様性を内包する、フランス社会の調和の鍵である。ところが、こうした統合のプロセスが、社会の内部に出現したジハードによって根底から脅かされることになる。

I　潜伏期

第1章　二〇〇五年、転換期の始まり

二〇〇五年秋にフランスを揺るがした激しい暴動は、国内のイスラム教においても国際ジハーディズムにおいても根本的な大変化が生じつつある中で発生した。政府は暴動に対処するため、一九六二年のアルジェリア戦争終結以来初めて、非常事態宣言を発令した。その後フランスでは、二〇一五年一一月のテロ直後にも新たな非常事態宣言が発令されたが、これは現在まで維持されている。

二〇〇五年秋の暴動は、新しいエスノジェネレーション（出自と文化を共有する一つの民族集団《エスニック》に属することを特徴とした世代）が自分たちの住む郊外《バンリュー》の大衆地区（「シテ」）の路上を三週間にわたって占拠し、「社会の舞台」にセンセーショナルに登場する歴史的瞬間であった。このエスノジェネレーションの表舞台での意思表示は、以後、現在までの十年間を通じて、「選挙への参加」と「イスラム教のアイデンティティーの主張」という二つの形をとって進行する。有権者名簿にこの世代の若者が大量に登録されるのと並行して、彼らの中から市町村議会、県議会、州議会の議員が数千人規模で選出される。総勢六千人が出馬した二〇一二年の国民議会（下院）議員選挙には、ポストコロニアル時代の移民の子弟約四百人が立候補し、国政レベルでは初めて主権の体現を試みた。うち六人が当選、さらに同数の上院議員も誕生した。

二〇〇五年秋の暴動は、フランスのイスラム教が新しい時代へと移行したことを象徴する出来事となった。フランスで生まれ教育を受けたイスラム教徒移民の「第三世代」が権力を掌握し、先行世代が支配してきたイスラム教の代表機関を揺さぶるようになった。同時期、国際的にはジハーディズムを伴う過激なイスラム主義が変貌を遂げはじめた。二〇〇一年の九・一一テロを準備したオサマ・ビンラディン率いるアルカイダのピラミッド型組織に代わり、まったく新しいアプローチが提唱されはじめた。この新しいアプローチは「網状組織《ネットワーク》」のモデルに則ったもので、ヨーロッパを標的に据え、主としてヨーロッパの若いイスラム教徒を中継者として求めるものであった。

同じ二〇〇五年、フランスの近隣諸国では、七月にロンドン同時爆破テロが発生、九月にはデンマークの日刊紙に発表された預言者ムハンマドの風刺画*が論議を呼び、全世界に波及していた。二〇〇五年に起きたこれらの事象は、十年後に、さらに大きな規模でパリやコペンハーゲン**を襲うことになるテロを予告していた。さらにこの二〇一五年には、シリアとイラクで「イスラム国（ＩＳ）」が勢力を拡大し、ヨーロッパから何千人もの若者が両国に渡り、ジハードに合流するという新しい状況も生じていた。

二〇〇五年秋の暴動から二〇一五年のテロに至る時代的転換を理解するためには、その十年間におけるヨーロッパの人口構成の変化、これに伴う文化面の変化、そしてジハーディズムの変貌という三つの錯綜した関係を辿ることが不可欠である。

暴動の引き金となった二つの事件

二〇〇五年秋の暴動の結果として最も深い意味を持つのは、ポストコロニアル時代にフランスに定着した移民子弟の世代が、重要な政治主体として台頭しはじめたことである。暴動に参加した若者は、郊外の大衆地区《バンリュー》（「シテ」）の中で社会的な疎外感を抱き続けながら暮らしていた。彼らは、自分たちの住む各地区の公道を占拠し、破壊、略奪、自動車への放火、治安部隊への嫌がらせという光景を見せつけることで、自分たちの存在を社会にアピールしようとした。この暴動は三週間にわたって続き、フランス社会に深い痕跡を残す。ただし、この暴動は実際には、演出面でも発生場所に関しても、その範囲は極めて限定されていたのである。

＊　二〇〇五年九月三〇日、デンマークの日刊紙「ユランズ・ポステン」が預言者ムハンマドの風刺画を掲載し、翌二〇〇六年にはノルウェー、フランス、ドイツなどでこの風刺画が転載された。フランスでは「シャルリー・エブド」紙が同年二月八日に転載している。

＊＊　コペンハーゲンでは二〇一五年二月一四日から一五日にかけて、まず「芸術と冒瀆、表現の自由」をテーマとして行われていた討論会の会場で銃撃事件が発生し、一人が死亡、これに続いて市内のシナゴーグ（ユダヤ教の礼拝堂）を標的とする銃撃事件が発生し、一人が死亡した。

なにより若者たち自身が、その範囲を象徴的次元に限定していた。暴動は一〇月二七日から一一月一八日まで各地で続いた。この間の死者は四人、うち二人は暴動の前、パリ東郊クリシー・スー・ボワ（セーヌ・サン・ドニ県）の変電所に逃げ込んで感電死した少年二人であり、これが暴動の最初のきっかけとなった。暴動は基本的に、自己破壊行動であった。若者たちはシテの公共インフラ（学校、体育館、郵便局、公共輸送機関）を次々と放火したが、これを利用していたのは他でもないシテの住民たる彼ら自身であった。暴動はフランス各地の郊外大衆地区《バンリュー》にいっきに広がった。それぞれの地区での暴動は、断続的で範囲が限定されていたにもかかわらず、テレビやインターネットが共鳴箱の役割を果たし、驚くほどのマス効果が生じることとなった。

アメリカのプレスの一部は、「パリは燃えている」というセンセーショナルなタイトルをライトモチーフのように繰り返した。しかし、これは誤りである。パリは燃えなかった。暴動が地区外に拡散しないよう、警察は厳戒態勢を敷いていた。若者たちの方も、暴動範囲を広げるだけの適応力はなく、放火を行うのも自分たちの居住地区のみであった。一部で取沙汰されたのとは反対に、暴動には全国的な組織も調整機関も存在しなかった。暴動が各地に飛火したのは、むしろ偶発事象に対する反射的で自然発生的な動きの結果であった。若者たちは、自分たちの行為が引き起こした偶然の拡散現象を見ながら──場合によってはテレビでそれを観ながら──、さらにそれに反応する形で行動を繰り返し、自然消滅するまでこれを続けた。暴動は瞬く間にエスカレートしたが、鎮静化へ向かうのも同じぐらい速かった。クリシー・モンフェルメイユ*（セーヌ・サン・ドニ県）で暴動に加わった若者あるいは暴動を目撃した若者たちの証言〔本著六七頁訳注**参照〕によれば、現場で暴動を起こすのは日没後の数時間だけであった。暴動のリーダー格は、まず自分の住む団地の下で小競り合いを仕掛けてから周辺へ出張り、騒ぐのに疲れると自宅に寝に帰った。

暴動が絶えまなく持続し、大規模に広がったかのような印象を与えたのは、メディアによる引っきりなしの報道のせいである。実際には、暴動は断続的で場所も限定されており、暴動の内実とメディアにクローズアップされた映像との間には大きな乖離があった。とはいえ、暴動の拡散と激しさが感情的な解釈を助長し、それが現象をいっそう昂進させたとみなすことはできる。

暴動には二つの引き金があった。この二つの引き金を観察すれば、現実に起こったこととその表象とのズレを測ることができる。その第一の引き金が、一〇月二七日、警察の追跡を逃れて変電所に逃げ込んだ少年二人の感電死事件である（二人はそれぞれマリ系とチュニジア系の移民の子弟であった）。ただし、この悲劇の直後はまだ、地元のクリシー・モンフェルメイユ内で一時的な小競り合いが発生しただけであった。第二の引き金は、この事件の三日後、一〇月三〇日に同じくクリシー・モンフェルメイユで発生したもう一つの事件である。同日夜、「石つぶてを投げつけられた」治安部隊（共和国保安機動隊〔ＣＲＳ〕）が催涙弾を発射し、これが多数の人々が集まるモスクの入口に落下した。信者たちが息を詰まらせ大混乱に陥った光景を若者たちが目にしたことをきっかけに、収まりかけていた暴動が再燃し、数日のうちに全国各地のシテへと広がっていった。

暴動の理由として若者たちが流布した「大きな物語」は、前者、二人の少年の感電死という悲劇的な

＊　前出のクリシー・スー・ボワとモンフェルメイユが形成する広域自治体。

事件であった。しかし、全国に飛火した一連の暴動の決定的な起爆剤は、後者、「ビラル・モスクへの毒ガス攻撃[*]」事件の方だった。ブーナ・トラオレ、そしてズィエッド・ベンナという二人の少年が、実際には無関係だった空巣の嫌疑をかけられ、警察に追跡されて感電死するという悲劇的な事件は、むしろ暴動に倫理的な正当性を与えるための、誰もが自分の身に重ね合わせられる、理解しやすい感情的な語りの素材となった。暴動により、三週間で九千台を超える車が放火され、被害は数千万ユーロという前代未聞の規模に達した。暴動に対して大多数の国民は不安と憤りの感情を抱いていた。だからこそなお、若者たちには倫理的な正当性が必要であった。この暴動が引き起こした社会的トラウマは大きく、それへの反動として、ほぼ一年半後に実施された二〇〇七年の大統領選挙では、強硬姿勢で暴動に対処した当時の内相ニコラ・サルコジに多くの票が集まり、その当選を導くことにもなった。

しかしながら、クリシー・モンフェルメイユで暴動に加わった若者および暴動を目撃した若者たちとの面談（二〇一二年にガリマール社から出版された『共和国の郊外[**]』に収載）が証明するように、暴動の決定的な引き金は「モスクへの毒ガス攻撃」事件であったことは間違いない。ただし、「モスクへの毒ガス攻撃」という表現は事実の誇張である。モスク入口での催涙弾の落下は故意ではなく事故であった。若者たちの証言では、警察がイスラム教徒を意図的に攻撃したように事実が歪曲されている。

二〇〇五年当時、郊外の大衆地区では、イスラム教をアイデンティティーのマーカーとみなす動きが、抑えがたい勢いで進行していた。また、フランス生まれの若者が、イスラム教徒としての表現の覇権をめぐりマグレブあるいはレバント生まれの年長者と競合しはじめていた時期でもあった。こうした状況の中で発生した「モスクへの毒ガス攻撃」事件は、それゆえにその意味がいっそう劇的に受けとめられることになった。合同礼拝中にモスクが冒瀆されたことは若者たちの親の尊厳を深く傷つけた。若い世代は反乱を起こすことで、侮辱された親の名誉の真の擁護者になろうとした。

地元の活動家で後に地方議員となるアッサンの証言によれば、一〇月二七日木曜、感電死したズィエッドとブーナの仲間である少年たちが「自然発生的に暴動を起こした」ことは確かだが、より年長の「兄貴《グラン・フレール》」たち***が二九日土曜日に抗議の「沈黙の行進」を組織したことで、事態は鎮静化に向かうはずだった。ところが、その翌日の三〇日日曜、「モスクへの毒ガス攻撃」事件が発生した。

ビラル・モスクの方が騒がしくなった。モスクの建物の中に催涙弾が落下したんだ。十五歳から十七歳の少年たちだけでなく、それまで静かだった年長の若者まで騒ぎに加わりはじめたのはそのときからだ！　あの日はラマダン****の聖月だったから皆が礼拝に集まっていたんだが、そんなときに、モスクから自分の母親や祖母が逃げ出して倒れ込むのを目にしたわけだ。この界隈の若い奴らは、

＊　ビラルは預言者ムハンマドの教友の一人。

＊＊　Gilles Kepel, *Banlieue de la République. Société, politique et religion à Clichy-sous-bois et Montfermeil*, Gallimard, 2012.

＊＊＊　一九八〇年代から二〇〇五年前後にかけて、郊外大衆地区の少年たちの暴力や非行を防ぐために、同じバックグラウンドを持つ地元の年上の青年にソーシャルワーカー的な役割を担わせる取り組みがなされていた。これを担った若者が「兄貴（グラン・フレール）」と呼ばれた。

＊＊＊＊　イスラム教の断食月。イスラム教徒の義務として日の出から日没まで断食を行う。

誰からも見捨てられ放り出されたような気持ちでいる。彼らに残っているのは宗教だけだ。ズィエッドやブーナが死んだからじゃなくて、ビラル・モスクが狙われたせいで騒ぎがフランス中に広まったんだ。

もう一人の活動家で、当時、クリシー〔・モンフェルメイユ〕の若者の代弁者としてメディアからも発言を求められ、後に国民議会議員選挙にも出馬したナセルは、暴動時における若者たちの時間の使い方について次のように説明している。

ラマダンの月だったから、若い奴らは確か夕方六時半頃に食事をして、それから、ちょっとばかり警官隊との衝突に出かけ、それが三、四時間続く。それから自宅に戻る。若い奴らは他にもすることがあるわけだ！

暴動の引き金となった二つの事件ではいずれも、ラマダンが時間的な枠組みとなっていた。第一の事件では、ブーナとズィエッドの二人は、その日の断食明けの夕食（ftour）に間に合うよう帰宅を急いでいるときに事件に巻き込まれた。慣習では、信者はラマダンの間、その日の断食明けの夕食を済ませた後、モスクに集まって礼拝を行う。第二の事件は、その礼拝時に発生した。ところが、暴動はラマダンが一一月二日に終了した後もさらに二週間にわたって続いた。これは事象の社会的、集団的次元が宗教的コンテクストを離れて継続した現象といえる。いずれにせよ、「警察がイスラム教を冒瀆した」という感情が暴動を再燃させる触媒となり、さらに、アッサンによれば、その感情が暴力を正当化する理由にもなったのである。

すべてを爆発させたのはモスクへの攻撃だった。そもそもモスクに催涙弾が落下するという事態そのものが正常ではなかった。その後のことも、それにもまして正常ではなかった。詫びの言葉はいっさいなかった。だから皆はこう思ったんだ。今のフランスは、イスラム教徒を何の価値もない存在だとみなしているのだと。イスラム教徒に価値があるのは選挙のときだけだ。ユダヤ人やシナゴーグに催涙弾が落ちたら、反応は違ってただろう。

もう一人の証言者、情報処理技術者のビラルは三十代の敬虔なイスラム教徒である。催涙弾が落ちたときはちょうどモスクの中で礼拝をしていた。彼は、そのときの状況について極めて臨場感のある個人的な物語を作り出しており、責任は警察にあると決めつけた。以下は、暴動の暴力行為を正当化しようとする、護教的な性格を帯びた物語である。

上の階［モスク内の女性用のスペース］にいた女たちは、屋外から発射された催涙弾のガスにやられていた。自分も目をやられた。皆が「戦争だ」と思った。警察が催涙弾に使う銃は軍隊の銃のようで、それを目の前で見るのは怖かった。

トルコ系のイスラム主義活動家、アムザもその場に居合わせた。アムザによれば、「石を投げる若者たちを必死でなだめようとした」が、戦争のような雰囲気になったために仲裁が不可能になった。

アムザの場合はさらに、この衝突を、「テレビで観るパレスチナのイスラム教徒とイスラエルとの紛争」という世界的なコンテクストの延長線上に据えている。

シテの団地の上空でヘリコプターが飛ぶのを見れば、当然、パレスチナを連想する。一番頻繁に聞こえてきたのは、「あのヘリコプターを見ろ、パレスチナの兄弟たちはこんな毎日を生きているんだ！」という声だった。

モスクの冒瀆から預言者の冒瀆へ

国家とその警察によってイスラム教の礼拝堂が故意に冒瀆され、それゆえにその反動として暴動を正当化するという彼らの合理化論の背景には、そうした合理化を招きやすい国際的なコンテクストがあった。その一つがパレスチナとイスラエルの紛争であり、この紛争との同一化は頻繁に見られる。しかし、当時はこれとは別に、もう一つの国際的なコンテクストがあった。暴動の引き金となったクリシー・モンフェルメイユでの二つの事件の一カ月前、二〇〇五年九月三〇日に、デンマークの日刊紙「ユランズ・ポステン」が、イスラム教の規範に対する国内知識人の自己検閲状況を試そうと、預言者ムハンマドの複数の風刺画を掲載した一件である。

「ユランズ・ポステン」紙のこのイニシアチブは、その前年の二〇〇四年一一月、アムステルダムで起きた映画監督テオ・ファン・ゴッホ殺害事件のトラウマに答えようとする試みであった。テオ・ファン・ゴッホ監督は殺害される約二カ月前、「サブミッション（Submission）」というタイトルの短編映画を制作・公開した。「サブミッション」とは、「イスラム」のアラビア語の原義である「服従」の英語訳である（ちなみに、二〇一五年一月七日、「シャルリー・エブド」編集部襲撃事件と同日に出版されたフランスの現代作家ミシェル・ウエルベックの新作タイトルも、「服従」を意味するフランス語の「スーミシオン（Soumission）」であった〔本著三一二頁参照〕。

この短編映画は、女性の裸体の映像にかぶせるようにして、女性の権利を阻害すると判断されたコーランの唱句を映し出していくという手法の作品であり、脚本は無神論を奉ずるソマリア出身の女性下院議員アヤーン・ヒルシ・アリが手がけた。これによりファン・ゴッホ監督は、モロッコ系オランダ国籍の青年（二七歳）によって街なかで銃弾を打ち込まれ、喉を切り裂かれて殺害された。フランスでは二〇〇三年一二月のスタジ委員会の提言に沿って「公立学校において宗教的帰属を示す目立った徴の着用を禁止する法律」が二〇〇四年三月一五日付けで制定されたが〔後出〕、非宗教性《ライシテ》を共和国の基本原理に据えた、こうしたフランスの中央集権的ジャコバン主義はオランダでは公然と糾弾されていた。しかしファン・ゴッホ殺害事件は、フランスとは正反対の多文化主義を無制限に称揚してきたこのオランダを、根底から揺すぶることになった。

デンマークのイスラム主義者たちは、「ユランズ・ポステン」紙による預言者ムハンマドへの冒瀆を、イスラム教への侮辱であるとしてイスラム世界に喧伝した。中東諸国の政府はイスラム主義勢力のイデオロギーを必ずしも共有してはいなかったが、一部の政府はこれを支持した。「イスラム教への擁護の姿勢に欠ける」として糾弾されるのを恐れたからである。中東のメディアに煽られることで抗議キャンペーンが世界規模に広がり、サラフィー主義者やムスリム同胞団の通常のネットワークをはるかに超える領域で、「イスラムフォビア」という包囲妄想がかき立てられていった。「イスラムフォビア」は一九九〇年代にムスリム同胞団によって使われはじめた言葉である。彼らは「イスラムフォビア（嫌イスラム）」という言葉を通じて、自分たちの宗教教義に対するどんなに小さな批判も犯罪と決めつけ、自分たちを迫害の犠牲者と位置づける。つまり、反ユダヤ主義と「イスラムフォビア」の間にまことしやかな対称性を構築し、犠牲者となることによって得られる道徳的配当を自らも確保し、それをイスラエルとシオニズムへの反撃に使っていくのである。

預言者ムハンマドの冒瀆をめぐる論議が起こったのは、近年ではこれが初めてではない。二〇〇五年の「ユランズ・ポステン」紙抗議のキャンペーンは、多くの点で、一九八九年に発生したサルマン・ラシュディ氏に対する抗議キャンペーンの「リメイク」であった。一九八九年二月一四日、イランのイスラム教シーア派の最高指導者ホメイニ師は、イギリス国籍の作家ラシュディ氏の小説『悪魔の詩』が預言者ムハンマドへの冒瀆にあたるとして、ラシュディ氏に死刑宣告の「ファトワ（fatwa＝イスラム法の見解）」を発令した。この「ファトワ」を契機として、ラシュディ氏への抗議キャンペーンは劇的な様相を帯びることになる。ホメイニ師の権威が及ぶのはイスラム教のシーア派のみであり、シーア派は世界のイスラム教徒人口の一五％を占めるにすぎなかったが、当時、ホメイニ師は全世界のイスラム教世界の指導者となることを目指していた。本来、「ファトワ」が適用されるのはシャリア（イスラム法）

が支配する「イスラム地域（Dar al-islam＝イスラムの家）」の中だけである。しかし、イギリス国籍を持ち、イギリスに住むサルマン・ラシュディ氏に死刑の「ファトワ」が出された以上、「イスラム地域（Dar al-islam）」の法的領域が象徴的にヨーロッパ世界へと拡大されたことになる。こうして、この「ファトワ」に続いて多くの「ファトワ」が発令され、その一部がスンニ派のジハーディストによっても実行されるようになった。二〇一五年一月七日に起きた「シャルリー・エブド」編集部における殺戮がまさにその悲劇的な例である。*

イランのホメイニ師が一九八九年二月一四日の聖ヴァレンタインの日に発令した前述の「ファトワ」からほぼ十五年後の二〇〇五年、同じくイスラム教の冒瀆という問題に絡んで発生したのが「ユランズ・ポステン」紙の事件である。この事件は瞬く間にイスラム世界内の競争の論理に取り込まれていった。その先頭に立ったのがスンニ派のイスラム主義勢力であり、なかでもメディア露出度の高い大物がその中継を担った。その一人が、エジプト出身のウラマー（イスラム教における知識人・法学者）で、ムスリム同胞団に加わったためにエジプトを逐われカタールに帰化し、「アルジャジーラ」**局の花形説教師となるユスフ・アル・カラダウィ師である。アル・カラダーウィー師は、「アルジャジーラ」局の番組を通じて、「ユランズ・ポステン」紙を激しく糾弾し、自らをイスラム教徒の大義の擁護者であると宣言する。

＊　発行責任者のシャルブに対して死刑の「ファトワ」が出ていた。
＊＊　アラビア語で放送するカタールの衛星ニュース・テレビ局。

スンニ派のアル・カラダウィ師のこうした動きを受けて、今度はシーア派を主宗派とするイランが同様の反応をエスカレートさせる。イランでは「ユランズ・ポステン」紙事件の直前、二〇〇五年八月に、急進的なマフムード・アフマディネジャードが大統領に選出されていた。「イスラエルを地図上から抹消する」という発言で知られるように、アフマディネジャードは欧米に対する挑発的姿勢を基本方針としていた。

アフマディネジャードは、かつてのホメイニ師がそうであったように、スンニ派のライバルを出し抜いて「ユランズ・ポステン」紙への報復を行う。ナチスのホロコースト（ユダヤ人大量虐殺）をテーマとする国際風刺画コンクールを組織するのである。アフマディネジャードはこれによってホロコーストというテーマを冒瀆した。ホロコーストは西洋社会では神聖不可侵の記憶であるが、イスラム世界の世論やメディア、あるいはその影響を受けたイスラム教徒移民の子弟たちにとっては、おぞましいイスラエル国家の創設を可能にした単なる「シオニズムの建国神話」にすぎなかった。アフマディネジャードは侮辱を対称的な形で投げ返すことによって、イスラム地域の境界線をペルシャ湾からパリ郊外のクリシー・モンフェルメイユへ、さらにはデンマークへと押し広げ、「イスラム共同体《ウンマ》」に対するイデオロギー上の指導的地位をわがものにしようとしたのである。

同じ頃、フランスでは、「ホロコーストの風刺画コンクール」というアフマディネジャードの侮蔑的な「シオニズム」憎悪にこだまを返すように、コメディアン、ディユドネが同じく侮蔑的な反ユダヤ主義の発言を繰り返していた。以後、過激なイスラム主義と（ディユドネが体現する）過激な極右との間に、一見想像もつかないような同盟関係が織りなされることになる。

「フランスのイスラム教」の時代的転換

小国デンマークを標的としたイスラム教世界による国際抗議キャンペーンのエスカレートに対し、ヨーロッパの新聞の一部は、「ユランズ・ポステン」紙に連帯し表現の自由を守るという立場から、同紙に発表された風刺画の転載に乗り出す。その一つが「シャルリー・エブド」紙であった。「シャルリー・エブド」編集部は二〇〇六年二月八日にこの風刺画を転載し、九年後の二〇一五年一月七日にテロの標的となった。編集部を襲撃したクアシ兄弟は、「アラーは偉大なり」「預言者ムハンマドの仇」と叫んで襲いかかった。一九六八年のパリ五月革命直後の一九七〇年に創刊された「シャルリー・エブド」紙は、近年においてはすでにそのユーモアのセンスも販売モデルも時代遅れとなって先細り傾向にあったが、風刺画を転載した特別号は五十万部を売った（二〇一五年のテロ事件直後の号は七百万部を超えた）。風刺画が転載された当時、フランス・イスラム教評議会（ＣＦＣＭ）は直ちに「シャルリー・エブド」紙のこの行動を裁判に訴えるが、裁判所は表現の自由を理由にこれを却下した。非宗教性《ライシテ》を原則とする共和国では冒瀆という法的概念は存在しないのである。

一方、フランス・イスラム教組織連合（ＵＯＩＦ）は二〇〇五年秋の暴動のさなか、一一月六日にイスラム教徒の若者に向けて暴力行為の中止を命ずる「ファトワ」を発令した。ＵＯＩＦは「ファトワ」の中で、「礼拝時のモスクを標的とした警察の無責任な行為」を糾弾しつつも、「アラーは無秩序を撒き散らす輩を愛さない」というコーランの一節を引用して次のように命じた。

> 神の満足と栄光を求めるすべてのイスラム教徒にとって、私的あるいは公的な財を無差別に攻撃する活動、または他人の生命を脅かしうる活動に加担することは固く禁じられている。こうした活動に加わることは違法［ハラム（haram）］行為である。

しかし、ＵＯＩＦが発したこの「ファトワ」は、若者の行動に何のインパクトも及ぼさなかった。それどころか「ファトワ」が発令された翌一一月七日には、放火された車が千四百八台、検挙が三百九十五件、負傷した警官が三十五人とそれぞれ暴動が始まってからの最高を記録し、騒擾はさらに十日以上にわたって続いた。この日をもって、ＵＯＩＦが誇る支配的影響力は終わりを告げた。ＵＯＩＦは、一九八九年秋にパリ北郊クレイユの公立中学校で起きた初の「イスラム教のスカーフ着用問題*」の火付け役を果たした団体として、以後、フランスのイスラム教において指導的な立場を保ち続けてきた。しかし二〇〇五年秋の暴動を機に、その時代は終わった。これは、「ブレダール」たち（北アフリカやレバントで生まれ教育を受けた世代）、すなわちイスラム教徒移民の第二世代が牛耳るＵＯＩＦのような組織に代わって、「親父《ダロン》」たちと呼ばれてきた第一世代の移民労働者の子弟であるフランス生まれの「若者たち《レ・ジュンヌ》」、すなわち第三世代へと世代交代がなされたことを意味した。

「親父《ダロン》」たち第一世代は、一九八九年までの困難な時代を通じて、フランス国内にモスクを建設することを自分たちの要求の中心に据えてきた。彼ら第一世代は「移民」であり、その多くはフランス市民でも有権者でもなく、市町村権限である建築許可の発行にも影響力を及ぼすことができなかった。この世代は一九八九年以降、ムスリム同胞団系の「ブレダール」たち、つまり第二世代の伸張によって周縁に追いやられた。一方、この第二世代も第一世代と同様、そのほとんどがフランス市民権を持たなかったが、彼らはフランス生まれの若い第三世代をターゲットに、共和国の学校が施す同化的な教育から彼らを切り離し、「イスラム・アンテグラル」的な原則を教育の基本に据えようとした。このとき、共和国の価値観（その一つが非宗教性《ライシテ》）との断絶という戦略において定番テーマとなったのが「学校におけるヒジャブ（hijab）〔イスラム教において女性が頭髪を隠すスカーフ〕着用の要求」である。一九八九年以降、ＵＯＩＦを牛耳る第二世代はこの要求を繰り返し提出し、軋轢を引き起こしてきた。当時この問題に関しては法的な規定がなく、行政裁判所やコンセイユデタ（最高行政裁判所）への提訴が急増し、学校の運営は大きく混乱した。

しかし、前述のスタジ委員会の報告書を受けて制定された二〇〇四年三月一五日の法律**により、ＵＯＩＦのイスラム主義者による訴訟の繰り返しに終止符が打たれる。事実上この法律の制定とともに、ＵＯＩＦは自分たちの活動のテコとしてきた法的、政治的な基盤を失い、影響力を喪失したと言える。ＵＯＩＦはそれまで、イスラム教徒を「イスラムフォビア」の犠牲者と位置づけることで社会不安を煽ってきた。そして、信者に対しては「脅かされているイスラム教徒のアイデンティティー」の擁護者と

＊　イスラム教のスカーフを着用する女子生徒三人の登校を校長が拒否し、以後、非宗教性（ライシテ）の適用をめぐる議論が「二〇〇四年三月一五日の法律」まで十年以上にわたって続く。

＊＊　正称「非宗教性（ライシテ）の原則の適用による、公立の幼稚園・小学校・中学校・高校における宗教的帰属を示す徴あるいは衣服の着用を規制する二〇〇四年三月一五日の法律」。

して振る舞い、政府に対しては「国家内に形成されている固有の価値観を持つ共同体」の管理者として売り込むことで自らの立場を強めてきた。それが二〇〇四年の法律によって突然影響力を喪失するわけである。ちょうど同時期、人口構成面と社会面でも新たな変化が生じつつあった。第三世代、すなわち、一九八三年の「ブールの行進」の直後に生まれた、ポストコロニアル時代の移民（「親父《ダロン》」）の子弟が成人に達しはじめたのである。

二〇〇五年秋の暴動は、学校における「ヒジャブ」の着用禁止を定めた法律の制定からわずか一年半後に発生した。それは、「フランスのイスラム教」の重心が、UOIFから郊外の「地区《カルチエ》」へ、言い換えれば「ブレダール」から「若者たち《レ・ジュンヌ》」へ転換した時期と一致していた。「地区《カルチエ》」や「若者たち《レ・ジュンヌ》」という呼称はメディアが外側から充てた言葉である。当の「若者たち《レ・ジュンヌ》」の多くは、自分たちの内輪の呼称として、「ルブー」（「アラブ」の意）や、「ルノワ」（「ノワール（黒人）」の意）、「クブラ」（「ブラック」）の意）、クテュール（「テュルク（トルコ）」の意）といった逆さ言葉*を好んで多用した。彼らは「シテの土着民」の言葉であるこうした逆さ言葉を公道に持ち出して、自分たちに押された烙印をまさに逆転させる行動に出たのである。これに、「セフラン」**（「生粋の」フランス人）の子弟の若者が、男女を問わず、イスラム教に改宗し合流した。「セフラン」の若者は郊外のシテでは少数派である。同世代のイスラム教徒の若者がサラフィー主義の強い勧誘を受け、みるみるイスラム回帰していくなか、彼ら「セフラン」がこうした社会・宗教的な圧力から距離を置くことは難しかった。

一方、同じく二〇〇五年前後には別のタイプの「若者たち《レ・ジュンヌ》」も舞台の前面に登場する。フランスの学校システムの中で、移民の両親世代よりもはるかに高度の教育を受け、高等教育の学位免状を取得したエリートたちである。公務員のキャリアを選択した彼らの一部は、政治的には左派寄り、富の再分配に重きを置くかつての労働運動系の政党支持者となる。また、新しい現象として、起業家として独立する「若者たち《レ・ジュンヌ》」も現れる。彼ら起業家は、市場原理を支持し、右派政党の価値観により近い立場を示した。

エリートの中には、過去にフランスに定着した外国移民の子弟に倣って、共和国のメリトクラシー・システム〔学歴を出発点とする実力主義〕の典型的キャリアを歩もうとする者もいる。かつて、南ヨーロッパや東ヨーロッパからフランスにやって来た移民の子どもたちは、親から受け継いだアイデンティティーを、メリトクラシーによる社会的地位向上のプロセスの中で希釈してフランスのアイデンティティーへ溶かし込み、その形成に寄与してきた。これと同じケースである。しかし、イスラム教のアイデンティティーを活用しながら、専属市場が見込まれるイスラム教徒市場のシェア拡大を狙う若い起業家の登場は、過去の移民の子弟には見られなかった新しい現象である。「ハラルの起業家」とも呼びうるこうした若い起業家が、二〇〇五年以降、政治的に重要な役割を果たすようになる。

このように、二〇〇四年から二〇〇五年にかけての時期、すなわち「公立学校において宗教的帰属を示す目立った徴の着用を禁ずる法律」の制定から暴動発生までの時期は、「フランスのイスラム教」の

＊「ルブー（rebeu）」は「アラブ（arabe）」の音節倒置である「ブール（beur）」の、「ルノワ（renoi）」と「クブラ（kebla）」は「ノワール（noir）」と「ブラック（black）」の、「クテュール（ketur）」は「テュルク（turc）」の音節倒置による逆さ言葉である。

＊＊「セフラン（céfran）」は「フランス人（Français）」の逆さ言葉である。

大きな転換点をなす。この時期を境として、「フランスのイスラム教」を象徴する世代が交代する。

以後、この一大転換による様々な影響がはっきりと現れてくる。一九八九年以降、国のイニシアチブの下で、フランスのイスラム教徒の代表機関がいくつか設置されてはきた。しかし、今やこれらの機関は若者層にはまったく影響力が及ばない。二〇〇五年以降、現場主導のイニシアチブがあまた登場する。ボランティア団体や有名人が主導することもあれば、モスクや各種の利益団体が音頭をとる場合もあった。「フランスのイスラム教」の短い歴史の中で、このとき初めて、こうしたイニシアチブに参加する人々の大半が、フランス生まれのフランス市民か、フランス生まれでないにしても少なくともフランスで教育を受け、フランス語を母国語とするフランス市民となった。彼らの中には、フランス市民権に付随する倫理上の価値と義務には異議を唱え、権利だけを要求する者も出てくるが、いずれにせよ、市民権をテコに、一連の要求が公的な場で表明されるようになる。

一連の要求とは、共同体の境界線のマーカーである「ハラル」の厳格な尊重（食べ物から結婚相手の選択まで）から、イスラム教系私立学校の開設（「ヒジャブ」の着用を認め、「ジェンダー理論」の教育を禁じる）にまで及ぶ。こうした要求は選挙でのロビー活動へと発展する。候補者は、イスラム教徒団体から支持を得る見返りとしてイスラム教の様々な原則を擁護するよう求められた。教育について、投票について、あるいはイスラム教の儀式に則って屠殺された家畜の肉の使用についてなど、ロビー活動のテーマは様々であるが、活動のほとんどは消費者団体の形をとることで共通していた。その意味において、そうした消費者を体現する若いイスラム教徒のフランス市民は、「ハラルの消費」という場を舞台に、親世代がフランスで耐え忍ばねばならなかった苦労の雪辱を果たす。彼らの親の中には、一九七〇年代の経済危機以降、生産の場から閉め出され、長期失業を強いられてきた者が少なくなかった。

郊外のシテで育ったフランス国籍のこの新しい世代は、自分たちの価値観の表現と普及のためにインターネットを優先的に使う。その価値観とは、アラビア半島起源のサラフィー主義に由来する「イスラム・アンテグラル」モデルの探求、そして、西洋の「不信仰者」モデルと断絶した規範・命令が氾濫する「インターネット上のイスラム主義者の世界《イスラムスフィア》」の熱心な検索、この二つを混ぜ合わせたものである。インターネットというデジタル・ツールによって、一瞬のうちにフランスという地理的境界の外にある規範体系にアクセスすることができる。これにより、「ハラル（イスラム法に照らして合法的な、許された）」と「ハラム（イスラム法に照らして非合法的な、禁じられた）」との間にはますます厳密な境界線が構築されていく。「若者たち《レ・ジュンヌ》」に対し宗教的、文化的、政治的な覇権を行使しようとするボランティア団体や起業家にとって、インターネットはまたとないツールとなる。彼らは現実の社会組織内と並行して、仮想のサイバーワールドにおいても活発に活動するようになる。

彼らによるネットワークの拡大は、二〇〇五年から二〇一五年にかけて生じた「ウェブ二・〇革命」*と呼ばれるデジタル世界の急激な変化により、さらに増幅される。この二・〇革命によって、ユーチューブ、フェイスブック、ツイッターなどを通じた仮想共同体が容易に形成されるようになった。二〇〇五年秋の暴動の後に勃興した「フランスのイスラム教の第三世代」はこの仮想共同体を通じて、同じく二〇〇五年に胚胎しはじめた第三期ジハーディズムと合流し、直接に接触する。

＊「ウェブ二・〇革命」とは、「ウェブの利用者が参加する双方向の情報交信時代への移行」を意味する。

二〇〇五年一月、第三期ジハーディズムの中心的理論家ムスタファ・セトマリアン・ナサル、別名アブ・ムサブ・アル・スーリが、大著『グローバルなイスラム抵抗への呼びかけ』をインターネット上で発表する。アブ・ムサブ・アル・スーリはシリア出身で、後にスペイン国籍を取得した人物である。

フランスの郊外の変化、「フランスのイスラム教」におけるリーダーの世代交代、国際的ジハーディズムイデオロギーの変貌、この三つの現象がほぼ同時に進行し、SNSが媒介となり、人類を遠い世界の宇宙人と直接接触させる「第三種接近遭遇」のような現象が発生する。この遭遇から交配が生じ、十年後に現れるのが、シリアからイラクにかけての戦場で士気高揚する、フランス人ジハーディストの群れである。二〇一五年秋現在、こうしたフランス人の若者の百五十人以上がすでに死亡している。そして、そうした背景の中で、モアメド・メラ、クアシ兄弟、アメディ・クリバリ、アブデラミド・アバウドのような、ジハーディズムのイデオロギーを持ったテロリストがフランス国内に出現するのである。

二〇〇五年秋の暴動に関わった若者全体を見るとき、テロに走った者の数はごく僅かにすぎない。暴動以降に定着した「フランスのイスラム教の第三世代」は非常に多様な意思表明をしており、テロは究極のところ、一部過激派の暴走だった。しかし、そのセンセーショナルなインパクトと暴力性、一部の若者に対する強い文化的支配力、さらにグローバル・ジハードというグローバル化の展望ゆえに、テロの出現は非常に大きな象徴的意味を帯びることになった。

以上のような認識に立つとき、この現象の内に含まれる要素を何一つ見失うことなく、その境界を的確に設定したうえで、現象のコンテクストを精確に見極める作業がわれわれにとって必要となる。地中海を挟んで、その北側には「フランスのイスラム教」の郊外があり、その南側と東側には激動するアフリカと中東がある。この二つの領域が遭遇した結果として、ジハーディズムの弁証法は新たなモメントを迎えた。

ジハーディズムの弁証法

二〇〇五年一月、シリアに生まれ後にスペインに帰化したジハーディスト、アブ・ムサブ・アル・スーリによる千六百ページの大著『グローバルなイスラム抵抗への呼びかけ』が、インターネット上に投稿される。この大著は戦闘的な百科事典であり、「3G」ジハードの手引書でもある。当時四十代であったエンジニア、スーリはこの大著によって、以後十年間を通じて深い刻印を残すことになる。

スーリはこの著作の中で、二十世紀最後の四半世紀におけるジハーディズムの成功と失敗を総括し、ほとんどヘーゲル的とも言える弁証法を展開する。スーリによれば、本著の著者〔G・ケペル〕が分類するところの第一期ジハーディズムの幕開けは、「肯定のモメント」であった。それは、一九八〇年代にアフガニスタンで勝利を収めたジハードと、その不毛な後遺症となる一九九〇年代のアルジェリア、エジプト、ボスニアにおけるジハードの時代である。この第一期に続く第二期がアルカイダのジハードであり、これを象徴するのが二〇〇一年九月一一日のアメリカ同時多発テロである。

第二期は、第一期に対する「否定のモメント」として位置づけられる。「近くの敵（al ʻadu al qarib）」を標的とするアルジェリア等での武装ジハードは不毛なゲリラ戦に陥り、これがジハードの第一期を終焉させる結果となったのに対し、オサマ・ビンラディンとその組織アルカイダは、アメリカという「遠くの敵（al ʻadu al ba id）」を標的とし、これを弱体化させることを狙った大がかりなテロを実践した。これによりアメリカは、イスラム教徒大衆の目前に、見かけ倒しの巨人としての姿をさらすことになった。しかし、スーリによれば、この第二期も失敗に終わる。なぜなら、アルカイダのビジネスモデルは、「アルジャジーラ」局などの衛星テレビ放送を宣伝媒体とするテロ活動を行うだけに終始し、イスラム教徒大衆からの具体的な支持を誘引できなかったからである。九・一一事件から二〇〇五年七月のロンドン〔本著九五頁訳注＊参照〕に至るまでのテロは、一般大衆の動員にはつながらないまま、テロ活動自体を涸渇させて終わった。

『グローバルなイスラム抵抗への呼びかけ』は、第二期に続く歴史の転換点に登場した。来たるべき第三期ジハーディズムを、ヘーゲルの弁証論における「否定の否定」、すなわち「止揚《アウフヘーベン》」に対応するものとして理論化することで、スーリは、社会的基盤を欠いたアルカイダのピラミッド型の組織に代えて、近接型のジハーディズムを提唱する。近接型のジハーディズムは、頂点からではなく底辺から、打倒すべき敵である社会の内に浸透していく網状システムを基盤とする。アメリカを標的にしたセンセーショナルな攻撃は「ヒュブリス」*、すなわち、メディアが喧伝する自己イメージに惑わされたオサマ・ビンラディンのような人物の作り出す誇大妄想の表れであって、アメリカ大統領ジョージ・W・ブッシュにアルカイダのインフラを破壊させるチャンスを与えただけであった。

スーリは、アルカイダ式の攻撃に代えて、ヨーロッパにおける内戦を提唱した。その基盤となるのは、ヨーロッパ社会に統合しきれないイスラム教徒移民の子弟たる若者たちであり、社会に反感を抱く彼らをうまく洗脳し、彼らに軍事訓練を施すことが戦いの前提となる。彼らの参戦によって西洋はついに瓦解し、イスラム主義が世界的な勝利を収めるに至る。敵のレーダーをかわしながら、敵の養子あるいは私生児となっている若者たちを敵陣攻撃の最前線へ送り返す、地中深くにどこまでも広がる「根茎」にも似たジハーディズムである。この新しいジハーディズムは、レーニン主義にも比較できるビンラディンの中央集権型モデルの対極をなす。スーリは自らのプログラムを「組織ではなくシステム（Nizam, la tanzim）」と要約した。この表現は、「インターネット上のジハーディストの世界《ジハードスフィア》」で盛んにもてはやされるようになる。

『グローバルなイスラム抵抗への呼びかけ』は、二〇〇五年一月、スーリがアメリカ軍によるアルカイダ攻撃を逃れ、パキスタンのバルチスタン州に潜伏していた時期に発表された。バルチスタンはパキスタンの西端にある広大な部族地域である。スーリはその数カ月後に逮捕された**。十年後の現在から見て、この大著は未来についての予見に満ちた書であったとみなすことができる。フランス、ヨーロッパ、アラブ諸国からシリアへと向かったジハーディストのフェイスブックのページには、この書のアラビア語版や英語版のＰＤＦファイルが投稿され、モアメド・メラからアブデラミド・アバウドまで、文字通りテロ犯にとっての「手引書」となった。スーリの著書の重要性については、すでに二〇〇八、九年頃か

＊　ギリシャ語で「傲慢」を意味する。

＊＊　スーリは二〇〇五年にパキスタン当局により逮捕され、シリアへ身柄を引き渡された。シリアで投獄されていたが、その後の消息はわかっていない。

ら、ノルウェーの中東専門家ブリンヤール・リアによる『グローバル・ジハードの建築家』*や拙著『テロと殉教』**で強調してきたが、ほとんど注意を引くことはなかった。理由は、スーリのこの大著が冗長で、愚にもつかない理論の寄せ集めとみなされ、提唱された網状システム戦略にもほとんど有効性がないと判断されていたからである。

しかしながら、スーリが予言した「止揚の段階」は、その後の十年間にわれわれが見てきた現実とまさに重なり合っている。この事実は認めざるを得ない。スーリの予言が現実のものとなるには二つの事象が決定的な役割を果たした。一つはＳＮＳと動画共有サービスの登場である。ユーチューブが商標登録されたのは二〇〇五年二月一四日、スーリが自らの大著をインターネット上に投稿した翌月である。ＳＮＳは、第三期ジハーディズム世代の洗脳には優れて適した媒体となる（アルカイダに代表される第二期ジハーディズム世代にとっては「アルジャジーラ」局をはじめとする衛星テレビ放送が、また第一期ジハーディズム世代にとってはファックスが、洗脳の媒体であった）。これに対し西洋諸国の諜報当局は、仮想空間の共有化で過激化を促すこうしたプロパガンダ手法の把握に遅れをとり、モスクを中心に活動するアルカイダ系活動家の監視の方に相変わらず照準を当てていた。

フランスではこの監視態勢の下で、一九九五年の一連のテロ事件***に関わったアルジェリア系フランス人カレッド・ケルカル****とそのネットワークのメンバーが摘発された。同じく二〇〇一年一〇月にはパリのアメリカ大使館爆破を計画していたアルジェリア出身のジャメル・ベガル*****が逮捕され、二〇〇五年一月にはパリの若者をイラクのアルカイダへと送り出していた「ビュット・ショーモン・ネットワーク」が摘発、解体された（本書九七頁参照）。その後フランスでは、二〇一二年三月（メラ事件）までテロの発生はなかった。この旧来の監視態勢の下、フランスがテロのない聖域になったと思い込んでいたそのとき、ＧｏＰｒｏカメラを身につけたアルジェリア系フランス人モアメド・メラ*****が、スーリの『グローバルなイスラム抵抗への呼びかけ』の影響を軽視していた人々の不意を襲ったのである。

＊　Brinyar Lia, *Architect of Global Jihad : The Life of Al-Qaeda Strategist Abu Mus'ab Al-Souri*, Oxford University Press, 2009.

＊＊　Gilles Kepel, *Terreur et martyre*, Flammarion, 2008.

＊＊＊　一九九五年の七月から九月にかけて、フランス国内各地で複数のテロおよびテロ未遂事件が発生した。穏健派のイスラム教導師（イマム）殺害、パリのサン・ミッシェル駅での通勤電車爆破（死者八人、負傷者百十七人）、高速列車ＴＧＶ爆破未遂、パリ十一区の青空市場での爆破（負傷者四人）、リヨン郊外のユダヤ人学校前での爆破（負傷者十四人）。

＊＊＊＊　一九七一年アルジェリア生まれ。一九九五年に発生した一連のテロ事件への関与で指名手配され、同年九月二九日にリヨン郊外で警官隊に射殺された。

＊＊＊＊＊　一九六五年アルジェリア生まれ。フランス渡航後、アルジェリアのイスラム主義過激派「武装イスラム集団（ＧＩＡ）」関連の一斉検挙により一九九四年に逮捕されたが、まもなく釈放されてアフガニスタンへ渡航。二〇〇一年にアブダビ経由でフランスへ戻ろうとするところを再び逮捕されフランスへ身柄を引き渡された。フランス国籍は二〇〇六年に剝奪されている（本著九六頁参照）。

＊＊＊＊＊＊　モアメド・メラは一九八八年生まれ。前述のケルカルやベガルと同じく、両親がアルジェリア人で、アルジェリアとフランスの二重国籍者であったが、両者よりはるかに若く、フランスで出生した点が異なる。ＧｏＰｒｏカメラは、スポーツをする際などに身につけて目前に展開される景色を撮影するアクション・カメラで、メラはこれによって犯行現場を撮影していた（本著第3章参照）。

スーリの理論の具体化に寄与したもう一つの事象は、二〇一〇年末以降の「アラブの春」*の勃発、とりわけシリアとリビアにおける革命が、混沌のうちに瓦解したことである。これにより、ヨーロッパからそれほど金をかけず、数時間で到達できる場所にまたとない軍事訓練とプロパガンダの拠点が出現した。その実践者こそ、ポストコロニアル時代の移民の子弟であるヨーロッパの若者、あるいはSNSを通じて過激なイスラム主義に改宗したヨーロッパの若者たちだったのである。彼らは、地中海のすぐ向こう側の国々で、「イスラム・アンテグラル」という幻想を極限まで押し進め、具体化する可能性を得た。彼らは、地上にも天空上にも境界のない「イスラム共同体《ウンマ》」を作るべく、仮想と現実を混同しながら、ビデオゲームで分身《アバター》を殺すように「不信仰者」や「背教者」の喉をかき切り、その映像を、敵を怯えさせるために、またシンパを鼓舞するためにウェブ上に投稿し、中東のジハードの戦場とヨーロッパの郊外とを結びつける。こうした若者の一部が、殺戮という自らの任務を継続するためにヨーロッパに戻り、スーリの予言を具体化しはじめたのである。

スーリは、三十年間にわたるベテラン・ジハーディストとしての経験に基づいてこの『グローバルなイスラム抵抗への呼びかけ』を執筆した。それ以前にもいくつかの試論を書いてはいたが、この大著ほどの読者を獲得したことはなかった。この赤毛のジハーディストは、一九五八年、アレッポ（シリア）の旧い貴族の家に生まれ、シリアのムスリム同胞団の一員として一九八〇年代にはアフガニスタンのジハードで経験を積んだ。また、その後はフランスでエンジニアの学業を修め、スペイン女性と結婚しスペイン国籍を得た。つまり、ヨーロッパでの生活歴が長く、ヨーロッパ事情を極めてよく知っていたのである。

一九九〇年代、スーリは「ロンドニスタン」に身を寄せる。「ロンドニスタン」とは、かつてロンドン北部のフィンズベリー・パークのモスクを中心に集まっていたイスラム主義者のネットワークの呼称である。イギリス政府は当時、アラブ諸国のジハーディストに対し寛容な亡命受入れ策を採用しており、彼らは一九九六年のアフガニスタン・タリバン政権発足後にアフガニスタンへ戻ってオサマ・ビンラディンと合流するまで、イギリスで亡命生活を送っていた。スーリはロンドンで、アルジェリアの武装イスラム集団（ＧＩＡ）を支持する「アル・アンサール（Al-Ansar）」という名の発行物を出し、「ロンドニスタン」のジハーディストの間で名声を得る。メールがまだ普及していなかったこの時代、「アル・アンサール」は世界各地の過激派のモスクにファックスで送信された。アルジェリアでのジハードの大義を広め、一九八〇年代のアフガニスタンでのジハードの勝利の継承を図ることがその目的であった。

スーリがアフガニスタンのカンダハールに戻るのは一九九七年頃である。ここで彼はアルカイダ率いるビンラディンの報道官となり、外国人ジャーナリストとの会見などを調整している。スーリはこうして、アフガニスタンからロンドニスタンまでの第一期ジハーディズムにおける様々な変容を体験した後、第二期ジハーディズムを率いたグループにも、その指導部内の一員として参加した。スーリは、一九八

＊　二〇一〇年末から二〇一一年初頭にかけて、チュニジアの若い露天商が体制抗議の焼身自殺を行った事件を発端に北アフリカから中東諸国へと波及した民主化運動。これによりチュニジア、エジプトの長期独裁政権は崩壊。リビア、シリア、イエメンは内戦状態に陥った。リビアとイエメンの独裁政権もまた崩壊したが、シリアではアサド政権が現在まで持ちこたえている。

九年二月のソ連軍撤退を導いたアフガニスタンでの戦闘の高揚も経験している。そこでは、勝者となった同志たちが、自分たちの働きによってソ連崩壊が決定的になったと確信するさまを目のあたりにした。ソ連崩壊の前段となるベルリンの壁の崩壊は、それからまもない同年一一月の出来事だった。

　イスラム主義の世界観（Weltanschauung）によれば、神から預言者ムハンマドに下された啓示とその実現以外、人類の歴史は存在しない。世界全体がいまだイスラム教世界となっていないのは、信者がイスラム教の正しき教義の道を踏み外しているからである。ナセル政権下のエジプトで一九六六年に絞首刑に処せられたエジプトのイスラム主義指導者、サイイド・クトゥブ*によれば、イスラム教徒は何世紀にもわたって政治宗教的な熱意を失い頽廃してきたが、やがて「新しいコーランの世代」が必ずや到来し、預言者ムハンマドの教友や初期イスラム時代を支えた人々（「サラフ（salafs）」）の使命を継承する。この「新しいコーランの世代」となることこそが、イスラム主義者の責務であった。

　ビンラディンとその教義上の同胞から見れば、ソ連の崩壊は、イスラム教の初期におけるササン朝ペルシャの滅亡**に匹敵する事件であった。ソ連の崩壊が実現した今、次にくる喫緊の課題は、ソ連と並ぶもう一つの不敬虔な超大国、アメリカの打倒である。ササン朝を滅亡させたイスラム教徒はその後コンスタンチノープルへの襲撃を繰り返し、一四五三年のコンスタンチノープル陥落によってついに東ローマ帝国（ビザンチン帝国）を崩壊させた。ササン朝の滅亡から東ローマ帝国の崩壊までには数世紀を要したが、時間の加速によって、現代の東ローマ帝国であるアメリカははるかに早く崩壊するというのが彼らの確信であった。

　九・一一のニューヨークとワシントンを標的とした「二つの祝福された襲撃」は、こうした宇宙観の中に位置づけられる。スーリとその戦友らによれば、ジハーディストは「時代精神」、すなわちヘーゲルの言う「ツァイトガイスト（Zeitgeist）」を体現する。アフガニスタンで戦功をあげた何百人もの外国人戦闘員はエジプト、アルジェリア、チェチェンの出身であり、アフガニスタンでの大勝利はこれらの諸国でも容易に再現できるというのがスーリらの考えであった。彼らによれば、ユーゴスラヴィアの解体に伴って勃発したボスニアでの内戦も、ヨーロッパに足場を築くためのジハードに転化できる素材であった。

しかし、こうした夢は夢のままに終った。彼らはアフガニスタンの首都カブールでの勝利に酔うあまり、自分たちがソ連軍に対し軍事的優位を保ち得たのはアメリカ中央情報局（ＣＩＡ）から提供された地対空ミサイル「スティンジャー」のおかげであったことを忘れていた。また、ソ連のアフガニスタン侵攻はイスラム世界にとって十分な開戦事由となったが、エジプトやアルジェリアなどに対する体制転覆はイスラム世界の目には必ずしも正当化され得ないことを忘れていた。

一九九五年一二月のデイトン合意***によってボスニア戦争が終結すると、ボスニアに集結していたジハーディストは同地から離れることを余儀なくされる。また、彼らのジハードは一九九七年秋にはエジプ

＊　サイイド・クトゥブ（一九〇六～六六年）はムスリム同胞団の重要な精神的指導者の一人。その思想は後のジハーディズムに大きな影響を与えた。
＊＊　ゾロアスター教を国教として、イラン（ペルシャ）を中心に西アジアの広い地域を支配した王朝。六五一年にイスラム教勢力により滅ぼされた。
＊＊＊　アメリカ・オハイオ州デイトンで調印された「ボスニア・ヘルツェゴヴィナ和平一般枠組み合意」。

トとアルジェリアにおける一般市民の虐殺へと変わる（両国における一九九〇年代のジハードによる犠牲者はエジプトで一万人、アルジェリアで十万人に達した）。ジハーディストの目論みは、一般大衆を動員してエジプトやアルジェリアの「背教者」たる政権を転覆することにあった。しかし大衆は逆に、彼らジハーディストに敵対の意思を示した。当時、スーリはイスラム主義の大義に照らして武装イスラム集団（ＧＩＡ）の活動の正当性を主張し、ＧＩＡの広告塔としての立場を公にしていたが、アルジェリア治安当局のスパイがＧＩＡを内部分裂させ市民の虐殺を唆しているとの疑いが出ると、ＧＩＡのイメージに混乱が生じはじめ、スーリもついにはこれを事実と認める。以後、スーリはロンドニスタンを離れてアフガニスタンのカンダハールに入り、親タリバン政権の保護の下でオサマ・ビンラディン率いる第二期ジハーディズム世代の理論、すなわちアルカイダの理論の構築に参画する。そして、二〇〇五年発表の著作によって、この理論をさらに超克するのである。

ジハードの最初の戦場

ジハーディズムの初期にも、戦場に向かったフランスの若者はいた。人道援助活動から武装イスラム主義へと転向する例もあった。アルザス地方やリヨンの周辺では、一九八〇年代の移民子弟「ブール」による反差別主義運動に失望した一部の若者が、アフガニスタンをきっかけにイスラム教への回帰の道を辿った。アフガニスタンはまた、「セフラン」（「生粋の」フランス人）の若者の間から初めてイスラム教への改宗者を出すきっかけとなった。それまでフランスの改宗イスラム教徒のほとんどは、イスラム教の神秘主義哲学であるスーフィズムに傾倒した年長の知識人が占めていたが、そこに過激化した若者が新たに加わりはじめる。一九九六年三月二八日、北フランスのルーベに潜んでいたギャングのアジトに警察が突撃をかけた。ギャングの首謀者は北フランス出身の改宗イスラム教徒二人で、うち一人は翌日、ベルギー警察により射殺される。この事件はボスニアでのジハードが北フランスで新たな展開を見せた例であった。彼らは、ボスニアでのジハードの炎が燃え尽きた後に、その炎をフランスで再び燃え盛らせようとして失敗した。＊

アルジェリアのジハードもまた、アルジェリアからの移民の子弟であるフランスの若者の間に多くのシンパを獲得した。アルジェリアのテロは一九九五年に入るとフランス国内を標的とするようになるが、すでに一九九〇年代前半には、アルジェリアのイスラム主義政党「イスラム救国戦線（ＦＩＳ）」のフランス版ショーウィンドーとして「フランスにおけるアルジェリア同胞団（ＦＡＦ）」が結成され、その機関紙がフランス内務省から次々発行禁止処分を受けていた。また、ジハード支持集会が開かれ（特に、前述のギャング事件のあった北仏ルーベ）、募金活動も行われていた。一九九四年一二月二四日には、アルジェ発パリ行きのエールフランス機がアルジェ空港でＧＩＡメンバー四人にハイジャックされる事件が発生した。翌一九九五年の夏から秋にかけてフランス国内で発生した連続テロでは八人が死亡、少なくとも百七十五人が負傷した。これらのテロを計画したのは、アブ・アブデラマーヌ・アミンこと、

＊　デイトン合意後にボスニアから帰国した若者九人が犯行に及んだ。ジハードの資金源とすべく、強盗等を繰り返していた。

ジャメル・ズィトゥニ率いるＧＩＡであり、フランス国内で発生したテロの主犯格は同年九月二九日に警察により射殺されたカレッド・ケルカルであるというのが、大方の識者の見解となっている。

このときの一連のテロは、ケルカルをはじめとするフランスの大都市郊外のシテに住むごく少数の軽犯罪者グループが行ったもので、ポストコロニアル時代のアルジェリア系移民の子弟の間にはほとんど反響を呼ばなかった。当時は、移民の第一世代である「親父《ダロン》」たちが、アルジェリア生まれの偉大な社会学者アブデルマレク・サヤドが「フランスのアルジェリア植民地」〔フランスの中に形成されたアルジェリア人による植民地〕と呼んだ郊外地区の人々に大きな影響力を保持していた。「親父《ダロン》」たちは移民労働者としてフランスに定着し、子どもの将来のために汗水流して働き、不動産に投資し、外国人排斥や失業といった状況に耐え抜いて生きてきた世代であり、自分たちが何十年にもわたり蓄積してきた貯えや労働が、一部の狂信的テロリストの暗躍によって無に帰すことだけは受け入れられなかった。

一方、一九八九年以降に国が設置したフランスのイスラム教徒代表機関、すなわち「フランス・イスラム教方向性・考察評議会（ＣＯＲＩＦ）」や「フランス・イスラム教評議会（ＣＦＣＭ）」を牛耳ってきたムスリム同胞団系の「ブレダール」たちにとっても、これらのテロリストは自分たちの統制を脅かすうとましい存在であった。テロリストが存在するという事実は、フランス・イスラム教組織連合（ＵＯＩＦ）がフランスの歴代政府に対して自負してきた影響力（フランスのイスラム教徒共同体への影響力）の低下を示す証拠にされる恐れもあった。現に、ソ連の脅威の消滅に伴い、フランスの警察当局はロシア語を話す人間に代わって、フランスの大学で高度な教育を受け、イスラム主義勢力のネットワークに精通したアラビア語を話す人間を多数、特に過激な説教師の監視のために確保する時代となっていた。

一九九五年にカレッド・ケルカルがリヨン郊外で警官隊に射殺された後、(翌九六年三月二九日にルーベのギャング事件で北フランス出身の改宗イスラム教徒、クリストフ・カーズがベルギーの警察に射殺されるという事件があったとはいえ) フランスでは二〇一二年三月のモアメド・メラ事件までイスラム主義に関係したテロはなかった。十六年間にわたって国内で平穏が続いた背景には、諜報当局の再編が効果を上げたことのほかに、「親父《ダロン》」や「ブレダール」たちが若い世代を監督できていたことが挙げられる。

したがって、ジハーディズムの弁証法の第二段階、すなわちアルカイダの第二期ジハーディズムでは、フランス国内が直接にテロの標的になることはなかった。九・一一事件への報復として西洋諸国がタリバンとアルカイダを攻撃した後、マグレブ諸国系移民の子弟であるフランス人の若者の何人かが、アフガニスタンあるいはパキスタンで逮捕され、キューバのアメリカ軍捕虜収容施設グアンタナモに収監されるということはあったが、彼らの影響は限定的であり、彼らが奉ずる大義も多数の若者の動員につながることはなかった。二〇〇四年三月のマドリード、そして二〇〇五年七月のロンドンで発生したようなテロは*、フランス国内では発生しなかった。

* 二〇〇四年三月一一日、マドリードの列車爆破テロでは一九一人が死亡、二〇〇〇人が負傷し、二〇〇五年七月七日、ロンドンの地下鉄およびバスを狙った連続テロでは五六人が死亡、七百人が負傷した。いずれもアルカイダによるテロとされている。

刑務所という孵化装置《インキュベーター》

前述の通り、アルカイダが関与する第二期ジハーディズムとして、唯一フランス国内が標的とされたのは、パリのアメリカ大使館襲撃計画である。しかし、これはテロを準備していたアルジェリア系フランス人ジャメル・ベガルの逮捕によって不発に終わった。ベガルは二〇〇一年一〇月、アフガニスタンのアルカイダ基地から帰国する途上で逮捕された。ベガルを支援する予定だったネットワークのメンバーも、ベガル逮捕に続いてヨーロッパ諸国で逮捕された。テロ回避につながったこれら一連の逮捕には、一九九〇年代のＧＩＡ対策を通じて得た教訓と監視態勢が奏功した。ジャメル・ベガルはＧＩＡと接触があった。

ベガルは逮捕後、二〇〇九年まで服役する。釈放時にはすでにフランス国籍を剝奪されていたが、アルジェリアへの強制退去処分は免れ、フランス中部カンタル県ミュラのホテルでの「居住地指定処分*」となった。二〇一〇年に再び逮捕され、現在も服役中である。ベガル自身はフランス人としては稀な、純粋なアルカイダの産物であり、パリのアメリカ大使館襲撃計画も彼にとっては九・一一の同時多発テロの延長線上にくるものであった。その彼が、服役して犯罪に直接関与できない状態に置かれながら、ジハーディズムの第二期世代から第三期世代への橋渡しの役割を果たす。つまり、収監されたフルリー・メロジス刑務所（パリ南郊、エッソンヌ県）において、ベガルは二〇〇五年から服役中のシェリフ・クアシとアメディ・クリバリ、すなわち、二〇一五年一月のテロ事件の犯人となる人物と出会うのである。

シェリフ・クアシは、過激化したサラフィー主義者の若者を「イラクのアルカイダ（ＡＱＩ）」へ送り込むために形成されたパリ十九区のネットワークに所属していた。ＡＱＩ支部は当時、アブ・ムサブ・アル・ザルカウィの指揮の下、アメリカ軍率いる連合軍と戦っていた。パリ十九区のネットワークは二〇〇五年一月に警察の取締りを受けて解体される。スーリが『グローバルなイスラム抵抗への呼びかけ』を発表したのと同じ年の同じ月である。シェリフ・クアシが属していたこのネットワークは、見習いジハーディストらが体力作りのためにパリのビュット・ショーモン公園でジョギングに励んでいたことから「ビュット・ショーモン・ネットワーク」と呼ばれた。

このネットワークの指導者《メントル》は、アルジェリア系フランス人の説教師、ファリド・ベンイェトゥーであった。ベンイェトゥーは一九八一年五月一〇日、つまり社会党のミッテランが大統領選挙で勝利を決めた日にパリで出生した。二〇〇五年当時は二十四歳、フランスの「ミッテラン世代**」に属する若者であると同時に、何よりもまずアルジェリアのジハードが生んだ思想的な落とし子である。ベンイェトゥーは十六歳で父親と離別した後、義兄であるユセフ・ゼンムーリからイスラム主義、とりわけアルジェリアのジハーディズムの教育を施された。ゼンムーリは、ＧＩＡから分裂したアルジェリアの「宣教と戦

＊　ベガルは、アルジェリアで非人間的処遇を受ける懸念があるとして欧州人権裁判所に異議申し立てを行い、これが認められた。

＊＊　社会党のミッテラン大統領の任期（一九八一～九五年）と同時に成長した世代。

闘のためのサラフィスト集団（ＧＳＰＣ）」の活動家であった人物で、一九九七年、ＧＩＡによるアルジェリアでの民間人大虐殺を機にイスラム主義勢力が急速に弱体化へ向かうと、フランスへ逃れた。

ゼンムーリは、一九九八年にフランスで開催されたサッカーのワールドカップを標的とするテロを計画したことで逮捕され、有罪判決を受けた後、二〇〇四年に釈放されて国外退去処分に付された。このワールドカップではアルジェリア系移民の子弟であるジネディン・ジダンが主将を務めるフランス・チームが優勝した。ＧＳＰＣ（一九九八年発足）は、アルジェリアのジハードの解体過程で発生したグループの一つであり、二〇〇七年には「イスラム・マグレブのアルカイダ（ＡＱＩＭ）」と改称した。ＡＱＩＭは北アフリカからサハラ砂漠南縁サヘル地域にかけて活動する、アルカイダのいわばフランチャイズ組織である。ＡＱＩＭのメンバーの一部は後にイスラム国（ＩＳ）に帰順する。

ベンイエトゥーは当時、ヨーロッパで最も信徒数が多かったパリ市内の「アダワ（Adda'wa＝イスラムへの呼びかけ＝宣教）・モスク」で、集まってくる信徒へ個人講義を行う形でサラフィー主義の理論を教え、信奉者を増やしていた。パリ十九区の地下鉄スターリングラード駅に近い、かつての繊維製品倉庫に開設されたこのモスクは「スターリングラードのモスク」とも呼ばれていた。改修のため二〇〇六年に一時閉鎖されている。アラブ・イスラム文化に広い教養を持つベンイエトゥーはこのモスクを拠点に、基礎的な教育水準しか持たない大衆地区の若者を感化していく。二〇〇四年一月一七日、公立学校での「宗教的帰属を示す目立った徴」の着用を禁じるスタジ委員会の提言に対する抗議デモが行われた際、ベンイエトゥーはパリ市内の公道で礼拝を行い物議を醸した。この日のデモは「フランス・ムスリム党」という輪郭の不明瞭なグループが組織したもので、彼らは抗議活動をエスカレートさせることでＵＯＩＦの足元をすくい、「スカーフ法」反対運動を急進化させることを狙っていた。
二〇〇五年一月に解体された「ビュット・ショーモン・ネットワーク」については、二〇〇八年、「テロ計画と関連する犯罪結社」の容疑で裁判が行われ、ベンイェトゥーは、若者十二人のイラクへの渡航（うち三人は死亡）に決定的な役割を担ったとの罪状で有罪判決を受けた。「ビュット・ショーモン・ネットワーク」のもう一人の重要メンバー、ブバケル・アル・アキム、別名アブ・ムカテルは二〇〇三年にはすでにイラクへ渡っており、シリアのダマスカスでイスラム教の教育を受けつつ、戦闘員のイラク入りを組織していた。こうして同年にイラク入りした若者の一人がブバケルの弟ルドゥアーヌ・アル・アキム、別名アブ・アブダラである。ルドゥアーヌはイラク入りしたその年、同国のファルージャでアメリカ軍を標的とする自爆テロを行い「殉教者」として死亡した。ルドゥアーヌは死亡する少し前、二〇〇三年三月一八日に、イラクで出会った「ＲＴＬ」＊のジャーナリストに次のように語っていた。

自分はパリの十九区から来た。イスラム教徒を殺そうとする奴らはすべて殺す！　十九区の仲間全員にこう言いたい。「ジハードをしにイラクへ来い。俺はここにいる。俺だ、アブ・アブダラだ。そっちにいる兄弟たち、イスラム教を守りに来い！　アメリカ人は、ただのオカマだ、滑稽なヤカラだ、ひとたまりもない奴らだ。奴らが怖がってるのはわかってる。奴らは飛行機で戦争をするんだ。奴らに言ってやれ！　地上に降りてこい。武器を持って俺たちと戦えってな。地上に来たら、

＊　ルクセンブルクに拠点を置くヨーロッパ最大の民間ラジオ・テレビ放送局。

二時間でアメリカ人を全部やっつけてやる。俺は第一線で戦う用意がある。自爆する用意だってある。ダイナマイトの棒を巻いて、そして、［叫びながら］バーン！　バーン！　アメリカ人を皆殺しにするんだ。［北アフリカのリズムで］俺たちはムジャヒディン（moudjahidins）*！　死ぬのが望みだ！　天国に行くんだ！

その兄ブバケル・アル・アキムはいったん帰国し、二〇〇五年から二〇一一年までフランスで服役した後、両親の出身地であるチュニジアへ渡って国際ジハードに合流し、主導的な役割を果たす。彼は二〇一四年一二月に投稿した動画で、チュニジアの世俗派野党議員モハメド・ブラヒミ氏が二〇一三年七月に暗殺された事件の犯行声明を行う。モハメド・ブラヒミ氏は、「アラブの春」の発火点となったシディ・ブジッド選出の議員だった。その後ブバケルは二〇一五年三月、ＩＳＩＳの英語ウェブ機関誌「ダービク（Dabiq）」の第八号の中で、ブラヒミ議員に弾を十発撃ち込んで殺害したと改めて吹聴している。そして同じ号の中で、イラクにおいてダーイシュ（ＩＳＩＳ）の前身となったアブ・ムサブ・アル・ザルカウィの運動に参加したことや、フランスで服役するまでの自分の経歴を述べたうえで、フランスにおけるジハードの展望についても語っている。

次の引用は、「ダービク」第八号に掲載されたブバケル・アル・アキムの発言である。二〇〇三年から二〇一五年までの十年余りの間に、パリ十九区のビュット・ショーモンからイラクへ、そしてフランスでの服役後はチュニジアからついにはシリアへと渡り、ＩＳＩＳの最も重要な活動家の一人となった人物による、刑務所での試練を経てフランスでのジハードを呼びかけるに至った心境が、極めて率直に語られている。**

刑務所、これは辛かった。ここでは不信仰者〔クファル（kuffar）〕に屈辱的な扱いを受けた。しかしここは同時に、アラーに呼びかけ、刑務所にいる若者にアラーの道を説くための大きな門でもあった。アラーに栄光を！　今日、フランスの兄弟たちにこう言いたい。特別な標的を探す必要はない。誰でもいいから殺せ！　フランスにいる不信仰者は全員が標的だ。そして、クファルにはこう言っておく。近いうちに、アラーの許しにより、エリゼ宮〔フランスの大統領府〕の上にラー・イラーハ・イッラーLa ilah illa Allah***の旗〔ダーイシュの旗〕が上がるだろう。イスラム国はもうそこまで近づいている。俺たちとお前たちの間には海があるだけだ。そして、インシャラー（insh'Allah）****、お前たちの女どもや子どもをイスラム国の市場で売るんだ！

後に「シャルリー・エブド」編集部の殺人犯となるシェリフ・クアシは二〇〇五年一月、イラク入りを目指してダマスカスへ向かう飛行機に搭乗しようとするところをフランス警察に逮捕された。しかし

＊　ムジャヒディンとは、ジハード（ここでは「聖戦」の意）において異教徒と戦う「聖戦士」を意味する。現代においてはソ連のアフガニスタン侵攻後に、これと戦うイスラム教徒の戦闘員を指す呼称として使われるようになった。

＊＊　ブバケル・アル・アキムは二〇一六年一一月にアメリカ軍のドローンによる爆撃で殺害された。

＊＊＊　イスラム教の二つの信仰告白の一つである「アラーの他に神はなし」の意。

＊＊＊＊　「神の御心のままに」。アラーを讃える言葉。

当時の彼は、まだ、ジハードの兵士になる「可能性のある」若者というにすぎなかった。二〇一五年一月の「シャルリー・エブド」編集部襲撃事件発生後、犯人の指導者《メントル》であったとして名指しされたファリド・ベンイェトゥーは、自分の悔悛の情を示すために新聞雑誌に対して多数の発言を行っているが、その中で、シェリフ・クアシが知的水準の低い、幼稚な暴力的性向を持った若者であったことを隠していない。シェリフ・クアシは二〇〇五年の逮捕後フルリー・メロジスの刑務所に収監され、そこで、アフガニスタンでの実践を積み威信を得ていたジャメル・ベガルと出会う。見習いジハーディストであったシェリフ・クアシは、ジャメル・ベガルとの刑務所内での出会いを経て、十年後の二〇一五年一月七日、パリでのテロ事件の犯人に変身した。

同じく二〇〇五年、当時はパリの南郊の強盗犯にすぎなかったアメディ・クリバリも、やはりフルリー・メロジスの刑務所に服役し、そこでジャメル・ベガルと接触した。

フランスは一九九六年から二〇一二年まで、たしかにテロ発生のない状態にあった。しかし、実は二〇〇五年以降、フルリー・メロジス刑務所を孵化装置《インキュベーター》とする新たな潜伏期が進行していた。経歴の異なる人物たちが刑務所の中で遭遇し、それらの人物が二〇一二年に始まる新しいテロのモデルを生み出すこととなった。フルリー・メロジスにいたその一人が、国際的ジハーディストとしての威光を享受しアルカイダにも通じたジャメル・ベガルであり、またベガルを手本にジハーディストとしての野心を強めていった見習いジハーディストのシェリフ・クアシであり、そして単なる軽犯罪者でありながら他の多くの若者と同様、服役中に贖罪の道を過激なイスラム主義に見出し、その中に没入していったアメディ・クリバリである。

アブ・ムサブ・アル・スーリの思想がターゲットとするのは、ヨーロッパに住む不安定で脆弱なイスラム教徒の若者であり、クアシやクリバリはまさにそうした若者の典型であった。スーリの思想を実らせる、腐植土となる人物が形成されつつあった。スーリが『グローバルなイスラム抵抗への呼びかけ』をネット上で公開する同じ二〇〇五年一月に逮捕されたベンイェトゥーは、諜報機関による従来型の監視態勢で検知可能な、眼前に存在するタイプの最後の説教師であった。この後には、ユーチューブ、フェイスブック、ツイッターを舞台とするサイバージハードの時代が到来する。

二〇〇五年以降、諜報当局がジハーディズムの第三期段階への移行を「つかみ損ねた」ように、フランスの司法当局は刑務所の鉄格子の後ろで生起する動きを完全に見逃していた。刑務所が、大衆地区のシテの若者の暴走をさらに昂進させ結晶化させる孵化装置《インキュベーター》となっていたにもかかわらず、当局はこれに気づかなかった。法律家であり、二〇〇一年から刑務所付き教誨師として活動してきたモアメド・ウェスラティ氏は、二〇一五年、同年一月のテロ後に出版された著作『刑務所におけるイスラム教*』の中で、「イスラム教は、収容者の数では刑務所内第一の宗教となった」と述べている。ウェスラティ氏によれば、「刑務所によっては収容者の半数から三分の二がイスラム教徒」であり、「［彼らは］その他の服役者と同様、若い低学歴の男性で、貧しく、崩壊した家庭の出身者」であった。

ウェスラティ氏は非常に早くから、刑務所内において「宗教的過激化」の醸成を招く複数の要因を分析し、狭い空間内での雑居と服役者の心理的脆弱性によって過激化がさらに助長される傾向を指摘して

* Mohamed Loueslati, *Islam en prison*, Coll. Essais Documents Divers, Bayard Culture, 2015.

きた。刑務所に入った若者はほどなく、鉄格子の後ろで「戦争と暴力」を説教する「自称イスラム教導師《イマム》」に教化されていく。これに加え、テレビで報道される事件を自分たちの状況に照らして解釈し直すことが行われる。「西洋諸国はイスラム諸国を手ひどく扱い、破壊しようとしている」という解釈である。ウェスラティ氏は言う。「彼らはそこに、自分たちがシテで経験した苦しみの反響を感じとる。[…そして] 他にも何らかの形で自分たちと同じ苦しみを体験している人間がおり、[…] 自分たちの宗教は、自分たちを西洋に認めさせるための大義に則った戦争であると考えるようになる。こうやって、良きイスラム教徒であろうとする者にとって、暴力が王道となる」。

刑務所を舞台とする過激化という現象は、二〇〇五年前後から、社会学者ファラッド・コスロカヴァールの『刑務所の中のイスラム教』『アルカイダが語る時―鉄格子の後ろの証言』*などの先駆的な研究によっても指摘されてきた。しかし、国は、その重大性をまったく認識しないまま手をこまぬいていた。二〇一〇年代に入って、この盲目性は、非常に高いツケを払うことになる。

＊ Farhad Khosrokhavar, *L'Islam dans les prisons*, coll. « Voix et regards », Balland, 2004, Farhad Khosrokhavar, *Quand Al Qaïda parle : témoignages derrière les barreaux*, Grasset, 2006.

I　潜伏期

第2章 「イスラム教徒の票」から「イスラム教徒票」へ*

二〇〇五年秋の暴動は、突発的で激しく、地理的に拡散し、かつ時間的な広がりをもって展開した事象であり、こうした特徴ゆえに時代を画する事件となった。一方、警官隊との衝突に加わったその若者たちの怒りを、共通の具体的な要求事項として集約し得た政党や団体は一つとしてなかった。暴動の後に生じたのは沈黙であり、人々はこれをいかようにも読みとることができた。政治家はこの沈黙に乗じて、自分に都合のよい解釈を行おうとするようになる。

フランスの郊外地区は、一九八三年の「ブールの行進」から二十年以上にわたり、かつてない規模の深刻な政治的代表システムの危機を経験してきた。二〇〇五年秋の暴動はそうした現状をまさに暴露し

＊　本章はＡ・ジャルダンの執筆による。

た事件であり、フランス社会にこれまでのあり方を問い直させる絶好の機会であったはずだが、そこから教訓を引き出し、何らかの公共政策を打ち出すきっかけとはならなかった。社会党は、暴動直後の一一月一八日から二〇日にかけてル・マン市（フランス西部）で開催された党大会に注意を奪われ、郊外の状況には最小限度の反応しか見せなかった。党大会参加者の関心は二〇〇七年の大統領選挙へ向けた予備選挙と選挙戦略に集中し、党指導部内の勢力争いを背景に、妥協の候補であるフランソワ・オランドが党第一書記に再選された。

右派陣営も、ドミニク・ド・ヴィルパン首相とニコラ・サルコジ内相が水面下で対立し、暴動に対して統一した立場を打ち出すことはできなかった。サルコジ内相は暴動時の強硬姿勢が国民の支持を集め、これをテコに二〇〇七年の大統領選で当選を果たすことになる。

フランスの大都市郊外の周縁化された地区では、二〇〇五年秋の暴動に先立つ数年間に政治面で根本的な変化が進行していた。フランス旧植民地出身の移民と労働者組織が築いてきた同盟関係が、ゆっくりと、しかし根底から崩壊しつつあった。二〇〇五年秋の暴動はたしかに驚愕をもって受けとめられたが、実は青天の霹靂ではなかった。選挙で社会党との議席争いを強いられたフランス共産党はナショナリスト的論調の言説を展開するようになり、それまで労働組合や共産党が担っていた力、すなわち出身や宗教の異なる人々を労働者階級という一つの社会的所属意識の中に融合させる能力を減退させていた。

パリ東郊のクリシー・スー・ボワ（セーヌ・サン・ドニ県）では、共産党市長のアンドレ・デシャンが差別主義的発言を行ったとして一九九〇年の選挙戦最中に党を除名され、その後彼は極右の「国民戦線（ＦＮ）」に接近していった。クリシー・スー・ボワの隣町モンフェルメイユ（セーヌ・サン・ドニ県）

もかつては共産党の牙城であったが、極右に近いピエール・ベルナールが早くも一九八三年から二十年近くにわたって市長を務めていた。移民の子弟は安定雇用が得られず、したがって、同胞愛《フラテルニテ》の論理を重視してきた労働者組織からも隔てられて、共通の政治的要求を見出す手立ても中継組織もない状況に置かれていた。一九八四年以降、FNが選挙で勢力を伸ばすにつれ外国人排斥の言説が力を持つようになり、労働の世界にあった出自や民族を超えた連帯は破壊され、社会組織の民族化《エスニシゼーション》が加速化していた。

それまで移民問題は、政治的議論としてはマイナーなテーマでしかなかったが、この問題が対立の理由として前面に押し出されていく。社会学者オリヴィエ・マスクレの言葉を借りれば、二〇〇五年秋の暴動が発生する前、左派勢力と郊外のシテとの間では「すれ違い（rendez-vous manqué）」が起こっていた。また、二〇〇五年秋の暴動は、共通のスローガンを持たずに広がったという点に特徴があった。二人の少年の死とクリシー・スー・ボワのビラル・モスク入口への催涙弾落下が共通の憤りの背景となったことは確かであるが、世論が認識していたのは、この二つの事件のうちの前者のことのみであった。

クリシー・スー・ボワで二〇〇五年一一月に結成された「自由・平等・博愛・一致団結アソシエーション（ＡＣｌｅｆｅｕ＝アッセー・ル・フー）」は、その略号に事態の鎮静化を図る意思を反映させた団体で、*（一〇九頁）暴動後まもなく、この「社会的反乱」を「政治的要求」として昇華させる方向へと動き出した。暴動のうちの暴力的な要素を抑え、経済的原因や日常生活上の困難という側面に照準を当てようとする取り組みである。具体的には、一定の平穏を維持すべく暴動発生地区に毎晩メンバーを派遣する一方で、周縁化された地区に新たな社会政策の導入を促すべく行政当局への積極的な働きかけを行うものであった。

ＡＣｌｅｆｅｕは暴動の直後から、全国各地の「センシティブな」シテを回って広範なアンケート調査を行い、この結果をもとに「陳情書」を作成した。「陳情書」は次のような文言で終わっている。

この証言集を通じて、これまで怠慢と欠如がいかに蓄積されてきたかが明らかとなった。しかしながら、「陳情者」は、共和国とその価値を信じることを望む。フランス市民は互いに連帯し、「一致団結して」社会のポジティブな変化に参画していくことを希望する。

ＡＣｌｅｆｅｕは、若者に実力行使を止めさせ、アメリカのコミュニティ・オーガニゼーション（地域組織活動）に倣った圧力・監視団体として、郊外住民に政治参画を促し、市民としての意識を高めようとした。「陳情書」は、暴力的な挑発行為を選挙での投票行為へと転換させるため、政界に対しては次のような呼びかけを行っている。

［フランス市民は］選挙権を行使し、あなた方の政策プログラムが私たちの期待に応えるものであるか、あるいは、応えるものであるとすればそれが実効的なものかを吟味する意向である。［フランス市民は］この変革の主体となることを決意し、あなた方が、私たちの生活向上に努め、私たちの声に耳を傾け、私たちを参画させていくことを期待する。

ＡＣｌｅｆｅｕによれば、政治参画の欠如や社会的緊張の高まりの背景には、政治家が郊外住民の声に応えるすべを持たず、無関心で、実効性ある活動を行ってこなかったという現実がある。しかし、ACｌｅｆｅｕの活動家自身も、自分たちの要求を世論に訴えていくにあたり、社会的コンセンサス形成を助ける中継組織の確保が難しい状況にあった。ACｌｅｆｅｕが提示した要求は、大都市郊外の周縁化された地区に長年根づいてきた左派の伝統を継承するものであったが、暴動直後の大多数のフランス人にとっては受け入れがたいものと映った。暴力や破壊行為を繰り返す郊外の若者に対して国民全体が連帯感を失い、社会政策の導入という政治的意思を削いでしまっていた。実際、フランスの国家人権諮問委員会が毎年発表する世論の「寛容度」指数を見ると、二〇〇五年は、この「郊外の危機」問題と、東欧からの低コスト労働力を懸念したいわゆる「ポーランド人左官」問題との相乗効果により急低下していた。

一方、暴動をきっかけに、国は新たな「都市再生プログラム（ＰＲＵ）」を実施し、郊外の大規模な再整備に乗り出した。これは、二〇〇三年にボルロー都市再生相が発表したボルロー・プラン（郊外地区再整備プラン）の延長線上にくるもので、国家都市再生庁（ＡＮＲＵ）の主導により、二十万戸以上の既存住宅の取り壊しと同数の新築住宅の建設、さらには同数の既存住宅の改修を目的としたものである。ただし、こうした施策は住居の改善と地区内の環境整備に限定された措置であり、郊外と都市中心

＊（一〇七頁）ACIefeuは、「自由・平等・博愛・一致団結アソシエーション」を意味するフランス語「Association Collectif liberté égalité fraternité ensemble unis」のイニシャルを集めた略号である。「A-C-le- Feu」と発音すると、「火（暴動）はもうたくさんだ（Assez-le-feu）」という意味に聞こえる。

部を結ぶ交通機関の整備や、雇用へのアクセスといった政策とは無縁であった。

ＰＲＵの導入には多くの地元議員が、経済活動の活性化と地元市町村への新たなリソース投下の面で歓迎する立場をとるが、一部議員は、プログラムの決定と実施面で民主主義的手続が不十分であるとしてこれに反対した。

ＰＲＵの実施にあたっては住民の意見聴取手続が推進されたことから、政治参画を補完する一定の効果はもたらされた。しかし、こうした手続が「政治的代表性」の欠如を補うわけではなかった。

二〇〇八年の経済危機以前からすでに、郊外地区の公共政策においては経済的課題がなおざりにされてきた。郊外地区が周縁化され、社会的差別や民族・人種差別が強まっていくプロセスの根底には経済的問題があった。結局、住宅整備を柱とするＰＲＵは、失業率の上昇と経済的不安定性を解決する対策としては不十分かつ不適切であった。住民の政治参画への要求はほとんど考慮されず、地元の社会活動家の存在意義は揺らぎはじめた。

ＡＣｌｅｆｅｕが口火を切った活動、すなわち、暴力的な抗議活動を政治制度への参画に転換させ、移民子弟の若者に政治的活路を与えるための活動は、こうしたコンテクストの中にあった。ＡＣｌｅｆｅｕに続いて、「言葉を超えて（ＡＤＭ）」「移民と郊外の運動（ＭＩＢ）」といった様々な団体が形成され、一部はＡＣｌｅｆｅｕのライバルとなっていった。これらの団体が掲げる平等の要求の背景には、移民によるフランスでの運動の伝統と、フランス革命に由来する共和国の歴史的伝統があった。ＡＣｌｅｆｅｕが使った「陳情書」という表現は、フランス革命のきっかけとなった「三部会へ提出するために準備された請願陳情書」に由来するものである。暴動発生から一年後の二〇〇六年一一月二五日、ＡＣｌｅｆｅｕは全国百のシテで集めた二万件を超える要望を盛り込んだこの「陳情書」を、パリ市内でデモ行進を行った後、国民議会に提出した。

当時はまだ二〇〇二年の大統領選挙の結果が痕跡を残していた。郊外の治安悪化が争点となった二〇〇二年の大統領選挙は、社会党候補（リオネル・ジョスパン首相）が極右ＦＮのジャン＝マリー・ルペン候補の後塵を拝して第一回投票で敗退するという衝撃的な展開を経て、決戦投票では左派票を取り込んだ保守のジャック・シラク候補が圧勝した。したがって二〇〇六年当時、ＡＣｌｅｆｅｕのような団体は、左派勢力との新しいパートナーシップを模索していた。ただし、暴動を起こした世代は一般に未成年で、すなわち選挙権を持たない者が多かった。*団体のリーダーたちはＡＣｌｅｆｅｕのモアメド・メシュマシュ会長（三十九歳）をはじめ、はるかに年上の世代であった。

最終的に、政治参画を訴えるこれらの運動は十分な成功を得られないままに終わった。郊外住民の有権者リストへの登録は確かに進展した。しかし、暴動が体現した異議申立てを政治的要求に転換しようとする試みは、有効な具体的公約として選挙に反映されることはなかった。公共政策にも何ら変化は見られなかった。むしろ、制度との妥協を図るこうしたＡＣｌｅｆｅｕの試みは、社会的にも象徴的にも、代償を伴うものとなった。政治的方向性を持たず衝突のみを目的とする若者たちの一部は疎外され、孤立していった。その若者たちをイスラム主義のグループが利用していった。イスラム主義勢力は当時すでにフランス社会との断絶を提唱していた。二〇〇五年から二〇一五年にかけて、政治的なきずなを紡

＊　フランスにおける民法上の成年は十八歳、選挙権年齢も十八歳からである。

ぎ直そうとする努力が実を結ばず次第に朽ちていったのと反比例するように、宗教的な過激化が、肥沃な土壌を得て進行していった。

二〇〇五年秋の暴動の後、議会の右派陣営を支持する有権者の間でイデオロギー上の転換が生じる。この転換に応じるように、サルコジ内相も社会の分裂を強める戦略へと舵を切りはじめる。サルコジ内相はそれまで、二〇〇三年にはフランス・イスラム教組織連合（ＵＯＩＦ）の全国大会に鳴り物入りで出席するなど、倫理問題に関して保守的な立場をとるイスラム教団体との同盟を試みてきたが、これを方向転換したのである。二〇〇五年秋の暴動では、郊外大衆地区の住民に対して統制力を持つことを売り文句としてきたＵＯＩＦの無力さが露呈され、ＵＯＩＦに対しては過激な新世代のイスラム主義者の台頭を許したという不信感が生まれていた。また、世論は移民に対して、目に見えて敵対的な方向へ傾斜しつつあった。

サルコジ内相は世論の変化を踏まえ、従来の右派陣営とは異なる新しいタイプの政治メッセージを二〇〇七年の大統領選へ向けて構築していった。サルコジ内相から見て、当時二期目の任期最中にあったシラク大統領は、第一期目後半にジョスパンを首相とする社会党内閣との保革共存を経たことであまりに穏健化していた。それゆえサルコジ内相は、こうした穏健右派の路線とはっきり一線を画す戦略を立ち上げていく。もっとも、二〇〇六年末の世論調査では、前年の暴動の最大要因について「若者の両親の保護責任問題」と回答した人が四五％近くに上り、「移民問題」と回答した人の比率二五％を大きく上回っていた。

一方の社会党は、二〇〇七年大統領選の党内予備選挙を経て党公認候補となったセゴレーヌ・ロワイヤル*が郊外との関係の再構築を図る。ロワイヤル候補は二〇〇七年二月二七日、クリシー・スー・ボワを訪れて報道陣のカメラの前でＡＣｌｅｆｅｕのマニフェストに署名し、「郊外地区は『問題』ではなく、フランスの問題に関する『解決策の一部』である」と発言することでサルコジ候補との対決姿勢を鮮明にした。ロワイヤル候補のこうした戦略が、左派および大衆地区の票の動員を促したことは確かである。しかし、全国的な形勢逆転へつなげるには不十分であった。実際、暴動を機に左派支持層の一部は右派の保守的な言説に接近していたため、ロワイヤル候補の戦略は伝統的な左派支持層に離反者を招くことにもなった。二〇〇七年大統領選でのサルコジ候補の勝因の一つは、社会的に保守的立場をとる有権者層が、「フランス人のナショナル・アイデンティティー」を最優先に掲げる極右の言説に傾いたことによる。

二〇〇七年一月、海外県マルティニーク島を訪れたロワイヤル候補は、元国民議会議員でネグリチュード**の詩人であるエメ・セゼールと面会する（一月二六日）。エメ・セゼールは、奴隷制度を「人道に対する罪」として告発する闘い***を長年にわたって続けてきた人物である。

ロワイヤル候補はこのときの演説で、「海外、特に北アフリカでフランスが果たしたポジティブな役割」を学校教育プログラムに盛り込む二〇〇五年二月二三日の法律****（一一五頁）に明確に反対し、「こうした歴史修

＊　後に二〇一二年選出のオランド大統領下で環境相。
＊＊　「ネグリチュード」は、セゼールやセネガル出身の詩人サンゴール（独立後のセネガル共和国の初代大統領）が一九三〇年代から使用した造語で、黒人としての自覚や精神的・文化的特質を指す。
＊＊＊　フランスは二〇〇一年五月一〇日に「奴隷制度を人道に対する罪と認める法律」を制定した。

正主義的な解釈は認容しがたい。植民地主義は支配と略奪と屈辱のシステムである」と確言した。セゼールがロワイヤル候補への支持を表明すると、ロワイヤルは「混血のフランス」を選挙戦のスローガンに掲げていく。しかし、二〇〇五年秋の暴動後のコンテクストにおいては、このスローガンは逆にサルコジ候補の保守政党「国民運動連合（ＵＭＰ）」を利する結果となった。

二〇〇五年秋の暴動を機に、フランス人にとってのフランスのイメージが揺るぎはじめる。この状況を巧みに利用し支持を伸ばしたのがサルコジ候補である。サルコジ候補は、立場をはっきりと右傾化させることで、極右ＦＮの支持層に食い込むと同時に、左派を不安定化させていった。

一方、この煽りを受けてＦＮの方は後退を辿り、政治面、財政面で困難な状況に陥っていった。ＦＮが組織の再編とイデオロギーの再武装によって新たに台頭するには数年待たなければならない。選挙におけるＦＮの再生は二〇一三年以降である。二〇一二年の国民議会議員選挙で南西フランスのトゥールーズに近い選挙区（オート・ガロンヌ県）から出馬したＦＮ公認のセルジュ・ラローズ候補は、当時のＦＮの低迷状態を次のように語っている。

二〇〇七年の大統領選では、サルコジ候補がＦＮのテーマを自分のテーマに焼き直し、ＦＮ支持票を吸い上げてしまった。もちろん、サルコジ候補が採用したのはＦＮが提案する解決策のうちの少しだけで、あえて取り入れすぎないようにした。つまり、サルコジ候補はＦＮの「ソフト」バージョンであった。そのためＦＮ支持者の多くが、「ジャン＝マリー・ルペンと同じだが、ルペンよりもっと信用できそうだ！」と感じた。われわれは多くの票を失い、財政難に陥った。助成金が激減し、得票率が五％に達しなかった選挙区では選挙費用を返済しなければならなかった。

「イスラム教徒票」

郊外大衆地区では、二〇〇六年から二〇〇七年にかけて有権者登録数がはっきりと増加した。セーヌ・サン・ドニ県の有権者数は六十三万七千人から七十万八千人へと一一％増加した。同時期の全国平均の増加率六％と比べるとほぼ二倍である。セーヌ・サン・ドニ県内のいくつかの市ではさらに高く、クリシー・スー・ボワで一九％（千五百人増）、ラ・クルヌーヴではほぼ一四％、その他の県でもリヨン郊外のヴォー・アン・ヴラン（ローヌ県）で一二％、パリ北西のアルジャントゥイユ（ヴァル・ドワーズ県）で一一・五％の増加率を示した。

二〇〇五年秋の暴動の舞台となったすべての地区でこれほどの高増加率が見られたわけではないが、少なくとも全国平均を上回った。増加率が最高水準を記録した地区を見ると、それらはみな、暴動の数カ月前からサルコジ内相との対決姿勢を露わにしていた「郊外のセンシティブな地区」であったことがわかる。その一つ、ラ・クルヌーヴでは二〇〇五年六月、対立する非行少年グループ間の喧嘩に巻き込

＊＊＊＊（一一三頁）　セゼールは、ロワイヤルに先立ってマルティニーク訪問を予定していたサルコジ内相との面会を、同法の制定を理由にいったん断っている。なお、この学校教育プログラムに係る同法第四条第二項については歴史学者らの間から反対運動が起こり、二〇〇六年に憲法評議会の裁定を経てこれを廃止する政令が発令された。

まれたシド・アメド・アマッシュ君（十一歳）が流れ弾を受けて死亡するという事件が発生したが、このとき現場を視察に訪れたサルコジ内相はテレビカメラを前に、「明日にも、高圧洗浄機《ケルヒャー》でシテの洗浄を始める。必要な人数を投入し、必要な時間をかけて、シテを洗浄する」と発言し、シラク大統領の穏健右派路線との違いをはっきりと示した。「高圧洗浄機《ケルヒャー》で洗浄する」という表現は、シラク大統領寄りの立場を維持するドミニク・ド・ヴィルパン首相ら政府内でも当時大きな波紋を呼んだ。

同じく有権者登録数を大きく増やしたアルジャントゥイユでは、二〇〇五年一〇月二五日、つまりクリシー・スー・ボワで警察に追われた少年二人が感電死する事件の二日前、同地区の警察署を視察に訪れたサルコジ内相一行が多数の若者の一団からヤジを浴びている。このときサルコジ内相は、自宅ベランダからこの様子を見下ろしていた住民に向かって、「皆さんはもうたくさんでしょう？　このクズ《ラカイユ》どものグループにいいかげんうんざりでしょう？　だから、このクズ《ラカイユ》どもを追い出してあげましょう」と叫んだ。こうした前後関係から見てみると、二〇〇五年秋の暴動それ自体が分極化の起点だったわけではなく、すでに存在していた分極化が暴動によってさらに強まったと見るのが妥当である。暴動を機に右派陣営は、シラク大統領の穏健路線からサルコジ候補が体現する極右寄りの路線へと軌道を移していった。

周縁化された地区の住民についてみると、二〇〇七年の選挙で初めて投票した有権者のうち移民系有権者の比率は、住民全体に占める移民系住民の比率を上回り、彼らは主に左派に投票した。この二〇〇七年は、暴動の刻印を負った移民の子弟世代（フランスのイスラム教徒の第三世代）が選挙権年齢に達し政治に参加しはじめた年であり、大統領選でサルコジ候補が勝利し右派が硬化していく状況と重なり合っている。奇しくも、彼ら第三世代が「初めて」投票に参加した後に訪れたのは、サルコジ大統領の当選という苦い失望であった。

いずれにせよ、こうしてフランスの政治はポストコロニアル時代の移民の子弟が有権者として有意な役割を担う時代に入った。二〇〇七年以降、新規の有権者登録件数は年々増加していく。この新しい世代は、フランス生まれであることにより自動的にフランス国籍を保有する世代である。国籍があることで、彼ら第三世代は、第一、第二世代には容易に手の届かなかった選挙権を得た。移民の世代、すなわち国外で生まれた第一・第二世代は、国籍取得を伴わない場合でもフランス在住者として選挙権を獲得することを望んだが、実現しなかった。一方、国際結婚など様々なプロセスによる国籍取得や家族構造の変化が進む中で、個人がフランス社会内へ取り込まれていく軌道はますます多様化し、「移民の子弟」対「その他の多数派市民」という単純な対立図式だけで現実を捉えることも難しくなっていた。社会の混成は一般に考えられているより、はるかに深く進行していた。実際、家族にポストコロニアル時代の移民が少なくとも一人以上いるフランス人の数は非常に増えている。国立統計経済研究所（ＩＮＳＥＥ）が二〇〇八年に発表したデータによれば、人口六千三百八十万（二〇〇八年一月一日当時）を持つフランスには、アフリカおよびアジアからの移民が三百二十万人、これらの移民の直系の子孫が百四十万人いる。

フランスの人口に占める移民子弟の割合が増えるにつれ、全有権者人口に占める移民系の比重も増加していく。フランスは、人口学者のフランソワ・エランが「移民の時代」*(二一九頁)と呼ぶ時代に突入したのである。国籍を保有してもその多くが有権者登録の手続きを行っていなかった時代は、この層が政治的な力を得る状況にはなかった。郊外の移民子弟が有権者として大きな影響力を持つ至ったのは、「十八歳に達した市民を自動的に有権者登録する」ことを定めた、社会党ジョスパン内閣による一九九七年一一月の法改正である。移民系の有識者登録はこの法改正によっていっきに進んだ。

二〇〇七年と二〇一二年の大統領選では、移民系の新しい有権者層の投票数が突然増加する。背景には、右に述べたような人口増、制度改正に加え、二〇〇七年大統領選においては二〇〇五年秋の暴動の後遺症としてセゴレーヌ・ロワイヤル候補とニコラ・サルコジ候補との対立が社会の分極化を加速したこと、さらに二〇〇七年以降の五年間においてもサルコジ大統領という人物を軸とする右派と左派の対立が持続したことがあった。

こうした国内現象だけでなく、中東情勢、特にイスラエル・パレスチナ紛争やアメリカによるイラク戦争も、郊外大衆地区の住民の政治観に大きな影響を与え、住民たちの不安感を増幅させていた。

二〇〇五年秋の暴動に加わった若者は当時ほとんどが未成年であったが、二〇〇七年にはほぼ全員が成年（一八歳以上）に達していた。彼らにとって「初めて」の選挙となる二〇〇七年の大統領選を棄権した若者は、サルコジ勝利という選挙結果を悔やみ、二〇一二年大統領選では現職サルコジ大統領を落選させるために一票を投じる。

結果、二〇一二年の大統領選では、五年前の社会党ロワイヤル候補の出馬から始まった「郊外の新しい有権者層の左派支持」という動きが明確な形で表れ、同じ社会党のフランソワ・オランド候補がその恩恵を受ける。

一方、この二〇〇五年から二〇一〇年にかけては、極右ＦＮが一時的に弱体化した時期でもあった。

ジャン＝マリー・ルペンFN党首は二〇〇七年大統領選でサルコジ氏の激しい競合を受け、第一回投票での得票数は三百八十万票と、二〇〇二年の得票数四百八十万票（決選投票では五百五十二万票）に比べて百万票の減少となった。ただし、この低迷期においてもFNは、有権者登録者数全体の一〇％を超える票を維持していた。

経済危機とアイデンティティー回帰

二〇〇八年九月のリーマンショックをきっかけに世界に広がった経済危機は、その激しさにおいて一九二九年の「大恐慌」にも匹敵しうる現象を招いた。フランスにおいても、雇用状況の悪化により郊外大衆地区の失業率はまたたく間に急上昇した。経済活動全般の悪化は、インフォーマル雇用や派遣雇用によって生計を立てていた人々を直撃する。二〇〇八年から二〇一二年にかけて、失業率は大衆地区においては男性四九％、女性五五％という高水準に達する。この結果、「郊外のセンシティブな地区」とフランス社会のその他の地区との格差はいっそう拡大していった。

経済危機はまた、それまで一定の物質的安定と地位を得ていた人々の雇用の質も悪化させた。若い学卒者のインターンシップの場は狭まり、新規採用者のほとんどは有期雇用となって、不安定化は全国に広がった。すでに隔離状態にあり、公共交通手段さえ満足にない飛び地のような大衆地区はまっ先にそ

＊（一一七頁）　François Héran, *Le Temps des immigrés*, Ed. du Seuil, 2008.

の影響を受けた。ただでさえ困難であった「仕事を見つけるという行為」が、以後、克服しがたい障害となる。こうした構造的変化によって働き口が減るのに伴い、採用や住宅入居に際しての差別も激化する。

一部のセンシティブな郊外に位置する工業地区では、経済活動の柱となってきた製造業が大きな打撃を受けたことで、多くの雇用が危機に瀕した。パリ北郊、セーヌ・サン・ドニ県のオルネー・スー・ボワでは、プジョー・シトロエンの自動車工場の生産停止が決まり*、人口百五十万人を抱える同県で十万口近くの雇用が脅かされることとなった。

二〇〇八年の経済危機以降、フランス人の懸念のトップは失業と社会保障となり、この二つの問題は、労働市場で常に弱い立場に立たされてきた移民の子弟にとってはいっそう深刻なものとなる。二〇一二年の国民議会議員選挙に北仏のノール県から出馬した移民の子弟ファルーク・カンファール候補は、その翌年、経済危機後の政治状況への不満を次のように表現した。

> 危機を生み出しているのは政治屋たちだ！　そのくせ、いったん危機になると、失業が増えただの、家族手当や失業手当を減らすだの、こうした手当にまで税金をかけるだのと言いはじめる。こういうのは、人々の口からパン切れを奪い取るのと同じだ！「本人が悪いからだ、本人が働きたくないだけだ！」と言うが、実際には仕事自体がもうないのだ！

リーマンショックが起きた二〇〇八年秋以降、フランスは、対立と衝突に基盤を置く政治的分極化の波に揺さぶられる。ただし、この分極化は、労働運動や選挙戦という形をとらなかったために、しばらくはほとんど表に現れないままに進行した。これが表面化するのは、二〇〇七年大統領選時のサルコジ陣営の公約、「ナショナル・アイデンティティー」というテーマが具体的政治日程に盛り込まれてからである。ここで初めて人々の怒りに言葉が与えられ、衝突の前線は経済問題からナショナル・アイデンティティーの問題へと移っていった。

サルコジ大統領の任期、二〇〇七年から二〇一二年は、パラドクスに満ちた五年間となった。国民の最大の懸念であった経済問題は早々と政治日程の外に追いやられ、移民、フランスの歴史、非宗教性《ライシテ》、イスラム教といったちぐはぐなテーマが組み合わせられてこれに取って代っていった。そこでは、社会的・経済的な差別の問題が直接取り上げられることはなかった。

経済危機への対応が脇に置かれ、ナショナル・アイデンティティーの追求という側面のみが強調されるなか、二〇〇五年秋の暴動によって開いた傷口が再びうずきはじめる。ナショナル・アイデンティティーの追求とは、「彼ら」と「われわれ」の間にある差異の境界線をはっきりと定めて自らの特殊性を保持しようとする個別主義の正当化であり、他者との衝突を誘発する坩堝に他ならない。

この種の批判に対し、サルコジ大統領は二〇一一年、人類学者クロード・レヴィ＝ストロースの「アイデンティティーは病気ではない」**（一二三頁）という表現を引いてアイデンティティーの追求というアプローチを正当化した。また二〇〇九年には、ラ・シャペル・アン・ヴェルコール（ドローム県）にある対ナチス・

＊　同工場は二〇一三年末に閉鎖した。

レジスタンス活動家の慰霊碑を訪れて、次のような熱烈な演説を行ってもいた。*

われわれは現在おそらく、目印であったものが消滅し、アイデンティティーが不確実になり、生きていくために不可欠な何かが失われつつあるという気持の高ぶりの中を生きている。〔…〕私は、自分の考えるところに従って、次のことを述べたい。ナショナリズムを恐れるあまり国家を消し去ろうとした結果、アイデンティティーをめぐる緊張が再び頭をもたげはじめた。ナショナリズムはナショナル・アイデンティティーの危機から生まれるものであり、ナショナル・アイデンティティーが消え去れば祖国への愛も消え去り、祖国への愛に代わって他者への憎しみを煽るナショナリズムが台頭するのである。

この時期、FNの衰退は不可逆的な現象であると受けとめられていた。極右から右派に流れた票が再び極右FNに逆流すると考える者は誰もおらず、むしろFNの周辺にいる急進的グループの方がFNよりも脅威であると受けとめられていた。ラ・シャペル・アン・ヴェルコールでのサルコジ演説はさらに、共和国を王政の歴史の延長線上に位置づける。

封建領土を支配する統一国家フランスという古いカペー王朝の夢を、共和国がどのように実現してきたかを見てみよう。歴代の王が夢みてきたことを共和国が実現したのだ。〔…〕フランスは、何世紀にもわたって、混じり合い、混血し――この言葉を私は恐れない――、同化してきたのであり、この混合、混血、同化を通じて自らを変容させ、豊かにしてきた。

二〇〇七年大統領選では、ロワイヤル候補と左派陣営が、「同化」政策を制約の強い画一化政策であると批判し、これと区別する「混血」の論理を主張したのに対し、サルコジ大統領は、「過去の混血に基づく同化」を提唱することで、統合の論理をもう一段階先に推し進めようとした。前出の演説でサルコジ大統領は、「フランスはブルカの着用が認められる国ではない。いかなる口実、いかなる状況の下でも、女性の隷属が認められる国ではないのである」とも発言するが、これは、翌二〇一〇年に提出された「公共スペースにおいて顔を覆う服装を禁じる法案」**の先触れであった。大統領はさらに、「フランスのナショナル・アイデンティティーを知る人々」と「これを知らない人々」とを対比させ、次のように結論して演説を締めくくった――「フランスのナショナル・アイデンティティーに

＊＊(一二二頁)　サルコジ大統領は二〇一一年三月にピュイ・アン・ヴレー(オート・ロワール県)で行った演説の中で、フランスにおける「キリスト教の遺産」の重要性を強調し、クロード・レヴィ＝ストロースを引用した。

＊　サルコジ大統領は演説の中で、「フランス」という言葉を六十回、「アイデンティティー」「文化」という言葉をそれぞれ二十三回使用したとされる。この演説原稿は大統領の特別顧問アンリ・ゲノーの筆になるものである。

＊＊　これは「公共スペースにおいて顔を覆う服装を禁じる二〇一〇年一〇月一一日の法律」と同法適用のための「二〇一一年三月二日の通達」として成立する。二〇一一年三月二日の通達では、イスラム教において顔を覆うベール「ニカブ」や「ブルカ」の着用が具体的に禁止された(本著一八七頁訳注＊も参照)。「ニカブ」は目を除き顔と上半身を覆うベール、「ブルカ」は全身を覆い、目の部分もネット状にして外から見えないようにするベール。

ついての議論を望まない人々は、このナショナル・アイデンティティーそのものを恐れている。彼らがこれを恐れるのは、その内容を知らないからである。であるからこそ、フランスのナショナル・アイデンティティーの何たるかを彼らが学べるよう、議論を始めることが必要なのである」。

以後、ナショナル・アイデンティティーというテーマが、メディア、政界、知識人の間で論争の主要テーマとなる。ラ・シャペル・アン・ヴェルコールでのサルコジ演説の数日後、サッカー・ワールドカップ予選のアルジェリア対エジプトの試合をきっかけに、＊マルセイユではアルジェリアチームのサポーターが警官隊と衝突する（二〇〇九年一一月）。二〇一二年国民議会議員選挙で右派の独立系候補としてマルセイユから出馬したモラド・グアル候補は、このときの騒ぎを次のように批判した。

マルセイユではアルジェリア、モロッコ、チュニジアチームの試合があるたびに騒ぎが起こるが、あのときの騒ぎは言語道断の恥ずべき事態だった！

また、翌二〇一〇年一月一六日には、当時のマルセイユ市長ジャン＝クロード・ゴダン（国民運動連合＝ＵＭＰ）が、エリック・ベッソン（移民・統合・ナショナル・アイデンティティー相）主催の会合の席上でこの騒ぎに触れ、次のように発言した。

イスラム教徒市民がサッカーの試合を楽しむのはわれわれとしても喜ばしい。しかし、ラ・カヌビエールの大通りを埋め尽くした市民の数は一万五千人とも二万人とも言われているが、目に入ったのはアルジェリアの国旗ばかりで、フランス国旗は一つもなかった。これは喜べない。ゴダン市長のこの発言は、地元のみならずフランス中で論議を巻き起こし、UMPを支持する移民二世の若い有権者層に分裂を引き起こした。

同時期、二〇〇九年六月二三日に設置された国会情報委員会（委員長はアンドレ・ジュラン共産党議員）が、顔を覆うベールの着用規制に関する最終報告書を提出する。続いて、「公共スペースにおいて顔を覆う服装を禁じる法案」がミシェル・アリヨ＝マリ法相から提出され、二〇一〇年九月一四日に可決された。下院（国民議会）・上院いずれにおいても、与党議員は賛成票を投じ、左派議員のほとんどは棄権した（一〇月一一日成立）。

FNが思いもかけず政治の表舞台に復帰するのは、各党が二〇一二年大統領選へ向けて準備を開始した時期である。サルコジ大統領が軽率に火をつけたナショナル・アイデンティティーというテーマから、FNは漁父の利を引き出す。大統領選を視野にFNは、まず二〇一一年一月の党大会においてジャン＝マリー・ルペン党首を退け、三女マリーヌ・ルペンを後継として新党首に選出する。新党首は、これまでFNが看板としてきた差別主義とナショナリズムに距離を置きつつ、イスラム教とイスラム教徒を標的とする新しい言説を打ち出していくことになる。

マリーヌ・ルペン新党首の戦略は、サルコジ大統領がテーマとした分野で大統領に競合し、二〇〇七

＊　試合自体はエジプトのカイロで行われ、エジプトが勝利した。マルセイユはアルジェリア系移民が多い。

年の大統領選で失ったＦＮ支持層を取り戻すというものであった。この戦略の下でＦＮは、移民に対するフランス人優先という主張をトーンダウンさせながら、次第にイスラム教や欧州との関係の問題を前面に押し出すようになる。

二〇一二年の国民議会議員選挙でオート・ガロンヌ県から出馬したセルジュ・ラローズＦＮ候補による次の発言は、ＦＮのこうした新しい傾斜を例証するものである。

わが国にはイスラム教徒移民の出身者が二千万人〔原文のママ〕いる。これは政治ではなく、あくまで計算の話だ！〔…〕フランスは常に移民の受入れ国だった。これは間違いない。

ところが、ラローズ候補はこう付け加える。

イスラム教の問題は、それが宗教というだけでなく、民法典であり、政治憲法であり、倫理法であるという点だ。〔…〕こちらがイスラム教に適応する理由はない。われわれには、われわれの法律があり、憲法があり、ユーモアがあり、食事の仕方や動物の屠殺の仕方がある。こちらがハラルの肉を食べたり、特別な献立を用意したり、特別なプールの利用時間帯を作る必要はない。

そして最後に、衝突の可能性を示唆することで発言を締めくくる。

私は、フランスとヨーロッパにとっての大きな問題はイスラム教との衝突であると考えており、この考えに誤りはないと確信している。

同じく二〇一二年の国民議会議員選挙にマルセイユ北部から出馬したステファーヌ・ラヴィエFN候補は、このテーマを料理に喩えて説明している（ステファーヌ・ラヴィエは二〇一四年の市町村議会選挙でマルセイユの十三・十四区の区長に当選した）。

問題は多様性にある。多様であるあまり、もはや国民のほとんどが、自分は一体何者なのかわからなくなっている。「自分はフランス人なのか？　アルジェリア人なのか？　モロッコ人なのか？　非宗教的《ライック》な人間であるのか？　イスラム教徒なのか？　カトリックの伝統の国で生活しているというのに？」。こうしたすべてが混じり合った結果、消化できないものが出てくる。クスクス〔硬質小麦を砕いて蒸し、ソースをかけて食べる北アフリカ料理〕を、アルザス地方のシュークルート〔キャベツの塩漬け〕料理や南仏プロヴァンス風の蒸し煮と混ぜ合わせているようなものだ。食べられる料理が出てくるわけがない。

ただし彼は、こうした混ぜ合わせを拒絶する一方で、別々のものとして見たときのそれぞれの料理の伝統に対しては肯定的な診断を下している。

これらの料理をそれぞれ別々に食べるなら、どれをとっても素晴らしく美味しい！　私はクスクスが好きだが、それはあくまでクスクスらしく料理されていればの話だ。別種のものを混ぜ合わせるのは集団自殺をするようなもので、今、われわれの前に準備されているのは、まさにその混ぜ合わせ料理なのだ。

このような論拠に立てば、イスラム教徒をそれ自体として否定することなしに、フランス社会の固有の本質を保存すべきであるとする主張と、イスラム教徒をフランス社会に同化し得ないグループとして拒否する主張を、同時に展開することができる。純粋性の原則は、もはや人種に適用されるのではなく、文化に適用される。

イスラム教を標的とするこうした動きは、ＦＮ以外の極右グループにも広がっていた。かつてトロツキスト系の極左活動家でその後極右に転向したピエール・カッセン率いる「リポスト・ライック（非宗教的反撃）」は、二〇一〇年一二月一八日、同じく極右グループ「ブロック・イダンティテール（アイデンティティー・ブロック）」と共同して「反イスラム化大会」をパリで開催し、欧州諸国から複数のグループを集めた。この新しい反イスラムの主張は、差別主義であることを否定している。伝統的な極右の歴史では反ユダヤ主義が中心的位置を占めてきたが、ここでは反ユダヤ主義が背後に追いやられ、「イスラム教の脅威」がこれに取って代わった。「フランスのイスラム化に対する闘い」というテーマは、実は二〇〇二年の大統領選ですでに極右「共和国国家運動（ＭＮＲ）」が掲げた政策プログラムの中心に据えられていた。ＭＮＲはＦＮの元幹部ブリュノー・メグレが結成した政党である。これに対し、マリーヌ・ルペンを新党首とするＦＮ新指導部ではさらに、非宗教性《ライシテ》という概念を自分たちの解釈に従って修正、加味することで、これをイスラム教の拒否の正当化と、イスラム教徒の宗教的慣習の糾弾に利用していく。

ＦＮが再び勢力を拡大させつつあったこの時期、マリーヌ・ルペンは、ハンバーガーチェーン「クイック」と、その株主である国に対し、激しい抗議を行っている。郊外の一部の地区で「クイック」はハラル商品のみを販売する店舗を開いた。マリーヌ・ルペンによれば、国の特殊金融機関たる預金供託金庫が「クイック」に出資しているからには、ハラル店舗の展開に国が介入しているのは明らかだった。

> ここで販売されている商品が多様ではなく単一である以上、非宗教性《ライシテ》の原則を破り、〔非宗教性《ライシテ》の下に共存すべき〕多文化性を阻害し、単一文化性を押しつけているのは国である。これではハラルだけが選択肢となり、他に選択肢がなくなる。これこそまさに、フランス共和国の価値の一つ、非宗教性《ライシテ》の原則に逆う言語道断な行為である。〔…〕市場の原理が、われわれの伝統、われわれの生活様式、われわれの価値の上位に立とうとするとき、もし私が、最後までそれに反対する者であらねばならないとしたら、申し訳ないが、私はまさにそうした人間であり続ける覚悟だ。

二〇一〇年の夏、グルノーブル郊外のラ・ヴィルヌーヴで、強盗犯（アルジェリア系移民の子弟であった）が警察に射殺されたことをきっかけに、地区の住民と治安部隊との間で衝突が起きる。七月一七日と一八日、衝突は暴動に変わり、二〇〇五年秋の暴動時にはほとんど見られなかった火器が使用される。事件後、サルコジ大統領はいわゆる「グルノーブルの演説」の中で新しい見解を表明することになる。

この事件は社会問題ではない。ゴロツキが問題なのだ。価値が消滅しつつある。［…］外国の出身者である者が、警察官、憲兵隊員、*その他の公権執行者の生命に意図的に危害を加えた場合、その者のフランス国籍は剝奪されなければならない。国籍を保有する者はそうした決まりの下にあらねばならない。フランス国籍を保有するにはそれにふさわしい行動をとらなければならない。秩序維持を任務とする警官に向かって発砲する者はフランス人にふさわしくない。また、犯罪歴のある未成年者が成年に達したときのフランス国籍取得については、これが自動的になされないことを望む。

二〇〇五年秋の暴動後、パリ郊外ではその余震といえる暴動がいくつか発生した。しかし、二〇一〇年に生じたグルノーブルの事件は、社会的緊張をいっそう高め、サルコジ政権下でも暴力が激化しつつあることを示す事件となった。政府にとってＦＮの復活は強いプレッシャーとなっていた。サルコジ大統領は、二〇〇五年秋の暴動を教訓に治安と権威に対する国民の要求に応えようと試みてきたが、グルノーブルでの暴動は、逆に状況は深刻化したとの印象を与え、国民の目には政府の失敗として映った。こうした流れに乗じて、マリーヌ・ルペンＦＮ党首がイスラム教をめぐる論議の表舞台に登場するのである。マリーヌ・ルペンはグルノーブル事件から数カ月後の一二月一〇日、リヨンで演説を行う。この中でＦＮ党首は、フランスのイスラム教徒をナチスの占領軍に見立て、パリ十八区の路上などで毎週金曜に行われている集団礼拝を、「占領」行為として糾弾する。

現在、かなりの数の人々が頻繁に集まり、フランス国土の一部を専有しているとみなせる場所が十から十五カ所ほどある。これは国土の一部の占領である。これらの地区では彼ら独自の宗教法が適用されているのだから、まさに占領と呼べるものである。たとえ装甲車や兵士が配備されていなくても、占領であることに変わりはない。

演説の中で特に名指しされたパリ十八区、バルベス地区ミラ通りのモスクの長老《シェイク》はこう反論している。「モスクから人がはみ出しただけである。路上を使ってはいるが、占領はしていない」。

アラン・ソラルとイスラム教　対　「アメリカ・シオニズム」

こうしたコンテクストにおいて、文筆家アラン・ソラルが、自ら主宰する団体「エガリテ・エ・レコ

＊　フランスでは国家警察と憲兵隊が治安維持を地域的に分担している。基本的に警察が人口二万人以上の都市（国土のほぼ五％）、憲兵隊がその他の非都市部（同九五％）を担当する。憲兵隊は国防省管轄下にあったが、最近の制度改正により警察と同じく内務省の管轄となった。

ンシリアシオン（平等と和解）」の活動を前面に押し出しはじめる。アラン・ソラルはきわどい挑発を身上とする複雑な人物であり、その辿った道筋も曖昧な要素を多々含んでいる。ソラルはかつてフランス共産党の活動家であったと自称しているが、党側はソラルとの関係をいっさい否定している。とはいえ、ソラルが一時期、ジャン＝エデルン・アリエが創刊した極左系の新聞「リディオ・アンテルナシヨナル」に協力していたことは事実である。ソラルはここで、共産主義者と極右との同盟を呼びかける寄稿文「国民戦線の結成へ向けて」（一九九三年）を発表したジャン＝ポール・クリューズの知己を得ている。二〇〇五年秋の暴動後、アラン・ソラルは極右ＦＮに本格的に接近する。ＦＮに入党したソラルは二〇〇七年の大統領選でジャン＝マリー・ルペンＦＮ党首の選挙キャンペーンに積極的に関わっていくと同時に、同年に「エガリテ・エ・レコンシリアシオン」を結成した。「エガリテ・エ・レコンシリアシオン」は、インターネット上のフォーラムであると同時に、各地で集会を組織するためのネットワークでもある。第三期ジハーディズムと同じく、ネット上で毒々しい「反システム」の宣言を公開し大きな成功を収めている。*

「エガリテ・エ・レコンシリアシオン」の掲げる「『労働の左派』と『価値の右派』」というスローガンは、「社会的には左派、経済的には右派、国家的にはフランス」というＦＮのかつてのスローガンの模倣である。アラン・ソラルは、マリーヌ・ルペン率いる今日のＦＮ路線とは一線を画して、むしろＦＮの前党首ジャン＝マリー・ルペンに近い立場をとり、ウェブサイト上でもイスラム教やイスラム教徒を敵視する言葉はほとんど使わず、極右の伝統的立場である「嫌ユダヤ」の立場に力点を置いている。

「エガリテ・エ・レコンシリアシオン」はまた、カウンターカルチャーの次元から新たな展望を開くべく、郊外の若いイスラム教徒との関係構築を模索する。アラン・ソラル[**]は、リヨン郊外のヴォー・アン・ヴランで「地球主義者《グローバリスト》帝国に対抗するフランス、イスラム教、郊外」と題した講演を行っているが、その中で、イスラム教徒を「シオニスト」に対抗するフランス・ナショナリストの闘いの主たる戦力として位置づけている。イスラエル・パレスチナ紛争でイスラエル寄りの立場をとるフランス政府に異議を唱えることで、ヨーロッパの伝統的極右と郊外の大衆地区とを一つの旗の下に束ねようとしたのである。

アラン・ソラルとコメディアンのディユドネが接近するのは、二〇〇九年の欧州議会議員選挙で両者が「反シオニズム」を掲げる候補者リストに名を連ねたときである[***]。同リストは四万票以上を得票した。この「反シオニズム」リストは、二〇〇四年の欧州議会議員選挙時の「ユーロパレスチナ」リストの延長線上にくるものであった。「シャルリー・エブド」紙のイラストレーターであったシネや、五輪優勝経験のあるアルジェリア系フランス人の柔道家ジャメル・ブーラも、「ユーロパレスチナ」リスト後援会のメンバーであった。アラン・ソラルもその一人であったが、まもなくジャン＝マリー・ルペンに出会い、急速に彼と接近する。アラン・ソラルによれば、ジャン＝マリー・ルペンFN党首が二〇〇七年

＊　「システム」とは、「反システム」を掲げる各者が既成の世界・社会秩序とみなすものであり、それぞれの立ち位置によって、新自由主義、グローバル化、シオニズム、自国の既成政党など、具体的に指すものにはかなりの幅がある。

＊＊　アラン・ソラルは二〇一一年に出版社「カウンターカルチャー」を設立した。

＊＊＊　フランスでは、一部市町村（人口千人以上）議会、州議会、欧州議会議員選挙が「候補者リスト」に投票する比例代表制を採用している。

大統領選の初期に行ったヴァルミー（マルヌ県）での次の演説内容はソラルが執筆した。

私はこの場において、サルコジ候補がまさに私とは正反対の人物であることを改めて指摘したい。サルコジ候補がユーロ・グローバリスト憲法〔ＥＵ憲法条約〕に「賛成」の闘士であったとき、私は国家的、共和国的な「反対」の闘士だった。共同体主義者、恩顧主義者であるサルコジ候補は、支配するために分割し、フランス人であるマグレブ人を指弾するためには最も過激なイスラム教をフランスに根づかせることさえいとわない。しかるに、私は、妥協のない、同化主義者たる愛国者である…。サルコジ候補が大西洋主義と帝国の従僕であるのに対し、私は、小さな主権国家諸国と非同盟諸国の擁護者である。

二〇〇七年、ジャン＝マリー・ルペンは、結成まもない「エガリテ・エ・レコンシリアシオン」が開催した第一回夏季大学に主賓として招待されている。

アラン・ソラルはその後、ＦＮの創立メンバーで幹部でもあったフランソワ・デュプラ、あるいはジャン＝ジル・マリアラキスなど、「革命的ナショナリスト」と呼ばれるネオファシスト系極右の主張を次第に取り入れていく。共産主義と資本主義に対抗しつつ、ナショナリズムと社会主義を結びつけるという「革命的ナショナリスト」の流れを汲んだ極右のこうした一見、逆説的な主張は、その他の政治勢力には馴染みがなかった。アラン・ソラルは、自分はイスラム教やイスラム教徒とは何ら問題はなく、「アメリカ・シオニズム」と闘っているのだと公言する。こうして必然的に、ソラルは反差別主義運動出身の活動家と関係を強めていく。

二〇一一年、アラン・ソラルら革命的ナショナリスト系の極右勢力はFN新党首に就任したばかりのマリーヌ・ルペンに圧力をかけようとするが、これは必ずしも成功しなかった。他方、「エガリテ・エ・レコンシリアシオン」は、アラブの民族主義を「共産主義」と「アングロサクソンの資本主義」に対する砦とみなす革命的ナショナリズムの伝統に則って、アラブ諸国のバース党**政権の擁護に乗り出す。フランスの郊外大衆地区有権者層の期待が国際政治の動向と共鳴しはじめるのは、こうした極右勢力の動きと並行している。郊外の有権者にとって、イスラエル・パレスチナ紛争がフランス国内で政治的議論のテーマにならないのは不当なことであった。

フランスの国内状況から発生したこれらの動きは次第に国際情勢の影響を受けるようになる。二〇一一年七月二二日、ノルウェーのオスロとウトヤ島で、極右思想を奉じるノルウェー人アンネシュ・ブレイヴィクによって連続テロが引き起こされる。ウトヤ島では、社会民主主義政党である労働党の青年部の集会会場が標的となった。オスロの政府庁舎爆破と、これに続くウトヤ島での銃乱射で死者七十七人、負傷者百五十一人を出したこの連続テロ事件は、ノルウェーは他のヨーロッパ諸国のような社会的暴力

＊　FNはネオファシスト・グループ「オルドル・ヌーヴォー（新秩序）」によりジャン＝マリー・ルペンを党首として一九七二年に創立された。

＊＊　バース党（アラブ復興社会党）は、社会主義を掲げるアラブ民族主義政党で、資本主義、シオニズム、イスラエルに敵対する。シリアのアサド政権もその一つ（本著二七一頁訳注＊〔二六九頁〕参照）。

や過激化とは無縁の、開かれた、コンセンサスに基づく社会であると考えていた国民に大きな衝撃を与えた。

アラン・ソラルはこの事件の後にビデオを投稿し、犯人アンネシュ・ブレイヴィクが行ったテロはヨーロッパの極右勢力に汚名を着せるために仕掛けられた陰謀であり、ブレイヴィクはフリーメーソンであると決めつける。ところが、ジャン゠マリー・ルペンはソラルとは逆に、ブレイヴィクの犯罪を正当化する立場を表明し、事件の主因は移民の増加にあるとするのである。ジャン゠マリー・ルペンはFNのウェブサイト上でこう発言した。

私には状況は深刻であると思われる。一人の人間が一時的な狂気の発作から同国人を多数殺戮するという事態になったのである。［…］しかし、私の目から見て、この事件が証拠立てるさらに深刻な状況は、ノルウェー政府のお人好し加減と無策である。

ブレイヴィク事件は次の二点において象徴的な事件となる。一つは、アイデンティティー系極右勢力が暴力を正当化する事件となったこと、もう一つは、「生粋の」ヨーロッパ人によるヨーロッパの内破を呼びかけたアブ・ムサブ・アル・スーリの予言が現実化する事件となったことである。ヨーロッパは、第三期ジハーディズムの出現に適した土壌となっていた。ブレイヴィクによるテロは、植民地を持った過去のない、共同体間の対立が極めて少ないノルウェーという国で発生した。しかもそれは、左派勢力や移民、イスラム教への反感を動機としてなされた。この事実は、現代史がその新しい段階へ大きく傾斜しはじめたことの例証であった。フランスでこの傾斜が始まるのは、その数カ月前に行われた二〇一一年三月の県議会議員選挙からである。

「ビュイソン路線」と「ブルー・マリーヌ連合」

二〇一一年三月に実施された県議会議員選挙は、二〇一二年の大統領選挙の前哨戦であった。新党首をいただく極右ＦＮは、「フランスのイスラム化」に対する非宗教性《ライシテ》の擁護者として自らを位置づけ、党の復活に勢いをつけていた。これを受けて、右派与党の「国民運動連合（ＵＭＰ）」指導部は県議会議員選挙を戦うにあたり、選挙協力の原則に関して初めて方向転換を行う。すなわち、ＵＭＰ候補が第一回投票で敗退し決選投票で左派候補とＦＮ候補の一騎打ちとなった場合、ＵＭＰ支持者への特定候補支持の呼びかけは行わず自由投票とすることにしたのである。この決定には党内でも長時間の議論が行われ、その後も選挙のたびに議論が再燃することになる。＊

ＵＭＰが採用したこの路線は、左派と極右という、ＵＭＰにとっての二つのライバル勢力からそれぞ

＊　フランスの右派陣営と左派陣営は伝統的に、極右ＦＮとは選挙協力を行わない方針を採用し、選挙の決選投票にＦＮ候補が残った場合、ＦＮ候補を落選させるために右派と左派が協力することを共和国勢力としての第一義と位置づけてきた。二〇一一年のＵＭＰの決定は、第一回投票での自党候補への支持票が決選投票で極右に回るのを容認することを意味する。

れ等しい距離をとる路線であり、サルコジ大統領の顧問であるパトリック・ビュイソンにちなんで「ビュイソン路線」と呼ばれた。パトリック・ビュイソンは極右系週刊誌「ミニュート」の発行責任者を務めた人物であり、ＦＮの青年部「青年国民戦線（ＦＮＪ）」からＵＭＰ内右派に転じたギヨーム・ペルティエと連携してこの路線を推進する。当時のＵＭＰ支持票の一部は、ＦＮ支持者からの比較的新しい乗り換え票であった。したがって、ＵＭＰのこの路線は、こうした票がＦＮに逆流するのを防ぐためのものであった。

一方、左派は、二〇一一年三月のこの県議会議員選挙を二〇一二年の大統領選へ向けた小手調べにしようとしていた。郊外の大衆地区においてアメリカ式の戸別訪問方式を導入し、既成制度への不信感を募らせる社会階層をターゲットに、より安定した支持基盤の回復を狙いはじめていた。復活を果たしたＦＮの新しい戦略が、こうして左右を問わず政界全体に波紋を広げつつあった。

二〇一二年五月六日の大統領選決選投票の直後、大統領選に続いて六月に実施される国民議会議員選挙を控えて、ＦＮを中核とする極右の政党連合「ブルー・マリーヌ連合」*が発足する。ブルー・マリーヌ連合は、旧来の極右勢力に警戒心を持つ有権者をターゲットに構想された団体で、マリーヌ・ルペンと弁護士ジルベール・コラールが共同代表となり、ＦＮ新指導部が進める「デディアボリザシオン」**の先兵となる。政権獲得を視野に入れはじめたＦＮは、イメージの凹凸をなくし、党首時代のジャン＝マリー・ルペンの問題発言やこれに伴う訴訟といった、国民の反感を高める過去のエピソードとは一定の距離を保つ必要があった。ブルー・マリーヌ連合は設立憲章の中で、「右派の愛国者」だけでなく「左派の愛国者」の結集も目指す団体として自らを定義している。憲章は、「共和国」の原則を維持するとしながら、キリスト教に特別な地位を与え、その他の宗教や信仰については一言も触れない。

　共和国は非宗教的《ライック》であり、公共の空間において、いかなる宗教も、いかなる国家イデオロギー（国家としてのイデオロギー）も受け入れない。［…］共和国は、フランスの歴史とフランスの文明の構築においてキリスト教全般、特にカトリック教が果たしてきた役割を認める。

　憲章はまた、FN創設以来の中心的な主張をいくつか継承する。例えば、国家主権を移管するような国際組織の正当性は認めない。あるいは、「選挙権はフランス国籍と分離できない」旨を明記し、三十年以上FNの主張の中核をなしてきた「フランス国民優先」主義を改めて確認する。

　国民連帯を基礎とした制度の財源を永続化するには、一部の給付や雇用において外国人のアクセ

＊　「ブルー・マリーヌ連合」はマリーヌ・ルペンFN党首の名前と色彩の「マリンブルー」を掛けた呼称。FNのほか、FNに近い極右の小政党や人物が参加する連合。二〇一二年の国民議会議員選挙ではFNのマリオン・マレシャル＝ルペン（マリーヌ・ルペンの姪）とジルベール・コラールが同連合から当選した。

＊＊　「デディアボリザシオン」とは、「ディアーブル（悪魔）」であるかのようなイメージを払拭することを指す用語。FNは、ネオファシスト政党を母体とする発足の経緯や、初代党首ジャン＝マリー・ルペンの反ユダヤ主義発言と過激な移民排斥の主張を背景に、共和国を脅かす悪、共和国にふさわしくない政党であるというイメージがつきまとってきた。

スを制限し、フランス国民優先を適用する必要がある。

憲章には、マリーヌ・ルペンの意向に沿って焼き直されたFNからのメッセージもいくつか反映されている。「フランス人であることは、継承によって、あるいは、それに相応しくあることによって得られる名誉である」という表現もその一つである。

イスラム教選挙ロビーの形成

同時期、ローカルなレベルでは、新しい政治起業家らの動きとして、イスラム教徒有権者の票田をバックにしたロビー団体の立ち上げがあちこちで見られはじめていた。二〇一一年当時はまだ、この種の団体がイスラム教徒有権者の票を多数囲い込むにはほど遠い状況だったが、セーヌ・サン・ドニ県のイスラム教徒の票に影響を与えた「セーヌ・サン・ドニ県イスラム教徒アソシエーション連合（UAM93）」〔本著五〇頁参照〕の活動は特記しておく必要がある。当時、郊外大衆地区ではコミュニティ・オーガニゼーション（地域組織活動）を含む新しい政治参加方式が出現しつつあった。その背景には、国会議員や既成政党に対する不信感の強まりと、これを好機とする政治起業家のイニシアチブがあった。

二〇一二年六月の国民議会議員選挙に際して、UAM93はウェブサイト上に、セーヌ・サン・ドニ県から出馬したアメド・ケリフィ候補のインタビューを投稿する。この中でケリフィ候補は、自分は社会から排除された人々を結集させたい思いから立候補したと説明している。

私は、「ヌーヴェル・ユニオン・フランセーズ（新フランス連合）」という新党から立候補しました。ヌーヴェル・ユニオン・フランセーズの目指すところは、既成の大政党には代表されていない属性を持つ国民、すなわち、障害者、高齢者、学生、失業者、黒人、アラブ人、イスラム教徒、非イスラム教徒のすべてを連合することです。

しかし、UAM93のようなロビー団体のスタンスに従えば、こうしたロビー団体は、各候補の公約が地元の利益にどのように合致しているか、あるいは、特定候補への支持の見返りとして地元の市町村からどのような恩恵を得られるか次第で、どのような傾向の候補であっても、それを支持することになる。つまり、こうしたロビー団体による投票に関する指示は、有権者にとってはかつてのように左派政党への忠誠に縛られることはなくなったにせよ、同時に、安定した行動方針を形成してくれることもなくなった。一方、郊外大衆地区から出馬した各候補の政見には、移民やイスラム教に対する差別問題をことさら取り上げる主張も表れはじめる。ただし、これについては、公的政策の中身よりも、特に、差別される側としての政治的代表性に絡む主張の方が多かった。

アルジェリア系フランス人で、二〇一二年の国民議会議員選挙に右派の独立系候補としてマルセイユから出馬したモラド・グアルは、マルセイユの「シテ」の若者にとって自分のアイデンティティーを語ることがいかに難しいか、その現実をこう語っている。

現在、マルセイユの北部地区に住んでいるモアメド、ママドゥー、イスマエルといった名前を持つ子どもたちにとって、ただ一つ確信できる自分のアイデンティティーは宗教である。自分がイスラム教徒であることは自明であり、この点だけは疑問の余地がない。しかし、それ以外については、自分がいったい何者であるのか、わからないのだ。

この頃、一部の大衆地区では社会的な隔離と周縁化の問題が深刻化していた。二〇一二年の国民議会議員選挙でパリ西郊のオー・ド・セーヌ県から独立系エコロジスト候補として出馬したモアメド・ベンテブラは、「シテ」の住民であることがいかに烙印となっているかを次のように述べている。

笑えるのは、シテに住んでいる人間は皆、シテから離れたいと思っていることだ。シテの住民の共通点は、出身や宗教などではなく、まさに全員がここを離れたいと望んでいる点だ。名前がローランであろうがママドゥーであろうが、スヴランやクリシー・スー・ボワに住んでいれば、おしまいなんだ。*

二〇〇七年の大統領選のときに郊外の住民が投じた票は、反サルコジの立場を表明した防御的な票であった。しかし、二〇一一年の県議会議員選挙以降、郊外の若い有権者は、自分たちの困難に理解を示す者、自分たちの宗教的慣習に共感を示す地元の政治的代表に期待をかけるようになる。閉鎖的な姿勢に終始する既成の主力政党はむしろ、郊外住民の目には敵対的な印象さえ与えていた。これについて、二〇一二年の国民議会議員選挙で北仏ノール県から出馬した中道政党「ヌーヴォー・サントル」のアミド・ブージュナン候補は次のように説明している。

〔主力政党は〕新しい人間が〔政治の世界に〕入ってくるのを好まない。新人であるうえに、金髪、碧眼でもないとなれば、さらに難しいのは請け合いだ。

主力政党の冷淡な反応を受け、郊外の有権者の間では焦燥感が強まる。こうしたなか、UAM93は二〇一一年の県議会議員選挙において、初めて自分たちの政治戦略を具体的な形で示すことになる。その影響力はまだ限られたものだったが、以後、票の動員に質的な変化をもたらしていく。

それまでUAM93が公式な立場を表明したのは二回だけである。一回目は二〇〇九年二月二六日、イスラエル軍がパレスチナ自治区ガザで行った「キャスト・レッド（鋳込まれた鉛）」作戦の爆撃に対し即時停止を求めたフランス共産党との共同声明、二回目は二〇〇九年一二月一八日、翌年予定の州議会議員選挙へ向けて有権者リストへの登録を呼びかけたときである。ところが二〇一一年の県議会議員選挙を契機に、UAM93は積極的な立場表明を行うようになる。

UAM93は県議会議員選挙の決戦投票の二日前にあたる三月二五日、パリ東郊モントルイユ（セー

＊　ローランはキリスト教の、ママドゥーはイスラム教の名前。スヴランもクリシー・スー・ボワも、セーヌ・サン・ドニ県の郊外大衆地区。

ヌ・サン・ドニ県）のイスラム教徒連絡会の呼びかけを中継する。第一回投票時の棄権者を非難し、イスラム教徒有権者の政治的意識の低さを嘆いて、決戦投票への参加を呼びかける内容であった。

イスラム教徒人口の多いモントルイユのような市で、イスラム教徒が選挙を通じ自分たちの声を反映させていないのは遺憾である。［…］こうした状況に終止符を打たねばならない。右派がわれわれを侮辱するのは、われわれが投票しないからである。左派がわれわれを無視するのも、われわれが投票しないからである。自業自得の状況に甘んじることは止めよう。われわれの声に耳を傾けさせなければならない！　政界の責任者に、われわれが選挙結果に影響を及ぼしうる存在であることを知らしめなければならない。

ＵＡＭ93は、強い表現で右派への対決姿勢を示すと同時に、左派に対しても拒否の意思を表明する。ただし、ＵＡＭ93がこうした公の場で対峙する対象はまず、イスラム教徒の要求に耳を傾けない個々の議員であり、各党の公的政策やイデオロギーの違いを俎上に乗せることは稀であった。二〇〇二年の大統領選以降、ＦＮは郊外においても退潮しており、したがってＵＡＭ93の発表の中でＦＮが触れられることはなかった。ＵＡＭ93にとっては、対ＦＮではなく、宗教的帰属のみが地元有権者の票を動員する理由となった。

イスラム教徒は、宗教の自由と良好な実践が尊重されるよう候補者と約束を取りつけなければならない。そのためには多数が組織的に投票しなければならない。［…］われわれは、ベライド・ベドレディン候補［モントルイユの共産党市議］が選出されるべきだと考える。ヴォワネ氏［当時のモントルイユ市長］の市政を制裁するために、われわれはベドレディン候補に投票しなければならない。

ここで示された動員の理由は制裁投票である。ＵＡＭ93は、モントルイユの市長と対立し、市長勢力に対する異議申立てのために投票指示を出す。つまり、一つの政党への従属を拒否し、まとまった「イスラム教徒票」の存在をアピールすることで、既成政党との交渉力を高めようとする戦略である。これにより、「迅速に動員可能な、一定の共同体有権者票」の存在を地元議員に知らしめようとしたわけである。ただし、データを分析する限り、そうした票が存在する事実は確認できない。だが、こうした主張に地元議員が乗ってくる可能性はある。

同じく二〇一一年三月二五日、パリ北郊オーベルヴィリエ（セーヌ・サン・ドニ県）のＵＡＭ93加盟支部は、前述の呼びかけとまったく同じ内容の文書を発表する。

イスラム教徒が選挙を通じ自分たちの声を反映させていないのは遺憾である。したがって、政治家がイスラム教徒市民の正当な要求を考慮しないとしても、まったく驚くにはあたらない。［…］イスラム教徒は、宗教の自由と良好な実践が尊重されるよう候補者と約束を取りつけなければならない。そのためには多数が組織的に投票しなければならない。

イスラム教徒の投票の意義と、有意な規模の「イスラム教徒票」の存在をアピールするこの声明には、ＵＡＭ93の戦略がはっきりと表れている。それは、宗教的感情に訴えることで宗教実践の要求（モスクの設置など）を勝ちとるが、公約政策（教育や交通など）には一切関わらないというものだ。

二〇一一年の県議会議員選挙でＵＡＭ93は、委任投票の手続きや投票所への移動等に難がある有権者への支援サービスも行っている。宗教団体がこうした活動を行うのは稀だが、支持基盤を固めたい既成政党の戦略としてはよく見られるサービスである。ＵＡＭ93はこのサービスを、特定候補への支持に絡む動員ではないと公言するが、そうではないことは明らかである。二〇一二年の大統領選挙と国民議会議員選挙では、有権者登録期限の三日前に登録への呼びかけがなされ、ＵＡＭ93は次のような宣言文を発表している――「向こう五年間にわたりわれわれの国家を方向づけるこの二つの選挙において、イスラム教徒が自分たちの責任と役割を担えるよう、その動員方法を図らなければならない」。

このように共同体票の動員という試みは現実に存在する。しかし、郊外大衆地区の有権者の投票行動はそれだけに左右されるものではない。二〇一一年の県議会議員選挙と前年の州議会議員選挙では、ＵＡＭ93や他の宗教団体が投票を呼びかけたにもかかわらず、棄権を減らす効果は小さかった。郊外大衆地区では、社会的な問題が蓄積するなか、若者を中心に多数の有権者が投票所から遠ざかっていた。大衆地区の住民は経済危機によって他の市民以上に大きな打撃を受けていた。アイデンティティーを論拠に投票したとしても、彼らの経済的、社会的な問題が解消されるわけではなかった。

二〇一一年時点の選挙結果を分析する限り、「宗教と共同体への帰属感情」を基盤とする、構造化された均質な「イスラム教徒票」の出現は確認できない。しかし、イスラム共同体票の形成を促す外的要因は存在した。二〇〇五年秋の暴動を経験した郊外地区の若者は二〇〇七年の大統領選挙で「初めて」投票権を行使した。ところがこの選挙後に彼らが立ち会ったのは、サルコジ政権下でのナショナル・アイデンティティーの議論と極右政党の復活であった。郊外の若者たちは、自分たちが標的となり、誹謗されていると感じ、フラストレーションと怒りを募らせた。こうした無念さから、二〇一二年大統領選では、今度こそ自分たちの声に耳を傾けさせ、議論の一翼を担いたいという欲求が生まれ、イスラム教徒有権者の奮起が誘発された。これが社会党のオランド候補の当選に大きく貢献することになった。

オランド候補の勝利——希望と失望《トロンプルイユ》

ニコラ・サルコジを核とする右派の再編は、二〇〇五年秋の暴動を契機に進行し、二〇一二年大統領選をもってその一幕を閉じた。サルコジ率いる「国民運動連合（ＵＭＰ）」は二〇〇五年秋の暴動後、治安と移民の問題でより右傾化を強めることで、二〇〇七年大統領選ではＦＮ支持票を吸い上げ、ＦＮによるイデオロギー上の影響力を押さえ込むことができた。二〇〇二年の大統領選で惨敗した左派（社会党リオネル・ジョスパン候補は第一回投票で極右「国民戦線（ＦＮ）」のジャン＝マリー・ルペン候補の得票を下回り敗退した）は二〇〇七年もまだその後遺症を引きずり、社会党のロワイヤル候補はサルコジ候補を前に、決戦投票で敗れた。ところが、政権の座についたサルコジ大統領は、*（一四九頁）二〇〇八年の経済危機を乗り切ることも、ヴィトリー・ル・フランソワやグルノーブルで見られたような暴動を抑えることもできなかった。そのため、二〇一二年大統領選では、自ら先鋭化させたナショナル・アイデンティティーをめぐる亀裂の構図が裏目に出ることになった。

一方、ＦＮは、二〇一一年一月のマリーヌ・ルペン新党首就任と同時に戦略を刷新した。翌年五月には、市民のコンセンサスを得る政党へと脱皮すべく、すべての「愛国者」の連合体として新党首の名に因んだ「ブルー・マリーヌ連合」を結成した。新党首就任当初の二〇一一年三月の県議会議員選挙では新たな競合政党として復活を果たし、「ブルー・マリーヌ連合」の結成直前に行われた二〇一二年の大統領選では第一回投票で一七％超という高い得票を得た。十年間の低迷期を経て、ＦＮは、挫折したサルコジ大統領以後の代替選択肢として、その影響力を回復したのである。とはいえ、対する社会党もまた、大統領選の第一回投票でＦＮに敗退した二〇〇二年当時の社会党ではなくなっていた。

二〇一二年五月六日の大統領選では、社会党のオランド候補が勝利を決めた。社会党ミッテラン大統領が再選した一九八八年以来、実に二十四年ぶりに、左派候補が国内の最重要選挙で当選を果たしたのである。同時期、地方選挙でも社会党とその同盟勢力は次々と勝利し、主な市町村、県の過半数、州のほとんどを掌中に収めた。オランド候補の勝利の背景には、それぞれ独立した三つの大きな潮流があった。

一つは、二〇〇五年秋の暴動の延長線上にくるサルコジ大統領への反感である。この反感が五年間の任期を通じて持続した結果、イスラム教徒有権者の票はサルコジ大統領への拒否票として結晶した。

もう一つは、ＦＮ支持層とＵＭＰ支持層の相互浸透が進行したことである。極右の復活に伴い、前回の大統領選でサルコジ候補に回った票が分散した。サルコジ政権の五年間、郊外では暴動が再燃し、イスラム教の可視性が高まり、緊張が激化していったが、マリーヌ・ルペンはこうした問題をテコに、サルコジ大統領に失望した人々の票を取り戻す。

サルコジ大統領の敗北の原因は、同性間結婚や移民などの社会問題に対する右傾化戦略が行きすぎて、中道票がオランド候補に流れたためとの見方もある。しかし、この右傾化戦略はむしろ、極右によるサルコジ支持票の侵食を抑え、右派のサルコジ支持票をある程度安定化させる効果につながったと思われる。現職サルコジ候補は左派と極右の双方から集中攻撃を受けた末に最終的には敗退するものの、オランド候補との対決となった決選投票では接戦となり、オランド候補（得票率五一・五％）との票差はわずか百万票にまで接近していた。

オランド候補を勝利に導いた三つめの大きな潮流は、経済危機を背景として、「金持ちの大統領」サルコジへの強い拒否反応が、社会の最も恵まれない層を中心に醸成されたことである。しかもこれは、恵まれない層だけに限定された反応ではなかった。「もっと働き、もっと稼ぐ」というサルコジのスローガンをあてに働いてきた右派の大衆有権者層も、大統領任期中のサルコジがいっこうに自分たちの生活を改善してくれなかったことに失望していた。経済危機は特に工業部門を直撃した。大きな打撃を受けたブルーカラーは当然、現職大統領に制裁票を投じた。

一方の陣営、社会党はどうだったか。まず党内予備選挙を経て、フランソワ・オランドが大統領選の党公認候補として選出された。最有力候補と目されたドミニク・ストロス＝カーン国際通貨基金（ＩＭＦ）専務理事がニューヨークのホテルでの性的暴行容疑で出馬を取りやめるという前代未聞の展

＊（一四七頁）　それぞれ二〇〇八年と二〇一〇年に発生。ヴィトリー・ル・フランソワはマルヌ県。グルノーブルの暴動については本著一三〇頁参照。

開の中で、社会党第一書記を二〇〇八年まで十年以上務めたオランド候補が、凹凸のない、特にネガティブな特徴を持たない人物として頭角を現す形となった。

オランド候補が展開した「普通の大統領」を強調するキャンペーンは、サルコジ大統領が掻き立ててきた社会の分極化に終止符を打とうとする意思の表明であった。オランド候補はセーヌ・サン・ドニ県のル・ブルジェで行った党公認後初の演説で、唯一の敵として「金融業界」を名指しする。また、郊外の問題や郊外住民が直面する困難についてはほとんど触れない戦略をとることで、サルコジ候補に対する郊外住民の反感がそのまま反サルコジ票として自然に結集する結果をもたらした。

二〇一二年大統領選での左派の勝利は、二〇〇七年のロワイヤル候補が達成した得票効果の延長であり、その増幅であった。すでに離別したとはいえ、オランド候補とロワイヤル候補が長年にわたる事実婚のパートナーで四人の子どもがいるという一般ネタも、それまで大衆地区ではほとんど無名だったオランド候補の知名度アップにつながった。二〇〇七年の大統領選でロワイヤル候補は、非行を犯した未成年者を「軍隊の監督下に置く」といった、いくつかの異端的な提案で左派陣営内に警戒心を引き起こしたが、オランド候補はこうしたつまずきもなく、相矛盾する期待も含めて、有権者の様々な期待を一つにまとめあげることに成功するのである。

二〇〇七年から二〇一二年にかけて、フランス全体では百五十万人が新たに有権者として登録した。二〇〇七年と二〇一二年の大統領選挙の投票者数はほぼ同数で、両選挙の第一回投票ではそれぞれ三千七百万人をいくらか下回る数値を示した。内、サルコジ候補は、二〇〇七年の千百五十万票近くの得票を二〇一二年には九百七十万票に減らした。これに対しオランド候補は、二〇〇七年にロワイヤル候補が獲得した九百五十万票にいくらか上乗せして千二十万票を獲得、力関係は左派陣営に有利に展開した。しかし、二〇一二年大統領選で最も大きな躍進を見せたのはマリーヌ・ルペン新党首を中心に再編されたFNであり、マリーヌ・ルペン候補は二〇〇七年にジャン゠マリー・ルペン候補が獲得した得票数を二百六十万票以上増やし、六百四十万票を獲得した。

こうして二〇一二年の大統領選では、左派の伸張と並行してFNが躍進する。サルコジ政権に失望した右派有権者が抱くようになっていた急進的なナショナル・アイデンティティー願望を、マリーヌ・ルペンは極めてよく反映していた。

しかし、セーヌ・サン・ドニ県の票の分布は、以上のような全国的傾向とは非常に異なっていた。同県では、オランド候補が第一回投票で三八％を超える高得票を獲得したのに対し、サルコジ候補は一九・五％、マリーヌ・ルペン候補は一三・五％にとどまった。* なかでも県内の郊外大衆地区の左派支持票、すなわちオランド候補の得票は、二〇〇七年のロワイヤル候補のそれをさらに上回った。経済危機、ナショナル・アイデンティティー論議、イスラム教敵視といった問題を背景に、大衆地区では移民の子弟であるイスラム教徒の若者がかつてなかったほど多数、投票所に赴いた。

世論調査はイスラム教徒有権者の多くがオランド支持に回ったことを明らかにしている。世論調査機関オピニオン・ウェイによれば、イスラム教徒有権者のうちオランド候補に投票したのは九三％、同じくイフォップ（ＩＦＯＰ）によれば、それは八六％という数字となっている。選挙直前の二〇一二年四

＊　全国での得票率は、オランド候補二八・六三％、サルコジ候補二七・一八％、ルペン候補一七・九％。

月にシンクタンクのモンテーニュ研究所が行った調査によると、郊外大衆地区に住むイスラム教徒の若者の六〇％がオランド候補に投票すると答えたのに対し、サルコジ候補に投票すると答えた若者は二八％にとどまった。ただし、これらの数字は宗教別有権者のサンプルの質が十分でないため、精度は低い。フランスでは帰属宗教についてのアンケートが禁じられているため、上記の「イスラム教徒有権者」「大衆地区に住むイスラム教徒の若者」といったグループの社会的プロフィールが実際にどのようなものであったのかは特定できない。したがって、世論調査機関がアンケートの回答の偏りを修正する際に通常使用しているツールを帰属宗教別グループの調査に適用することはあまり有効ではない。しかし、大衆地区のオランド票とサルコジ票の差の大きさから見て、イスラム教徒有権者の左派支持票の割合が、全有権者の左派支持票の割合より高かったことは確かかと思われる。

とはいえ、「イスラム教徒の票」がオランド候補支持へ向かったのは事実だとしても、それが、イスラム教徒としてのアイデンティティーと宗教上の要求を動機とする「イスラム教徒票」であったと考えるのは早計である。フランスでは、伝統的に、移民が他の市民より左寄りの立場をとる傾向があり、この傾向は移民がどの宗教を奉じていても同じである。この点で、二〇一二年の大統領選で多くのイスラム教徒有権者が示した投票行動も、この伝統に反するものではなかった。ただし、オランド候補への投票の場合、本質的には左派候補のプログラムに対する積極的な支持というよりも、サルコジ候補の再選を阻止する防御的な行動であった。したがって、この大統領選においてアイデンティティー上の何らかの力学が作用したとすれば、それは、イスラム教徒有権者の共同体的閉鎖性に関わる方向ではなく、むしろ、フランスのナショナル・アイデンティティーを強化する方向へと向かったと思われる。それが

ＦＮ候補マリーヌ・ルペンへの得票増につながった。イスラム教徒有権者の票は、宗教的感情を基盤とした「イスラム教徒票」としては収斂しなかった。

周縁化された郊外大衆地区においては、実は二〇〇五年秋の暴動以降、社会の政治的紐帯が根底から、しかも表面化することなく崩れはじめていた。また、政治的紐帯の崩壊が進むにつれて、アイデンティティーと宗教上の次元が広がり、これに一種の保守主義が芽生えはじめ、この保守主義がときに過激な性格を帯びるようになっていた。しかもこうした全体の動きは、国政に反映されることなく、ほとんど気づかれないまま進行していた。

二〇一二年の大統領選挙では郊外大衆地区の票が社会党候補へ集中したため、そこには集団的な統一性が存在していたという幻想を生み出した。しかし、この現象はサルコジ大統領への拒否を基盤とする一時的な統一性であって、その背後にはすでに数年前から深まりつつある亀裂が隠されていた。サルコジ候補が敗退した時点で、有権者が左派支持の下に団結する理由はなくなる。大衆地区を伝統的な地盤としてきた社会党や共産党は、以後、その地元で、独立系候補者や市民団体系候補者の乱立により地位を脅かされる存在となっていく。

実際、大統領選に続いて行われた一連の選挙では、こうした緊張線が顕在化する。全国の貧困都市ランキングで四位につけたこともある南仏の小都市ベズィエでは、二〇一二年六月の国民議会議員選挙でＵＭＰの現職エリ・アブード候補が十票差で社会党候補に敗退した（この選挙でＦＮ候補は二〇％近い票を獲得した）。しかし、十票という僅差が理由で同年一二月にやり直し選挙が行われ、今度はアブード候補が六一%を超える得票で社会党候補を破り復活当選を果たした(FN候補は決選投票への出馬を取り下げた)。このやり直し選挙までの半年間を見ると、社会党が提出した同性間結婚法案にイスラム教徒有権者が猛反発するという出来事があった。これが原因で大衆地区の票は一転、社会党候補支持から同法案に強く反対するアブード候補支持に転じた。

二〇一一年から二〇一二年にかけての選挙で確認されたFNの躍進は、社会とイデオロギーの変化に深く根ざした動きであり、一過性のものではなかった。左派は、いくつかの好条件が重なり、結果として大統領選を勝ち抜くことはできたが、サルコジ大統領の敗北を招いた経済面、倫理面での失望はその後もフランス社会を蝕み続けた。二〇〇七年に右派が勝利したとき、極右FNはもはや退潮基調に入ったという誤った判断が下された。これと同じように二〇一二年に左派が勝利したときも、フランスの構造的問題はもはや解決局面に入ったという誤った幻想を生んだ。

二〇一二年五月の大統領選挙と六月の国民議会議員選挙は左派の勝利に終わった。* しかし、これに続いて全国一一選挙区を対象に行われた国民議会議員選挙のやり直し選挙および補欠選挙では、右派候補がすべて勝利を収めた。二〇一二年のこうした逆説的な状況の背景には、同年三月のモアメド・メラによる連続射殺事件で顕現した過激性と暴力を形づくったものと同じ要因が存在していた。三月一一日と一五日と一九日に、激戦となる大統領選挙戦の直前に発生したメラ事件は、その後オランド大統領の任期中に発生するいくつもの悲劇的事件の始まりであった。

---

* 六月の国民議会議員選挙では、社会党を中心とする左派勢力が一九八一年以来で初めて絶対多数の議席を獲得した。

I　潜伏期

第3章　メラ事件とコンテクスト

メラ事件に先立つ十六年間、一九九六年から二〇一二年三月まで、フランスでテロの発生はなかった。この間、スペインとイギリスではそれぞれ二〇〇四年と二〇〇五年にテロが発生した。ジハーディズムのテロに対してすでに免疫を得たというフランスの幻想に終止符を打ったのが、二〇一二年のメラ事件である。二〇一二年三月一九日、アルジェリア系フランス人の若者が、トゥールーズにあるユダヤ人学校の教師一人と子ども三人を平然と殺害した。この日は、アルジェリア独立戦争の停戦合意であるエヴィアン協定の発効日から数えてちょうど五十年目に当たり、かつ、同年四月から五月にかけて行われる大統領選挙戦のスタートの前日であった。モアメド・メラは、一一日と一五日にもトゥールーズとトゥールーズ*（二五七頁）に近いモントーバンで軍人三人を殺害、一人に重傷を負わせた。殺害された軍人三人はいずれもマグレブ系のフランス人であり、負傷した一人は海外県グアドループ島出身のフランス人だった。

モアメド・メラの事件は、行為そのもののおぞましさに加えて――メラはＧｏＰｒｏカメラを身につけて子どもを殺害する場面を動画で自撮りし、悦に入っていた――、大統領選挙というフランスの政治日程上最も重要な時期にジハーディズムの暴力を刻印し、かつ、フランスによるアルジェリア植民地支配の抑圧された記憶を、かつてなかったほど残酷に呼び起こしたという点で、極めて特異な象徴的意味を帯びることとなった。また、より深い次元の問題として、郊外のシテで育った若者によるこの殺人事件によって、「非宗教的《ライック》な共和国」という物語を持つフランスの国民統合のイデオロギーが果たして妥当か否かという点も問い質されることとなった。モアメド・メラ事件はフランス現代史の暗い「大きな物語」を血で書き直した。これによりフランス社会は突如、「レトロコロニアル」〔本著四二頁参照〕な社会としての姿を現した。

レトロコロニアルの揺り戻し

メラ事件の発生と同時に、フランスは、アブ・ムサブ・アル・スーリが『グローバルなイスラム抵抗への呼びかけ』で提唱したジハーディズムの第三期に突入した。メラによる殺戮事件は、スーリのこの著作――インターネットでダウンロードできる――が推奨するテロの手引をそのまま実践したものであった。すなわち、メラは自分の周囲のユダヤ人を、あるいはイスラム教徒でありながらフランス軍人となった「背教者」を、標的として選択した。標的とされた者のうちグアドループ出身の軍人については、メラはおそらく「外見による思い込み」からこの軍人を「異端に落ちたアフリカのイスラム教徒」とみなし、よって、その血を流すことは「合法的である」と判断したと想像される。アルジェリア移民を両親とする非行少年であったメラは、刑務所生活、ジハードの地への旅、ユーチューブやSNSに投稿されたプロパガンダ動画、さらには自分の地元ミディ・ピレネー地方〔ピレネー山脈に連なるフランス南西部の地域。トゥールーズが中心都市〕のサラフィー主義関係者と交わることで、過激化していった。モアメド・メラの兄アブデルカデールと姉ソアドは同地のサラフィー主義の中心的人物であった。

トゥールーズとモントーバンでのこの殺戮事件は、スーリが構想したジハード・モデルをおぞましいまでに文字通り実践し、スーリのモデルの効率の高さを実証した。しかし、それだけではない。この事件によって、シリアに生まれスペインに帰化したスーリの思想がイスラム主義のウェブ上で確実に広まっていること、そしてスーリの思想を自分の思想として実行に移すフランス人ジハーディストが実際に存在し、その正体がいかなるものであるかが突然、荒々しく暴露された。

こうしたジハーディストは、二十世紀の最後の二十年間に生まれた若者の世代、社会学者が「Y世代」とも呼ぶ世代に属する。*「Y世代」という呼称は、両耳からヘソのあたりまで垂らしたイヤホンの線がY字型をなしているところに由来すると言われるほどに、この世代はこのイヤホンによって、スマートフォンの世界と密接に結ばれている。彼らにとってイヤホンは、断ち切ることのできないポストモダン時代の「ヘソの緒」である。ビデオゲームにたっぷり漬って育ったこの世代にとり、仮想と現実の世界

---

*（一五五頁）二人がアルジェリア系、一人がモロッコ系移民の子弟。

*　モアメド・メラは一九八八年生まれ。事件当時は二十三歳だった。

に境界はない。彼らは両親の世代（コンピュータ時代の前に教育を受けた「X世代」、さらにそれ以前の戦後世代である「ベビーブーマー世代」）があっけにとられるほど屈託なく二つの世界を行き来する。フランスの都市郊外に住むイスラム教徒の「Y世代」とは、「ブールの行進」が政治的に失敗した一九八三年前後に生まれ、二〇〇五年秋の暴動や二〇〇五年一月にスーリが『グローバルなイスラム抵抗への呼びかけ』を発表した前後に幻滅の中で成人を迎えた世代である。

モアメド・メラによる殺戮は、二〇一五年一月の「シャルリー・エブド」編集部襲撃事件（パリ）、同年一一月のバタクラン劇場襲撃事件（パリ）、そして翌年七月のトラック突入事件（ニース）で頂点に達する一連の殺戮の皮切りであった。フランス社会はメラ事件発生とともに、社会との断絶、植民地主義の過去、政治的失望、イスラム教の高揚、といったものが絡み合ったユニバーサルなジハーディズムの空間に投げ込まれた。善と悪の境界線を引き直し、「不信仰者」の殺人を合法と宣言する過激なサラフィー主義者の命令によって、突然、政治・宗教的動機による殺人がタブーではなくなってしまったのである。これまで、異国の出来事としてテレビの画面上でしか存在し得なかったジハーディズムの暴力が、フランスの人々にとってはほとんど理解しがたい段階を辿って、日常生活の只中に突如入り込んできた。

Y字型のイヤホンで仮想世界につながり、グローバル・ジハーディズムの弁証法的発展段階の「第三期ジハーディズム」を体現するこれらの若者は、ポストコロニアル時代の移民を親に持つ、フランス生まれの世代である（改宗イスラム教徒の若者はこの限りではない）。同時に彼らは、一九七〇年代以降の「フランスのイスラム教」の区分でみると、第三世代に属する者たちである。もちろん、この第三世代の若者の中で犯罪行為にまで走る過激な活動家は極めて少数にすぎない。しかしこうした過激な活動家は、フランス国内で二〇〇五年から二〇一五年にかけて進行した「サラフィー主義の急速な浸透」の極点に生じた存在であった。「フランスのイスラム教」の第一世代である移民労働者「親父《ダロン》」たちの一九八九年までの時代においては、サラフィー主義による「イスラム・アンテグラル」の思想を暴力的な形で実行に移そうとする現象は見られなかった。続く一九八九年から二〇〇五年までの第二世代の時代、すなわちムスリム同胞団系の「ブレダール」たちの世代（北アフリカやレバントで生まれ教育を受けた世代）がフランス・イスラム教組織連合（ＵＯＩＦ）を通じて「フランスのイスラム教」の支配に関与しようとした十五年間も、そうした現象は萌芽的にしか存在しなかった。

二〇〇五年以降に生じたサラフィー主義の急速な浸透は、フランス社会を「否認《デザヴエ》」*し、「否認《デザヴエ》」したフランス社会の価値を完全に断ち切る方向に向かっていた。「否認《デザヴエ》」というフランス語は、サラフィー主義者自身が使う言葉であり、アラビア語からの直訳である。フランス社会の価値を断ち切った後には外へ向かう動きが始まる。理想的には「移住（hidjra＝ヒジュラ）」**を行うこと、すなわちイスラム教徒の国に移住して「完全にイスラム教に則った生活《イスラム・アンテグラル》」を送ることが奨励されるが、実際には、第三世代の若いイスラム教徒の場合、「移住」を待ちつつ、フランス社会の内にありながらまるでその外で暮らしているかのような、閉じられた共同体を形成する方向へと進んでいった。

＊　フランス語の動詞「désavouer（否認する）」。アラビア語のバラー（bara’a）の訳語。
＊＊　預言者ムハンマドがメッカでの迫害を逃れて六二二年にメディナへ移住したことを指す。聖遷（ヒジュラ）。

フランスでサラフィー主義が拡大した時期は、イスラム教を文化的バックグラウンドに持つフランス人の若者、あるいはイスラム教徒を親に持つフランス人の若者の多くが、二〇〇五年秋の暴動を経ていっせいに成人に達し、獲得したばかりの市民権の下で民主選挙のプロセスに参加していく時代と重なっていた。しかし、この民主選挙のプロセス自体がそもそも、絶対イスラム主義を掲げるサラフィー主義者が忌み嫌うものであった。彼らサラフィー主義者にとっては、フランスが主権者とみなす「国民」、つまり「デモス」*とは転覆すべき偶像であり、主権はアラーにのみ属する。彼らにとっては「コーラン」と「ハディース」**の二つの聖典によって導かれた「シャリア（イスラム法）」のみが唯一の法である。親の世代とは反対に、フランスで出生したことによりフランスの市民権をいっせいに獲得した初めての世代であるこの若者たちが、その市民権を見下して「否認《デザヴエ》」し、「イスラム・アンテグラル」を唯一の正当なるアイデンティティーとみなし傾倒していくこの現象は、まさに逆説的であった。

　この逆説性は、イスラム教の名においてトゥールーズとモントーバンで決行されたモアメド・メラによる殺戮がフランスの二つの選挙（大統領選挙とこれに続く国民議会議員選挙）と奇しくも同期したことで、ますます際立つこととなった。この二つの選挙は、フランスで初めて「イスラム教徒の票」が力強く表明される選挙となった。若者を中心とする「イスラム教徒の票」の圧倒的多数が、大統領選では社会党のオランド候補に、また国民議会議員選挙では左派の陣営に回ったと思われる。本著の第2章で見たように、二〇一二年の両選挙における左派候補への票の偏向は、他の有権者カテゴリーには見られなかった現象である。非宗教性《ライシテ》の原則に則った法規制上、「イスラム教徒」という宗教的カテゴリーの占める比率を正確につかむことは不可能だが、新大統領がわずか百十三万票差（決選投票でのそれ）で当選したことから見て、「イスラム教徒の票」の動員がオランド候補の勝因にとって大きな要素を占めたことは間違いない。

このようにフランスでは、二十一世紀に入って最初に発生したジハーディズムの殺戮が、フランスの最重要選挙において初めて「イスラム教徒の票」の有意を示した現象と同時に起こった。しかも、この「イスラム教徒の票」のほとんどは、宗教上の帰属に依拠した票ではなく、民主主義と共和国の原則に則った、社会的な選択として投じられた票であった。ジハーディズムの噴出と、多数のイスラム教徒有権者による初めての投票行動、この同時発生的な二つの現象は、ポストコロニアル時代の移民の子弟としてフランスに生まれた若者の、政治的統合パターンを示す両端の動きであった。そしてそのいずれもが、フランス市民としての彼らの実像の投影であった。

モアメド・メラと、メラに自分を重ね合わせる若者たち――モアメド・メラに捧げられたフェイスブックのアカウントに何千もの「いいね！」が付けられている――は、ジハーディズムが提唱する「内戦の戦略」を実行することで、自分たちが生まれた国、フランスに大きな被害を及ぼそうとした。二〇〇五年一月にこの内戦の戦闘プランを発表したのがスーリである。十年後の二〇一五年三月には、国際ジハーディストのブバケル・アル・アキムがＩＳＩＳの英語ウェブ機関誌「ダービク（Dabiq）」のイン

＊　ギリシャ語で「民衆」の意。
＊＊「コーラン」が伝えるのは預言者ムハンマドへの神の啓示、つまり、ムハンマドの言葉を通して与えられた神の啓示であり、「ハディース」が伝えるのは預言者ムハンマドの言行である。

タビューで、スーリのこのプランの各段階を改めて概説している。一方、イスラム教徒の有権者たち、つまりメラと同じ宗教を奉じる若者の圧倒的多数は、反対に、獲得したばかりの市民権の行使を通じて自分たちの国、フランスの政治に全面的に参画することを望んでいた。

この二つの相反する現象の背景には何があるのか。メラ事件の発生した日が、もう一つの歴史的記念日と重なっていたことを手がかりにすれば、その一部を解明することができるだろう。前述したように、アルジェリア系フランス人ジハーディストのメラがユダヤ人学校を襲ったのは、アルジェリア独立戦争の停戦合意（エヴィアン協定）の発布からちょうど五十年目にあたる。フランス政府は一九六二年三月一八日、エヴィアン・レ・バン〔フランス東部〕においてアルジェリア民族解放戦線（ＦＬＮ）との停戦合意に調印し、これが発効した日付が翌日の一九日であった。「一九六二年三月一九日」という日付を冠した通りの名称が国内に千以上存在することからして、兵士の帰還の始まりを示すこの三月一九日がフランス人の集合意識にとっていかに重要な日付であったかがわかる。

しかし、それから半世紀経った二〇一二年には、もはやこの日付に対する国民的コンセンサスは存在しなくなっていた。一方では、モアメド・メラが、ジハーディストとしてフランスに対する戦争を再開し、二〇一二年のフランスの歴史にこの日付を新たな形で刻みつけた。もう一方では、停戦合意の発効日であるこの日を国家的屈辱の日とみなす極右が、メラを反転させた鏡像のような対称性をもって、共和国の歴史カレンダーからこの日付を消し去っていった。二〇一五年三月、南仏のベズィエ市では、極右ＦＮに近いロベール・メナール市長の下、「一九六二年三月一九日通り」の名称を「エリー・ドゥノワ・ド・サンマルク司令官通り」と改称した。メナール市長はアルジェリアのオランで生まれた引揚げフランス人（すなわちピエ・ノワール）であり、トロツキストとしての活動歴もあった。通りの名称となったエリー・ドゥノワ・ド・サンマルク司令官は一九六一年四月のアルジェの軍事クーデタ未遂事件*に加わった軍人で、「フランス領アルジェリア」維持の支持者であった。ベズィエ市はフランスの貧困都市ランキングで全国四位につけたこともある小都市で、住む人がいなくなった市内の住宅には移民系、ジプシー系の困窮層が住みつき、メナール市長の物議を醸した発言によれば「就学児童の六四・九％がイスラム教徒」という土地である。メナール市長は通り名の改称という象徴的な施策を通じて、フランスの「降伏」（停戦合意）を記念する通りの名称が今も存在していることに異議申し立てを行った。二〇一五年一一月には、やはり南仏のボーケール市で、ＦＮのジュリアン・サンシェズ市長が「一九六二年三月一九日通り」を「一九六二年七月五日・オランの大虐殺通り」と改称した。一九六二年七月五日はオランで、数百人の在アルジェリア・フランス人（ピエ・ノワール）が虐殺された日である。**この虐殺事件をきっかけに、多くのフランス人が「トランクか棺桶か」***（一六五頁）という表現通りの決断を迫られ、本国への引揚げを急ぐことになった。

フランスに極度の憎悪を抱く家庭に生まれたモアメド・メラは、いわば、一九六二年から五十年間に

---

* 一九六一年当時、ド・ゴール大統領はアルジェリアの独立を認める方向に傾きはじめていたが、これに反対するフランス軍の退役将軍らがアルジェで軍事クーデタを企てた。四月二一日に始まり二六日に鎮圧されたこのクーデタは「将軍たちの反乱」と呼ばれる。

** 一九六二年七月五日はエヴィアン協定の定める手続きに則ってアルジェリアが独立した日でもある。

わたり維持されてきた停戦合意を自らの殺戮行為をもって破った。この行為は、一九九〇年代のアルジェリア内戦を旧宗主国フランスの地で継続しようとしたアルジェリア系フランス人カレッド・ケルカルが十七年前の一九九五年に決行したテロ行為に倣うものでもあった〔本著八七頁訳注＊＊＊参照〕。モアメド・メラは「フランスを跪かせる」＊ため、武器をとって戦闘を再開した。家族はそれを祝福し、姉であるソアドは「誇らしい、誇らしい、誇らしい」と歓喜した。メラは、自分の家庭に延々と保たれてきたフランスに対する怨恨と、スーリが第三期ジハーディズム世代に向けて放った「軍人の制服を着た不敬な背教者を殺戮せよ」という新しい命令とを組み合わせる。この殺戮事件でメラは、モロッコ系のイマド・イブン・ズィアテン曹長が軍人であることを確認したうえで殺害し（二〇一二年三月一一日、トゥールーズ）、「これがイスラム教だ。兄弟よ〔イブン・ズィアテンを指す〕、お前が俺の兄弟たちを殺したから、俺はお前を殺す！」という言葉を投げつけている。二〇一二年三月一一日、一五日、一九日の殺戮の一部始終をカタールの「アルジャジーラ」局やＳＮＳに流そうと考えていたメラは、犯行時にはＧｏＰｒｏカメラを身につけていた。右の言葉もカメラに録音されていたものである。「兄弟」という呼びかけは、マグレブ諸国で相手を呼び止めるときに使う「クイヤ（khouya）」というアラビア語マグレブ方言のフランス語訳であり、互いがイスラム教の一員であるという一体感を示す。

ただ、この恥知らずな殺人犯（「メラ」はアラビア語で「厚かましい、恥知らずな、傲慢な、陽気な」の意）が、三月一九日に照準を合わせ、つまりこの日をエヴィアン協定発効五十周年の記念日と認識したうえで犯行に及んだとする証拠はない。むしろ、メラの教育水準の低さから考えて、彼がアルジェリア独立戦争について正確な時系列的知識を持っていたとは考えにくい。しかし、メラがどのように捉えていたにしても、この日付にはメラの犯罪を超越する象徴的な力がある。この記念日の象徴性を通じて初めて、フランスのサラフィー主義が文化的にアルジェリアと強いつながりを持ち、フランスのジハーディストが旧宗主国フランスに半ば本能的とも言える怨恨を抱いていることが見えてくるからだ。また、このアルジェリアとの歴史的なつながりがスーリによる『グローバルなイスラム抵抗への呼びかけ』の新しい戦略と結びついていることも見えてくるからだ。フランスがなぜ十六年にわたる平穏の後、メラ、ネムーシュ、クアシ兄弟といったアルジェリア系フランス人やアルジェリア人のテロ犯を生み出すことになったのか。そして多くのジハーディストがなぜフランスからシリアの戦場へ赴きＩＳＩＳに合流することになったのか。これらはみな、この象徴性の触媒反応として説明することができるのである。

植民地時代の沈殿物が結晶化しはじめるのは一九九〇年代である。一九九〇年代には二つの現象が同時に進行した。一つは、アルジェリア内戦とその余波である。アルジェリア内戦によって武装サラフィー主義が地中海の北のフランスに伝播し、カレッド・ケルカルやスマイン・アイト・アリ・ベルカセム**らが活動しはじめる。もう一つは、サウジアラビア由来の説教がフランス内部に深く浸透しはじめたことである。この説教は、暴力を伴うことはなかったものの、「不信仰者」の社会であるフランスの価値

***（一六二頁）　荷造りをしてフランス本国に引き揚げるか、アルジェリアに残って殺害されるかという選択肢を意味する。

＊　犯行後、自宅に籠城したモハメド・メラは、突入してきた警官隊に向かって「フランスを跪かせた」と豪語した。メラの母親も事件後に「フランスを跪かせた」と息子を讃えたと言われる。

＊＊　一九九五年の一連のテロで爆発物の製造を担当（本著二一〇頁参照）。

との根本的な断絶を説く。スーリは、アルジェリアのサラフィー・ジハーディズムをよく知っていた。一九九〇年代、彼はアルジェリアの武装イスラム集団（ＧＩＡ）を支持する発行物「アル・アンサール（Al-Ansar）」を「ロンドニスタン」から各国へ向けて発信し、アフガニスタンでのジハードの元戦闘員としてＧＩＡにお墨付きを与えた。一九九五年にカレッド・ケルカルが警察隊に射殺された後、フランスではアルジェリア系イスラム主義者によるテロ行為は終息した。しかし、一九九七年以降アルジェリア各地に潜伏中の活動家たちが政府軍に掃討されると（カビリアを除く）、生き残った一部は不法移民としてフランスに渡り、アルジェリア系イスラム主義の根を広げていった。

フランスにおいては一九九五年以降も、イスラム主義過激派のネットワークはしっかりと生き続けていたのである。先に見たように、パリのアメリカ大使館爆破計画の首謀者ジャメル・ベガルとその一味が二〇〇一年一〇月に逮捕された事件も、またイラクへ若者を送り込んでいた「ビュット・ショーモン・ネットワーク」が二〇〇五年一月に摘発・解体された事件もその一例である。「ビュット・ショーモン・ネットワーク」のファリド・ベンイエトゥー（「シャルリー・エブド」編集部襲撃犯シェリフ・クアシの指導者《メントル》）は、アルジェリアの「宣教と戦闘のためのサラフィスト集団（ＧＳＰＣ）」のメンバーであった義兄ユセフ・ゼンムーリを通じてジハーディズムの教育を受け、パリの若者に向けて「イラクのアルカイダ（ＡＱＩ）」に合流するよう説教を行っていた。当時、アブ・ムサブ・アル・ザルカウィ率いるこのＡＱＩが、後のＩＳＩＳの母体となった。

一九九〇年前後は、アルジェリアでサラフィー主義が拡大するのと並行して、フランスでもサラフィー主義の組織化が進む時期である。ただし、アルジェリアのサラフィー主義者がまもなく政治化、武装化し、内戦に転じていくのとは異なり、フランスにやって来たサラフィー主義者は当初、その大半が政治的関心には向かわず、ジハーディズムの要素もなかった。フランスのサラフィー主義者の大半は、選挙を「ハラム」、すなわちシャリアによれば非合法とみなしていた。したがって、既成権力に対する運動はせず、宣教に専念していた。

フランスにサウジアラビアからサラフィー主義の最初の説教師がやって来るのは一九九〇年代の初めである。一九九〇年八月、イラク大統領サダム・フセインがクウェートに侵攻すると、特に在ヨーロッパのイスラム教徒移民らはフセインを熱烈に支持し、クウェートやサウジアラビアなど親米的な石油君主国家を公然と非難する側に回った。こうした状況の下、サウジアラビアは世界各地のスンニ派イスラム教徒の信頼を回復する必要に迫られ、国外への説教師派遣に力を入れるようになっていた。これらサウジアラビアからやって来るサラフィー主義者は厳格に非政治的、露骨なまでに敬虔主義的であって、ワッハーブ派*のウラマー（イスラム教における知識人・法学者）への絶対服従を旨としていた。ワッハーブ派のウラマーはサウジアラビア王家を支持し、サウジアラビア王家はその見返りに、これらウラマーに多大な資金援助を与えていた。

＊　一八世紀中頃にアラビア半島で起こった、復古主義、厳格主義のイスラム教スンニ派改革運動を主導する一派。サラフィー主義から派生した流れとされる。当時はアラビア半島中部の支配者にすぎなかったサウード家がワッハーブ派創始者と同盟を結び、同派の擁護者である正統的な世俗権力として勢力を拡大していった。現サウジアラビア王家はこのサウード家に連なり、現在もワッハーブ派が大きな影響力を持っている。

フランスでサラフィー主義が目立って伸張したのは北仏のルーベと南仏に近いリヨンの郊外である。いずれもアルジェリア系移民が国内で最も集中している地域である。これらの地域を中心に、サラフィー主義に傾倒する若者はエジプト（カイロ、アレキサンドリア）やイエメン（ダマール、ハドラマウト）にあるサラフィー主義の神学校に少人数単位で留学した。ところが説教師をフランスへ送り込んだ当のサウジアラビアでは、ヨーロッパ社会で周縁的な位置に置かれているこうした若者への学生ビザの発行を厳しく制限していた。九・一一以降、特に二〇〇三年から二〇〇六年にかけてアラビア半島でのテロが頻発すると、サウジアラビアは彼らの受入れに極めて慎重な立場をとるようになっていた。つまり、サウジアラビア当局は、国内ではこうした神懸かった不安定な若者を、「王家に叛旗を翻し、暴力に走り、飼い主の手を噛む犬になりかねない人間」として警戒する一方、国外ではスンニ派イスラム教圏で自国の覇権を打ち立てるための手先として積極的に利用したのである。

また、サウジアラビアは学生ビザを出し渋る一方で、メッカ巡礼のための短期ビザについては積極的に発行した。フランスからの巡礼者数はフランスに与えられた割当枠を下回っていたため、当局はいっそう積極的に巡礼ビザを発行した。メッカへの巡礼はイスラム教の信仰を支える「五柱」の一つであり、敬虔なイスラム教徒ならば一生に一度は行わなければならない儀式である。ところが、フランスのサラフィー主義者の間では、信仰心の強さを示すために一生に一度どころか毎年の巡礼もいとわない風潮が生じ、彼らにとってのメッカ巡礼は、熱意に欠けた世俗的イスラム教徒との差別化を強める手段となっていく。フランスのサラフィー主義者の世界はこの「巡礼（hajj）」を通じた出会い、イスラム教徒としての絶えざる切磋琢磨、模範性の誇示によって組織化され、二〇〇〇年代初めの十年から十五年の間に信奉者の数を増やし、自己主張を強めていった。

「不信仰者」の世界に代わる独自の生活様式を信者に課し、これを実践する選ばれた人々のみが救済されると説くサラフィー主義は、スンニ派の中でも最も厳格主義の流れを汲む。そのサラフィー主義が、逆説的にも、キリスト教の影響力が衰え、極左主義の波が過ぎ去ったヨーロッパという文化的腐植土の中で萌芽の好機を得ることになる。ヨーロッパのサラフィー主義は、既成秩序を否定するユートピア運動やカウンターカルチャー運動のモデルに取って代わる場合もあった。例えば、共産主義の「輝かしい理想」の時代に続いて登場した一九六八年の五月革命やラルザック*の非暴力運動、あるいはヒッピー共同体が挙げられる。一九九〇年代末にメディを賑した後すっかり忘れ去られてしまったマンダローム**や太陽寺院教団***などのカルト教団もそうしたモデルの一つである。ジハーディズムについて見れば、フランスのアクシオン・ディレクト****、イタリアの赤い旅団、ドイツの赤軍派*****など、二〇〇〇年前後には後継者を失うヨーロッパのテロリストが、ヨーロッパのジハーディストの公然たる先達であった。

---

* ラルザックは南仏の高原地帯。一九七〇年代に軍事訓練場拡張に反対して組織された非暴力の農民運動で名高い。

** 一九六九年に始まった新興宗教。南仏カステラーヌのアルプス山中に聖地マンダロームを建設した。一九九五年にカルト教団と認定された。

*** 一九八四年にジュネーブで始まった新興宗教。一九九〇年代半ばにフランス、スイス、カナダで集団自殺事件を起こした。一九九五年にカルト教団と認定された。

**** 一九八〇年代に多数の事件に関与したフランスの極左テロ組織。

***** イタリアの赤い旅団とドイツの赤軍派は一九七〇年代から九〇年代まで活動した極左テロ組織。

こうして、スペインに近い南仏ミディ・ピレネー地方では、土地と宗教、ハトの飼育と信徒の洗脳を混ぜ合わせた新しい農村共同体が形成される。この共同体こそが、モアメド・メラの精神的滋養となる腐植土を生成することになったのである。

アルティガット村――「シション（大麻）」からシャリアへ

一九八三年、シリア人のイスラム主義説教師、アブドゥリラ・アル・ダンダシが、オリヴィエ・コレルという奇妙なまでにキリスト教徒的な名前でフランスに帰化する。アブドゥリラ・アル・ダンダシは一九四六年にシリアのテル・カラハに生まれ、七三年にフランスに入国した。フランス渡航後は薬学を志したが成功せず、仕事を転々とした。出身地テル・カラハは、地中海沿岸のタルトゥースと内陸のホムスを結ぶ道路沿いに位置するスンニ派の町で、歴史的には、アラウィー派*イスラム教徒を地中海沿岸に封じ込めダマスカスとの連絡を遮断するために、オスマン帝国によって意図的に築かれた町である。テル・カラハは二〇一一年五月、バッシャール・アル・アサド政権打倒のために蜂起した最初の町の一つであり、このときには政府軍の空爆によって多数の犠牲者を出した。

「長老《シェイク》コレル」ことアブドゥリラは学生時代、フランスで最初のイスラム主義的傾向の学生団体であった「フランス・イスラム教学生協会（ＡＥＩＦ）」のメンバーだった。ＡＥＩＦは、イスラム教学者ムハンマド・ハミドゥラー**の後援の下で一九六三年に設立された。ハミドゥラーは、フランスのサラフィー主義者がとりわけ好む、コーランの非常に厳格主義な仏語訳の訳者である。ＡＥＩＦのトゥールーズ支部はパリやストラスブールの支部と並んでＡＥＩＦの最も活発な活動拠点の一つであり、コレルはこのトゥールーズの郊外で「イスラム・アンテグラル」の説教にあたっていた。当時、一部の若者の間では五月革命後のユートピア志向が「シション（大麻）」への誘惑と結びつく傾向にあったが、コレルはそうした「生粋の」フランス人の若者の間でそれなりの威光を獲得していた。

大麻を使用するフランス人の若者の中には、大麻の産地であるモロッコ北部のリフ山地へ渡り、大麻取引に有利であるという理由からイスラム教に改宗する者もいた。リフ山地は大麻の栽培・消費が宗教と強く結びついてる土地柄であり、イスラム教に改宗してこの地で大麻の取引をすれば、一定の蓄えをなすこともできた。こうした若者の中から、長老《シェイク》コレルに私淑してサラフィー主義の信仰に目覚める者が出てくる。

一九七五年から二〇〇〇年頃にかけては、ほそぼそとした農村での暮らしを志向するオルタナティブなサブカルチャーが広がった時代である。この流れに乗って、長老《シェイク》に私淑したイスラム教改宗者の家族らが南仏に定住し、長老《シェイク》とともに陶器づくりを始めることになる。商人であった預言者ムハンマドに倣

＊　シリア北西部の海岸地帯を中心に分布するイスラム教の少数宗派。イスラム教のシーア派、キリスト教、土着宗教が混交した独自の教義を有する。シリア人口の一割程度。アサド大統領はアラウィー派であり、政権内や軍にはアラウィー派が多いとされてきた。

＊＊　インド出身のイスラム教学者（一九〇八〜二〇〇二年）。ハイデラバードでイスラム学を修めた後、ドイツとフランスで博士号を取得。一九四七年のインド・パキスタン分離独立後、一九四八年にフランスに亡命。一九七八年まで国立科学研究センター（ＣＮＲＳ）に所属した。二〇〇二年にアメリカで死去。

い、彼らは、夏のバカンスでやって来るボボ*や別荘住まいの人々を相手に陶器を売って生計を立てた。ただし、サラフィー主義から見て偶像とみなされる置物（動物や人間のモチーフ、庭の小人《ガーデンノーム》**をかたどったものなど）は製作しなかった。

冬になると、蓄えた貯金で旅に出ることもあった。旅先としてはモロッコのリフ山地に代わって、アフガニスタンを訪れることが次第に増えていった。目的は「人道援助と宗教上のミッション」で、アフガニスタンでは最も厳格主義のイスラム主義グループが受入れ先となっていた。宣教と並行してビジネスも広がった。一九九〇年代初めには、これらサラフィー主義者の数家族が、南仏アリエージュ県アルティガット村のレ・ラーヌの集落に、廃墟となっていた農家の家屋を数戸まとめて購入し、移住した。

アルティガットはピレネー山脈の麓にある人口五百人の村である。一九七〇年代の都市化に伴う人口流出で過疎化が進み、当時はわずかな羊の群れとクリの木が残るだけのやせた土地となっていたが、地方の中心都市トゥールーズからは一時間足らずの距離にある。ピレネー山脈の支脈にあたる背後の山並みは、過去にも様々な分離派の隠れ家となった。アルティガットに近い城塞都市ル・カルラは、啓蒙思想の先駆者でプロテスタントのピエール・ベールが一六四七年に生まれた町として知られ、ルイ十四世治下（一六四三〜一七一五年）の竜騎兵《ドラゴナード》によるプロテスタント迫害で廃墟とされた町である。このときピエール・ベールは故郷を逐われオランダへ亡命した。同じ地方にはアルビがある。アルビは、中世キリスト教の異端運動、カタリ派の拠点であり、カタリ派はアルビに因んでアルビジョワ派とも呼ばれる。アルビジョワ派は人間を、善のみを行う禁欲的な「完徳者《ペルフェクティ》」と、悪の手先で排除すべき「不信仰者」とに二元分類し、カトリック教会との断絶を説いた反社会運動の組織として知られるが、今日のサラフィー主義者が説くフランス社会との断絶を彷彿とさせずにはおかない。

アルティガットは十六世紀にはマルタン・ゲール事件の舞台となった土地である。この事件は、地元の小教区に所属していたマルタン・ゲールという人物の「偽者事件」として当時大きな話題となったが、近年ではジェラール・ドパルデューとナタリー・バイユの出演映画「マルタン・ゲールの帰還」（一九八二年）で一般にも知られるようになった。映画が撮影された当時、オリヴィエ・コレルことアブドゥリラは、トゥールーズの恵まれない地区でサラフィー主義を説き、その肌の色の白さと銀色を帯びた豊かな体毛から「白い長老《シェイク》」と呼ばれるようになっていた。

フランスのサラフィー主義者たちはアルティガット村に六十二ヘクタールの土地を購入し、家を改築または新築して一種の農村共同体《ファランステール》を形成した。女性は目だけ残して顔を覆うイスラム教のベール「ニカブ」を着用し、子どもたちは非宗教性《ライシテ》を原則とする「不信仰者の公立学校」には行かずシャリアに則った教育を受けた。この一団が住み着いたことで、マルタン・ゲール事件以来、四世紀にわたり話題に上ることのなかったアルティガットが再び知られるようになった。しかも、今回もまた十六世紀と同じく、何かしら怪しげな匂いのする印象を伴った。

やがてこの田園地帯の共同体は南西フランスの小メッカとなり、地元のミディ・ピレネー地方だけで

＊　「ブルジョワ・ボヘミアン」の略。学歴と文化的関心が高く、政治的には左派支持だが、安定した収入があり物質的には恵まれた層を指す。

＊＊　地中の宝を守る地の精ノームをかたどった小人の置物で、ヨーロッパではこれを庭の飾りとする家庭がある。

なく、パリ郊外からも多くの信者がここを新たな巡礼地として訪れるようになる。なかでも多かったのが、パリの北西、セーヌ川沿いに位置するレ・ミュローやマントからの若者である。これらの町は、一九八〇年代に、いくつものシテやモスクが建設された町として知られる。夏季キャンプには大都市郊外からこれらの若者がやって来て、緑の中でカリスマ的な長老《シェイク》が説く「イスラム・アンテグラル」を学んだ。長老《シェイク》が話すレバント訛りのアラビア語は、改宗イスラム教徒のフランス人や、アラビア語をほとんど知らないマグレブ系の若者らに魅惑的な響きを与えた。

当時のアルティガット巡礼者のリストには、ミディ・ピレネー地方の過激なサラフィー主義者の重要人物がすべて名を連ねていた。モアメド・メラの兄アブデルカデールと姉ソアド、メラの義兄であるチュニジア系フランス人サブリ・エシド、さらにファビアン・クランとジャン＝ミシェル・クランの兄弟もその中に入る。クラン兄弟はフランスの海外県レユニオン島出身の改宗イスラム教徒である。この兄弟は二〇〇一年頃から、トゥールーズのミライユ地区の若者が通う「ベルフォンテーヌのモスク」で主導権争いに加わっていた。兄ファビアン・クランは、二〇一五年四月に発覚したパリ南郊ヴィルジュイフのカトリック教会を標的とするテロ計画（本著四三頁訳注＊＊参照）をシリアの地から指令した疑いが持たれている。同年一一月一三日に発生したパリとサン・ドニの殺戮事件の犯行声明（ＩＳＩＳによる）を読み上げたのは同じくファビアン・クランであり、声明中の前後に「アナシード（anachid＝宗教歌）」＊を歌っていたのは弟のジャン＝ミシェルである。

アルティガットへ通った重要人物として、もう一人、南仏アルビ出身のトマ・バルヌアンがいる。両親が教員である家庭に育ったトマ・バルヌアンは、キリスト教の一派「エホバの証人」に加わった後、一九九九年にイスラム教に改宗した。二〇〇一年には中仏ニエーヴル県サン・レジェ・ド・フージュレにあるフランス・イスラム教組織連合（ＵＯＩＦ）の導師《イマム》養成学校に入学するが、ムスリム同胞団色が極めて強いこの学校から僅か数日で退校処分を受けている。その後彼はサウジアラビアのメディナ大学に留学する。フランス人がメディナ大学留学の学生ビザを取得するには地元に強力な推薦者を持たなければならないが、バルヌアンはこれをクリアした。この留学によってバルヌアンはオマール・アル・マダニ（アル・マダニは「メディナの出身者」の意）という戦士名を得、一時帰国の折にはアルビの見習いジハーディストたちから畏敬される存在となっていた。二〇〇六年にはシリアへ出発してメラの義兄サブリ・エシドと合流し、エシドとともにイラクのジハードの戦場へ向かった。

バルヌアンは二〇〇六年一二月、サブリ・エシドとともにアルカイダの隠れ家に武器を携帯し潜んでいるところをシリアの諜報当局により逮捕され、翌年二月にフランスに身柄を引き渡される。そして二〇〇九年、「アルティガット・ネットワーク」の関係者を被告とする裁判で「テロ計画を目的とする犯罪結社」の罪状により禁固刑四年の判決を受ける。刑期を終えたバルヌアンは再びアルビへ戻り説教を行うが、今度は「メディナの学者」という威光に加え、「不信仰者」から迫害を受けた犠牲者としてもいっそうの尊敬を集めた。その後、再度シリアへ渡航し、ＩＳＩＳのフランス語圏出身の宗教家として権威の一人となっている。インターネット上で閲覧できるバルヌアンの「講義」を聴くと、アラビア語と過激なサラフィー主義思想を完璧に自分のものにし、シリアとイラクの競合グループ間の対立の構図

＊　アナシードは、厳格派イスラム教が音楽として唯一認めるアカペラの男性朗誦歌。

を十分に把握している様子が窺える。「講義」では、イスラム教の聖典をアラビア語で引用し、正確なフランス語訳を付けながら、不信仰者と背教者を殺害して財産を押収し女性を奴隷とすることの正当性について、淀みない論理を展開している。

アルティガットと関わりを持ったもう一人の人物としてイマド・ジェバリを挙げてもよいだろう。ジェバリはメラの幼馴染みで、「アルティガット・ネットワーク」の首謀者として報道されたこともあった。二〇〇九年の裁判で有罪判決を受け、釈放後はトゥールーズ出身の数人とともに二〇一四年にシリアへ渡った。この中にはメラに近い人間も含まれていた。ジェバリは二〇一四年九月に奇妙な経緯でフランスへ戻って来る。彼は、メラの姉ソアドのシャリアに則った二番目の夫アブデルウアエド・バグダリや、アルビ出身の改宗イスラム教徒ガエル・モリーズらとシリアの戦場に数カ月間いた後、この二人とともにフランスへ帰国の途につく。彼らの帰国を知った警察はパリのオルリー空港で到着を待ち受けたが、三人が実際に到着したのは南仏マルセイユ空港で、しかも、隣の県の小村にある憲兵隊詰所に彼らは自発的に出頭してきた。三人の弁護士によれば、彼らは、天国を求めて訪れた地で「おぞましい」現実を目にし、それゆえ不信仰者の地である故郷に戻って来たのであった…。

二〇〇七年初め、「アルティガット・ネットワーク」の一斉検挙が行われたときには「白い長老《シェイク》」アブドゥリラも警察に召喚された。召喚は初めてであったが、結局具体的な容疑は見つからず、それ以上の追及もなく彼はアルティガットに戻った。その後は農業に専念し、以来、公の場での発言をいっさい拒否している。本著の著者〔G・ケペル〕が二〇一五年夏にインタビューを申し入れた際も、当日は雌馬の交配の予定日にあたるとの理由で極めて丁重に断られた。インタビューを申し入れた際の電話では、

「もうずいぶんと使っていないので忘れてしまった」とのことで、シリア方言のアラビア語ではなくフランス語で話したいと述べていた。南西フランスの強い訛りのあるフランス語であった。長老《シェイク》の信奉者の一人ファビアン・クランが二〇一五年一一月一三日のテロの犯行声明を読み上げた際には、報道関係者による新たな取材攻勢があった。

すでに二〇〇五年前後の時点で、アルティガットの共同体は金銭問題とイデオロギーが絡み合った内紛で分裂し、メンバーはみな共同体を去っていった。現在、長老《シェイク》が起居する小さな農家の周囲には、かつてレ・ミュローからやって来た若者が礼拝のために使った建物がいくつか並んでいるものの、多くはイバラや荒れ地の植物に覆い尽くされてしまっている。メンバーだったサラフィー主義者の何人かは、口が堅くて取引上手な不動産業者の仲介で持ち家を売却した。買い手はイギリス人やオランダ人であった。かつて女性たちが「ニカブ」を着用して外出したこれらの建物は、今ではビールのかび臭い匂いが漂うバカンス用のあばら屋となっている。信奉者の巡礼は途絶えた。それでも長老《シェイク》はずっと同じ場所に住み続けている。グーグルの画像を検索すると、プラスチックの長靴をはいて手押し車を押す、長い白髭をたくわえた微笑する長老《シェイク》の写真を見ることができる。

「アルティガット・ネットワーク」は、クアシ兄弟らが所属したパリの「ビュット・ショーモン・ネットワーク」と同時期に活動していた。しかし、「ビュット・ショーモン・ネットワーク」の指揮官格《アミール》、若い直情型のファリド・ベンイエトゥーが、イラクでのジハードを信者に説いたという罪状で有罪判決となったのに対し、ベンイエトゥーより四十歳年上の「白い長老《シェイク》」、オリヴィエ・コレルことアブドゥリラは、ウラマーの「決疑論＊（一七九頁）（hiyal）」の術に長け、免訴を勝ち取ることができた。

メラの義兄サブリ・エシドはといえば、アルティガットへの滞在、逮捕・服役、テロ活動の間を縫うようにして、服役中のメラに面会しジハードの正道を説いていた。サブリ・エシドがメラに与えた影響は、ジャメル・ベガルがフルリー・メロジス刑務所でシェリフ・クアシやアメディ・クリバリに与えた影響と重ね合わせることができる〔本著九六頁以降参照〕。いずれの場合も、イスラム主義にかぶれかかった郊外の少年が、眼前に百戦錬磨の指導者《メントル》が現れたことを契機に、アブ・ムサブ・アル・スーリが『グローバルなイスラム抵抗への呼びかけ』で提唱した手順を史実に実践する「ジハードの殺人者」へと変貌していったのである。

「アルティガット・ネットワーク」は、初歩のアラビア語しかできないミディ・ピレネー地方の移民子弟や改宗イスラム教徒を中東の教育機関へ留学させるために「推薦状（tazkiya）」を融通し、渡航にあたっては現地の「同胞」が中継役を担っていた。メラの兄アブデルカデールと姉ソアドもこれを利用し、カイロ郊外の、フランス語で講義を行うサラフィー主義のイスラム神学校《マドラサ》「アル・ファジュル（al-Fagr＝一日の最初の礼拝を行う「夜明け」の意）」に二〇〇六年から二〇一一年の間に何回か留学した。メラは二〇一〇年一〇月、ジハーディストとしての遍歴の折、兄と姉を同地に尋ねている。

長老《シェイク》コレルは信者の私生活の監督者でもあった。メラの父親は麻薬取引の罪で服役した後アルジェリアへ強制退去処分に付され、このため独り身となったメラの母親は長老《シェイク》のとりもちでサブリ・エシドの父親と再婚した。二〇一一年一二月、つまりメラがトゥールーズとモントーバンで殺戮を行う三カ月前には、長老《シェイク》はメラとある若い女性の結婚式をシャリアに則って執り行ってもいる（ただし、女性はこの「ニカ（nikah＝イスラム教の婚姻）」からわずか二週間後に離縁された）。

以上のような経緯から見て、モアメド・メラを「一匹狼」とみなすことは難しい。二〇一二年三月の殺戮がどのような因果関係によって生じたにせよ、メラは、フランスのジハーディズム世界の鍵となる重要人物を多数送り出したある環境の中で社会化された人間であった。メラは二〇一〇年四月から一二月にかけてアルジェリアと中東を旅する。アルジェリアではカビリアの山岳地帯に潜伏しているジハーディストと接触を試みたが、これは叶わなかった。メラの収入は主に失業者の最低収入保障である積極的連帯所得手当（ＲＳＡ）と福祉手当のみであったから、海外渡航の費用は当然、別ルートから捻出されていた。

メラは、アルジェリアとフランスのパスポートを適宜使い分けながら、シリア、トルコ、イラク、レバノン、ヨルダン、エジプト、さらにはイスラエルへと驚くほどの行程を旅し、いったんヨーロッパへ戻った後、タジキスタン、アフガニスタンにも赴いた。アフガニスタンではアメリカ軍に身柄を拘束され、警戒したアメリカ軍はメラをアメリカ行き航空機の搭乗禁止人物リストに登録している。アフガニスタンでのメラは、本人の言によれば、フランスの諜報当局の目をくらますため、イスラム主義関係者と接触しつつ観光も行い、自撮り写真《セルフィー》を盛んに撮影していた。

様々な国へ渡航し、必要な資金を容易に調達し、しかも広範な人脈を確保していたことを根拠に、メラの犯行はフランス諜報当局による陰謀とする説も登場した。この陰謀説によれば、メラは諜報当局に

＊（一七七頁）　宗教上の規範と実際に行うべき義務が衝突した際、義務が罪とならないよう、その義務に原則を立てていく論法。

雇われた通報者であり、当局はその事実を隠蔽するために、犯行後自宅に立てこもったメラを殺害した。いずれにせよ、はっきりしているのは、二〇一一年八月半ばから一〇月半ばにかけてメラはパキスタンに滞在し、同地のタリバンの基地で短期間ながらも武器の操作を学んだことである。スーリの提唱に従って軍事訓練を受け、ジハーディストとしての初歩的な現場養成課程を完了させた。

メラ事件をめぐっては、メディア上で、諜報当局の機能不全を指摘する厳しい批判が出た。メラをブラックリストに登録していながら、その危険性を正しく分析できなかった当局への厳しい批判である。本著執筆中の現在、関連資料は機密文書のままであり、事件の裁判も行われていない以上、この問題を徹底追及することは不可能である。*ディユドネ〔反ユダヤ主義のコメディアン〕系のサイト（ディユドスフィア）からイスラム系サイト（イスラムスフィア）に至るまで、ＳＮＳ上で多くの陰謀論が氾濫している背景にはこうした事情がある。

とはいえ、十六年間にわたり「テロ発生ゼロ」の実績を誇ってきた治安当局とメラ事件との関係を分析するならば、当時、当局はイスラム主義の「新種のテロ・モデル」を十分把握できていなかったとみなすことはできる。十六年間にわたるテロ・ゼロの実績は、あくまで第二期ジハーディズム、すなわちアルカイダのジハーディストに対する警戒態勢が奏功した結果である。しかし、この警戒態勢の下では、第三期ジハーディズムの「ソフトウェア」までを想定することはできない。それゆえ不意を突かれた。第三期ジハーディズムの「ソフトウェア」についてはスーリが逐一、明文化していた。にもかかわらず、フランス政府は、「現象は治安の次元だけの問題ではない」ということを理解できなかった。フランス政府は、この新たなジハーディズムの症状に対処療法を施すだけで、社会的、政治的、宗教的な病因の究明には必要な手段を講じようとしなかった。結果、次のテロを待つより手がないという状況に、自らを追い込むこととなった。

サイバージハードの拡大

二〇一〇年以降、フランス国内では、活動家を戦場へ送り込むジハーディストの地下ルートが構築されるのと並行して、サラフィー主義の言説が公共スペース、インターネット、SNSを通じて暴力化する傾向が見られはじめる。また、これに伴って郊外大衆地区では、「イスラム化のマーカー」がますます目に付くようになり、イデオロギー面でのアイデンティティーの主張が暴力へと傾斜する兆候が現れはじめる。暴力化したサラフィー主義者はこの「イスラム化のマーカー」を通じた「アイデンティティーの高揚」を目指した。その目的は、フランスにおいてイスラム教がどれほど抑圧されているかを主張することで「イスラムフォビア〔嫌イスラム〕」という言葉を広め、これを告発することではるかに広範な層をジハードの地平まで過激化させるところにある。

二〇一〇年一〇月一一日、「公共スペースにおいて顔を覆う服装を禁じる法律」が制定された。この法律は、ほとんどのサラフィー主義者が信仰箇条としている「ニカブ」や「ブルカ」の着用を標的としたものであり〔本著一八七頁訳注＊参照〕、以後、サラフィー主義者は、同法の制定を口実にそれまで見

＊　二〇一六年末現在でも状況に変化がないことを著者G・ケペルは確認している。

られなかったような強硬なメッセージをＳＮＳ上に投稿しはじめる。各地の郊外のシテでは、警察を翻弄するために、ベールで完全に顔を覆った女性が故意に公道を往来するという挑発行為を繰り広げることもあった。その中には改宗イスラム教徒の女性も多く含まれていた。この挑発行為によって警察の取締りを誘発し、警察が取締りに乗り出せば、これに対する反発を煽ってイスラム教徒間の連帯感を誘発し、シンパを増やすという作戦である。こうした過激化は、「脅し」や「暴力」によって他者との緊張を煽る戦略の一端とみなされよう。

二〇一三年七月、ラマダンの期間中に、パリ西郊トラップ市内の公道で「ニカブ」を着用して歩いていたアンティル諸島出身の改宗イスラム教徒の若い女性が警察に職務質問された。これをきっかけに暴動が発生する。暴動の画像はイスラム主義のウェブサイト「イスラム＆アンフォ」に投稿され、治安当局による「イスラムフォビア」の行為として非難を呼ぶ展開となった。トラップ市はイヴリーヌ県に位置する緑豊かな街で、悪評高かった高層団地群はすでに都市再生機構（ＡＮＲＵ）によって取り壊され、小ぎれいでこじんまりとした新築集合住宅群がこれに取って代わっていた。社会党市長の後押しで、二千四百人を収容できるモスクも建設されていた。

しかしながら、トラップのシテ出身のイスラム研究者ラシッド・ベンズィーヌの証言によれば、行政側のこうした努力とは裏腹に、同市ではサラフィー主義が急速に浸透していった。ベンズィーヌが言うには、サラフィー主義は「不安な時代にあってはすべての問題に回答をもたらしてくれる解決法の道具一式であり、最も付き従いやすいモデル」の一つであった。* 人口三万二千を擁するトラップ市では二〇〇〇年代に入ってジャメル・ドゥブーズやオマール・シーなど、ポストコロニアル時代の移民の子弟がシヨービジネスの世界で国民的なスターとなり、フランス社会においてアメリカ型のサクセスモデルを実現していた。ところが二〇一五年には、そのトラップから八十人以上もの若者がシリアのジハードに合流したのである。

サラフィー主義のメディア上での過激化が見られるようになるのは、「フォルサン・アリザ（Forsane Alizza）」なるグループが登場する二〇一〇年夏以降である。このグループは二〇一二年三月一日、モアメド・メラによる殺戮事件の二週間前に解散処分に付されており、活動期間は短かかった。「フォルサン・アリザ」はアラビア語で「誇り高き騎兵たち」を意味する。リーダーは大西洋岸ナント市出身のモアメド・アシャムラーヌなる人物で、父親はモロッコ人、母親はブルターニュ地方のフランス人であった。四人の子どもの父親であり、失業者への最低収入保障である積極的連帯所得手当（ＲＳＡ）と家族手当を生活の資として家族を養いながら、シェイク・アブ・ハムザという偽名を名乗っていた。「フォルサン・アリザ」の解散を命じた二〇一二年三月一日付の政令《デクレ》によれば、「構造化された組織、メンバーに対する宗教的洗脳、白兵戦と人質誘拐の訓練の実施等に鑑みて、当該集団は戦闘集団の性格を呈する」というのがその解散の理由であった。ここでの「戦闘集団」の定義は、「一九三四年二月六日の暴動」を組織したファシスト団体の取締りを目的とする一九三六年一月一〇日法の規定に基づく。

＊　ジャメル・ドゥブーズはモロッコ系の俳優・プロデューサー。オマール・シーはセネガル－モーリタニア系の俳優で、日本でも公開された映画『最強のふたり』でスターとなった。二人ともイスラム教徒の家庭の出身で、一九七〇年代後半にフランスで出生。

解散を命ずる政令《デクレ》では特に以下の点を指摘している。

事実上の集団である「フォルサン・アリザ」は、フランスにおけるカリフ制国家の建設とシャリアの適用を呼びかけることで、民主主義制度、そしてフランス共和国の基本原則である「非宗教性《ライシテ》」と「個人の自由」の尊重を脅かしている。かつ、イスラム教徒に対して、内戦の勃発が間近に迫っていると主張したうえで、これに参加すべく団結するよう教唆し、戦闘と武装闘争のためにメンバーを訓練することで、共和政の統治形態を力ずくで侵害しようとしている。［中略］こうして広められたイデオロギーは、公道での挑発行為においても表明された。

「フォルサン・アリザ」すなわち「誇り高き騎兵たち」という呼称は、その世界に通じた人間にとってはジハーディズムを含意する言葉として認識されている。「騎兵」とは、オサマ・ビンラディンの後継者となるアイマン・アル・ザワヒリが九・一一に至る戦略を提唱したマニフェスト「預言者の旗の下の騎兵たち」に拠っている。また、「騎兵」を意味するアラビア語「ファリスfaris」（「フォルサンforsane」の単数形）は、シリアから投稿されるジハーディズムの教化動画の中では通常、「戦闘員」を指す言葉として使われている。

さらに、「フォルサン・アリザ」のリーダー、モアメド・アシャムラーヌが使用するアブ・ハムザという偽名は、預言者ムハンマドの叔父の渾名であり、有名なエジプト系イギリス人のジハーディスト、アブ・ハムザ・アル・マスリの戦士名でもある。ロンドンで導師《イマム》として活動を行っていたアブ・ハムザ・アル・マスリは、ヨーロッパにおけるシャリアの厳格な適用とアルカイダへの支援を説いた人物であり、一九九〇年代にはアルジェリアの武装イスラム集団（ＧＩＡ）を支援し、アル・ムサブ・アル・スーリの後継者としてＧＩＡ支持の発行物「アル・アンサール」を主宰した。アブ・ハムザ・アル・マスリは、アフガニスタン時代にテロで右手をなくし、鉤状の義手を付けている。イギリスで投獄された後、二〇一二年四月にアメリカに身柄を引き渡され、二〇一五年一月にはイエメンにおける誘拐・人質事件に関して終身刑判決を受けた。

「フォルサン・アリザ」は、「イスラムフォビアに攻撃されている」フランスのイスラム教徒の「正当防衛権」を、「啓蒙的使命をもってインターネット上で行使する」と謳った点で、スーリが呼びかけた急進的前衛としての役割をそれなりに体現していた。ただし、その着想と行動様式は雑多なレパートリーからの寄せ集めであった。サラフィー主義を拠りどころとし、アフガニスタン、イラク、パレスチナにおけるジハードの模範動画をウェブサイトで公開するかと思えば、一九七〇年代のプロレタリア左翼の極左主義を思い起こさせるアジ・プロ（煽動的宣伝）や「奇襲作戦」を実行する。そのビジュアルボキャブラリーは、漫画やスーパーヒーロー物、特にアメリカの大手漫画出版社マーベル・コミックの人気漫画「Ｘ－ＭＥＮ」から直接借りてきたものであった。

「フォルサン・アリザ」の創設者モアメド・アシャムラーヌは当初、「コルテックス」という偽名を使っていた。これは、テレビ放映アニメに登場する実験用マウスの名前である。*（一八七頁）コルテックスは毎朝目覚めると、マイナスという名前の相棒のマウス**（一八七頁）を相手に「世界を征服するんだ」と叫ぶ。このアニメは一九九〇年代にフランスのテレビ局でも毎週水曜の朝に放映され、「世界を征服するんだ」というキャッチフレーズは、大衆地区のシテの若者やY世代が共有する一つの文化的レファレンスとなっていた。「フォルサン・アリザ」が実行した「奇襲作戦」はまさに「挑発行為」であり、グループはこれを録画してインターネット上で公開した。その「奇襲作戦」の一つが、二〇一〇年六月にフランス南西部リモージュで決行されたマクドナルド店舗の占拠である。これは、マクドナルドが「シオニズム」と関係していることへの抗議、というのが理由であった。もう一つが、二〇一一年八月にパリ北郊オルネー・スー・ボワ（セーヌ・サン・ドニ県）の警察署前でなされた刑法典の焚書である。オルネー・スー・ボワは二〇〇五年秋の暴動が最も激しかった場所の一つであり、この焚書騒ぎは、「公共スペースにおいて顔を覆う服装（「ニカブ」や「ブルカ」*）を禁じた」二〇一〇年一〇月一一日の法律を拒否することが目的だった。この示威行動は、一九八九年一月にスンニ派イスラム主義者がイギリスのブラッドフォードで行ったサルマン・ラシュディ氏の小説『悪魔の詩』の焚書を連想させずにはおかない。イスラム主義者は、サルマン・ラシュディ氏のフィクションを預言者ムハンマドへの侮辱であると糾弾した。

「フォルサン・アリザ」はまた、反イスラム主義の極右アイデンティティー系グループ「フランセ・ド・スーシュ（生粋のフランス人）」や「リポスト・ライック（非宗教的反撃）」との闘争にも乗り出していく。二〇一〇年一二月一八日に極右グループが「反イスラム化大会」（パリ）を開催した際（本著一二八頁参照）は、これに対抗しデモを組織している。こうした活動は、極左が数十年間わたって極右に対抗して行ってきた活動を思わせる。「フォルサン・アリザ」はさらに、「正当防衛」の名の下に「不信仰者」に対する威嚇活動を録画し、これをSNS上に投稿するという暴力行為も演出した。主として言葉の暴力であったが、身体的暴力が使われる場合もあった。リーダーのアシャムラーヌに演劇性人格障害があったのは事実であり、サラフィー主義者の中にはそうした彼を嘲笑する者もいた。「フォルサン・アリザ」は、インターネット上で暴力的なシナリオを作成・演出し、一貫して暴力を称賛するフランスで初めてのイスラム主義グループであった。ただし、暴力を実行に移すことはほとんどなかった。

歴史的に見て「フォルサン・アリザ」は、一九九〇年代のジハーディズム（アルジェリア内戦の余波。リヨン生まれのカレッド・ケルカルがフランスにおけるテロのマネージャーとして登場した時代）が、フランス－シリアを舞台とする二〇一〇年代の新たなジハーディズムへと移行する過渡期にあって、両者をつなぐ役割を果たした。「フォルサン・アリザ」のメンバーやシンパには一九九〇年代と二〇一〇年代のそれぞれのジハーディズム世代を代表する人物がおり、両世代間の橋渡しはそれらの人物によってなされた。一九九〇年代の世代としては、カレッド・ケルカルと同じリヨン生まれのバルーディ・ブジッドがいる。バルーディ・ブジッドは現在五十代、二〇一五年春に開始された「フォルサン・アリザ」裁判では懲役六年の有罪判決を受けている。二〇一〇年代の世代としてはオマール・オムセンとエミリー・クニーグがいる。オマール・オムセンはニースで育ち成人したセネガル人で、動画を制作して多数

＊（一八五頁）　アニメの原題は「ピンキーとブレイン」。フランス版ではブレインがコルテックス（「大脳皮質」の意）で、ピンキーがマイナスである。

＊＊（一八五頁）　フランスの幼稚園や小学校は伝統的に水曜日が休校日とされ、テレビ各局は毎週水曜の午前中に子ども向けアニメ番組を数多く放送してきた。

＊　同法は公共の場で顔を覆う服装を禁じてはいるが、法律中では「ニカブ」や「ブルカ」を名指ししていない。「ニカブ」や「ブルカ」が明記されるのは同法適用のための二〇一一年三月二日の通達である。

のジハーディストをリクルートした後、シリアへ渡航しアルカイダ系組織「ヌスラ戦線＊」に合流した〔後述〕。エミリー・クニーグはブルターニュ地方ロリアン出身のフランス人女性で、改宗イスラム教徒である。父親はフランスの憲兵隊員。二〇一二年シリアへ渡航し、ウェブ上で活発なプロパガンダを行った。二〇一四年にはアメリカの当局が作成した外国人戦闘員のブラックリストに登録された。「フォルサン・アリザ」はミディ・ピレネー地方に基盤を持っており、二〇一一年四月にはそのメンバーが、トゥールーズ（同地方の中心都市）にいるモアメド・メラと会ったとの報道もある。

二〇一二年三月三〇日（モアメド・メラによる殺戮事件からほぼ十日後）、イスラム主義関係者への一斉摘発がトゥールーズのシテ（ミライユ地区）を中心に行われ、「フォルサン・アリザ」のリーダーであるモアメド・アシャムラーヌとそのメンバー十人以上が逮捕された。逮捕後、最終的に釈放になったメンバーのうち、一部はその後シリアへ渡航した。二〇一四年九月、リヨン郊外で武器を携帯しているところを再び逮捕された者も一人いる。

一方、他のメンバー十五人（うち七人は未決勾留中）の裁判は、二〇一五年の春から夏にかけてパリで行われた。そのうちの最年長者が、懲役六年の有罪判決を受けたバルーディ・ブジッドである。ブジッドは一九六二年八月、すなわち、アルジェリア独立の一カ月後に同地で出生した。一九八〇年代にはリヨンに近いジヴォール市のモスクで導師《イマム》を務め、九〇年代には九五年のテロ事件〔本著八七頁訳注＊＊参照〕に関与したイスラム主義グループの一つ「シャッス・シュル・ローヌのネットワーク」の改宗イスラム教徒と交流があった。また、二〇一〇年には、自分の子どもを自宅に監禁し義務教育を受けさせなかったとして、裁判所決定で親権を失っている。この決定への不満が「フォルサン・アリザ」と接触するきっかけとなった。ブジッドは、「フランス国家は導師《イマム》たる自分が『アラーの神、タウヒード（Tawhid）〔サラフィー主義者が最も重要な規範とみなすアラーの唯一性〕、ジハード、カリフ制国家』を『呼びかけた（da'wa）』ために、手段を選ばず自分を破壊しようとしている」と決めつけ、「フォルサン・アリザ」も、この親権問題を「イスラムフォビア」の象徴的ケースとすることを決めた。以後、導師《イマム》ブジッドは「フォルサン・アリザ」の宗教上の師となる。二〇一二年の一斉摘発で、ブジッドの自宅からは「アラーにより殉教者として選ばれ」「アラーの助けを得て、悪魔の一味を破壊した」モアメド・メラに捧げられたアラビア語の「哀悼歌（madh）」が押収され「フォルサン・アリザ」裁判に提出された。

二〇一一年九月、「フォルサン・アリザ」は各地の拠点からメンバーやシンパ多数をジヴォールに集め、会合を開いている。ブジッドの親権問題をどう喧伝するかについての会議だったが、結局、結論ははっきりせず、参加者たちのコメントも噛み合わぬままに終わった。このときの参加者の一人に、当時、強盗犯の刑期を終えたばかりで、その後四年間にわたってメディアで頻繁にその名が出てくることになる人物がいた。ジハーディストをシリアへ送り込む「サイバーリクルーター」の中心人物、「フォルサン・アリザ」の二〇一〇年代世代を代表するオマール・オムセンことオマール・ディアビである。オマール・オムセンが制作する動画は、「フォルサン・アリザ」が創出したテーマの進化形であり、インターネット上で大人気を博する。オムセンは動画の中で、「フォルサン・アリザ」に熱烈な讃辞を捧げ、不信仰者のフランス国家が「フォルサン・アリザ」の「迫害」に動き出したことを論拠として、シリア

＊　二〇一六年七月二八日、ヌスラ戦線は「シリア征服戦線」と組織名を変更し、アルカイダからの離脱を発表した。

へ渡りジハードを決行するよう動画を観る若者たちに向けて呼びかけていた。

オマール・オムセンの「大きな物語」

オマール・オムセン（「オムセン」は「セネガルのオマール」の意）は一九七〇年代末、七歳のときに家族とともにセネガルから南仏ニース（アルプ・マリティム県）に移住してきた。思春期に非行に走り、ニースの東端にあたるアリアーヌ地区で犯罪を重ねる。ニースの名所は、二〇一六年七月のトラック突入事件（花火見物客を狙ったテロ）の現場となった海岸沿いの遊歩道「プロムナード・デ・ザングレ」だが、アリアーヌ地区はイメージ的にはいわばその真逆にあたる地区である。プロムナード・デ・ザングレが「観光地として世界に知られるニース」を象徴する一等地であるのに対し、アリアーヌ地区は地元民以外にはほとんど知る人もなく、夏のバカンス客には見えない高速道路の陰に家庭ゴミ焼却施設と墓地に挟まれるようにして建ち並ぶ、低所得層向けの高層団地（シテ）地区である。麻薬密売絡みのいざこざが日常化したコート・ダジュール〔ニースを含む地中海岸の保養地域〕の暗い一面を象徴する悪名高い地区でもあり、二〇〇〇年代に入ると「イスラム化のマーカー」が次々と現れ、サラフィー主義の影響が目立って強まっていた。

オマール・オムセンは武装強盗により数年間の禁固刑判決を受け、二〇一一年に出所している。他の多くのジハーディストと同じく、オムセンもまた、服役中に暴力的なギャング行為の過去とサラフィー主義の教義とを混ぜ合わせ、過激なイスラム主義に傾斜していった。ギャング行為として使われた暴力が、ジハードという敬虔なる目的を遂行するための手段にすり替えられ、過去の犯罪も遡及的に正当化されるという一つの典型である。二〇一一年、オムセンは出所と同時に「フォルサン・アリザ」に接近する。「フォルサン・アリザ」のメンバーにはオムセンと似かよった経歴の持ち主が何人かおり、ニースにはその重要メンバーもいた。電話会社の元社員であるニースのメンバーは、懲罰を加えるべき「不信仰者」の電話番号や住所を「フォルサン・アリザ」に流していた。

オムセンは、「フォルサン・アリザ」の動画をモデルに自らも一連の動画を制作し、インターネット上に投稿しはじめる。オムセンの動画は、陰謀論の論理に則って「人類の隠された真の歴史」を語るというもので、そこで語られる究極の到達点は「シリアでのジハードを通じた人類の普遍的な贖罪」である。「人類の歴史」を語るオムセンの動画は、フランス人の若者をリクルートするための非常に重要なメディアとなる。オムセンの動画に影響を受けたとみなされるケースは、警察の取調べや裁判での証言、あるいは本著の著者たちが行った面談（ジャーナリスト、過激化防止活動を行う団体、ジハーディストの家族、シリア渡航志望者などに対するもの）の中でもしばしば確認された。

ただし、シリアに多数のジハーディストが集まり、この地が大規模な内戦状態となるのは二〇一二年以降である。二〇一一年末のシリアではまだそうした動きはなかった。モアメド・メラも同時期、シリアに適当な場所を見つけられなかったため、タリバン制圧下にあるパキスタン北西部の部族地域で軍事訓練を受けた。オムセンも出席したジヴォールでの「フォルサン・アリザ」の会合の約二カ月後、つまり二〇一一年一二月九日金曜日に、オムセン制作の初期の動画に影響を受けた熱烈なファン数十人（二〇一五年にはオムセンの動画の再生回数は数十万回に達する）が、自分たちの想像上の世界を現実のものとするためにニースに集合する。彼らは、主に「ＡｆＰａｋ」地域（アフガニスタン－パキスタン）とイエメンでのジハードに加わるべく、フランス各地から飛行機や鉄道を使って集まってきた。集合の目的は、イスラム教の地への「ヒジュラ（hidjra＝移住）」がイスラム教の観点から合法であることを聖典に照らして明確にし、実行の詳細を定めるというものであった。

参加者はチュニジア経由でリビアへ向かうことを計画する。この頃、チュニジアでは穏健イスラム主義政党エンナハダが二〇一一年一〇月の制憲議会選挙で勝利を収めたところで、ジハーディストにとっては自由に活動できる状況が生まれていた。また、リビアではカダフィ政権の崩壊で国家そのものが消滅していた。*さらに、アルプ・マリティム県のイスラム教徒はそのほとんどがチュニジア出身であり、したがって、ニースのイスラム主義者もその大部分がチュニジア系であった。よって、彼らはチュニジア国内に多数の中継点を確保することもできた。ところが、フランス語の代表的なサラフィー・ジハーディズムのウェブサイト「アンサール・アルハック（Ansar-alhaqq＝真理を助ける者）」上でオムセンの妻と近親者が語ったところによると、オムセンはニースでの会合が開かれる二〇一一年一二月九日、金曜日の礼拝を終えた後、ニース駅に「兄弟たち」を迎えに行ったその場で、七年前の犯罪を理由に警察に逮捕され、再び収監された。オムセンは即時出頭で二年の懲役刑を受け服役する。「フォルサン・アリザ」に対する解散政令《デクレ》が発令されたとき（二〇一二年三月一日）、オムセンは服役中だったわけである。オムセンは二〇一三年三月に出所し、その一カ月後に国外退去処分を受けてセネガルに送還された。

オムセンの逮捕により、集団での「移住」計画は頓挫した。彼らの行動はインターネット上のジハーディスト系フォーラムを監視する諜報当局に事前キャッチされていたのである（二〇一一年時点ではまだこうした監視が可能だった。しかし、その後フェイスブック上でのジハーディスト・アカウントの急増に伴い状況は一変した。諜報当局の旧来の監視能力では到底対処できない情報量となった）。二〇一三年七月、オムセンは、自作の動画を仕上げてインターネット上に投稿した後、シリアのジハードに合流すべく、チュニス（チュジニア）からイスタンブール（トルコ）行きの船舶に乗船する。オムセンはこのときの旅を自撮り《セルフィー》で撮影し、「19ＨＨ**、人類の歴史」と題した自作のプロパガンダ動画シリーズの中で、「聖地を目指して」というエピソードとして収めている。このエピソードは「カリスマ教祖オムセン」自身をテーマにしたもので、これにより動画共有サイト上での再生回数は爆発的に増加した。「シャームの国」（本著三頁訳注＊参照）に到着したオムセンは、シリアのアルカイダ系組織「ヌスラ戦線」に加わり、フランス人を集めた軍団（katiba）の「精神的アミール（指揮官）」となる。当時、多くのフランス人の若者がシリアに「移住」した背景にはオムセンの個人的威光があったとされている。特に、オムセンの育った南仏の牧歌的なアルプ・マリティム県からは、パリ郊外のセーヌ・サン・ドニ県とほぼ同数の若者がシリアへ渡った。シリアのジハードに合流者したフランス人のうち、この両県から全体の十分の一ずつが出ている。

＊　リビアでは二〇一一年に始まった反政府運動が内戦化し、四十年にわたったカダフィ政権が崩壊した。

＊＊　「19ＨＨ」のＨＨは「人類の歴史（L'Histoire de l'Humanité）」の頭文字であると同時に、九・一一で破壊された世界貿易センターのツインタワービルを示す。19は九・一一のテロに関与した十九人のテロリストを指す。

二〇一五年八月、オマール・オムセン死亡の報がSNS上に流れた。しかし翌二〇一六年六月には反対に彼の生存を示すルポがフランスのテレビF2局で放映された。この映像にはオムセン自身が登場し、ヌスラ戦線のライバル勢力であるISISの戦略を批判している。オムセンがシリアにいた二年間はヌスラ戦線とISISの間で血なまぐさい抗争が繰り広げられていた時期で、ヌスラ戦線側に付いたオムセンの当初のカリスマ性には陰りが生じていた（フランス人戦闘員数が多かったのもISISである）。しかし、オムセンは今も、類い稀な力量を持つオンライン・プロパガンダ作者としての威光を放っている。オムセンのフランス語のプロパガンダ動画は、多くのフランス人の若者がどのような合理的理由づけでジハードに参加したかを理解する鍵となる媒体である。オムセンは自作の動画を通じて、ジハードの正当化に必要な「大きな物語」を構築したのである。

オムセンは、「19HH、人類の歴史」に収められたエピソードの予告編《トレーラー》（「世界の創造」から「最後の衝突」までの三編）を二〇一三年に制作した。この年は、作者オムセン自身が、自作動画の仮想の登場人物を実在化すべくシリアへ渡った年である。この予告編は、オムセン信奉者が共有サイトによる検閲を潜りぬけるためにフェイスブック・アカウント上で無数にダウンロードした結果、狭い意味でのイスラム主義者の世界をはるかに超えて拡散した。オムセンの動画が特に浸透したのはディユドスフィア（コメディアンであるディユドネ系のウェブサイト）である。オムセンの動画が展開する陰謀論に基づく「人類の歴史」は、同じく陰謀論を展開するディユドネやアラン・ソラルと共通するものがあった。ディユドネとアラン・ソラルの支持を得て二〇一二年六月の国民議会議員選挙に出馬したマルセイユの歯科医、サリム・ライビのブログ「ル・リーブル・パンスール（自由思想家）」にも、オムセンの予告編が投稿された。このブログには、「メディアのイスラムフォビア工作に関する、非常に興味深いドキュメンタリー。必見」というコメントが付されている。

アラン・ソラルのウェブサイト「エガリテ・エ・レコンシリアシオン（平等と和解）」は、様々な動画を次々と投稿し「陰謀論の大きな物語」を執拗に語り続けるサイトである。この「陰謀論の大きな物語」の世界観とオムセンの「大きな物語」の世界観との間に相互浸透性が存在していることは一目瞭然である。ソラルとオムセンの基本的な謳い文句は、「テレビの情報は意図的に嘘を織り上げたものであり、ゆえに我々はこれを解体する」というものだが、なぜメディアがそうするのかと言えば、ソラルによればそれは「人類をアメリカ・シオニズムの『帝国』に隷属させるため」、オムセンによればそれは「人類を悪魔（Ibliss）に隷属させるため」である。「悪」を強迫的に糾弾しつつ、ウェブ上の画像と音を通じて「真実の目覚めを導く」という構図である。こうしてサラフィー主義の善悪二元論的な世界観は、同じレトリックを持つはるかに広範な「反システム」（本著一三三頁訳注＊参照）の言説の中に浸透し、非イスラム教徒や無神論者を含む「反システム」主義者へと支持を広げていく。サラフィー主義が全体論的《ホーリズム》な構造を有し、さらには「悪を放逐し、善を実現するために、ジハードを実践せよ」という戦闘的な呼びかけ（イスラム教の紋章にある al amr bi-l ma ́rouf wa-l nahi ́an al mounkar なる文章は「善を説き、悪を妨げる」の意）につながっていることも、支持者拡大の要素となった。

「19ＨＨ」の作りは、プロ並みの手際とはいえ、基本的には特殊効果とスローモーションを多用しただけの、あるいは雑多な画像シーケンスをつないで編集しただけの長編フィルムである。ここには合成画像、テレビニュースやテレビ討論会、「知識人」やエキスパートへのインタビュー（多少なりとも正当性を持つ人物のこともあれば、まったく場違いな人物のこともある)、有名な映画や無名のテレビドラマ、ルポ、動物のドキュメンタリー映画(「ミクロコスモス」や「オーシャンズ」*)、アマチュア・ビデオ等々、実に様々な映像が代わるがわる登場する。

Y世代が慣れ親しんでいるこうしたごた混ぜ映像は、映像作家やラッパーの隠語で「マッシュアップ」と呼ばれるもので、そのギクシャクした展開はラップのテンポそのものである。「マッシュアップ」された映像にかぶせて、オマール・オムセンのそれとわかる声でオフ台詞〔画面の外にいる人物の声〕のコメントが入る。軽く喉音の効いたフランス語はセネガル訛りの名残りだが、長いニース生活でそれもかなり薄れている。語りのリズムは、郊外地区の異議申立て運動でよく耳にするように、言葉を音節ごとに区切り、断続的である。コメントするオムセンの声は、動画を観る者に絶えず「真実」の名の下に語りかけ、コーランや、特に預言者ムハンマドの言行録である「ハディース」に依拠しながら、「不信仰者」の世界が作り出す支配的イデオロギーを疑うよう促す。そのコメントによれば、唯一つの救いの道は自らをジハード戦士と同一化することであり、シリアの戦場こそが自らのジハード戦士たる使命を即座に遂行するための場所である。そして、オサマ・ビンラディンこそが、ジハード戦士の守護者である。サラフィー主義は音楽を悪魔に由来するものとみなしている。よってオムセンの映像にも音楽はない。その代わり、イスラム教の聖歌をアカペラで歌う男声朗誦歌「アナシード(anachid = 宗教歌)」が挿入される。これが聴く者を魅了し、一時間にわたって続くこの動画に幻覚作用的な効力を与えている。

一時間の動画うち最初の二十五分間は、「イスラムフォビア」との闘いの論理に則り、フランスのイスラム教徒がいかに犠牲を強いられてきたかについての論証に割かれる。イスラム教徒犠牲者論は、イスラム主義勢力全般の決まり文句であり、シオニズム糾弾の起点でもある。その理屈によれば、シオニストたちは、自分たちユダヤ人側に従属したメディアの嘘（情報操作）により、ナチスのユダヤ人大虐殺を口実に犠牲者の立場を横取りしている。二〇一二年のメラ事件は新しい段階のジハーディズムがフランスで暴力的に噴出する幕開けを告げる事件となったが、オムセンはこの事件にまったく異なる解釈を与える。オフ台詞の中でオムセンは、メラ事件が二〇一二年大統領選の直前に起こった点を指摘し、「イスラム教徒であるメラは、大統領選挙という見世物の犠牲になった」と決めつける。

続いて動画では、二〇一二年三月三〇日の「フォルサン・アリザ」メンバーの逮捕や、二〇一一年一二月九日のニースでのオムセン自身の逮捕の様子を映し出す。テロ・グループのメンバーという疑いで多数の「目立った**イスラム教徒」が逮捕（その多くはまもなく釈放されるが）されたときの映像も流れる。

奴らは、自分たちにとって明らかに「邪魔なイスラム教徒」を追い詰めはじめた。その目的は、「邪魔なイスラム教徒」のイメージを毀損することで、他のイスラム教信者が「邪魔なイスラム教徒」を否認《デザヴエ》し、自分たちの側に付くようにすることだ。［中略］「邪魔なイスラム教徒」を黙らせよ

＊　いずれもフランスのドキュメンタリー映画。「ミクロコスモス」（一九九六年）は昆虫を、「オーシャンズ」（二〇一〇年）は海洋生物をテーマとしている。

＊＊　イスラム主義者に多い、長衣ジェラバ（jdellaba）を着た外観を指す。

うとする者たちが使う方法はいつも同じだ。つまり、彼ら〔邪魔なイスラム教徒〕が虚偽を告発し真実を呼びかければ、その瞬間に、彼らは必ず投獄され、排除される。これは世界中どこでも同じだ。〔中略〕政治家たちは、彼らについて、我々について、また、他の名もないイスラム教徒について、嘘を作り上げ、メディアを騒がせるきわどい事件に仕立て上げる。

ときおり、オフ台詞に代わって大文字で書かれた文章が画面上に現れ、音声で流れたコメントを書き言葉によって改めて反復する。そのデザインは、画面の上方と下方にそれぞれ黄色と黒の縞の入った二本の横線を配し、背景の地色にメタリックグレーを布くというもので、二〇〇〇年頃に人気を博した未来派ビデオ・ゲーム、「アンリアル・トーナメント」や「ハーフライフ」を彷彿とさせる。

奴らはメディアをコントロールし、自分たちの望むものを、自分たちの望むときに、自分たちの望むとおりに人々に見せる権力を持っている。奴らは、物事を自分たちの望むように変え、大衆に影響を与えることができる。〔中略〕治安とやらを口実にして、〔中略〕反イスラム教のプロパガンダが始まったのだ！

画面上では、こうしたテーマを例証する多くのシーケンスが次々と展開する。例えば、スクールバスに乗ったイスラエルの子どもたちがアラブ人を殺すよう呼びかける讃歌を歌う映像のすぐ後に、フランスの地方テレビで放映されたコルシカ島のアラブ系住民宅爆破事件の映像が映る。こうした映像効果により、フランスのイスラム教徒とパレスチナのイスラム教徒の運命が完璧に重なり合っているという印象を植えつける。

動画はここで、「アラーの宗教を打ち倒そうとする者たち」を糾弾するハディースの一部を引用し、それからいったん話題を変えた後、動画を観る者たちに悪の根源についての説明を始める。悪の根源として槍玉に挙げられるのは、神による天地創造説を教えず、進化論という偽の法則を教える非宗教的《ライック》な学校である。進化論を揶揄する合成画像の「マッシュアップ」とともに、ある少年の次のような言葉がオフ台詞によってかぶさってくる。

学校では先生が、人間はサルの子孫だと言ったけど、母さんは、僕たちを創ったのは神様だと言っていた。〔中略〕僕はずっと、母さんの言うことが本当だ思っていた。〔中略〕そして、大きくなったら、世界が狂っていて、よく観察してみたら、狂っているのは人間たちだった。

再びその例証とされるテレビニュースが映し出される。同性間結婚を認める「すべての人のための結婚」法案について説明するクリスティアーヌ・トビラ法相や、同性カップルのための代理出産を支持する議員を映し出した映像がそれである。さらには、「肌が白く、髪はブラウンで、目が茶色の息子」を医師に「注文」するカップルのフィクション映画の抜粋もこれに加わる。

ここでオフ台詞が、こうした状況の原因と結果を説明する。

始まりは一九六八年の五月革命だ。〔中略〕無神論者が増え、まるで普通の人間であるためには無神論者でなければならず、すべてを理解したのは奴らであり、奴らが一番賢く、他の人間はバカだと言わんばかりだ。キリスト教徒は、やさしくて、おとなしいと言われ、〔中略〕奴らには誰も文句をつけない。ユダヤ教徒は、壊れやすい陶器の人形のように、保護される対象になった。イスラム教徒は愛されず、社会の周縁に置かれることになった。イスラム教徒が標的になったのはなぜか？〔中略〕イスラム教徒自身にとっての問題は何か。それは、世界中にいるイスラム教徒はみな兄弟であるにもかかわらず、自分たちを結束させるための同胞愛の絆が育たず、信者の声が統一されなかったからだ。どこかの国で問題が起こっても、世界のイスラム教徒は行動を起こさなかった。〔中略〕私は二つの文化の間で育ったが、そのときどきの状況に応じて、常にそのどちらか一方だけの文化が優先された。私の両親は、何かに対して「それはハラム（haram＝違法）である」という言い方をすることはあっても、宗教について説明することはなかった。そして、ある日突然、世界がひっくり返った！

ここで動画は、二〇〇一年九月一一日、ニューヨーク、マンハッタンにおける世界貿易センター・ツインタワービルの瓦解の映像を画面いっぱいに映し出す。この事件こそ、オムセンにとっては「真理」が抗いがたい力で出現したことの証であり、アメリカとシオニストが全世界に仕掛けた陰謀である「悪魔の嘘」に決定的な一撃を加えるものであった。

インターネット上でオムセンの動画を観る者は、この場面に至ると、アラン・ソラルの動画やディユドネの舞台に登場する「真理に目覚めた人」としての自覚を得たことになる。ただし、ファショスフィア（極右系のウェブサイト）の道とジハードスフィア（ジハーディズムのウェブサイト）の道はここで分かれ、前者はフランスのアイデンティティー主義へ、後者は戦闘的なサラフィー・ジハーディズムへと向かう。そして、後者の道にはある陥穽が待ち受けており、これを克服しなければならない。すなわち、イスラム教徒としてこの道を歩む者は危険なもう一つの分かれ道に差しかかる。その分かれ道のうち、真実に辿りつくのはただ一つのみであり、もう一方の道は果てしない彷徨の道にすぎない。彷徨に至るこの幻の道についてもオマール・オムセンは「サラフィー主義の道（minhaj sarafiyya）」とは呼ぶが、オムセンがさらに説明するところによれば、この幻の道を奉じる者は「社会を変える前に、まず信者自身の心を変えなければならないと唱える人々」であり、実は「偽サラフィー主義者」あるいは「墜落者（talafi）」（アラビア語の「talafa＝堕落する・腐敗する」から派生した軽蔑的な渾名）なのである。これに対し、正しい道を選んだ人々には、

別の解決方法が存在する。すなわち、防衛的ジハードである。［中略］この道を選んだイスラム教徒は、男たち、女たちが当たり前に殺されるのを見て、行動を起こさずにはいられない！

ここで、虐殺されたイスラム教徒の映像が画面に現れる。特にクローズアップされるのが、「シリアのバッシャール・アル・アサド政府軍やイスラエル軍による爆撃で殺された」という説明の付いた、身体の一部をもがれ、血だらけになった子ども、赤ん坊の死体である。このような卑劣な行為を前にした

とき、「偽サラフィー主義者」の盲目的で受動的な態度は罪深い責任放棄とみなされる。続いて、湾岸諸国の白髪混じりの長老《シェイク》の面々が現れ、アメリカのオバマ大統領が彼らに抱擁の挨拶を行う場面が映る。そして、これと対照させるように、黒い髭をたくわえ、カラシニコフと白兵戦用トレンチナイフを携帯したジハード戦士が映し出される。

九・一一事件により「目覚めた」イスラム教徒の選択すべき道、それが画面の左右のイラストによって示される。左側には目隠しされた顔、右側には黒い覆面をした顔がある。覆面の男の視線は動画を観る者たちを見据えている。オフ台詞の声が説明する――「戦い、防衛すること。これこそが、イスラム教徒としての意識に目覚めた信者たちすべての『ファルド・アイン（fard 'ayn）』すなわち『個人的義務』であり、無条件に即時実行すべき緊急の責務である」。迷える信者たちは「知識と忍耐」を呼びかけるのみだが、「目覚めた」信者たちは自らの責務を行動によって果たすべく気持をはやらせる。

ではどうすれば、迷える信者を、武装したジハード戦士に変えることができるのか？　教育によってである。「真の人類の歴史」を辿った「19ＨＨ」の洗脳動画こそが教育プログラムである。ＨＨは「人類の歴史（L'Histoire de l'Humanité）」の頭文字であると同時に、破壊された世界貿易センターのツインタワービルを象徴する。ツインタワーの破壊こそが、「真実の時代」の到来を告げる出来事であった。この出来事によって、「なぜアラーが人間を創造したのか、また、なぜアラーが、昼夜を違わず我々に戦いを仕掛ける悪魔（Ibliss）という名の存在を創造したのか」を理解することが可能となる。こうした系譜の展望が開かれたならば、もはや行き着く先は、武装ジハードの実行以外にはないのである。

モアメド・メラによる殺戮事件とアルティガット村の共同体、「フォルサン・アリザ」の運動とオマール・オムセンによる「大きな物語」…。フランスのジハーディズムは、サルコジが大統領職にあった二〇〇七年から二〇一二年までの五年間に、様々な要素が相互につながり合う錯綜した世界を構築していった。フランスのジハーディズムの起源は一九九〇年代に溯り、今日のジハーディストの最年長者は、まさにその時代に発生したテロの実行犯カレッド・ケルカルのネットワークと接触した経験を持ち、当時のジハーディズムの暴力の記憶を今に伝えてきた。しかし、フランスのジハーディズムが新しい世代を核として次第に組織化されていくのは、二〇〇三年から二〇〇五年にかけてのイラクでのジハード以降である。当時、新しい世代はまだ人数も少なく、目ぼしいグループはパリ十九区の「ビュット・ショーモン」やアルティガット村のグループに限られていた。イラクでの戦闘を経験した世代は、刑務所での服役の経験を共有することで、若いシンパにとっての英雄となりモデルとなっていった。

ジハーディズムの宣教活動では刑務所という環境がフル活用された。しかし、宣教の場所は刑務所だけではなかった。アルティガット村の共同体のような例もあった。ここではサラフィー主義のモデルが、極左主義者やカウンターカルチャー運動家、あるいはフランスで「ババ・クール*」と呼称されたヒッピー系の運動家など、かつての急進的な変革運動との親和性の中で構築されていった。また、かつてソフトな極左主義が「アクション・ディレクト（直接行動）」（フランス）や「ドイツ赤軍（バーダー・マインホフ・グルッペ）」のようなテロ組織に変貌したのと同じように、アルティガット村では敬虔主義に

---

* ヒンディー語のbaba（「パパ」の意）と英語のcoolの合成語。

徹していたはずのサラフィー主義が、ある環境の下で過激主義者を生み出していった。

しかしながら、一九九〇年代のジハーディズムの世代と、二〇〇五年に出現し、二〇一二年のメラ事件によって噴出しはじめる新しいジハーディズムの世代とを、量的にも質的にも隔てる大変化をもたらしたのはデジタル革命である。かつてはアルジェリアやボスニアに局地化されたジハードの戦場がデジタル革命によって世界全体に拡散し、そのそれぞれが即座に反響を呼び起こすようになった。二〇〇三年から二〇〇五年にかけてのイラクのジハードはまだ限られた範囲の反響にとどまっていたが、シリアのジハードは全方位に拡散していった。デジタル革命はあらゆる空間間の移動（地理的次元の移動と象徴的次元の移動）を容易にした。これにより、フランスのジハードはシリアへ、シリアのジハードはフランスへと延長していくこととなった。

この新しい世代のジハードでは、動画を制作しコントロールすることが重要な戦略となった。暴力行使を模倣して制作された「フォルサン・アリザ」の動画が、実際にジハードを決行する直前の「総稽古《ゲネプロ》」的役割を果たしたことについては先に見たとおりである。「フォルサン・アリザ」は、先行世代とのつながりを保ちつつ、何よりもY世代のこの新しい文化コードを駆使することによって、以前なら影響が及ばなかった層にもジハーディズムの宣教効果を広げていった。実際、この動画効果によって、ジハーディズムのイデオロギーに同調しジハーディズムの求める行動に踏み出す改宗イスラム教徒、特に若い女性の数はかつてなかった水準に達した。

もっとも、「フォルサン・アリザ」の運動は、戯画的な側面があったためにそのインパクトには限界があり、メンバーたちは警察の網にかかって裁判所送りとなる結末となった。これに対し、オマール・

オムセンの「19ＨＨ」の動画は、ジハードに関わる過去のすべての要素を説得力ある形にまとめ上げ、演繹的で教育的な「大きな物語」を構築した。「19ＨＨ」はディユドスフィア（ディユドネ系のウェブサイト）で頻用される陰謀論との相互浸透性を利用することで、その影響力の及ぶ範囲を大きく広げた。アラーによる天地創造から、九・一一における救世主の再臨、メラ事件、シリアでのジハード、悪魔（Iblis）の呪いまで、南仏ニースのアリアーヌ地区で育ったセネガル出身のオムセンは、ジハーディスト・リクルート用の数ある媒体の中でも最も効果的なメディアを作り出した。「善と真実を産み落とすためには、激しい暴力によって世界を転覆させることが必要であり、世界を転覆させるための行動を起こさなければならない」――オムセンの動画はこうした世界観を構築していった。

二〇一二年五月、すなわちメラ事件の二カ月後に、サルコジ大統領は五年間の任期を終え、退陣した。その時点では、以上述べたような錯綜した状況を読み解くことは不可能であった。フランスのこの悲劇のシーケンスは、続くオランド大統領の下で一連の事件が次々と継起するなかで、初めて、順序立ててこれを並べることができるようになったのである。

Ⅱ　噴出期

オランド大統領誕生から「『シャルリー・エブド』襲撃」「バタクラン襲撃」へ
（二〇一二～一五年）

二〇一二年五月から六月にかけて、社会党のフランソワ・オランド候補が大統領選で勝利を収め、これに続く国民議会（下院）議員選挙でも社会党を中心とする左派が過半数を獲得した。第2章で見たように、この二つの選挙での左派の勝因の一つは、フランスの「イスラム教徒の票」が左派支持に回ったことによる。サルコジ大統領という人物の下では社会の内に生じていた分裂がさらに先鋭化したが、この政権交代をきっかけに、国内の政治制度とイスラム教徒有権者との間には和解が成立していくものと期待された。一方、この二つの選挙の直前には、モアメド・メラによる殺戮事件が起きていた。しかし当時はまだ、この事件の背後にあるものがどれほど根を広げているのか、それがいったい何を意味するのか、ましてや、それが新しいサラフィー・ジハーディストの世代にいかなる影響をもたらすことになるのか、とうてい予見することはできなかった。

結局、オランド大統領が任期を務めた五年間は、当初の期待感とは裏腹に、稀にみる不吉な事件が相次ぎ、社会の亀裂が新たに深まっていく時代となった。まず、フランス社会にテロが定着する。二〇一四年五月二四日のメディ・ネムーシュによるユダヤ博物館襲撃事件*（ブリュッセル）を経て、二〇一五年一月には「シャルリー・エブド」編集部とポルト・ド・ヴァンセンヌのユダヤ系食品店「イーペル・

カシェール」での襲撃事件（パリ）、同年一一月にはパリのバタクラン劇場や郊外のサン・ドニを舞台とする殺戮事件が発生し、世界中に大きな衝撃をもたらした。この間、二〇一五年四月には、パリ南郊のカトリック教会に対するテロを目論んだアルジェリア人学生が、銃の誤謝で負傷し、自ら救急車を呼ぶという珍妙な経緯で逮捕される事件の後、同年六月には、フランス南東部の輸送会社の社長が過激なイスラム主義者の社員に頭部を切断される事件が発生、八月には、アムステルダムからパリに向かう国際高速列車タリスの車内で、在欧モロッコ人の青年による発砲事件も発生した。これらはすべて、シリアのジハードとフランスのジハードとが急速に相互浸透しはじめたことを証明する事件となった。

一連の事件が加速度的に発生するのは、二〇一四年のイスラム暦断食月《ラマダン》の初めにあたる六月二九日、ＩＳＩＳが「カリフ制国家」の樹立を宣言し、イスラム国（ＩＳ）と改称して以降である。「カリフ制国家」宣言の翌七月、イスラエルが武装イスラム主義組織ハマス〔本著二七三頁訳注＊参照〕の侵入阻止を理由として、同組織が実効支配するパレスチナ自治区ガザに侵攻する。フランスではこの侵攻に対して激しい抗議デモが起こる。フランスの進歩主義・反帝国主義の左派勢力はイスラエルのネタニヤフ首相の政策を従来から糾弾してきた。ところが、このときのデモにおいては、そうした抗議メッセージがジハードやユダヤ人憎悪のスローガンによってかき消されていった。

＊　事件が発生したのはベルギーの首都ブリュッセルであったが、犯人のメディ・ネムーシュはフランス人〔北仏ルーベ生まれ、アルジェリアとの二重国籍〕であり、事件から一週間後、南仏マルセイユで逮捕された。ネムーシュが過激化したのは南仏トゥーロン・ラ・ファルレードの刑務所での服役中であったとされる。

国内では、これに先立つ二〇一三年の初め、発足まもないオランド政権により提出された同性間結婚法案に対してイスラム教系団体が抗議運動を開始した。これは法案に反対する国内保守勢力が組織した「マニフ・プール・トゥス（すべての人のためのデモ）」に、イスラム教系団体が合流したものである。同じ二〇一三年には、学校での「ジェンダー理論教育」に反対する「子どもを学校に行かせない日（JRE＝Journées de retrait de l'école）」の抗議運動が起きた。ここではイスラム教徒が運動の中心となった。こうした抗議運動が継起するにつれて、イスラム教徒の国民・有権者と、社会党をはじめとする大統領与党派の左派陣営との間には深い亀裂が生じていった。

二〇一四年三月の市町村議会議員選挙では左派が大敗した。主たる敗因は、イスラム教徒有権者の多い郊外大衆地区において多数の棄権が生じたことである。セーヌ・サン・ドニ県内をはじめとする一部の市町村では、中道・右派リストにイスラム主義者の候補が加わり勝利するケースもあった。同性間結婚を否定する宗教道徳が政治と結びついて、イスラム教徒と右派との一時的な同盟が形成され、二〇一二年大統領選から二年も経たないうちに「イスラム教徒の票＝左派」という等式は崩れ去った。

市町村議会議員選挙から二カ月後の二〇一四年五月二五日、欧州議会議員選挙が実施された。この日は、シリアでのジハードから戻ったばかりのメディ・ネムーシュが、ブリュッセルのユダヤ博物館を襲撃した翌日にあたった。ブリュッセルからも近い北仏ルーベ出身のネムーシュは、博物館襲撃から一週間後の五月三〇日、カラシニコフなどの武器を鞄に入れ、バスで南仏マルセイユに到着したところを逮捕された。ネムーシュは二〇一二年のユダヤ人学校襲撃犯モアメド・メラの信奉者であった。欧州議会議員選挙では、「フランスのイスラム化」反対をスローガンに掲げる極右「国民戦線（FN）」が全国規模で初めてトップの得票率を獲得した。

二〇一二年大統領選の直前にメラ事件が発生したのと同じく、この欧州議会議員選挙でも直前にジハーディズムのテロが発生した。選挙プロセスにテロが干渉するこの現象によって、百年余にわたり続いてきた「右派と左派の対立」という伝統的な図式は崩れ、民族と宗教を境界線とする新たな対立軸が描き出されていく。この新しい対立の図式の中で党勢を伸ばしたのが、マリーヌ・ルペンを新党首とするＦＮであった。

二〇一五年一月のクアシ兄弟とアメディ・クリバリによる衝撃的な殺戮事件は、以上のようなプロセスの後に発生した。この事件は、メラとネムーシュによる事件の延長線上にくるものであり、フランスのジハードとシリアのジハードとの、さらにはグローバル・ジハードとの相互浸透を決定づけるものであった。メラとネムーシュがユダヤ人を主な標的としたのと同じく、二〇一五年の一月七日から九日にかけて「シャルリー・エブド」編集部およびユダヤ系食品店「イーペル・カシェール」を襲ったクアシ兄弟とアメディ・クリバリも、ユダヤ人を標的とした。しかも、クアシらはさらに、風刺紙「シャルリー・エブド」編集部を「イスラムフォビア（嫌イスラム）」のオピニオンリーダーとみなし、関係者らを殺害した。こうして彼らは、アブ・ムサブ・アル・スーリの『グローバルなイスラム抵抗への呼びかけ』が説く理論をその究極にまで押し進めて実践した。「シャルリー・エブド」紙は一九六八年の五月革命直後に創刊され、二〇〇六年にはデンマークの「ユランズ・ポステン」紙がその前年に掲載した預言者ムハンマドの風刺画を転載したことで有名になった風刺週刊紙だが、長年にわたり移民とその統合を擁護する一貫した編集姿勢でも知られていた。

ニューヨークとワシントンで起きた二〇〇一年の同時多発テロ「九・一一」――ジハーディストによれば「二つの祝福された襲撃」――は、アルカイダによる第二期ジハーディズムの頂点をなす事件であった。これに対して二〇一五年一月七日から九日の事件は、第三期ジハーディズムのいくつかの極点をなすことになる事件の一つであり、文化的には新たな「九・一一」として刻印された。事件直後の一月一一日、フランス全土でテロに抗議する大規模デモが組織され、参加者四百万人、多数の国々から国家元首や政府首脳もパリに集結した。このとき示された市民の反応についてはその後、理性的あるいは感情的な様々の解釈がなされ、論議を呼ぶ。これらの解釈は、同年一一月一三日にパリとサン・ドニで発生した、今度は「無差別」の殺戮事件によって、その妥当性が新たに問われることとなった。

第4章 フランスのジハード、シリアのジハード

二〇一二年にモアメド・メラの事件が発生したとき、メディ・ネムーシュは二十七歳、南仏のトゥーロン・ラ・ファルレード刑務所に服役していた。五回目の服役だった。ネムーシュは刑務所当局にテレビの設置を求め、看守によれば、スクーターの殺人犯モアメド・メラの事件を「嬉々として」観ていた。前科者ネムーシュのこのときの罪状は、二〇〇七年一二月にアルプ・マリティム県サン・ローラン・デュ・ヴァールのヤマハ代理店で起こした強盗未遂であったが、この店でネムーシュが盗もうとしたのは奇しくもメラが殺害時に使ったのと同じT‐Ｍａｘモデルのスクーターであった。

スクーター強盗未遂当時、ネムーシュはまだ不器用な軽犯罪者にすぎなかった。ネムーシュは北仏の貧しい都市ルーベのハルキ*(二一五頁)の家庭に生まれた。父親は不明。複数の児童養護施設に預けられた後、ルーベに近いトゥルコワンの大衆地区、なかでも治安上の問題の多いラ・ブルゴーニュ地区で母方の家族に

育てられて成長した。児童養護施設の保護を受け、父親不在の崩壊した家庭環境で育ったという点は、モアメド・メラやクアシ兄弟と共通している。

　ネムーシュは、窃盗や暴力行為によって繰り返し服役はするが、最後のスクーター強盗未遂事件で服役するまで、宗教に関心を見せたことはなかった。前科者ネムーシュはこの強盗未遂事件で懲役五年の判決を受け、二〇〇七年一二月から二〇一二年一二月まで服役する。メラの場合、家庭環境においても出身地ミディ・ピレネー地方の土壌においてもサラフィー主義者の感化を受けて過激化した人物であり、彼にとって刑務所は過激化を促進する補助薬のような役割を果たしただけであったのに対し、ネムーシュの場合は、やはりサラフィー主義者が活発に活動し多くのジハード志願者が旅立ったルーベの出身でありながら、地元でその接近を受けた形跡はなかった。

メディ・ネムーシュ、服役囚から看守へ

　ネムーシュのイスラム教回帰は、二十二歳から二十七歳までの五年間を過ごした刑務所という孵化装《インキュベー》置《ター》の中で起こった。精神的支えとなる家族とのつながりを持たないネムーシュは、南仏のいくつかの刑務所で孤独な服役生活を送った。服役者の間ではイスラム教が支配的となっていた。マイノリティーへの帰属や何らかの異常という烙印を抱える人間が他の服役者から圧力を受けたとき、そうした状況から身を守るために自らに押された烙印を宗教的高揚へと転換させていくことは稀ではない。

　ネムーシュはハルキの若者である。ハルキの若者たちは、同じアルジェリア系移民でありながら両親

が他のアルジェリア系移民たちから「裏切り者」扱いされてきたのを見て成長してきた。そうした若者たちにとって、サラフィー主義は自らの誇りを回復する一つの方法であった。彼らはサラフィー主義を奉じることによって、アルジェリアの「背教者」政府とつながりビールまで飲む「アルジェリア民族解放戦線（ＦＬＮ）の子孫たち」、つまり両親を「裏切り者」扱いしてきた者たちの正当性を否定することができたのである。ネムーシュの生地である北仏ルーベでは特に、多くのハルキ系住民がサラフィー主義の団体やモスクに所属している。サラフィー主義組織内に限った場合のハルキ系住民の比率は、地元のイスラム教徒住民全体に占めるハルキ系住民の比率より高い。(原注)

メディ・ネムーシュは、この「裏切り者であるハルキの子ども」であると同時に、「父親のわからない子ども」であったために、郊外のシテの道徳規範によれば「罪の子、私生児（ould al h'aram）」という烙印を押されてきた。だから彼は、過激なイスラム教回帰を通じて過去のトラウマを拭い去ろうとしたのだろうか？　いずれにせよ、ネムーシュのイスラム教回帰は、イスラム主義の活動家である他の服役囚との刑務所内での接触を通じて生じたものであった。サロン・ド・プロヴァンス刑務所の諜報部はすでに二〇〇九年時点からネムーシュを過激なイスラム主義者としてマークしていた。この過激化は、二〇一一年三月から二〇一二年一二月まで収監されていたトゥーロン・ラ・ファルレード刑務所内でさ

＊（二一三頁）　アルジェリア独立戦争でフランス側に協力して戦ったアルジェリア人兵士とその家族。フランス語読みでは「アルキ」。

（原注）　Gilles Kepel, *Passion française. Les voix des cités*, Gallimard, 2014.

らに顕著になる。

トゥーロン・ラ・ファルレード刑務所に移ったネムーシュは、突然見出した信仰に全身全霊を捧げるかのように、厳格主義の中でも最も厳しい戒律についての情報を集め、イスラム教徒服役者支援の団体「サルサビル（Salsabil）」（「サルサビル」はコーランに出てくる天国の泉）に加わる。あご髭を生やし、伝統的な長衣ジェラバ（djellaba）を着用して、熱烈な説教を行うようにもなる。看守に石を投げつけるといった攻撃的な態度を繰り返したため、懲罰用の区画に移され、釈放されるまで独房に留めおかれた。

ネムーシュは二〇一二年一二月に釈放された後、ブリュッセルのモレンベーク・サン・ジャン地区に一時滞在した（モレンベーク・サン・ジャンは多くのジハーディストの温床となっている地区であり、二〇一五年一一月のパリとサン・ドニでのテロが計画された場所である）。そして同年の大晦日にブリュッセルから中東に向けて出発し、イギリス、レバノン、トルコ経由でシリアのＩＳＩＳに合流した。シリアに渡ったネムーシュは、その後、マレーシアとタイを経てヨーロッパに戻る。ネムーシュが辿った往復の旅程の複雑さと費用から想定して、中継のネットワークと資金源が各地に存在していたものと見られる。出所したばかりのネムーシュの手持ち資金は極めて少なかったはずだし、外国旅行の経験がない粗野な元強盗犯といった経歴からみても、共謀者なしにこうした行程をこなすことはおそらく不可能であったろう。ネムーシュの旅は、アルジェリアからタジキスタンまでを彷徨したモアメド・メラの旅を想起させる。ただし、メラの場合、「アラブの春」の革命が混沌に転じる前の二〇一一年秋にパキスタンのタリバン基地で武器操作訓練を終え、帰国したのに対し、メラより一年半遅れて出発したネムーシュは、交戦状態のさ中にシリアに到着した。二〇一三年当時のシリアは、イスラム主義勢力が広大な地域を制圧・支配し、厳格なシャリア（イスラム法）を適用していた。

シリア時代のネムーシュについては直接の証言者が存在する。何度も服役囚として刑務所を経験したネムーシュは、ISIS支配下のシリア・アレッポでは役割を逆転し、旧病院の地下室に閉じ込められた捕虜の看守となっていた。ネムーシュが監視した捕虜の中には四人のフランス人人質がいた。内二人は、二〇一三年六月に拉致され二〇一四年四月に解放されたジャーナリスト、ディディエ・フランソワとニコラ・エナンで、アレッポの地下牢ではとりわけ加虐的な北アフリカ系フランス人の看守から虐待された事実を証言している。ディディエ・フランソワはトロツキスト系の第四インターナショナル・フランス支部「革命的共産主義者同盟（LCR）」の元活動家で、「ブールの行進」の折、一九八三年に発足した反差別主義団体「SOSラシスム」の創立者の一人でもあった〔本著五二〜五四頁参照〕。黄色い掌をロゴにした「私の仲間に手を出すな」という「SOSラシスム」のスローガンはディディエ・フランソワの発案であり、連帯運動の目的は特にマグレブ諸国からの移民子弟の権利擁護にあった。それから三十年後、戦場リポーターとなったディディエ・フランソワは、シリアでイスラム主義グループの人質となり、かつて自分が連帯運動を通じて守ろうとした「仲間」の子孫に虐待されることになった（ディディエ・フランソワが「私の仲間に手を出すな」というスローガンを発案した当時、ネムーシュはまだ生まれていない）。このあまりにも皮肉な顚末を見れば、二十世紀最後の四半世紀がどのような流れを辿った時代だったかが残酷なまでに明らかになる。

人質となったもう一人のジャーナリスト、ニコラ・エナンも、二〇一四年五月二四日のユダヤ博物館襲撃事件の犯人であるネムーシュが、その直前までアレッポの地下牢の看守であったことを同年九月に確認している。過激なネオ・サラフィー主義者となり、成り行きで看守となったネムーシュは、ニコラ・エナンの証言によれば、フランスの流行歌を口ずさみながらシリア人捕虜を拷問していた。ネムーシュは同国人であるフランス人の人質を前に、フランス国営テレビF2局の番組「被告人入廷」に強く傾倒していると語ったという。「被告人入廷」とは、メディアで話題になった有名犯罪をテーマに、その背景と真相に迫ろうとする犯罪ドキュメンタリー番組である。ありきたりの強盗犯だったネムーシュは、服役中にイスラム主義者となり、刑務所では「不信仰者」のテレビ番組の視聴を拒否していた（メラ事件の報道番組だけは例外だった）。しかしその一方で、「不信仰者」のテレビに登場するネガティブ・ヒーローに自己を投影するという側面も持ち合わせていた。ネムーシュは、テレビの大衆番組で育った若者の精神構造を形づくる言語を、第三期ジハーディズムの政治的文法に当てはめようとしていたのである。

自身の人質体験を語ったニコラ・エナンの著書『ジハード・アカデミー』*のタイトルは、こうした交雑性を見事に表現している。『ジハード・アカデミー』は、フランスで人気があった視聴者参加型番組「スター・アカデミー」（新人スター発掘のための勝ち抜きコンテスト）のタイトルをもじったものである。アブ・ムサブ・アル・スーリがジハード戦略の中心に据えた「ヨーロッパのジハーディスト」を作り上げるための鍵は、まさにこの交雑性にあった。集中的な洗脳と軍事訓練を施す。ジハーディズムの解釈に従ったイスラム教を教え込む。その下で「不信仰者」を非人間的な存在として貶め、彼らに対して暴力を振るうハビトゥスを習得させる。これらの段階を踏めば、ジハーディストとしての「条件づけ」

は完了し、ヨーロッパへ戻って内戦に着火する用意が整う。この意味において、ネムーシュはその実績から見ても限界から見ても、第三期ジハーディズムの理想型であった。ネムーシュの司法捜査についての新聞報道を見ると、ネムーシュは「ロンリー・ウルフ」ということになる。しかし、一部の皮相的なアナリストが主張するこの「一匹狼」というモデルは実際には存在が疑わしく、ネムーシュには合致しない。

ネムーシュはアレッポの地下牢の看守だった当時、サリム・ベンガレムの配下にあった。サリム・ベンガレムはフランス人としてはＩＳＩＳ内で最も高い階級に上り詰めた人物の一人である。ベンガレムは一九八〇年にパリの南郊ブール・ラ・レーヌで生まれた。他の兄弟姉妹は全員が社会人として問題なく生活していたが、ベンガレムだけは十七歳のときに麻薬密売に手を出し、その後、地元カシャン（ブール・ラ・レーヌに近いパリの南郊）のシテで非行少年グループ間の抗争に連座して殺人罪に問われ、二〇〇二年に禁固十一年の刑を受けた。

ベンガレムは収監前、「ビュット・ショーモン」グループ〔本著九七頁参照〕に接近しクアシ兄弟と面識を得ており、すでに諜報当局にはマークされていた。刑務所では、イラクのジハードからフランスに戻ったところを逮捕され勾留中だったモアメド・アル・アユニと同じ雑居房に起居する。モアメド・アル・アユニは「ビュット・ショーモン」グループの重要人物で、二〇〇四年にイラクのファルージャでの戦闘（アメリカ軍率いる連合軍との戦闘）に参加し、片目と片腕を失っていた。この「ビュット・シ

---

* Nicolas Hénin, *Jihad Academy*, Fayard, 2015.

ヨーモン」の活動に絡んでモアメド・アル・アユニとシェリフ・クアシは二〇〇八年に有罪判決を受けている。ベンガレムの方は同年、刑期短縮を適用されて釈放された。このようにベンガレムのケースも、刑務所がジハーディズムの孵化装置《インキュベーター》としてフル稼働した典型例の一つであった。つまり、ベンガレムもまた、刑務所暮らしの偶然から、二〇一五年一月のテロのネットワークへと事実上、組み込まれていたのである。

二〇一〇年五月一八日には、一九九五年の一連のテロで爆発物の製造を担当したスマイン・アイト・アリ・ベルカセムの脱獄が企てられるが、脱獄計画を事前に察知した警察がアメディ・クリバリやジャメル・ベガルを含む十四人を逮捕した。サリム・ベンガレムも同年七月、この事件に関連して逮捕されたが警察留置の後に釈放となった。ベンガレムはこの後、翌二〇一一年七月二五日に空路オマン経由でイエメンへ渡航する。イエメンに拠点を置く「アラビア半島のアルカイダ（ＡＱＡＰ）」の庇護下でジハードの訓練を受けるのが目的であった。ベンガレムにはクアシ兄弟のうち一人が同行していた。ベンガレムはいったんフランスに戻った後、二〇一三年四月にはシリアのジハードに合流する。当初は、アルカイダのフランチャイズ組織でＡＱＡＰの姉妹組織でもある「ヌスラ戦線」に加わっていたが、その後ＩＳＩＳに移り、組織の中で役職に就くようになった。

二〇一五年一月のパリでのテロ事件から一カ月後、二月一二日に、ベンガレムは覆面なしで動画に登場し、自らも接触を持った殺戮犯、クアシ兄弟とアメディ・クリバリを讃え、彼らを手本として行動を起こすようフランスのイスラム教徒に呼びかける。ベンガレムはこの動画上で、「奴らをナイフで殺せ。少なくとも奴らの顔にツバをかけろ。奴らを『否認《デザヴエ》』せよ！」と叫ぶ。これは、二〇〇五年の『グローバルなイスラム抵抗への呼びかけ』の中に盛り込まれたアル・スーリによる推奨事項を、ベンガレムなりの言葉に言い換えたものだった。

前述のように、アレッポの地下牢でメディ・ネムーシュは、この大物ジハーディスト、サリム・ベンガレムの配下にあった。

こうした背景を辿れば、刑務所を出所したばかりの、十分な知的教育も社会的絆もないネムーシュという人物が、過激なジハーディズムのネットワークにどのように引き渡され道具化されていったかを推し量ることができる。彼は北仏ルーベの町で刻印された自らの生の不運を超克するかのように、グローバル・ジハーディズムの運命の中へと押し出されていった。

しかしながら、ネムーシュがユダヤ博物館襲撃事件後に逮捕されたときの状況は、第三期ジハーディズム戦略が内包する大きな弱点を露呈するものであった。彼はマルセイユの遠距離バスターミナルで、ブリュッセルでの襲撃で使った武器とＩＳＩＳの旗、そして犯行声明を自撮りした動画を携帯したまま、通常の税関検査に引っかかり偶然に逮捕された。しかも、この動画についてネムーシュ本人は、「カメラ［モアメド・メラが二〇一二年三月一九日に使ったのと同じＧｏＰｒｏカメラ］が作動しなかったから、殺戮時でなく殺戮後撮影の動画となった」と説明している。すなわち、第三期ジハーディズムでは、具体的な実行方法についての選択の責任が、必ずしも組織的行動に長けているとは限らない個人に委ねられているのである。

実際、ネムーシュが乗ったブリュッセル経由の遠距離定期バスは、アムステルダムとマルセイユを結ぶ安価な輸送手段として、オランダの「コーヒー・ショップ」で大麻を仕入れる小口密売人たちの間ではよく使われるため、マルセイユ到着時にはほとんど必ず税関検査が入ることで知られていた。ネムーシュのこうした失敗は、諜報機関並みの周到さで九・一一テロを計画したアルカイダの時代（第二期ジハーディズムの時代）にはあり得なかったことだろう。シド・アメド・グラムがパリ南郊で計画した二〇一五年四月のテロ未遂事件（銃の誤射が原因で失敗）も、あるいはアユブ・エル・カザニが国際高速列車タリスの中で計画した同年八月のテロ（銃を乱射しようとしたが失敗）も、同じような素人臭さが背景にあった。

アル・スーリは、オサマ・ビンラディンのピラミッド型モデルの逆を行くモデルとして、ネットワーク型ジハーディズムのプログラムを提唱し、その特徴を要約して「組織ではなく、システム（Nizam, la tanzim）」というスローガンを掲げた。その実行上の限界がここに露呈している。逮捕後、ベルギーに身柄を引き渡されたネムーシュは黙秘を続けているため、ネムーシュがなぜ、殺戮に使った武器やＩＳＩＳの旗、犯行声明の自撮り動画を持ったままマルセイユにやって来たのか、はっきりした理由は今のところ不明である（アメディ・クリバリの場合は、「イーペル・カシェール」で人質をとって殺戮を行う前日に、すでに同じような形の犯行声明を用意していた〔本著三三二頁以降参照〕）。しかし、いずれにせよ、西洋世界の「柔らかい腹（弱点）」であるヨーロッパとＩＳＩＳの根拠地であるシリアという二つのジハードの地を連結し、その間をジハーディストが絶えず往来する状況を初めて劇的に体現したのがネムーシュであり、ネムーシュの内にこうした状況のパラダイムを読みとれることは確かである。

九・一一事件やメラ事件のときと同じく、陰謀論者たちは、この不器用なジハーディストのネムーシュを、フランスとイスラエルの諜報機関に操られた挑発者とみなし、インターネット上でこの説を大々的に振りまいた（陰謀論者によれば、諜報機関の目的は「イスラム教のイメージを汚し、イスラムフォビアを煽る」ことにある）。これに対して二〇一五年のテロにおいては、ＩＳＩＳ自身が、この執拗な陰謀論を否定しようとする。英語ウェブ機関誌「ダービク（Dabiq）」やインターネット上でジハード志願者を絶えずリクルートし、「ジハードの英雄と殉教者」への讃辞を繰り返してきたＩＳＩＳからすれば、こうした陰謀論は当然ながら「ジハードの英雄と殉教者」を貶める以外の何ものでもなかった。

「ああ、フランスのアラーの兄弟たちよ！」

二〇一三年七月、ネムーシュがシリアのＩＳＩＳに合流し、看守として捕虜を虐待していた頃、ＩＳＩＳによるフランス語の動画がインターネット上に投稿される。ＩＳＩＳがイラクのモスルを制圧してアブ・バクル・アル・バグダディにより「カリフ制国家」が宣言されるのはそのほぼ一年後の二〇一四年六月二九日であるから、当時のＩＳＩＳはまだ、バッシャール・アル・アサド政権打倒を目指すシリアのイスラム主義抵抗勢力の一つとして覇権争いに加わっているにすぎない存在であった。しかも、当時はアルカイダ系の「ヌスラ戦線」が優勢と見られ、フランスからも多数が「ヌスラ戦線」に合流していた。オマール・オムセン（本著一九〇頁参照）もその一人で、この選り抜きの新人が「ヌスラ戦線」に合流したのは同じく二〇一三年七月だった。しかし、ＩＳＩＳが投稿したこの新しい動画は、ＩＳＩＳというグループが国際的な威光を持ち、かつシリアとフランスという二つのジハードの戦場が相互浸透しつつあることを初めて明確に示すものとなった。

この動画には、トゥールーズ出身の二人の異母兄弟、ニコラ・ボンとジャン＝ダニエル・ボンが登場する。兄のニコラは、トゥールーズの大衆地区ミライユにある「ベルフォンテーヌのモスク」でイスラム教に改宗した。ミライユ地区はサラフィー主義の一大拠点である。「ベルフォンテーヌのモスク」はトゥールーズ都市圏で最大のモスクで、金曜日に集まってくる信者の数は三千人に達し、隣接するスーパーの駐車場の一部が礼拝場と化す。モスクの導師《イマム》ママドゥー・ダフェはマリ出身のフランス人で、国立科学研究センター（ＣＮＲＳ）で生物学の研究ディレクターを務めるカリスマ的な人物である。「イスラム・アンテグラル」を説教しておりながら、自分はサラフィー主義者ではないと主張する人間だが、大礼拝のときにスーパーの駐車場に並べられるアラビア語やフランス語の本はすべてサラフィー主義系の書物であった。モアメド・メラが足繁く通い、またミディ・ピレネー地方のサラフィー・ジハーディストがアルティガットを訪れる合間に通っていたのも、このモスクである。

改宗イスラム教徒として「慈悲深きアラーの僕《しもべ》の父」を意味するアブ・アブデル・ラーフマン（「ラーフマン（慈悲深き）」はアラーに使われる「九十九の美名」の一つ）を名乗るニコラ・ボンは、軍の下士官である母親に育てられた。母親はニコラが生まれて間もなく離婚しており、ニコラは母親の赴任先の町やトゥールーズ郊外の静かな戸建て分譲住宅地に住み、南米のフランス領ギアナに住む実父にも定期的に面会に行っていた。異母弟のジャン＝ダニエルは父と一緒にフランス領ギアナに住んでいた。ニコラが育ったのは慎ましい中流階級の世界であり、両親の保護の下に子ども時代を過ごしたが、学校の成績が振るわなかったことから、安定した職業に就くことができなかった。自らのアイデンティティーを探し求める中で、ニコラはマグレブ系の友人たちの影響を受けて二〇〇九年にトゥールーズでイスラム教に改宗する。＊すでに見てきたように、トゥールーズは当時、イスラム教の宣教活動が特に活発な地域であり、その範を垂れていたのが「白い長老《シェイク》」、オリヴィエ・コレルことアブドゥリラであった〔本著一七〇頁参照〕。父方の祖母と暮らすため父の下を離れてトゥールーズへやって来た異母弟ジャン＝ダニエルも兄の影響で改宗し、それからまもなく、二人は二〇一三年三月にスペイン経由でシリアへ向かった。家族へは休暇でタイへ行くと告げていた。

ＩＳＩＳが投稿した動画の中で、ニコラ・ボン、改宗名アブ・アブデル・ラーフマンは、赤と白の格子柄のマフラー「クーフィーヤ（keffieh）」を頭から被って、うなじの下で結んでいる。ブロンドがかった短いあご髭を生やし、明るい色の目は異様に輝いている。恍惚状態にあるように見える。動画の第一部ではニコラ一人が登場し、預言者の徴を刷り込んだ黒い旗を背景に、次のように述べる。

私はアラーの下におけるあなた方の兄弟アブ・アブデル・ラーフマンである。私はフランス人で、父親もフランス人、母親もフランス人である。そして、うー…私の両親は、彼らは無神論者で、彼らは宗教を持たない。そして、ハムドゥリッラー！（Hamdoulillah !）〔アラーに讃えあれ〕、アラーが私を導き、私はイスラム教に改宗し、まもなく三年になる。ハムドゥリッラー！　それで、この動画の目的は、兄弟たちよ、あなた方を、アラーが祝福したこの地、シャームの国〔レバント〕に

＊　ニコラは二〇一三年に三十歳、ジャン＝ダニエルは二十二歳だった。

招き、私たちに加わるよう励ますことである！

おお！　私のフランスの兄弟たちよ、フランスの、ヨーロッパの、世界中の、アラーの下における私の兄弟たちよ、インシャラー（In sha' Allah）［アラーの御心のままに］、シリアでのジハードは、それは義務である。シリアでのジハードは、それは義‐務‐で‐あ‐る！　預言者、サララー・アライヒ・ワ・サラーム（Sala Allah 'alayhi wa salam）［「彼にアラーの祝福と平安あれ」。預言者に言及するときに必ず添える讃辞］、彼が言ったように、ウンマ［イスラム教徒の共同体］は、それは一つの身体のようなものである。身体の一部が、それが痛むときは、身体の残りの部分全部が、それが痛いところを助けにくる。だから、私たちは兄弟を、非常に難しい状況にある私たちの兄弟を、助けにいく義務がある。そして、私たちはまた、キラファ（Khilafah）［カリフ制国家］を復興するために、そしてアラーの言葉が最も高くなるようにするために、働く義務がある。そのために働かない者は、不幸にも罪である、罪である！

地球上にはたくさんのイスラム教徒がいる。そして私たちはあなた方を必要としている。インシャラー！　男たちはどこにいるのか？　男たちはどこにいるのか？　預言者ムハンマド、サララー・アライヒ・ワ・サラーム、の共同体の男たちはどこにいるのか？　あなた方は何と答えるのか、アラーに何と答えるのか、アラーの前に出たとき、そして、あなた方の前にやって来る証人が、それが強姦された女性たちだったとき、殺された子どもたちだったとき、そして、この犬畜生どもの牢獄で拷問された兄弟たちであったとき？

最後に、フランソワ・オランド氏にメッセージを伝えたい。『ほう、フランソワ・オランド、イスラム教に改宗せよ、地獄の炎から魂を救え、そして、お前の仲間のユダヤ人とアメリカ人を否認《デザヴェ》せよ！　マリから軍隊を引き揚げよ、イスラム教徒と戦うのを止めよ、イスラム教と戦うのを止めよ！　お前たちはアラーと戦いたいのか？　だけど、アラーは、彼は最も偉大だ、アラーは、彼は最も偉大だ、そして、お前たちはとても小さいのだ！』。

　ゆっくりした単調な声で発音されるこの説得の言葉は、画面の右下に見える原稿らしきものの朗読であるように思われる。ニコラ／アブ・アブデル・ラーフマンは、その原稿を、時々単語を読み違えながら懸命に朗読しており、その視線が画面の向こう側にいるわれわれの方を見るのは、例えばオランド大統領に呼びかける場面でのように、ドラマティックな調子を帯びたときだけである。サラフィー主義の言葉を散りばめて書かれたこのメタテクストは、一種の混種文体で書かれており、朗読のぎこちなさから見て、本人が書いたものとは思われない。アラビア語の決まり文句を誇張的なフランス語に訳し、アラビア語による神への讃辞を挿入することでさらにこれを強調しているが、ニコラ／アブ・アブデル・ラーフマンによるアラビア語の発音はたどたどしい。画面にアラビア語で書かれた字幕の断片が見え、その一部にかぶさるようにして簡略な英語の字幕が見えることからして、朗読文はまずアラビア語で書かれ、英語に訳された後、さらにフランス語に訳されたと考えられる。

　この奇妙なサラフィー主義言語は、いわば、イスラム主義時代の新言語「ニュースピーク」*（二一九頁）であり、新参の入信者を型に嵌め、条件づけする洗脳の媒体としては極めて有効であるように感じられる。また、この言語は、「アラーの言葉が最も高くなるように」といった奇妙な響きの構文を嵌め込んで構成されている。「アラーの言葉が最も高くなるように」とは、アラビア語の祈りの言葉をフランス語に逐語訳して生まれた表現である。さらに唐突な印象を与えるのは、オランド大統領に改宗を呼びかける箇所において（戦いの前に敵の総大将に改宗を呼びかけるこのパターンは、初期イスラム教の時代からのジハードの作法である）、「否認《デザヴエ》する（désavouer）」という動詞が、「se désavouer de」という形で、つまりフランス語の文法に照らせば誤用である、前置詞を伴った間接他動詞の、しかも代名動詞的な用法によって使われている点である。実際のところ、「お前の仲間のユダヤ人とアメリカ人を否認《デザヴエ》せよ！」を意味しようとするこの構文は、フランス語に訳したサラフィー主義の修辞《レトリック》としてでなければ意味をなさない。そして、この文章が依拠するのは、最も厳格主義のイスラム教への絶対的服従と、一様に「不信仰者の」と形容されるイスラム教以外の環境との完全な断絶を信者に求める、「忠誠と否認《デザヴエ》（al walaʾ wal baraʾa)」という教義である。

この「忠誠と否認《デザヴエ》」は、イスラム教の伝統の中では最も過激な思想家が主張してきた教義の一つであり、敬虔なイスラム教徒に向けて、団結と、異教者・異端者・背教者を含めたすべての敵との戦いを呼びかけるものである。断絶を意味するこの「否認《デザヴエ》せよ！」という表現は、ジハーディズムのフランス語ウェブサイト上では常套句である。先に引用したサリム・ベンガレムの動画による呼びかけにもこの表現が見られた。また、国際フランス語放送ＲＦＩのジャーナリスト、ダヴィッド・トムソンによる先駆的著書『フランス人ジハーディスト』*（二〇一三年から一四年にかけて行った面談をまとめたもの）に載録された面談中にも、同じ表現が数回登場する。ダヴィッド・トムソンがインタビューした相手の一人、パリ郊外のセーヌ・サン・ドニ県に生まれたモロッコ系の青年ヤシンは、現地で戦う「シリアの長老《シェイク》」たちの宣教をユーチューブ上で閲覧し、「彼らが最も信頼が置ける人々である」と感じたが、それを説明するのにやはり否認《デザヴエ》という言葉を使っている。

彼らは、僕たちの宗教の基本であるジハード、タウヒード（Tawhid）［アラーの唯一性（サラフィー主義によるイスラム教の定義）］、忠誠と否認《デザヴエ》といったことを僕たち以上に大切にしている。彼らは、誰に忠誠を誓い、誰を否認《デザヴエ》するか、つまり、誰が味方で、誰が敵であるかを知っている。

ニコラ／アブ・アブデル・ラーフマンは、アラビア語から機械的に直訳された決まり文句を読み上げる一方で、文頭で主語を発音したすぐ後に、その主語を代名詞で受け直す（「ジハードは、それは義務である」「アラーは、彼は最も偉大だ」）という、フランス語の日常会話でよく使われる緩んだ文体で話し続ける。さらに、フランソワ・オランドへの呼びかけの冒頭に付けた「ほう」という虚辞が、思いがけない滑稽さを生んでいる。これは、おそらく、アラビア語の呼びかけにおいては不可欠な「ya」という言葉の模倣であろう。フランス語では必要ない虚辞だが、南仏の口語では親しい間柄での呼びかけの

＊（二二七頁）「ニュースピーク」は、未来の全体主義国家を描いたジョージ・オーウェルの小説『一九八四年』に登場する架空の言語で、「オセアニア」と呼ばれる全体主義国家が、国民の思考を管理するために作った新言語であるとされている。

＊ David Thomson, *Les Français Djihadistes*, Les Arènes, 2014.（ダヴィッド・トムソン『フランス人ジハーディスト―彼らはなぜイスラム聖戦士になったのか』小沢君江訳、緑風出版、二〇一六年）。

言葉として、この「ほう」が使われる。「ほう、フランソワ・オランド」という表現が南西フランスの庶民的な強い訛りで発音され、これに続いて、大統領を、「あなた」ではなく、「君・お前」調で呼ぶ文体が使われる。* この「君・お前」調は、現世の権力者の傲慢さ（istikbar）を貶め、アラーの前での謙虚さ（istid`af）を説くイスラム教の伝統に倣おうとしたものであり、フランスの大統領を傲慢と想定し、この傲慢さを挫くために使用された。こうした要素すべてが、話者ニコラ／アブ・アブデル・ラーフマンがどれほどジハードのサイバーワールドに似つかわしくない存在であったかを物語っている。ニコラは、南仏トゥールーズの郊外で育った子どもそのままの拍子抜けするような話し言葉で、ジハードの教義をたどたどしく説き、迷い込んだシリアの戦場で、あたかも燔祭《ホロコースト》の儀式の前に見せ物にされた「犠牲の雌羊」のように死んでいく。

動画の第二部では、ニコラは戦闘服に身をつつみ、カラシニコフを負い紐に提げて、弟ジャン＝ダニエルと並んで登場する。ジャン＝ダニエルはまだ子どもっぽさが抜けず、ヒップホップの歌手のように野球帽のツバを後ろに回している。背景にはヤシの木が見える。ニコラはコーランを手に持ち、再びイスラム教の「兄弟たち」に向けて、マリのジハーディストに攻撃を仕掛ける不信仰者の国、フランスを直ちに去り、「ヒジュラ（hidjra）」すなわち「イスラム教の地への『移住』」を実行するよう呼びかける。ニコラはまた、自分が「ダッワ（da`wa）」すなわち「イスラム主義の宣教」に奉じたことで、自分の弟を「アラーの賜物」として授かることができたとも語る。

ニコラは動画の中で、自分がジハードを望むようになったのは、コーランの中にジハードを呼びかける節がたくさんあることを知ったからであり、また、シェイク・アブドラ・アッザムの動画にも触発されたからであると語っている。パレスチナ生まれのイスラム学者アブドラ・アッザムは、一九八〇年代のアフガニスタンにおける第一期ジハーディズムの理論家としてビンラディンらに大きな影響を与えた人物であり、『（ジハードの）キャラバン隊に合流せよ』（一九八八年）という有名な著作がある。ＩＳＩＳはこの動画においてコーランとともにアブドラ・アッザムを引用することで、自分たちを「尊敬に値する」ジハードの系譜に位置づけようとした。ライバルである「ヌスラ戦線」が第二期ジハーディズムを形成するアルカイダ系の組織であるのに対抗し、ＩＳＩＳは第一期ジハーディズム世代に直接つながる系譜を強調しようとしたのである。

この「正統的な系譜」を誇示するように、動画の第三部では、オリーブ畑の丘が続く典型的なシリアの風景の中を、武器とＩＳＩＳの黒い旗を掲げた男たちが車の隊列を組み、うねるように進軍する光景が映る。イスラム教の宗教歌「アナシード（anachid）」がバックに流れ、「『イラクとシャームのイスラム国（ＩＳＩＳ）』の建国宣言**に歓喜するジハーディストたち」というアラビア語の字幕が入る。この場面に先立ち、ニコラ／アブ・アブデル・ラーフマンの恍惚とした表情が静止画像によって映し出される。これは、ニコラが殉教者になるべき者として指名され、預言者ムハンマドの天国に至福の内に迎えられることを表す。

ニコラの異母弟ジャン＝ダニエルは、二〇一三年八月、この動画が投稿された翌月に戦死する。本著

＊　親しい間柄で使われる二人称の「tu（君・お前）」が使われている。

＊＊　ＩＳＩＳとしての建国宣言は二〇一三年四月九日。

の著者〔G・ケペル〕がニコラの母親から得た証言によれば、このときニコラは、ジハードに身を捧げた弟を誇らしく感じながらも、その死に非常に憔悴していた。ニコラは母親に頻繁に電話を掛けており、そのたびに母親はニコラに対し、プロパガンダ動画への出演を止めるよう強く諭したという。ISISはニコラに、戦闘経験の足りない他のヨーロッパ出身の若者と同じく、「口減らし」のために、おそらくはアンフェタミン製剤カプタゴン（恐怖心を阻害する薬。ISISはカプタゴンを大量に使用している）を服用させ、自爆作戦を命じる。ニコラは同年一二月二二日に自爆を決行、母親の下には翌二〇一四年一月七日にその「殉教」を知らせるSMSが届けられた。

この自爆から二年近く経た二〇一五年九月三〇日、ジハーディズムの新しいウェブサイト「フラト（Furat＝ユーフラテスの意）」上に、ニコラ／アブ・アブデル・ラーフマンの死の直前の瞬間を記録した動画が投稿された。動画は長さ五分、コーランの一節「神よ、私は御心に叶いたい一心で、急いでやって来ました」（二十章、第八十四節）にちなんだタイトルを付し、まもなく殉教者となろうとしているニコラの最期の言葉と、自爆テロの画像を収めている。ニコラはここでもまた、シリアのジハードとフランスのジハードへの参加を呼びかけ、フランソワ・オランドに再び改宗を促すが、さらに次のような告白も行う。この告白は、ジハードに参加したフランスの若者たちの心理を理解するための貴重な鍵となるだろう。すなわち、強い閉塞感と孤独に苛まれた果てにイスラム教に改宗し、命と引き換えの治療《セラピー》の道として「シャームの祝福された土地」へ旅立つことを選んだ若者たちの心理である。

私は、私の兄弟である世界中のすべてのムジャヒディン〔ジハード戦士〕に挨拶を送る。私は、すべてのイスラム教徒にメッセージを送る。おお！兄弟たちよ、ジハードへ突撃せよ。天国の道へ突進せよ。おお！兄弟たちよ、イスラム教と戦っている政府を持つすべての国の内部で組織化せよ。作戦実行のために組織化せよ。モアメド・メラがトゥールーズでやったことが良い手本だ。［…］

ダウラ（dawla＝国家、王朝）［ＩＳＩＳを指す］のすべての兄弟たちへのメッセージ。あなたたちこそが僕の本当の家族だ。フランスでは人の心が閉じていて、心の中には何もない。表面はやさしい、しかしその後は、その後ろには、何もない。ここは本当に、人の心が開いていて、微笑みや、そういうものが全部あって、同情があって、とても温かい歓迎があって、僕はアラーのためにあなたたちが好きだ、本当に大好きだ、あなたたちは僕が出会った中で一番良い人たちで、そして僕は、僕をここに導いて、あなたたちと一緒にしてくれたアラーに感謝する。

メディ・ネムーシュとニコラ・ボンのプロフィールを比べると、ＩＳＩＳが網にかけてすくい上げるジハーディストたちの社会的階層や出自にはかなりの幅が見てとれる。アルジェリア戦争でフランス側についた「ハルキ」の子孫として、また北仏ルーベで「罪の子、私生児（ould al h'aram）」として生まれ育ったメディ・ネムーシュは、この世に生を享けたときから苛酷な運命を背負わされ、軽犯罪を重ねる累犯者となった。服役中にイスラム教に回帰し、犯罪者としての自身の「悪徳」をジハードに捧げるようシリアで教育され、モアメド・メラに倣ってユダヤ人を殺害するが、「大麻密売人が使う遠距離バス」に乗るという素人臭いミスによってマルセイユの税関でつかまった。この対極にくるのが、「生粋の」フランス人として地方の慎ましい中流階級の家庭に生まれ、離婚した母親の下で育てられたニコラ・ボンである。ニコラは、文化的な豊かさや社会的な適応性を涵養する機会に恵まれず、コンピュータやテレビ、タブレット、スマートホンで遊ぶ孤独な思春期を過ごした。

サラフィー主義は、絶対なる何かを渇望しつつ進むべき道を見失っている若者たちに接近し、彼らをインターネットの海で針に掛け、つり上げ、同輩集団の温かさをもって迎え入れることで彼らの孤独をいやす。こうした現象は、トゥールーズで見られたように、イスラム主義の宣教活動が持つ高揚した雰囲気の中で生じた。同輩集団の温かさをもって迎え入れた後にくるのは、「人生を変える」ための理想の称揚であり、具体的には、悪を倒し善の支配を樹立するジハードへの挺身である。

リュネルのパラダイム

二〇一四年にメディアが「フランスのジハードの首都」と呼ぶようになる南仏の小都市リュネル市（エロー県）にも、前述のような様々な要素がそろっていた。二〇一四年、リュネル市出身の若者六人がシリアで死亡する。この年に死亡したフランス人ジハーディスト全体の十分の一に相当する人数である（フランス人ジハーディストの死者数が倍以上に増えた翌年は、リュネル市出身者の死者は二人）。二〇一四年にリュネルからシリアへ向けて旅立った若者の数は二十人程度とされるが、正確な数の把握は難しい。子どもが行方不明になった場合、改宗イスラム教徒の若者を持つ家族は、国は自分たちを守るものであるとの意識から、すぐに当局に通報するが、移民出身の家族は、汚名を被ったり行政当局にマークされたくない気持から、あるいは「不信仰者の国」に対する猜疑心から、さらには単なる無関心から、通報しないケースが少なくないのである。(原注1)

人口二万五千人の小都市リュネルは、二〇一四年に突如、シリアへ出発したジハーディストの割合が国内一となった。(原注2)この報が流れるや、それまで一般には甘口ワイン「ミュスカ・ド・リュネル」や闘牛で、一部の歴史家や学者には中世ユダヤ共同体の文化的繁栄で知られる程度だったリュネルに、世界中から連日多くのジャーナリストが取材に訪れる事態となった。リュネルのケースは、様々な出自の若いフランス人がどのような動機やプロセスでジハーディズムに引きつけられていったかを知るための、モデルケースと見ることができる。

リュネル市は、雇用が集積する二つの都市、モンペリエ市とニーム市との中間にあり、両市からはそれぞれ二十キロの距離に位置する。ブドウ栽培とワイン醸造に依存する南西フランスの他の小都市の例に漏れず、経済の衰退が目立ちつつあった。リュネルと似た状況にあるもう一つの小都市がモンペリエのさらに南方に位置するベズィエ市だが、ここでは二〇一四年三月の市町村議会議員選挙の結果、極右FNの支持を受けたロベール・メナール候補が市長に選出されている。

(原注1)　非行防止関連省連絡委員会（CIPD）が二〇一四年三月に設置した「過激化」通報窓口の「フリーナンバー利用」の統計を見ると、改宗イスラム教徒の若者を持つ家族からの通報件数が飛び抜けて多い。ただしこれも、主観的判断でなされた通報がそのまま統計化されたものであり、必要な加重修正等は行われていない。

(原注2)　翌二〇一五年には、リュネルと同規模の人口を擁するパリ西郊のイヴリーヌ県トラップ市から八十人以上ものジハーディストがシリアへ向かい、リュネルを抜いた。

　リュネルの場合は、経済的衰退につれて市の中心部が荒廃すると、そこに移民系の困窮層が住みつくようになり、治安や麻薬の問題が深刻化していった。また、モンペリエとニームという二つの県庁所在地*からは通勤圏内にあるという地の利と地価の下落も誘因となって、市の外周部はベッドタウンとして開発されていった。これによりリュネルは三十年間に人口を三倍に増やし、旧市街を囲む中世の城壁の外側に、安価な戸建て分譲住宅、緑地に囲まれた低家賃公団住宅、駐車場付きのショッピングセンターなどが混じり合う新都市を形成するに至った。

　リュネルに新たに住みついた住民層としては国立統計経済研究所（ＩＮＳＥＥ）の定義による「移民**」が多く、その比率は一二％に達した。リュネルのモスク運営協会会長ラウシン・グムリによれば、イスラム教徒の家庭の出身者で、社会学的にイスラム教徒とみなされるリュネルの住民数は、すべての国籍を含めて六千人、リュネルの全住民数の四分の一を占める。リュネルが位置するラングドック・ルシヨン州（二〇一五年の州の改編により現オクシタニ州の一部）の地方長官《プレフェ》も、「リュネルの住民のうち四分の一から三分の一がマグレブ系の住民である」と語っている。

　人口増が著しく、出生率が全国平均を上回るリュネル市はまた、人口二万人以上の全国のコミューン（市町村）を対象とした貧困度調査で最後尾から十二番目にランキングされたこともある。失業率は二〇％に迫るが、地元の青年・文化センター（ＭＪＣ。二〇一五年夏、閉鎖）の責任者によれば、移民子弟の若者に限ると（この責任者自身も移民出身である）、その比率は四〇％にまで達する。しかも、分布を見ると、失業者は低家賃公団住宅や旧市街の荒廃地区だけでなく、戸建ての分譲住宅に住む人々にまで広がる。したがって、住民の間には、「社会的地位の向上」という期待を裏切られた幻滅から、「相対的剝奪」という状態が出現していた。これはトクヴィル〔十九世紀の政治家・政治思想家〕以来、社会学が異議申立て運動の主因の一つとみなしてきた現象である。

文化面でも、リュネルはモンペリエとニームの挟み撃ちにさらされてきた。モンペリエの都市圏一帯が、三十年近くにわたり辣腕を振るったジョルジュ・フレシュ市長の下で経済的にも文化的にも発展する中で、リュネルなどその外側にある町々は、これと反比例するように文化的砂漠化現象に陥っていった。リュネルからモンペリエまでは電車での移動が容易なため、リュネルの知的エリート層はモンペリエへと流出した。流出者層には昔からの住民のほか、学業優秀な移民の子弟も含まれていた。

マグレブ諸国の独立後、ピエ・ノワールと呼ばれるフランス人引揚げ者とともに、アルジェリア人を中心とする多くの季節労働者がフランスに渡ってきた。現在「シバニ（chibanis）」***と呼ばれている人々がその生き残りである。彼らは当初、ブドウ畑や野菜畑で働いていたが、次第にフランスに定住し、妻子をフランスに呼び寄せ、フランスで子どもを儲けるようになった。一九七〇年代以降になると、フランス

＊　モンペリエはエロー県の、ニームはガール県の県庁所在地である。

＊＊　ＩＮＳＥＥが採用する定義によれば、フランスにおける「移民」とは、「外国で外国人として出生し、現在はフランスに居住している人」を指す。したがって、フランス入国後にフランス国籍を取得した場合にも、統計上は「移民」として分類される。「移民の子孫」とは、「フランスで出生し、フランスに居住しており、両親のうちの少なくともいずれか一人が移民である人」を指す。

＊＊＊　「シバニ」はマグレブ地方のアラビア語で「白髪」、すなわち「老人」を意味する言葉で、現在は、フランスで退職生活を送っているマグレブからの移民を指す。

の農村地帯ではモロッコからの移民がアルジェリアからの移民に取って代わるようになり、リュネルでも、ラバト（モロッコ）に近いベルベル人の小村ティフレットからの移民が多数を占めるようになった。ティフレットは地元では市場《スーク》やペタンク（南仏起源の伝統球技）のトーナメントで知られる村だが、二〇一二年五月に行われたイスラム主義テロリスト・ネットワークの一斉摘発では武器が発見された村として話題となった。ティフレットには極めて警備の行き届いた刑務所が設置されており、二〇〇三年五月一六日のカサブランカ同時自爆テロに関わった犯人を含め、サラフィー主義者約五十人が収監されている。

こうしたコンテクストを背景に、古い建物が集中するリュネルの旧市街には貧しい移民層が住みつきはじめたわけである。外周部の再開発地区（リュネル北東部）に大型ショッピングセンターが建設されたことで、旧市街からは商店が姿を消した。建物の維持修繕は何年も行われず、最低限度の居住基準さえ満たさない荒廃した住宅が増えた。犯罪も増加した。特にモロッコから密輸される大麻の密売と押込み強盗が目立つようになった。二〇〇一年の市町村議会議員選挙の結果、左派市長が敗退し右派諸派のクロード・アルノー市政が誕生する大きな要因の一つは、この犯罪の増大にあったとされている。アルノー市長は二〇〇八年に再選され二〇一四年にも三選を果たし、三期目に入っている。治安回復と社会的平穏を優先課題とするアルノー市長は、警官数*の大幅増員とともに、移民系住民の間からカウンターパートを選び彼らとの関係構築を図る政策に努めてきた。選挙では移民系住民のうちハルキの票が極右候補に回るなど、移民系住民の間にも分裂や対立が存在する現状の中で、市長は移民系住民全体を最も広くまとめる組織として「モスク運営協会」をカウンターパートに選んだ。

リュネルに最初のイスラム教礼拝堂（モスク）が作られたのは一九八七年である。市役所に近い老朽化した建物の中に設けられた。モスクの運営にあたったのはイスラム教の敬虔主義の運動「タブリーグ」**系の組織であった。タブリーグは特に一九八〇年代に活発となった運動で、その時期は、移民子弟の若者たちの間に広がる麻薬中毒を撲滅するために重要な役割を担っていた。当時、フランス国内の市町村の一部はイスラム教徒住民とのパイプがほとんどなく、こうした問題の対処に苦慮したことから、タブリーグを一つの橋渡し組織と位置づけていた。リュネル市もその一つであった（原注）。タブリーグの活動家は市内の公園に繰り出し、麻薬中毒者に直接会い、彼らに更生を促した。その内容は、生活に強いタガをはめるイスラム教の厳格主義に基づき、イスラム教徒としてのアイデンティティーを再発見させるというものであった。

「宣教団」を意味する団体「タブリーグ・ジャマート（Jama'at al-tabligh）」が設立されたのは一九二七年のインドである。この時代、インドのイスラム教徒はすでに政治権力を失っており、圧倒的多数派

＊　フランスでは、国の組織として設置されている警察、憲兵隊のほかに、各市町村レベルで設置できる警察の制度がある。

＊＊　タブリーグは一九二七年にイスラム学者マウラーナー・ムハンマド・イリヤースが北インドで始めた、「宣教」を活動の中心に据えるイスラム復興運動。

（原注）　この点については、リュネルに最初のイスラム教礼拝堂（モスク）ができた年に刊行された拙著『イスラム教の郊外』（Gilles Kepel, *Les Banlieues de l'islam*, Ed. du Seuil, 1987）を参照されたい。

であるヒンドゥー教徒に囲まれ、国家からの保護を一切断たれていた。こうした中でインドにおけるタブリーグ運動は、イスラム教徒としてのアイデンティティーと純粋な信仰を守るべく、「信徒の心に再びイスラム教の灯を点す」巡回宣教活動として始まった。

タブリーグ運動の特徴は、イスラム教の神秘主義思想であるスーフィズムの精神性の継承とイスラム学者による聖典解釈という両面を併せ持ち、「迷える」イスラム教徒の下に赴いて「宣教活動」を行うところにある。五十年ほど前からは非イスラム教徒に向けても進められてきた。この「宣教活動」は強力な社会化のベクトルをなす。すなわち、「宣教活動」はこう説く――「タブリーグ運動にはわれわれの日常生活すべてを導く規範と価値が存在する。したがって、この規範と価値を身につけるには信仰と実践を共にする共同体に属さなければならない」。タブリーグ運動は喩えとして、「オオカミ〔悪の化身〕が食べるのは、はぐれた雌羊だけである」というアラブの諺を好んで使う。

「宣教活動」は可能な限り徒歩で行われる。週末だけのこともあれば、四十日間、あるいはそれ以上にわたって続くこともある。指導者である「アミール（指揮官）」が先頭に立ち、新参者や信者がこれに合流する。タブリーグ運動はこの「宣教活動」を通じて文字通り世界中にネットワークを構築していった。現在、イスラム教のネットワークの中で世界で最も多くの信徒を擁しているのがタブリーグである。パキスタン中東部の都市ラホール〔十六～十七世紀ムガール朝の首都〕に近いライウィンドで毎年開催されるタブリーグの集会には数百万人が訪れる。

フランスのタブリーグ運動は一九七〇年代からイスラム系移民のイスラム回帰に大きな役割を果たした。フランスで比較的早い時期に建てられたモスクのほとんどはタブリーグがこれを監督していた。したがって、二〇〇一年の選挙で選出されたリュネルの市長や市議会議員にとっても、モスクはまず社会的な調整役を担う機関として認識された。リュネルのモスクは当時、集団礼拝時には人があふれて歩道や車道を通行不可能にするという問題が常態化していた。そこでアルノー市長は、旧市街の外側に広がる再開発地区に新しいモスクを建てることにした。着工は二〇〇六年、信者の寄付を資金にあてながら、工事にはボランティアも参加した。こうして完成したのが「エル・バラカ（el-Baraka＝アラビア語で「神の祝福」の意）・モスク」であり、二〇一〇年一〇月末、市長列席の下で盛大な開所式が執り行われた。シャルル・ド・ゴール・ロータリーという交差点に面し、近くには建設・産業用機器レンタル会社「キルトゥー」の支店やハンバーガー・チェーン「クイック」の店舗が立地している。

新モスクは多くの信者を収容できる非常に広いスペースを持つことから、市当局としては近隣住民からの苦情に応えられるというメリットがあった。しかし、モスク移転を機に、イスラム教徒住民とそれ以外の住民との空間的棲み分けが、よりはっきりと表れるようにもなった。また、新モスクには広域から信者が集まるようになり、モスク運営協会がこの余りにも広い礼拝堂を十分監督しきれないのに乗じて、過激分子の宣教活動が活発化するという別の問題も生じることとなった。

リュネルの住民はこうして、ほとんど相互コミュニケーションのない二つの「共同体」に分極化し、互いに亀裂を生じさせていく。一方では、厳格な「イスラム・アンテグラル」の価値観が強く主張され、もう一方では、「ペスカリューヌ」と呼ばれる地元の伝統的アイデンティティーが声高に顕揚されて、分断を深める。

「ペスカリューヌ」とは、漁師が月を釣って盗んだという中世の伝説から生まれた「月の漁師」を意味する南仏オック語である。この言葉には、闘牛、放牧された牛や馬の群れ《マナード》、マナードを追う騎馬のカウボーイ《ガルディアン》など、当地カマルグ地方に伝わってきた多神教的な趣きを持つ勇壮な文化が含意されている。リュネルはローヌ川河口のデルタ地帯を作るカマルグ地方の西端に位置し、毎年、七月半ばのペスカリューヌ祭が近づく頃には、商店のショーウィンドーにカマルグ式闘牛《ラ・ブーヴィーヌ》のポスターがたくさん貼り出される。この祭は、特産の甘口ワイン「ミュスカ・ド・リュネル」に因んだ闘牛試合でクライマックスを迎える。しかし、そのごく近辺に立てこもるように居を構える「イスラム・アンテグラル」は、この雄牛と酒の祭りを、多神教、異教の行事として忌み嫌い、排斥してきた。

この二つのリュネルを隔てる物理的、心理的な境界線の片側、すなわち旧市街の中心部には、カマルグ式闘牛の熱狂的ファン《アフェシウナドス》のための店がある。店ではコカルド、グラン、フィセル*といった雄牛の頭に付ける飾り《アトリビュ》が売られている。カマルグ式闘牛では、「ラズトゥール」と呼ばれる若者たちが、角に突かれぬよう身を躱《かわ》しながら雄牛に接近し、雄牛の頭に付けられたこの飾り《アトリビュ》を引き抜く技を競い合う。競技は近くの闘牛場《アレーヌ》で行われ、リュネルの昔からの住民や観光客が見物に訪れる。今日「ラズトゥール」として活躍している若者のほとんどはマグレブ系である。

そこからごく近いとはいえ、この境界線の反対側に位置する旧市街の外れには、女性の頭髪を隠すスカーフ「ヒジャブ」や、顔を覆うベール「ニカブ」、女児の手を隠す小さな手袋など、イスラム教徒女性が身につける衣装・小物を扱う店がある。社会・宗教的圧力の強いリュネルでは、移民系のイスラム教徒女性のほとんどはスカーフやベールで身をつつみ外出する。この店が面した通りはサディ・カルノ通りと呼ばれる。一八九四年にアナーキストに暗殺されたフランス共和国大統領サディ・カルノの名を冠した通りであるが、移民の中には、「サディ」をアラビア語の「シディ（sidi＝男性に対する尊称）」と混同し、「シディ・カルノ通り」と発音する者もいる。

サディ・カルノ通りを南へ向かうと、十三世紀の古い拱廊《アーケード》が残るカラドンの広場に出る。この広場が、イスラム教徒住民と古くからの住民との象徴的な境界をなす。この拱廊《アーケード》は、十字軍との関係が深い中世のテンプル騎士団の建物として知られ、柱にはテンプル騎士団のエンブレムである十字（横木と縦木の長さが等しいギリシャ十字）が彫り込まれている。この広場に入るとまず、台座の上でピストルを構えるブロンズ像が目に入る。一八九二年、フランス軍が現在のコートジボワールにあるセゲラ村を攻撃した際に三十一歳で戦死したリュネル出身の軍人、シャルル・メナール大尉を顕彰する像である。セゲラ村は当時、アルマニ（Almamy＝「信徒の指揮官」を意味するアラビア語の「amir al mou'minin」が詰まった合成語）を名乗るサモリ・トゥーレの制圧下にあった。サモリ・トゥーレは現在のギニアとマリの国境地帯にサモリ帝国（一八七八〜九八年）と称するイスラム国家を建設した英雄で、西アフリカの反植民地運動を指導した人物として今もこの地域では称揚されている。**

このブロンズ像を制作したのは、巨大な記念碑彫刻で有名なアントワーヌ・ブールデルの弟子オーギュスト・マイヤールである。像はメナール大尉の死の直前の激情に満ちた姿を写実的に捉えている。足

* コカルドは雄牛の額に付けられた赤い布、グランはその耳にたらされた布、フィセルはその二本の角に巻き付けられた紐を指す。

** モロッコ国王は歴代「amir al mou'minin」すなわち「信徒の指揮官」の称号を持つ。

下のサボテンのそばに転がるサファリヘルメットの横で、大尉は剣を脇に突き立て最期の絶望的な力をふりしぼりながら自分を狙う見えない敵に向かってピルトルを構えている（銃口の先はリュネルのイスラム教徒の居住区の方角を指している）。台座には「フランス植民地帝国」のアレゴリーが彫り込まれている。それは、フランス共和国を象徴する女神マリアンヌがサファリヘルメットを被り、片手に「花束」を持ち、もう片方の手で奴隷制度廃止の象徴である「切れた鎖」を差し出しながら、西アフリカの海岸に上陸する場面である。いくつもの意味を内包するこのブロンズ像は、リュネルの中でこれまで何度も設置場所が移っており、*最後に落ちついたのがこの象徴的な場所であった。

こうした様々な色を持つリュネルが、突然「フランスのジハードの首都」と形容されるようになったのである。メディアの取材の嵐が吹き荒れ、市当局や住民たちを困惑させた後、二〇一五年の県議会議員選挙では極右ＦＮが第一回投票で四一・五九％の高得票率を獲得しトップに立った。ただし、マグレブ系移民の子弟が居住する地区では棄権が非常に多く、投票率は五二％にとどまった。その前年、二〇一四年五月に行われた欧州議会議員選挙のときもＦＮは得票率三七・八八％を記録しトップに立ったが、今回はそのときの得票率をさらに上回った（ただし、欧州議会議員選挙の二カ月前に行われた二〇一四年三月の市町村議会議員選挙では、二〇〇一年以降リュネル市政を担ってきた右派諸派のクロード・アルノー現職市長率いる候補者リストが、ＦＮの候補者リストを敗って三たび勝利を収めていた）。

リュネルでは、押し込み強盗の発生率が八・三二‰（人口千人当たり八・三二件）と全国平均の二・七‰をはるかに上回り、暴行事件の発生率も同七・八四‰と非常に高い。「リュネルの若者が毎週平均一人のペースで押し込み強盗、麻薬犯罪、無免許運転の再犯で刑務所入りしている。司法以外の対策を講じなければ、リュネルは過激主義の危険な温床となってしまう」とは、モンペリエの某司法官が二〇一五年に「リベラシオン」紙上で語った指摘である。こうした状況下でアルノー市政を続けていくには、前述のように、治安回復と社会的平穏に寄与する中継網（すなわちモスク運営協会との連携）の確保が是非とも求められていた。

一方、地元住民の間からは、異なるバックグラウンドを持つ住民同士の出会いの場、そしてそのために必要な社会活動や文化活動のネットワークが不在だという声も聞かれた。実際、市長は新モスクの建設を後押しする一方で、二〇一五年夏には地元青少年の文化活動に利用してきた青年・文化センター（ＭＪＣ）を閉鎖した。

そうした中で、アブリヴァドスのシテ（リュネル南西部）に近いルイ・フイヤード高校は、教員の努力によって民族間の共存と非宗教性《ライシテ》を実現している貴重な場となっている。低所得層向け団地が並ぶアブリヴァドスのシテは、シリアのジハードに旅立った若者を数人出している地区である。そうした環境にあってルイ・フイヤード高校は、「公立学校において宗教的帰属を示す目立った徴の着用を禁じる」二〇〇四年三月一五日の法律を遵守し、イスラム教徒の女子生徒がスカーフを被っていない市内でも稀な場所の一つとなっている。もっとも、ここにおいてもイスラム教徒の生徒の多くは、他の学校と同じく、ハラル（シャリアに照らして合法）でない食事を出す校内食堂には寄りつかない。また、二〇一五

＊　彫刻家マイヤールがこのブロンズ像を制作したのは一八九七年である。

年一月のテロ直後、生徒同士が緊張を解くために開いた語りの場「哲学カフェ」では、これも他の学校と同様、「#私はシャルリー（#jesuisCharlie）」に対抗して「#私はクリバリ（#jesuisCoulibaly）」という、マリの移民子弟であるテロ犯（アメディ・クリバリ）の立場を擁護する生徒が何人か見られた。

先に見たように、リュネルのイスラム教徒の世界もタブリーグ運動の強い影響下にあった。しかし、この運動が一貫して非政治的な立場をとり、市政当局との対話を重視していたことから、「イスラム・アンテグラル」の名の下に「不信仰者」との対決を望む勢力、ムスリム同胞団やサラフィー主義者などは、この運動の徹底した敬虔主義を認容しがたい妥協とみなした。ただ、ムスリム同胞団の方は、「すでに宗教的に目覚めているタブリーグの信徒」をリクルートして政治化し、彼らの「宣教活動」より遙かに刺激的な活動へ誘導しようという意図から、タブリーグを正面から攻撃することはしなかった。これに対して、サラフィー主義者の場合は、タブリーグを競合勢力とみなし、説教とインターネットを通じて徹底的に排斥した。すでにフランスでは、学校教育を受けた若い世代が、インターネット上で、サウジアラビアのサラフィー主義の「大法学者」が発するタブリーグ排斥の「ファトワ（fatwa＝イスラム法の見解）」を読みふける時代に入っていた。こうした挑戦の中で、タブリーグ運動は弱体化していく。ジハーディストの間では、「タブリーグ運動は暴力への障害である。タブリーグの信者には、あの世では地獄が、この世では死が最もふさわしい」という言説さえ飛びかっていた。

しかし、シリアへのジハードに旅立ったリュネルの若者については、タブリーグ運動からジハーディズムへと傾斜していった事例もある。

その典型が、チュニジア系の移民子弟で、三人兄弟の家庭で育ったウセムである。ウセムは幼いときに母親を失くし、警備会社に務める敬虔な父親に男手一つで育てられた。ウセムは母親の急死という悲劇から拠りどころを失った。そのためウセムは非行に走った。これを克服させたのがタブリーグであった。ウセムはタブリーグ運動からどのような道筋を経てジハーディズムへと傾斜していったのか——それを示唆してくれるのが、もう一つの事例として次に挙げるウセムの友人、ラファエルである。

ラファエルはルイ・フイヤード高校でのウセムの友人である。モロッコ系ユダヤ人を父親に持つ。ウセムがアブリヴァドスのシテの団地に住んでいたのに対し、ラファエルの家庭は比較的裕福で、一家は小さな戸建て住宅が立ち並ぶ学校近くの新興分譲住宅地に住んでいた。

悩み多き青年ラファエルは、人生についての懐疑観に苛まれていた。その彼が、タブリーグの援助で更生していくウセムの姿に驚き、二〇一〇年初め、自らも、友人に慰謝をもたらしたイスラム教に改宗する。ラファエルは、情報処理エンジニアの父親と心理療法士の母親の下で、一人息子として大事に育てられた。ギターを弾き、レッド・ツェッペリンを愛し、周囲ではスポーツマンとしても知られていた。青春を満喫しているように見えたその青年が、突然、驚愕する両親を前に「世俗の」活動を投げ捨て、初心者特有の熱意をもって新たな信仰に没入した。ジハーディズムに傾斜するまでの「潜伏期」とも呼べる数年間、ラファエルは新モスク「エル・バラカ」に足繁く通い、情報処理分野の学業も放棄する。

息子が家族の価値観から断絶していく姿を見て途方に暮れた母親は、息子との接点が断ち切れるのを恐れ、自分もイスラム教に改宗する。自己のアイデンティティーを模索する青年ラファエルにとって、二つの「共同体」がバラバラになったリュネルの町など、そして、「ペスカリューヌ」のような閉鎖的な伝統行事など何の魅力もなかった。ダブリーグの「宣教活動」はこの若者に訴える言葉を持っていた。父親がモロッコ系のユダヤ人ということで、リュネルの町では「よそ者」であったこの青年を、タブリーグは父と同じ北アフリカ系の移民が形成するイスラム教文化の中に取り込んでいった。

ラファエルがジハーディズムに傾斜するきっかけとなったのは人道援助活動である。この活動は、アフリカのサヘル地方に井戸を引く支援事業への募金を目的に、イスラム教の団体が組織していた。ラファエルはこの活動への参加を通じて、「ウェイク・アップ・プロジェクト」というイスラム教徒の若者たちの間で人気のある陰謀論系フォーラムに加わった。ラファエルがシリア行きの旅費を前借りした相手はこのプロジェクトのメンバーで、借りたお金はペイパル（メールアカウントを利用したクレジットカード決済サービス）を通じて返済している。イラクのモスルで「カリフ制国家」樹立が宣言された十日後、二〇一四年七月九日に、ラファエルはあるイスラム主義者（過激化した若者の思想面での指導役を務めていた人物）から、ＩＳＩＳのウェブサイトに投稿された文書をメールで受け取る。この文書は、新生「イスラム国（ＩＳ）」の報道官シェイク・アブ・ムハンマド・アル・アドナニ名で記された、ジハードを正当化するアラビア語文書のフランス語訳であった（ラファエルはリュネルのモスクでアラビア語の習得を試みたが、成就できなかった）。シェイク・アブ・ムハンマド・アル・アドナニは戦士名で、本名はタハ・スブヒ・ファラハ（一九七八年頃シリア生まれ）、二〇〇三年以降イラクのジハードに参加した経歴を持つ。ラファフェルは自分の師であるイスラム主義者への返信メールで、この文書に対して次のような讃辞を送っている。シリアへ旅立つ十日前である。

カリファ（Khilafah）〔カリフ制国家〕が建国され、イスラム法《シャリア》が適用されるようになった今、我々の知る兄弟たち〔友人で指導者《メントル》でもあるウセムと、最初にシリアへ旅立ったリュネルの若者たちを指す〕が生活するラッカ〔シリア中北部〕の町のように、この国〔カリフ制国家〕の人々の暮らしは安定を保証されることになった。ラッカの町で兄弟姉妹たちは勉学している。アラー、ワ・タアラー（Wa taʿāla）〔「至高なるもの」の意。アラビア語のアルファベット転記は誤り〕に従うために、人々は移住し、自分たちの学問、科学的または宗教的な知識を通じて共同体に貢献している。国〔カリフ制国家〕は個々の住民に応分の分け前を与え、不当な扱いを受ける者は誰もおらず、住民は貧困を知らない。もし子どもが三人か四人できたらどうやってその子らを養えばよいのか？　あるいは、アブダラという名前だから、誰も仕事をくれない！　人々はもはや、そういった心配などする必要もない。商店は毎週金曜日にきちんと店を閉める。タバコ、酒、その他すべての違法物質は販売が禁じられ、破壊される。

ＩＳ支配下の暮らしを想像的に描いたこの文章は、イスラム教の「輝かしい未来」のユートピアを語っている。そこでは、リュネルのイスラム教徒の若者たちが直面している失業や差別の問題は、シャリア（イスラム法）の厳格な適用を通じて解決されている。この文章は、ラファエルがいかに「条件づけ」されていたかを証拠づける彼の最後の文章である。ラファエルは七月二一日、自分の師と最後の連絡をとった後、ウセムの弟サブリとともにバルセロナからイスタンブールへ向けて出発する。他のリュネル出身の若者がトルコとシリアの国境まで迎えに来る手はずも整っていた。ラファエルが母親に最後に連絡したのはトルコへの入国後である。このときラファエルは、母親を安心させるため、自分の移住は人道的な動機からであると説明した。その三カ月後、ウセムとラファエルとサブリは、いずれもシリアのデイル・エズ・ゾル付近で爆撃を受け、死亡した。

ラファエルが引き込まれていった世界は、イスラエルへの憎悪と、根深い反ユダヤ主義を特徴とする世界であり、彼の父親がユダヤ教徒であったことを考えると、その辿った運命はなおさら唐突な印象を与える。しかも、ラファエルが住んでいたリュネルは、中世に「小エルサレム」と呼ばれた町であり、中世のリュネルの威光を形づくったのは、普遍思想の歴史に決定的な役割を果たしたユダヤ教の学者たちであった。

すなわち、十二世紀にスペインに生まれた高名なユダヤ人哲学者マイモニデスがアラビア語で書いた『迷える人々の手引』をサムエル・イブン・ティボンがヘブライ語に訳したのは、十三世紀初めのリュネルにおいてであった。リュネル生まれのサムエル・イブン・ティボンは、その二百年前にスペインのアンダルシア地方から移住してきたユダヤ系の名家の子孫であり、おそらくはこの地域における当時最高のアラビア語学者であった。ユダヤ哲学の重要な著作の原本がヨーロッパにもたらされるのは、まさにこのティボンを通じてであった。後にヘブライ語からラテン語に翻訳されるこの『迷える人々の手引』は合理主義の思想として知られる著作であり、それが故に、聖典の字義通りの解釈に固執するユダヤ教の最も「原理主義」的なラビ（ユダヤ教の指導者）からは、排斥の対象とされてきた書物である。原理主義に基づくこうしたラビの立場は、イスラム教におけるサラフィー主義者のそれと同じであった。

タブリーグの「宣教活動」は、ニーム、リュネル、モンペリエが位置する地中海沿岸の平地のみならず、その背後に広がるセヴェンヌ山脈地帯にも及んだ。セヴェンヌ山脈は、十八世紀には、ナントの勅令の廃止（一六八五年）で信仰の自由を奪われたプロテスタントが隠れ潜んで信仰を守った「荒野の教会」の土地であり、一九六八年の五月革命以降は、農耕生活への回帰を目指すユートピア運動家が住みついた場所でもある。

ところで、この一帯で活動してきたイスラム主義グループはタブリーグだけではなかった。カマルグ地方の西側にあたるこの地域に定着したマグレブ系の移民の中で、最も多いのはモロッコからの移民である。したがって、モロッコのイスラム主義グループのほとんどがこの地に拠点を持っていた。また、モンペリエは一九九〇年代の内戦で敗北したアルジェリアの武装イスラム集団（ＧＩＡ）の活動家が身を寄せてきた場所でもある。こうしたグループが、ＩＳＩＳへの共感を育てる土壌を形づくってきたのである。彼らは、フランス諜報当局の監視が厳しかったこの時期にもネットワークを維持し、監督の緩んだリュネルの新モスクに足を運んでは新人をリクルートしていた。

二〇一〇年（ラファエルが改宗した年）に完成したリュネルの新モスクは、こうしたイスラム主義の勧誘活動が他に類を見ない規模で行われる場所となった。新モスクはタブリーグの影響下にあったとはいえ、前述した通り、建物は広く、集まってくる信者があまりに多かったため、監督を行き届かせるには限界があった。パリの「スターリングラードのモスク」でファリド・ベンイェトゥーが若者をリクルートし、「ビュット・ショーモン・ネットワーク」へと送り込んでいたのはこれより数年前の二〇〇五年までであったが〔本著九七〜九九頁参照〕、リュネルのモスクにおいても同様の動きがあった。リュネルでは、フランス語を話さないモロッコ人導師《イマム》が「説教壇（mimbar）」を使って行う普段の説教・礼拝とは別に、リクルート目的でモスクを訪れた説教師の下でより戦闘的な信仰が語られていた。

　同じ時期、リュネルでも「イスラムフォビア（嫌イスラム）」という概念が流布しはじめる。社会に巣食うすべての差別を「イスラムフォビア」という一つのレッテルでひとからげにし、「社会の犠牲者」としてのアイデンティティーを作り出したうえで、この犠牲者意識を闘争のための効率的な梃子《てこ》として使うのである。

　実際、高等教育を修了したイスラム教徒の若者は、同じような学歴を持つ「生粋の」フランス人の学友たちが容易に就職していくのを見て、自分たちが不利な立場に追いやられていると感じていた。こうした社会的コンテクストにおいては、「イスラムフォビア」という安易な概念があらゆるフラストレーションのはけ口となり、闘争のターゲットとなった。「僕は経理のＢＴＳ*の免状を取ったが、生粋のフランス人の同級生は全員就職先を見つけたのに、アラブ人の二人だけが就職できなかった」――これはウセムとサブリの長兄であるアムザが逮捕されたときに捜査官に語った言葉である（『リベラシオン』紙より）。アムザは二〇一五年一月二七日、「若者をシリアへ送り込むネットワーク」を組織した容疑で逮捕され、「テロ計画のための犯罪結社」の罪状で起訴されている。

　失業や差別への反動からくるフランスへの拒絶反応➡「イスラム・アンテグラル」の名の下で正当化される周囲の価値との断絶➡ジハードへの合流➡中東あるいはヨーロッパでのテロ行為――こうした連鎖が「イスラムフォビア」という呪文を唱えることで可能となる。「イスラムフォビア」を持ち出す人々は、自分たちが「イスラムフォビア」の犠牲者であることを声高に喧伝し、それを唯一の理由としてイスラム教に対する批判的考察を封じ、イスラム教の名の下になされたすべての行為を免罪する。タブリーグ運動からイスラム教団体の人道援助活動へ、そして武装ジハードへと傾斜したラファエルの歩みも、同様の論理に従って正当化される。

この点において、イスラム主義者による「イスラムフォビア」の政治利用の仕方は、シオニストによる反ユダヤ主義の政治利用の仕方と同じであるとみなせよう。少なくともシオニストを糾弾する側の見方によれば、シオニストによる反ユダヤ主義の政治利用の仕方は、ナチスによる大虐殺《ショア》があったゆえにユダヤ人批判をいっさい許さず、イスラエル軍によるパレスチナの女性や子どもへの殺戮さえも正当化する、という形で表れている。

リュネルのモスク運営協会会長ラウシン・グムリの口からも、こうした「イスラムフォビア」を論拠とするストレートな発言が出された。グムリ会長は長年にわたってタブリーグの「宣教活動」を行ってきた人物であるが、近年になって、政治から距離を置くタブリーグとは異なる立場を示すようになった。

二〇一四年、リュネル出身の若者二十人がシリアへ出発してうち六人が死亡し、リュネルが「フランスのジハードの首都」と騒がれるようになったとき、治安回復と社会的平穏のための施設として四年前に新モスクを造り、その開所式を盛大に執り行ったアルノー市長は、こうした状況を生んだ経緯の理解に苦しむ有権者に、何らかの説明を行う必要に迫られていた。ところが、グムリ会長が地元紙「ミディ・リーブル」などに対して行った記者会見での発言は、市長の期待とは裏腹に、青天の霹靂とも言うべき

＊　上級テクニシャン免状。バカロレア（大学入学資格）取得後、二年間で修了する短大卒相当免状。

衝撃を与えた。会長は、住民の間に広がる対立や亀裂を弱めるどころか、極めて強い共同体意識を拠りどころに――モスクの多くの信徒が抱いていた思いを反映させたものと考えられる――、「イスラムフォビア」援用の論理を先鋭的な形で表明したのである。

グムリ会長による以下の発言は、パリの「シャルリー・エブド」編集部襲撃の三週間前にあたる二〇一四年一二月一三日時点のものである。シリアに出発した若者二十人のほとんどがリュネルのモスクに熱心に通っていたことを指摘する報道に対し、グムリ会長はまずモスクの責任の否定から始める。

モスクは若者たちのシリアへの出発とは関係がない。シリアへの出発は個人の決断であり、導師《イマム》やモスクと打ち合わせが行われたことは一切ない。モスクに来るイスラム教徒はリュネルの住民であって、そのリュネルにはまったく問題はない。問題があるのはここから六千キロ離れた場所であり、それをリュネルまで引きずってくる謂れはない。

ちなみに、トゥールーズの大衆地区ミライユにある「ベルフォンテーヌのモスク」の導師《イマム》ママドゥー・ダフェも、同じような責任回避の論理をわれわれの前で開陳した。「ベルフォンテーヌのモスク」は、モアメド・メラをはじめとして、ミディ・ピレネー地方のサラフィー・ジハーディストのほとんどが通ったモスクである〔本著二二四頁参照〕。

リュネルの場合、市側はシリアへの渡航を糾弾するようグムリ会長に繰り返し求めてきた。しかし、グムリ会長の反応は、市側にとっては予想だにしなかったものとなり、モスク運営協会〔前会長の子息もジハードに参加し死亡）とフランス社会との亀裂の深さを、改めて白日の下にさらす結果となった。

シリアへの出発は彼ら自身の選択であり、私は彼らを裁く立場にない。神のみが裁きを下すだろう。何かを糾弾せよと言うなら、糾弾すべきものを糾弾しなければならない。もし、不正義と戦うためにシリアへ出発した若者を糾弾せよと言うのなら、昨夏、イスラエルへ渡り、イスラエル軍と一緒にパレスチナ人の赤ん坊を殺したフランス人*をなぜ糾弾しないのか？　他の宗教がこうした若者を糾弾しないのに、どうしてモスクが信徒の若者を糾弾せねばならないのか？　［…］六千人のイスラム教徒のうち、シリアへ出発したのは十人、つまり〇・〇四‰**にすぎない。それなのに、なぜ私がメッセージを発表せねばならないのか？　他の若者はここに留まっているではないか。なぜ私が若者に訴えなければならないのか？　リュネルの住民が皆、シリアの狂乱の中にいるわけではない。

モスクの会長は、市が期待していた糾弾の演説など端から拒否した。ジハードに加わったリュネルの若者をテロリストとして非難する言葉も、他のイスラム教徒がジハードに出発するのを思いとどまらせ

＊　イスラエルへ渡ってイスラエル軍に従軍するユダヤ系フランス人の若者が存在する。
＊＊　グムリの言う十人を採用すれば、この比率は実際には一・七‰（千人当たり一・七人）のはずである。さらに、シリアへの渡航者数についてより信憑性の高い二十人という数字を採用すれば、この比率は一・七‰の二倍となる。

る説得の言葉も、モスクの会長の口からは一切出ることはなかった。非宗教性《ライシテ》を原則とするフランスでは、公的機関や議員が宗教の名において意見表明を行うことはできない。それだから市当局は、モスクの会長に、イスラム教の名においてイスラム教の若者を説得するよう求めていた。しかし会長の発言はまったく逆のものとなった。若者らのシリア渡航を個人的な「選択」の問題としたうえで、むしろ、バッシャール・アル・アサド政権による弾圧という「不正義」と戦うためにシリアへ渡った若者たちに、理解を示した。

上記の発言の中で会長は、イスラム教徒とユダヤ教徒を比較して、要旨次のように述べた――イスラエル軍に加わったユダヤ系フランス人を糾弾するようユダヤ教の機関に求める者がいないのであれば、ジハードに合流した若者を糾弾するよう（仮にそれが糾弾されるべきことだとして）こちらが強制される理由などない、しかも、イスラエル軍に加わったユダヤ系フランス人の場合は「パレスチナの赤ん坊を殺すため」にイスラエルへ行ったのだから、「不正義を正すため」などと言い訳する余地さえないのだ、と（この発言部分だけですでに世論の間では激しい非難が起こり、会長は翌日、しぶしぶながら自説を曲げたコミュニケを発表しなければならなくなった）。

この論理こそまさに、「イスラムフォビア」と反ユダヤ主義を対置させながら、ユダヤ教徒には有利でイスラム教徒には不利な基準を適用する「ダブル・スタンダード」が存在すると主張し、これに婉曲に異議を唱える「イスラムフォビア」援用の論理である。この論理は、イスラム教徒の間だけでなく、マグレブ系移民全般に共通する反応である。さらに、フランス社会の一部においても、次章で見るように、イスラエル・パレスチナ紛争についていずれの当事者を支持するかでこの論理が用いられ、世論がほぼ二分されるという状況がある。

先に見たグムリ会長のもう一つの主張はこうであった――リュネルのイスラム教徒全体から見ればシリアへ渡航した信者の数は微々たるものであり、モスクとしてメッセージを発する理由はどこにもない、なぜなら、そうした対応をとることは、リュネルの信者たちに疑いをかけ、彼らを人質にとることになるからだ、と。この「安易な混同の拒否」も、イスラム教徒の間で頻繁に見受けられる反応である。信者六人が実際に戦場で死亡しているにもかかわらず、会長はシリアへ出発したリュネル出身の若者の数を、実際の二十人ではなく十人と述べ、そのうえ現象の規模を過小評価する比率の数値すら持ち出した。

グムリ会長は続いて、こうした自分の立場のもう一つの根拠として、ラファエルがシリアへ出発する十日前に描いた先の「ラッカでの幸福な生活」についての一文を引きつつ、自らも「イスラム国（ＩＳ）での幸福な暮らし」を描く。以下は、ウセムの寡婦で、ラッカで一児を得た改宗イスラム教徒マエヴァの暮らしに言及した部分である。

マエヴァにとって、もうここフランスに家族はいない。マエヴァの両親は、マエヴァが改宗したときにマエヴァを放逐した。あちらでは、マエヴァは寡婦年金を受け取ることができる。フランスに帰る？　何のために？　おそらくマエヴァは、フランスに帰っても、あちらよりもよいことがあるとは思わないだろう。マエヴァの本当の家族はきっとあちらに、イスラム教徒たちのもとにあるだろう。

最後にグムリ会長は、オランド大統領の政策の矛盾を突く発言を行い、大きな波紋を呼ぶことになる。

最大のジハーディスト・リクルート・ネットワークはフランソワ・オランドである！　私の見るところ、シリアへ渡った若者たちは、二〇一一年三月、フランソワ・オランドが「バッシャール・アル・アサドは人殺しで犯罪人である」と発言したときから、ジハードに駆り立てられていったのだ。若者たちは不正義と戦うために旅立った。彼らはインターネット*で浴びるようにビデオを観て、そこに映し出されたおぞましい現実を許せないと考えたのである。

国家元首を「最大のジハーディスト・リクルート・ネットワーク」呼ばわりしたこの発言は、政府の強い反発と憤りを呼んだ。しかし、フランス政府が非常に早い時期から、シリアの紛争解決の前提条件としてバッシャール・アル・アサド政権排除を表明したことは事実であり、グムリ会長の挑発的発言は、不器用ではあるが、あまりに的を得た発言でもあった。中東の専門家で「アンガージュマン（社会参加）の歴史学者」とされるジャン＝ピエール・フィリユーが二〇一三年四月二日付けの「ル・モンド」紙に寄せた「シリアはわれわれのスペイン内戦である」と題する一文は、反アサドを唱えるフランス政府の立場を代弁したものであった（ジャン＝ピエール・フィリユーはオランド政権下で大統領府や首相府の信頼厚い元外交官である）。ところが、政府はいっこうに、バッシャール・アル・アサド政権排除というこの立場を効果的な政治行動や軍事行動につなげる気配を見せない。この状況の中でグムリ会長は、「ジハーディストとなったフランスの若者は、フランソワ・オランド率いる無策の国になり代わってシリアへ向かったのだ」と語ったのである。シリアをスペイン内戦（一九三六〜三九年）に喩えるといったやり方は、シリアやフランス社会の現実を示すためというより、むしろイデオロギーとアナウンス効果を重視するためのものであった。グムリ会長は、こうした術策がもたらした隙（スペイン内戦では、フランスの人民戦線政権の無策を補うべく、国際旅団の義勇兵がフランコ将軍打倒のためスペインへ旅立った）を逆手にとって、シリアのジハードへ出発した若者を正当化した。

一方、モスク運営協会内ではその後ほどなく役員選挙が行われ、選挙をきっかけに協会は長い内紛に陥る。グムリ会長に代わって選出された新会長はティフレット（モロッコ）出身の「ハラル」食肉業者であり、元会長〔グムリ以前の会長を指す〕の兄弟である多弁な自動車教習所所長を広報担当に選んだ。ところが、この広報担当がまもなく辞任を余儀なくされる。理由は、地元選出の社会党国民議会議員パトリック・ヴィニャルの招きに応じて、リュネルの隣村サン・ジュストで開かれた会合（二〇一五年二月二五日）に出席したことにある。テロに反対して友愛を呼びかけるこの会合には、「グランド・モスケ・ド・パリ（パリ大モスク）」の指導者ダリル・ブバクール師らとともに、フランスのフリーメーソン組織「グラン・トリアン・ド・フランス（フランス大東社）」ラングドック支部の指導者（儀式用の

＊　フランソワ・オランド発言の日付とされる「二〇一一年三月」は、「ミディ・リーブル」紙が伝える記者会見でのグムリ会長の発言のまま。シリアで反乱が始まったのが二〇一一年三月である。フランソワ・オランドは当時、まだ大統領ではなかった。

＊＊　サルコジ内相下で二〇〇三年に設置されたフランス・イスラム教評議会（ＣＦＣＭ）の初代および第三代の会長（二〇〇三〜〇八年、二〇一三〜一五年）を務めた。

受けて辞職を強いられた。

前掛けを着用していた）をはじめ多数のフリーメーソン会員が出席していた。イスラム主義勢力はフリーメーソンを極度に憎悪している。よって当の広報担当は、協会内の一部のイスラム主義者から圧力を受けて辞職を強いられた。

同時期、リュネルのモスクでは、フランス語を話さないモロッコ人導師《イマム》が市当局からの繰り返しの要請を受け入れ、ジハードのシリア渡航に批判的な説教を行ったが、これが理由で導師《イマム》は複数のイスラム主義活動家（一部は重い犯罪歴のある人物だった）から殺しの脅迫を受ける。導師《イマム》は司法当局に訴えた。このときモスク運営協会の新会長は事情聴取を受け、自分に敵対する協会内のイスラム主義者を告発した。ところが同年、二〇一五年九月に開かれた協会の総会では、今度は会長自身が「ガウリ（gaouris＝フランス人、西洋人）」に寝返ったと糾弾され、大荒れの中で辞任に追い込まれた。これにより同年九月一四日のイスラム教最大の祝祭「イード・アル・カビール（Aïd el-Kébir＝犠牲祭）」はモスクの責任者不在のまま、緊迫した雰囲気の中で執り行われることとなった。同じく九月半ばには、導師《イマム》を脅迫した犯人らに執行猶予付きとはいえ重い有罪判決が言い渡され、彼らはモスクへの出入禁止を命じられた。一方、当の導師《イマム》はリュネルに留まることを拒否し、メッカへの巡礼に出立した。リュネルには別の導師《イマム》がモロッコから派遣されることとなった。モロッコ人はフランスとモロッコを往き来することが多い。このため、モロッコ政府は自国出身者のフランスでの動向を常に注意深く監視している。

リュネルのモスクが二〇一五年に経験した危機は、二〇一三年以来この地で進行していたジハーディズムの影響を象徴する現象であった。

フランスで第三世代のイスラム教徒が台頭し、グローバルな視点では第三期ジハーディズムが勃興しつつある時期、時を同じくしてリュネルという南仏のこの地方小都市では、多数の移民の流入と経済危機とが相まって複数の文化的アイデンティティーが激しくせめぎ合う状況を生んでいた。その結果、フランスや世界の全体的な傾向と、南仏の一小都市固有の状況とが重なり合って、予想だにされなかったようなジハーディズムの熱狂が芽吹くことになったのである。

二〇一五年になると、シリアへ出発するジハーディストの数はパリ西郊のトラップ市がリュネル市を大幅に上回わりトップとなった。トラップ市の人口はリュネル市とほぼ同規模の三万二千人であるが、この年のシリア渡航者数はリュネルの四倍にあたる八十人以上を記録した。南仏の小都市が大都市パリ近郊の都市に追い抜かれるのは必然であろう。しかし、現代フランスの「ジハードの起源」を理解するには、リュネルというこの地方都市で観察されたパラドックスが極めて有益な手がかりを与えてくれるのである。

「ジハードの終末論」と「心理戦争」

二〇一一年三月二六日、シリアでアル・アサド政権への反乱が開始されてまもなく、ジハードスフィア（ジハーディストのウェブサイト）の世界で名の知られるサラフィー主義者、シェイク・フサイン・イブン・マフムードの小論がインターネット上に投稿される。「ダマスカス、地上におけるジハードの基地」というタイトルの十八ページのこの小論は、かなり高水準のフランス語に訳され、フランス語の代表的なサラフィー・ジハーディズムのウェブサイト「アンサール・アルハック（Ansar -alhaqq＝真理を助ける者)」にも投稿された。

この小論は、様々な物語や、シリア渡航のための助言をまとめたプロパガンダ冊子の一つである。この種のプロパガンダ文書は現在では膨大な量に達しており、通常は、翻訳のプロではない若者がアラビア語から翻訳している。サラフィー・ジハーディズムのウェブサイトにおけるフランス語の水準は、この十年間で著しく上昇した。背景には、改宗イスラム教徒の中の意欲的な若者がエジプトやイエメンのマドラサ(イスラム神学校)でアラビア語を習得するようになったこと、フランス語とアラビア語のバイリンガルで高等教育を受けたマグレブ系の若者がジハーディズムに合流するようになったことが挙げられる。

ウェブサイト「アンサール・アルハック」上でモデレータとして中心的な役割を果たしていたのがノルマンディー地方出身のロマン・ルトゥリエである。ルトゥリエは二十六歳。フランスでは失業者として生活保護手当に相当する積極的連帯所得手当(RSA)を受給していた。ルトゥリエが育ったのは無神論者で共産党シンパの家庭である。二十歳で改宗しアブ・スィヤド・アル・ノルマンディーを名乗るようになったこの青年は、二〇一三年九月に逮捕され、六カ月後に「テロ行為称揚」と「テロ行為委託教唆」の罪状で懲役一年の判決を受けた。判決の根拠となったのは、ジハーディズムの英語ウェブマガジン「インスパイア」上に発表された記事のフランス語訳を「アンサール・アルハック」に投稿したことである(「インスパイア」はアメリカ生まれのイエメン系ジハーディスト、アンワール・アル・アウラキ*が二〇一〇年七月に創刊)。翻訳されたのは、「不信仰者の首を切って放血させる」ことを呼びかけ、二〇一三年四月一五日の「ボストン・マラソン大会での見事な作戦」を称揚する記事であった。死者三名、負傷者二百六十四名を出したこのボストン・マラソン爆弾事件は、第三期ジハーディズムの網状組織《ネットワーク》を使った「低コスト投資の完璧な例」と形容されている。

フランスの検察当局によれば、「自己過激化《セルフ・ラディカライゼーション》のケース」に分類される若者のほとんどが「アンサール・アルハック」を閲覧していた。「アンサール・アルハック」の登録者数は四千を超え、十万通に上るメッセージがやりとりされている。フランス語圏の若者は「アンサール・アルハック」という効果的な媒体を通じてイブン・マフムードの小論に接した。この論文は、すべてを投げ打ってシリアへ旅立つことこそが、イスラム教の聖典に合致し、政治的にも合理的な行為であると説き、その論拠を提供する。小論の第一部は、「シャームの国」を讃美する内容である。預言者ムハンマドの言行を伝える「ハディース」の引用であり、ジハードに挺身して殉教し、この世の終わりが到来した後に、地上ではイスラム教の勝利が訪れるという終末論的な展望を描いたものである。これに対して第二部は、シリアのアラウィー派イスラム教徒**の不敬虔さを攻撃し、その根絶を説く政治的な呼びかけとなっている。

イスラム教の伝統において、「シャームの国」は非常に射程の広い神秘性を帯びた概念である。フランス語や英語の一般的な訳語である「レバント」という言葉では、「シャーム」の持つ象徴的広がりを

＊　イエメンで「アラビア半島のアルカイダ（ＡＱＡＰ）」の指導者となっていたが、二〇一一年九月にアメリカのドローン空爆で殺害された。

＊＊　バッシャール・アル・アサド大統領一族はアラウィー派（本著一七一頁訳注＊参照）であり、前大統領である父親の時代からアラウィー派が政権内の重要ポストに登用されてきた。

伝えきることはできない。イスラム教の古くからの宇宙誌《コスモグラフィー》においては、世界はメッカを中心とする東西の軸に沿って構造化されており、「シャーム（大シリア）」は左または北（shamal）に、「イエメン」は右または南（yamîn）に位置づけられている。サラフィー主義者の行動の基準点となっているのは、現代の東（オリエント）と西（オクシデント）の地理学ではなく、この聖なる宇宙誌が示す正規直交の地理学である。改宗したばかりの、あるいはイスラム教に回帰したばかりの若いイスラム教徒がこうした聖なる宇宙誌に遭遇し、ジハードを渇望したとき、彼らにとって「シャームの国」は、イスラム教が地上であまねく勝利を収めるための「決定的な戦いの場」として、他の場所が持ちえない独占的な引力を持つ場所となる。

インターネット上でバーチャルな洗脳を受けた者たちにとり、「シャームの国」への実際の旅立ちは、ジハードを実践し殉教を果たすための自然の帰結である。例えばヨーロッパを標的とするジハードの観点に立てば、リビアという地は地政的にも軍事的にも重要な中継地点となり、リビア以外にも同様の中継地点は想定できるはずだが、これら「シャーム」以外の中継地点は救世主信仰上の期待には対応しないのである。「シャーム（大シリア）」とは、イラクからシリアにかけての砂漠地帯を東の境界として、シリア、レバノン、ヨルダン、パレスチナ、イスラエルを含む地中海沿岸地帯へと広がる一帯を指す。ただし、「シャーム」というアラビア語は、換喩法《メトニミー》により、この広大な地域の首都としてダマスカスを指す場合もある。文語の標準アラビア語ではダマスカスを「Dimashq」と呼ぶが、古い用法や方言では「Ash Shâme（シャーム）」と呼ぶ方が一般的である。皮相的にアラブ文化をすり込まれたフランス人サラフィー・ジハーディストから見れば、自分たちがアレッポ、ホムズ、イドリブ、ラッカ、パルミラで展開するジハードは、ダマスカスを陥落させない限り意味をなさないものであった。ダマスカスの陥落によって初めてこの世の終末が始まり、限りない殺戮によって初めて地上でのイスラム教の勝利が訪れるからである。

新参のフランス人ジハーディストは、「アンサール・アルハック」のウェブフォーラムを通じてこうしたイブン・マフムードのメッセージに触れた。しかも、彼らのイスラム教文化についての教養は非常に浅かったため、イブン・マフムードが文脈を無視して抽出した引用箇所でさえ、彼らは文字通りに解釈し、この論文をまるで「臨終に受ける聖体拝領」のようにすぐさま実行に移そうとした。

イブン・マフムードの小論の第一部、ハディースの引用は六ページにわたる。ジハードのための「シャームの国への移住」の呼びかけから始まり、ダマスカス陥落によって始動する終末論的な約束で締めくくるというクレッシェンドな配置をとっている。

この第一部の中の「地上に現れる精鋭の戦士たち」と題された節は、預言者ムハンマドがシリアの戦いを聖なる戦いとみなす部分で、これはムハンマドの教友の一人、アブドゥラ・イブン・ハワラーが伝えるハディースである。

　お前たちは軍隊を立ち上げるよう導かれるだろう。シャームのための軍隊、イラクのための軍隊、それからイエメンのための軍隊を。すると、アブドゥラはこう言った。「私にそのいずれかを選びたまえ。おお、アラーの使者よ！」。すると、彼〔ムハンマド〕はこう言った。シャームへ行け。シャームへ行くことが叶わぬ者は、イエメンへ行け。なぜなら、威厳ある全能のアラーは、私にシャームとその地の人々を約束してくださったからだ。

知と信仰の地であるシャームは、「最後の審判」の日における復活の地でもある。これについてハディースは、「混乱の時が来たとき、信仰はシャームにあるだろう」と述べる。

　最後の時が来るとき、ハドラマウト*から火の手が上がり、人々はみな集まってくるだろう。教友らは尋ねた。「おお、アラーの使者よ！　そのとき私たちに何をせよと命じられるか？」。彼〔ムハンマド〕は答えた。シャームへ行け。

イエメンの混乱が激化したとき、シャームの地への「ヒジュラ（hidjra＝移住）」の必要性はますます切迫したものとなる。しかも、シャームの地の人々はアラーの怒りを受けて、サルやブタと一緒に火に焼き尽くされる危険があった。

　預言者のヒジュラ〔六二二年に預言者ムハンマドがメッカからメディナへ移住した聖遷を指す〕の後に、もう一つのヒジュラ〔移住〕**があるだろう。そして、世界中で最も良き人々とは、イブラヒムの（シャームへの）ヒジュラに倣う人々であろう。そして、地上には最も悪い人々のみが残り、自分たちの土地から逐われるだろう。

イブン・マフムードの小論第一部は、この世の終末と最後の審判がシャームにおいて実現するというハディースの引用で終わる。この中で、シャームのダービク（Dabiq）村では不信仰者の軍隊とイスラム教徒の軍隊との戦いが始まる。イスラム教の聖典では、このビザンティオン（コンスタンチノープル）の不信仰者の軍隊は、東ローマ帝国を指す「ローマ人（roum）」の軍隊、あるいは「バヌー・アスファール（banou asfar＝ブロンドの人々の息子）」の軍隊という隠喩で呼ばれており、いずれも現代のヨーロッパ人および西洋人を指すとみなせる。

ダービクは、シリアの北、トルコとの国境とアレッポの間に位置する小さな村である。戦略的にとりわけ重要な場所ではないが、二〇一四年八月、ＩＳＩＳは多数の死者を出すこともいとわずにこのダービクを攻撃し制圧した。イスラム教の聖なる地理と実際の戦いの前線を一致させるためである。ＩＳＩＳ発行の英語版ウェブ機関誌の名称が「ダービグ（Dabiq）」であるのも、この土地に与えられた強い象徴性を示している。

ローマ人がアル・アマク［隣村］あるいはダービクに進攻した後に、最後の時が打ち鳴らされる

＊　ハドラマウトは現在のイエメン南部。二〇一五年春、スンニ派とシーア派の戦闘を経てスンニ派ジハーディストが制圧した地。

＊＊　「イブラヒムの（シャームへの）ヒジュラ」とは、旧約聖書に語られているアブラハムのカナンの地（現在のパレスチナ）への移住を指す。

だろう。このとき、世界中から集まった精鋭の戦士からなる軍隊がメディナから立ち現れるだろう［ローマ人に反撃するために］。［…］軍隊の最後の三分の一が勝者となるだろう。彼らはその後、新たな試練に遭うこともなく、コンスタンチノープルの征服者となるだろう。

サラフィー主義の思想において、コンスタンチノープル陥落は西洋の不可避なる敗北を意味する。アルカイダによれば、九・一一の「二つの祝福された襲撃」は、一四五三年の陥落までイスラム教徒が仕掛けた東ローマ帝国に対する数えきれぬ襲撃の延長線上にくる行為であった。一方、イブン・マフムードが作り出すシリアのジハードの物語においては、さらに、「地上における征服」と「世界の終末」とが完全に混ざり合う。

イブン・マフムードの物語では、最後の審判を予告する「大虐殺」が起こるのはダマスカスである。

大衝突［al-Malhamah］が起こる日、イスラム教徒の町は、ダマスカスという名の町に近い豊穣なオアシスの上に出現する。その日、その場所こそがイスラム教徒にとって最良の場所となろう。

このオアシスは、ダマスカスの南に広がるグータのオアシスを指す。シリアの内戦勃発（二〇一一年三月）当初から反乱軍が占領していた地域であり、シリア政府は二〇一三年夏、反乱軍を排除するためにこの地で化学兵器を使用した。首都ダマスカスは政府軍およびこれを支援するイランとシーア派の兵力が掌握しているのに対し、二〇一五年現在、ＩＳＩＳの首都攻略へ向けた最前線はこのグータのアオシスとなっている。こうした観点からＩＳＩＳによるダマスカス陥落の可能性を考えた場合、終末論的な解釈に従えば、シリア大統領バッシャール・アル・アサドは偽救世主たる「ダジャル（Dajjal）」（イスラム教のダジャルは、キリスト教では終末にキリストに対抗して出現する反キリストに相当）ということになり、このダジャルの敗北を経て最後の審判への道が開かれることになる。

［ダジャルは］イスラム教徒の軍隊が戦闘態勢を整えようとするその瞬間に出現するだろう。真に祈りの時がくるだろう。このとき、イーサ、イブン・マルヤム、アライヒサラム（‘Issa Ibnu Maryam ‘Alayhi salâm）〔マリアの息子であるイエス、イエスに平穏あれ〕が降臨し、軍隊の祈りを指揮するだろう。イエスの姿を見ると、アラーの敵〔ダジャル〕は塩が水に溶けるように溶けはじめるだろう。もしイーサ、アライヒサラム（‘Issa ‘Alayhi salâm）〔イエス、イエスに平穏あれ〕が彼をそのまま放置しておけば、彼はすっかり溶けて死んでしまったであろう。しかし、アラーは、自らの使者の手で彼を滅ぼすことを望まれた。使者は、ダジャルを殺した後に自分の槍の矛先をかざし、彼の血をすべての人々に見せるだろう。

小論の第二部では現在の問題に話が移る。*（二七一頁）

現代において「シャームの人々」がアラーの善意を享受できていないのは、「シャームの人々」がジハードの道を捨て、ナショナリズムやバース主義といった世俗主義のイデオロギーに走っているためである。神は「シャームの人々」に「フリーメーソン、ユダヤ教徒、キリスト教徒など、自らの創造物の中でもっとも悪いものを押しつけになった。イスラム教の永遠の旗が再び掲げられない限り、待ち望まれた偉大さが戻ってくることはないであろう」――こうイブン・マフムードは論ずる。しかし、イブン・マフムードが諸悪の根源として糾弾するのはむしろ、「シャームの国」におけるアラウィー派イスラム教徒〔本著一七一頁訳注＊参照〕の支配である。サラフィー主義およびサウジアラビアのワッハーブ派〔本著一六七頁訳注＊参照〕の始祖とされる十三世紀シリアのイスラム法学者イブン・タイミーヤは、アラウィー派を激しく非難したことで知られる。イブン・マフムードはそうした論争の伝統を受け継ぎ、「キリスト教徒やユダヤ教徒以上の不信仰者たる背教者アラウィー派」への「最終的解決」を提唱する。

ニコラ・ボン（アブ・アブデル・ラーフマン）が登場したプロパガンダ動画でもその一端が窺えたように〔本著二一四頁以降参照〕、イブン・マフムードのこの小論には、現代におけるシリアのジハードがそれを望むフランスや世界各国の若者にどのようなパッケージをもってオファーされているかが、はっきりと見てとれる。イスラム教の聖典をジハードの論拠とすべく、そこから明解で議論の余地のない引用を持ち出すこと、これが現代のジハーディズム文書に見られる特徴であり、イブン・マフムードもこの路線に則っている。引用は文字通りの意味で読みとるべきものとされ、コンテクストに沿ってこれを解釈しようとする行為は異端または不敬とみなされる。イスラム教神学の知識がほとんどない読者にも理解しやすく、預言者による命令を、読んですぐ実行に移せるよう啓発的な方法で効率的に執筆するのがイブン・マフードのやり方である。サラフィー主義思想の慣例として、イブン・マフムードのこの小論もコーランよりハディースに依拠しているところが多い。理由はやはりその明解さにある。寓話を使って語られるコーランの場合はそれゆえに多義的で、多数の解釈に道を開くことになり、過去十五世紀にわたるイスラム教文明の歴史を通じて様々な見解を生み出してきた。これに対し、サラフィー主義者が「コーランより前に成立した聖典」とみなすハディースは、明確な命令をより多く含んだ文書であり、異なる解釈を生む余地がない。

一義的な解釈と命令の実行を柱としたイブン・マフムードの小論は、フランスのジハード志願者をとりまく社会の危機に光をあて、人生に何らかの意味を見つけ出したい彼らの願望に明解な回答を与えた。この願望は、モスルの「カリフ制国家」樹立に際してラファエルが残した文章にも読みとることができる〔本著二四九頁参照〕。イブン・マフムードのもっとも際立つ特徴は、人生の指標を失いジハーディズムに傾斜しつつあるあらゆる若者（社会学者ファラッド・コスロカヴァールが著書『過激化』*の中で看破しているように、こうした若者の間に社会階層や民族的出自による差異はない）に、論破の余地のない回答を示し、不可侵の神聖なる規範を課したところにある。しかも、イブン・マフムードが使うこのレトリックは、インターネット上で様々な変容を遂げていく。それは、ビデオゲーム、テレビ番組のシリーズ物、カルト映画などから借用した、人を酔わすようなサイバー言語の誘惑を伴った。そして、フ

＊（二六九頁）「バース」はアラビア語で「復興」を意味し、アラブ世界の解放と統一、社会主義を原則とする民族主義運動として第二次大戦後に勃興。シリア、イラクなどにバース党が結成された。基本的には宗教宗派とは距離を置く世俗主義の立場をとる（本著一三五頁訳注＊＊参照）。

＊　Farhad Khosrokhavar, *Radicalisaton*, coll. « Interventions », Maison des Sciences de l'Homme, 2014（ファラッド・コスロカヴァール『世界はなぜ過激化（ラディカリザシオン）するのか—歴史・現在・未来』池村俊郎・山田寛訳、藤原書店、二〇一六年）。

ランス国内の数多くの郊外地区（南仏はトゥールーズのミライユ地区、ニースのアリアーヌ地区、リュネル、北仏はルーベのラルマ・ガール地区…）で日々、喪失感《アノミー》に苛まれながら生活している若者がそうした誘惑の言葉に接したとき、この喪失感《アノミー》をすべて逆転させるような自己投影が彼らの中に生じる。偽りの世界である「不信仰者」の世界を解体し、解体された世界の上に真理を構築すること。すなわち、シリアのジハードを通じてシリアのパルミラやイラクのニムルドの不信仰者の遺跡を爆破し、破壊された遺跡の上にイスラム教を再臨させること。これがイブン・マフムードのレトリックが示す到達点であった。

シリアへの「移住」は、単なる空間上の移動を超え、「シャームの国への移住」という象徴的次元での移動となる。したがって、第三期ジハーディスム世代のオマール・オムセンによるプロパガンダ動画「19HH、人類の歴史」やこれに類する「大きな物語」にどっぷりと漬かったフランス人の若者の目には、シリアへの「移住」は何より、自らの様々な願望に呼応する多様な意味を持った行為であり、これを実現すればそれらの願望が満たされ、一つのものとして成就されるはずであった。彼らにとりシリアへの「移住」は、ニーチェの表現を借りれば「すべての価値の逆転」をもたらす行為であった。自分が育った社会の中で行き場を見出せない彼らは、この「移住」によって、その社会全体と自分自身に贖罪をもたらす英雄的な歩みへと向かっていくのである。メディ・ネムーシュは、「裏切り者」であるハルキの子ども、父親を知らない罪の子、非行を重ねた再犯者であり、こうした烙印の積み重なりの果てに強盗犯として服役囚となるが、先に見たとおり、シャームの地への滞在を経ることで、この烙印を逆転させた〔本著二一四頁以降参照〕。

「移住」すなわちシリアのジハードへの合流というこの呼びかけは、ジハードの正当化を導く次の二つの伝統につながっている。一つは、イスラム主義者が多用するイスラム教の聖典に則った伝統である。ハマス*による対イスラエル自爆テロを「殉教作戦」として正当化する立場がこれにあたる。ムスリム同胞団を国際的に代表する人物で、「アルジャジーラ」局の看板番組「シャリアと人生」の司会を務めるユセフ・アル・カラダウィ師は、一九九六年に発した「ファトワ（fatwa＝イスラム法の見解）」の中で、ハマスによる自爆テロを「正当なるテロリズム（al irhab al machrou'）」として称揚した。その論拠として彼が挙げたのが、非常によく知られるコーランの一節、「彼ら［不信仰者］に対して、集められる限りの武器と繋ぎ馬を用意せよ。アラーの敵とお前たちの敵を脅すために」（コーラン八章「戦利品」第六十節）である。「至高なる神の言葉」とされるこの一節は、現代ジハーディズムが仕掛ける全方位の「心理戦争」においても、ジハード正当化の論拠とされている。オマール・オムセンの演出した「19HH」の「マッシュアップ」映像によって物語の全体的枠組みが捏造され、イブン・マフムードの小論「ダマスカス、地上におけるジハードの基地」によって現代における具体的到達点が指し示される、というわけである。

ジハードの正当化を導くもう一つの伝統は、西洋的世界秩序への異議申立てとして存在してきた極右と極左の過激主義である。ジハーディズムは、反ユダヤ主義を伝統的立場としてきた極右の目には「シ

---

* パレスチナ自治区ガザを実効支配する武装イスラム主義組織。同地のムスリム同胞団指導者シェイク・アフメド・ヤシンにより一九八七年に創設された。

オニズム」に対する戦いの勝利と映り、反帝国主義を伝統的立場としてきた極左の目には二十世紀最後の四半世紀における「帝国主義への抵抗運動」の延長として映る。極右と極左からジハーディズムへと傾斜していくケースについては、それぞれ典型的な人物がいる。反ユダヤ主義の極右の流れを代表するのは、毒舌の論客として知られる著述家マルク゠エドゥアール・ナーブである。ナーブは一時期、アラン・ソラルやディユドネという「陰謀論者」と道を共にした後、袂を分かち、ＩＳＩＳの太鼓持ちとなった。一方、極左を代表するのは、一九八〇年代にパレスチナ擁護を掲げて多数のテロ事件に関与したイリッチ・ラミレス・サンチェス*である。彼はカルロスの偽名で世界的にも知られる。

現代のジハードにつながる連続性の系譜として、まず極右の例、マルク゠エドゥアール・ナーブのケースを見てみる。ナーブは、反ユダヤ主義の作家セリーヌの後継者を自負し、セリーヌの反ユダヤ主義の著作『虫けらどもをひねりつぶせ』（一九三七年）への感嘆を隠さない。かつてはイラストレーターとして、「シャルリー・エブド」紙の前身である「ハラキリ・エブド」紙〔本著三五九頁訳注＊＊参照〕に風刺画を提供したこともあった。父親はイタリア、ギリシャ、オスマントルコ系の歌手マルセル・ザニである。ナーブはパリのメディア・文学界の異端児として注目を浴びることを夢見たが、その反ユダヤ主義ゆえに周縁に追いやられ、隣人であったミシェル・ウエルベックが作家として成功したことを妬んでいた。一時期、アラン・ソラルの反シオニズム運動に接近するが、内紛により決裂している。最近では、ディユドネやアラン・ソラルのイランおよびシリア（バッシャール・アル・アサド政権）との癒着を糾弾するとして、そのための大著を刊行すると繰り返し予告している。

ナーブは二〇一四年一二月、自身が執筆する定期刊行物「パシアンス」を発刊し、その第一号の表紙に、同年八月にパレスチナ系イギリス人のラッパー、アブデル・マジェド・アブデル・バリー**がアメリカ人の人質ジェームズ・フォーリー氏を処刑したときの画像を、合成写真にして掲載した。処刑者の顔は著者ナーブ自身の顔に、また人質の顔はディユドネの顔に置き換えられ、写真右下の丸枠には、人質と同じオレンジ色の服を着せられたアラン・ソラルの顔写真が挿入されている。つまり、この表紙をまとう六十三ページの「パシアンス」は、フランスの極右活動家たちの間で繰り返される滑稽かつ不毛な内部抗争の落とし子であるとともに、ナーブ独特の派手で卑猥な文体によって綴られたＩＳＩＳ讃美の変型版であった。

この「パシアンス」第一号でナーブは、卑劣ときらめき、死者の記憶への侮辱と自己陶酔とが入り混じった、いかにもナーブらしい文章を書き連ねる。自分の才能を認めなかった「システム」と戦うために、彼はありとあらゆる大義を見つけ出し、その代弁者となり、彼なりのやり方で、自分にはまったく意味の理解できないサラフィー主義との橋渡しもする。ナーブの文章に挿入された五十葉ほどの写真は、そのほとんどがポルノグラフィーとさえ形容できるような、斬首や処刑の耐えがたい瞬間を捉えたものである。写真の中には、ＩＳＩＳ系のグループによって二〇一四年九月にアルジェリアのカビリア地方で斬首されたフランス人山岳ガイド、エルヴェ・グールデル氏の自作ヌード写真（自身のウェブサイト

＊　ベネズエラ生まれ。一九八二年から八三年にかけてフランス国内で死者十一名、負傷者百五十名を出した爆破テロ四件について九四年に終身刑を受け、パリ郊外で服役中。
＊＊　この犯人の身元についてはその後の情報で異論も出ている。

で公開していたもの）も混じっている。この写真を掲載した目的も、死者の記憶を侮辱することにあった。

リュネルのジハーディスト関係者の一人アムザ（ラファエルに影響を与えたウセムの長兄で、二〇一五年一月末に逮捕）は、「パシアンス」第一号が発刊されるとすぐに、これをＪＰＥＧファイルのフォルダーにしてラファエルの家族宛に送っている（サラフィー主義の規範に則ってエルヴェ・グールデル氏のヌード写真は除外した）。「イスラム教徒でない」「白人である」ナーブの雄弁な言葉を借りることで、ラファエルの「移住」と「殉教」を正当化しようとしたのである。ナーブによるＩＳＩＳ礼賛のレトリックは宗教的なものではない、ゆえにイスラム教徒の世界を超えた普遍的な説得力を持つ――アムザはそう考えた。

アムザはナーブの文章の一節に特に印を付けて送っている。あえて喩えるなら、ナーブが、ナポレオン軍の英雄的行為を讃えるヴィクトル・ユゴー風の文章を枕に、ブルデュー風の社会学的な分析を試みていると言える箇所である。

この大軍の行進に加わっているムジャヒディンがこれほど多様であるとは、誰が想像できようか！　改宗者もいれば、そうでない者もいる！　土着民もいれば、移民もいる！　なんという混合か！　つまり、カリフ制国家は、フランス軍の外人部隊と同じほどに豊かな人材の宝庫だ！　バグダディ*は外国人に月千ドルを与えている［多くの証言によれば、実際の支給額ははるかに少ない］。二万人いるのだ。勘定をしてみたらよい。フランスの積極的連帯所得手当（ＲＳＡ）よりいいではないか。［…］メディアが理解していないのはこの点だ。理想主義者と冒険家がこれに参加しているのだ。フェイスブックで洗脳されたという理由だけでは、なぜ彼らが、悪いイスラム教徒とその共犯者であるヤンキーを打倒するために群れをなしてシリアへ旅立ちたいと願っているのか、その心の高ぶりを説明することはできないだろう。［…］人は十五歳のときに理想主義者でありうる。このことに思い至らないのは、若者をよく知らないということだ。

ある行動の誠実さを信じようとしないこと、これが政府の役人と陰謀論者《コンスピ》［アラン・ソラルとディユドネを指す］の共通点である。ジハーディストとは、システム側の人間から見れば、テロリストに操られた人間を指すが、反システム側の人間から見てもやはり操られた人間を指す。ただし、後者の場合、操っているのは帝国［アメリカ・シオニストの悪の勢力を「帝国」と名指しするアラン・ソラルの著書**を示唆している］ということになる。［…］しかし、いずれにせよ理由は簡単だ。彼ら若者は、陰気な高層団地、自殺したくなるような学校、あるいは惨めたらしい職場で、無為と屈辱ばかりを経験してきた。その彼らが、アラーの助けによって植民地での生活の悲しさから逃れることを望んでいるのだ。［…］アラブ人は今なお、フランス人によって植民地支配されている。しかも、今度は、アルジェリアではなくフランスにおいて！

＊　ＩＳＩＳの最高指導者で、二〇一四年六月二九日に自身のカリフ就任とカリフ制国家「イスラム国（ＩＳ）」の樹立を宣言したアブ・バクル・アル・バグダディを指す。

＊＊　Alain Soral, *Comprendre l'Empire*, Blanche Eds, 2011.

このナーブの文章――あまりに卑猥な部分は引用を避けた――が描くところは、ラファエルが死に至る旅立ちの十日ほど前、ラッカでの暮らしについて描いた牧歌的な見方と重なっている。

このように、ＩＳＩＳの主張への反響は、フランスの政治勢力においては極右の中にはっきりと見出される。

次は極左の例である。先に分析したアルティガット村の事例のように、共同体やファランステール＊の内部で「生き方の変革」を模索する極左の流れの中にも、ＩＳＩＳにつながる連続性の系譜が見出される。この系譜は、あくまで個人が主観的に打ち立てる連続性である。つまり、そこには社会運動としての主張や理論化は見られない。この個人的主観によってＩＳＩＳとのつながりをはっきり示して見せたのが、レーニン主義暴力革命を奉じてきた大物テロ活動家、カルロスことイリッチ・ラミレス・サンチェスである。カルロスは一九九四年、スーダンでフランス諜報当局に身柄を拘束されパリで終身刑の判決を受けた後、二〇〇〇年代に入ってから服役中に改宗した。

ナーブが「パシアンス」第一号を発刊したのと同じ二〇一四年一二月、つまり二〇一五年一月七日のテロ事件の少し前、本著の著者〔Ｇ・ケペル〕宛にカルロスは、服役中のポワシー刑務所〔パリ北西郊外〕から「心理戦争」と題する七ページにわたる手書き文書を送ってきた。文書の日付は二〇一四年一二月一五日、リュネルのモスク運営協会会長による先の発言〔本著二五四頁以降参照〕から二日後にあたる。

パレスチナ抵抗運動は、特にシオニズムの侵略者とその同盟勢力に心理的インパクトを与えるため、自爆テロを使用する。航空機や船舶のハイジャック、メディアが大々的に取り上げる人質拉致も、心理戦争では重要な手法の一つである。これらの手法は、パレスチナの大義に注目を集め、二義的にはパレスチナの戦闘員であるフェダイーン（fedayine）に資金をもたらす。ジハーディストはこの心理戦争の路線を継承し、メディア上で大きな成功を収めている。ＮＡＴＯ〔北大西洋条約機構〕加盟国の市民であるジハーディストが覆面せずに斬首を行い**、その画像がインターネット上で拡散されるというのは、メディアの名人芸であり、他に比べようもないほどの多大な利益をもたらす。世界のあらゆる場所からムジャヒディンがリクルートされ、世界中の信徒から寄付がもたらされる。帝国主義国家は自国内で発生した報復テロに対して無差別的な弾圧へと向かうが、弾圧すればするほど、さらにジハード志願者は増えるだろう。その結果、ＮＡＴＯ軍は不可避的に直接介入を決断するだろうが、地上ではムジャヒディンが、侵略者を殺して自らも死ぬべく、彼らを待っている。

この文書には、改宗者カルロスの内に共存する極左主義とイスラム主義の二種類の語彙が混じり合っている。アブ・ムサブ・アル・スーリが第三期ジハーディズム世代に向けて発した政治力学と予言を彷彿とさせる部分もある。文書は、「シリア空軍パイロット、十八人の処刑」という極めて衝撃的な動画

＊　空想社会主義者であるフーリエが提唱した共同組合社会。
＊＊　処刑者であるジハーディストの中には、イギリス国籍やフランス国籍を持つＮＡＴＯ加盟国出身のジハーディストが含まれていたことを指す。

がＩＳＩＳにより投稿されてから一カ月も経たないうちに執筆された。この動画にはＩＳＩＳの捕虜十八人が覆面なしのジハーディストらに次々と斬首される場面が（大掛かりな演出効果付きで）映されており、カルロスが言及した「覆面せずに斬首を行い」というのはこのときの処刑を指している。

この動画に登場するＩＳＩＳの処刑者の一人に、アブ・アブダラ・アル・フランシこと、ノルマンディー地方ボスク・ロジェ・アン・ルーモワ出身のマクシム・オシャール（二十二歳）がいる〔アル・フランシはフランス人の意〕。ボスク・ロジェ・アン・ルーモワはルーアン〔ノルマンディー地方の中心都市〕に近い人口三千二百人の小村である。「永遠なるフランス」を絵葉書にしたような緑豊かなボカージュ〔生け垣で囲まれた小規模な牧草地・農地〕と工業地帯に挟まれた、都市に近い田園地帯にある。三十年ほど前から、小さな横長住宅の残る旧中心部を取り囲むように戸建て住宅地区が形成され、以来、人口は三倍に増えた。この地区の住民の多くは、近隣の工場で働く職工長クラスや一般の勤め人とその家族である。人口増に伴い、スーパーの大型店舗やバス・ターミナルが建設され、ピザを出すイタリアンレストランも出店した。このような特徴を持つボスク・ロジェ・アン・ルーモワ村の戸建て住宅地区は、ラファエルが育ったリュネルの新興分譲住宅地や、ニコラ・ボン（アブ・アブデル・ラーフマン）が育ったトゥールーズ郊外の戸建て分譲住宅地を思い起こさせる。ラファエルやニコラと同様、マクシムも家族関係は良好で、特に問題行動を起こすこともなく、気安くモーターバイクの修理を買って出るような親切な青年だったが、ウェブサイトやＳＮＳ上に投稿される動画を熱心に観続けた末、十七歳でイスラム教に改宗した。

マクシムは最初にモーリタニアを訪れるが、そこで見たイスラム教はマクシムの探し求めるイスラム教とは合致せず、落胆して帰国している。その後、バッシャール・アル・アサド政権のシリア軍の空爆で死亡した子どもの画像を観てから、二〇一三年夏、百七十ユーロの航空券を手にしてイスタンブールへ向かい、戦闘服と軍靴を身につけて難なくシリアの国境を越えていった。二〇一四年七月、マクシムはフランスのニュース専門局によるスカイプ上でのインタビューに答え、ＩＳＩＳから月三十ドルの俸給を支給され（ナーブが幻想した月千ドルからすれば桁違いの低さである！）、四十人ほどの戦闘員グループに配属されていると語った。また、自分はインターネットを通じて一人で過激化したと説明したうえで、地上にアラーの法を適用しジハードを行い、殉教者となることをすすんで受け入れるとも語った。

二〇一五年一月四日、すなわち「シャルリー・エブド」編集部襲撃事件の三日前には、実名のツイッター・アカウント上で（自身のプロフィール写真はシリア人パイロット処刑時のもの）、「ル・モンド」紙の記者を含む何人かと次のような予兆的なツイートを交わしている。

　＃マクシム・オシャール。私は反撃準備に必要な、フランスの政治、経済、社会状況に関する情報を得ている。［…］フランス国家は、戦争というものがイスラム教の国だけで行われるわけではないことを、十分知らなければならない。［…］ある日、イスラム教の軍隊がフランスに進攻するという事態を覚悟しておかねばならない。それは当然の報いである。

第5章 イスラム教徒票の逆転*

二〇一二年春の大統領選では社会党のオランド候補が当選した。この選挙では現職サルコジ大統領への強い不信が制裁票となって表れ、一九八八年のミッテラン大統領の再選を最後に途絶えていた社会党の大統領が、二十四年ぶりに誕生することとなった。政治力学の新たな方向転換が生じたわけである。経済危機の長期化、高失業率、不安定雇用の増加という状況下にあって、経済・社会面での強い期待がこの大統領選の結果に表れた。

しかし、ジャン＝マルク・エロー首相率いる新政府の雇用活性化策は早々に限界を露呈し、オランド政権は弱体化する。選挙公約が実現しないことに深い失望が広がる。郊外に住む有権者は、オランド候補が勝利すれば周縁化された郊外地区への政策も改善されるだろうと期待していた。しかし、政権に就いた左派勢力は、こうした郊外の有権者層をなおざりにした。オランド政権の最初の三年間を通じて、郊外地区の問題は二の次にされ、選挙時には副次的にしか扱われていなかった政策が優先されていった。左派は、二〇〇七年と二〇一二年の選挙（いずれも大統領選挙および国民議会議員選挙）で高い投票率を記録した郊外の有権者層を、自分たちの専属有権者のようにみなしてきた。その一方で、二〇〇二年と二〇〇七年の選挙戦で争点となったはずの郊外地区の緊急課題は、二〇一二年のオランド政権発足後にはすっかり忘れられた感さえあった。治安対策としては「優先治安地区（ＺＳＰ）」が導入され、それなりの予算配分は行われたものの、こうした施策は規模が小さく、周縁化された地区の状況悪化を食い止め、住民の期待に答えるには程遠かった。深刻化する不平等・貧困問題への一貫した取り組みはなかった。

オランド大統領就任後わずか数カ月足らずで、郊外の有権者は新政権から離反しはじめる。新政権への不信感は、特に、新しく有権者となった郊外の若い世代の間から生じた。彼らはフランスで生まれ、フランスで投票権を得、選挙のたびに極右「国民戦線（ＦＮ）」の台頭を見てきた。

郊外の新しい有権者が持つ政治的座標軸は、国内の他の有権者が持つそれとは明確に異なっていた。このことが、二〇一二年から一五年にかけて、かつて見られなかったようなイデオロギー上の亀裂を表出させることになる。

＊　本章冒頭より二九七頁七行目までＡ・ジャルダン執筆部分。

失業と格差の拡大

オランド候補が当選した二〇一二年五月六日夕方時点で、フランスの失業率は九・七％の数値を示していた。サルコジ前大統領のときは、任期初期に失業率を八％以下に下げ、一定の成果を見せたものの、その後の経済危機によって失業率は再び上昇に転じる。オランド大統領就任後、二〇一二年第４四半期には国際労働機関（ＩＬＯ）の定義による失業率は一〇％を超える。二〇一三年第２四半期に一〇・五％ラインに接近し、二〇一四年末にはついにこのラインに達した。

フランスでは何度かの政権交代にもかかわらず雇用の悪化には歯止めがかからなかった。結果として、市民の多くは政府の対処能力にますます不信感を募らせていた。二〇〇九年から二〇一四年にかけての世論調査では、「政治家が有権者の側に立っていない」と回答する人の割合は八一％から八九％に上昇し、「民主主義が機能していない」と回答する人の割合も四八％から七三％へと急上昇した。歴代政府が有効な雇用対策を打ち出せぬことへの反動として、二〇一二年の選挙結果を導いた期待感は危機意識に姿を変え、その後の地方選挙ではＦＮが漁夫の利を得ることになる。

こうした危機的状況はパリやリヨン、マルセイユといった大都市郊外においてはいっそう深刻であった。国立統計経済研究所（ＩＮＳＥＥ）によると、パリ北郊のセーヌ・サン・ドニ県の失業率（十五〜六十五歳）は二〇〇六年の一二・二％から二〇一一年には一三・一％へ上昇した。この数値に、「いかなる雇用にも就いていない」成人の非労働力人口比率（学生と年金生活者を除く）一一％を加える必要がある。

しかも、これら大都市郊外の大衆地区における失業率は、国籍によって大幅な開きが生じていた。セーヌ・サン・ドニ県の場合、出生時にフランス国籍を得た者で一四・六％、成人後にフランス国籍を取得した者では一九％近くに上昇する。外国籍になるとマグレブ諸国出身者三一％、サハラ以南のアフリカ諸国出身者二七％、トルコ出身者三三％と極端に高い。

国籍による失業率の格差は、フランス南東部のローヌ県やブーシュ・デュ・ローヌ県（それぞれリヨン、マルセイユという大都市圏がある）ではさらに大きい。これは、出生時にフランス国籍を得た者の就職率がセーヌ・サン・ドニ県よりも高いためである。高等教育の学位免状は失業予防の有効なツールではあるが、国籍や社会階層間の不平等を縮小する効果はない。国籍や社会階層の違いによる不平等は、学歴水準が同程度の者同士の間でも解消されないまま残ることになる。

オランド大統領が当選した二〇一二年五月時点で、セーヌ・サン・ドニ県の失業者は十二万五千七百人を数えていたが、三年後には一六万二千四百人となり、増加率は二九％を記録した。同県の大衆地区の中には、すでに二〇一二年五月時点で労働力人口の半数以上が失業状態にあったところも存在する。

しかしながら、現実の深刻度は、こうした統計データさえもはるかに超えて高まっていた。前述のように、「いかなる雇用にも就いていない」ために公式統計上は非労働力人口となり、「失業者」としては現れてこない若者層も郊外大衆地区には大勢いる。また、不法滞在の外国人も統計対象からは外されている。つまり、公式統計が描き出すセーヌ・サン・ドニ県の状況は、雇用の悪化を最小に試算した結果にすぎなかった。

雇用の悪化は若者の将来展望を閉ざし、長期的悪影響をもたらす。就職を目指しながらそれが叶わなかった新規学卒者の中で特に多くを占めていたのは移民の子弟たちである。彼らは、学校制度に希望を託した末に就職できなかった。その失望感はより大きく、これがオランド大統領の任期五年間に表出する深い亀裂の元凶となった。

保守派の大統領による政権が二十年近くにわたって続いた後、ようやく誕生したオランド左派政権ではあったが、郊外大衆地区の人々はこれに大きな期待を抱いていただけに、その幻滅はより強く、痛みも大きかった。オランド大統領への期待感は全国的に急低下する。二〇一二年七月に五五％であった支持率は、二〇一五年九月には一三％にまで落ち込んだ。フランス憲政史上、これほど大幅な支持率低下を記録した例はかつてなかった＊。

郊外大衆地区の状況が急激に悪化しているにもかかわらず、政治家はこの問題に十分な関心を示さない。一部の若者はそのはけ口、特に精神的なはけ口を求めるようになる。職にも就けず、政治参加の結果が幻滅をもたらすだけであったとき、若者は、人間としての尊厳と社会的な正当性をどのように回復していけばよいのか。その一つの回答が宗教運動であった。

政治参加でその回復を図る可能性が完全に消滅してしまったわけではない。左派はたしかに、国内における移民やイスラム教の発展に好意的である。だが、その経済・社会政策において幻滅をもたらした以上、左派とは決別するしかない。さりとて、他の党派にも展望は見出せない。こうして新たな選択肢が見つからぬまま閉鎖的な空気が広がり、政治参加という社会化プロセスは解体していく。これら郊外大衆地区の有権者の一部は、妥協をしのんだうえで、既存政党の中からときには右派を選択した。

社会的絶望から権威主義的保守主義へ

二〇〇五年秋の暴動も、それ以後散発的に発生した暴動も、植民地独立以後《ポストコロニアル》の移民の子弟たちには持続的な政治統合へ向かう契機にはならなかった。反対に彼らは、経済的に不安定な状況に置かれ、社会的には文化・宗教上の習慣を拒絶されることによって周縁に追いやられ、政治的な絆を失い、政治統合そのもののビジョンに不信感さえ抱くようになっていった。こうして統合とは逆の、社会的な「崩壊」プロセスが進行しはじめる。社会集団間の分裂が激化し、分裂を解消するどころかむしろ、自分たちへの烙印を相手に押し返すことによって分裂を加速化させていった。

フランス社会の表舞台への合流が不可能であると認識したとき、郊外大衆地区の若者、特にイスラム教徒の若者の一部は、社会との断絶を選ぶ。自分の住む地区から一歩でも離れたいという願望が、いつしかフランスから自らを切り離し、フランスを立ち去りたいという欲求へ変貌する。彼らの宗教的な過激思想が、ジェンダーに関する厳格な規範を尊ぶ方向へと、あるいは西洋の社会・経済組織から掛け離れた想像上の純化社会へと向かうのは、まさにそのゆえである。

ここにおいて厳格なイスラム主義は、周縁化された地区の生活再建のための運動であることを超え、「人間存在すべてを徹底的にコントロールする試み」として立ち現れてくる。権威主義的な地平を示す

＊　二〇一六年一一月時点のオランド大統領の支持率は、四％という驚くべき低水準を記録した。

ことで、この厳格なイスラム主義は社会的安定と「自然の秩序への回帰」を約束し、新たな「名誉の論理」を規定する。

不平等や不公正を糾弾する活動と権威主義的な慣行とが結合したとき、一部の若者はそれに強く引きつけられる。イスラム教徒の家庭の若者でなくとも、社会的排除という試練を共有した若者ならばみな、その誘引力は同じである。植民地や移民の問題にせよ、不安定雇用や貧困の問題にせよ、それによって文化的・象徴的劣位を強いられ安定性を失った社会集団にとり、厳格な宗教的規範の強制は、社会的コントロール機能の力強い復活という意味を帯びる。

一方、郊外大衆地区の住民の中でも、最も学歴が高く、労働市場にうまく順応し、経済的な成功を収めた層は、文化的な権威主義に基づく保守的起業家集団を形成していく。宗教的なシンボル、サービス、ファッション、食品などを商売とする「ハラル」の起業家となった移民の子弟は、左派から離れ（彼らによれば、左派の政策は社会福祉手当への依存を助長する）、「イスラム教ブルジョワジー」という理想を新たな政治化の基盤に据えるようになる。

社会・政治的に見たとき、郊外の住民は決して均質ではない。イスラム教徒の有権者すべてが同じイデオロギーを奉じているわけではない。宗教的要求を選挙にどう反映させるかについても多様である。多様であるからこそ、フランスのイスラム教徒全体を代表する統一政党というものは存在しない。移民子弟全体の一般的な特徴は、彼らの辿った社会的軌道が多様かつ分散しているところにある。過去十年来観察される彼らの宗教・イデオロギー面での分散化現象は、こうした社会的軌道の差異を反映しているにすぎない。

二〇一二年大統領選挙では、現職サルコジ候補への反感が、郊外大衆地区の票（イスラム教徒以外の票も含む）を糾合するベクトルとなった。しかし、この表面的な糾合は、オランド新政権への失望が高まるにつれて崩れていく。移民に敵対的な右派勢力への反発は根強く残るものの、右派の中でもコミュニケーション戦略を一転させた一部のカトリック系伝統主義グループに対しては好意的な反響を寄せるようになる。二〇一三年初め、同性間結婚を認める政府法案に反対して組織された団体「マニフ・プール・トゥス（すべての人のためのデモ）」は、カトリック系組織を主体としつつも、郊外の保守的なイスラム教徒有権者を取り込むほどの動員力があった。

伝統主義的イスラム教団体の勃興

こうした保守主義の潮流の中で、イスラム教徒による団体や運動が登場してくる。その一つが二〇一二年三月に発足した「フィス・ド・フランス（フランスの息子）」（フランス国王の嫡子の称号）である。「フィス・ド・フランス」は、フランスのイスラム教徒という「もの言わぬ多数派《サイレント・マジョリティ》」の代表者たらんことを謳う。後援者として名を連ねたのは、保守派の政治家ニコラ・デュポンエニャン*（二九一頁）、南仏地方ラジオ局「スュッド・ラジオ」の元司会者ロベール・メナール**（二九一頁）、右派ラジオ局「ラジオ・クルトワジー」の元常連解説者ミシェル・ルロン司祭、ボルドーのモスク学院長タレク・オブルー***（二九一頁）などであり、こうした保守派の政治家や著名人が後押ししたことで、メディア上でも広く認知されるようになった。

「フィス・ド・フランス」の主たる広報ツールはインターネットである。ウェブサイト上では、フランスを「大きな家」にたとえ、極右の用語を借用しつつ「永遠のフランスへの愛」を宣言し、グローバル化を拒否する姿勢を前面に押し出す。ロゴマークにはフランスのナショナリズムの伝統的なシンボルマークである雄鶏を使い、団体名を綴る活字もフランスの伝統主義勢力が使用する字体を採用している。個別主義の融合を可能にするための原則は、「フィス・ド・フランス」においては共和国の原則ではなく、ナショナリズムである。

われわれは自明の事実を合理的なものとして主張したい。すなわち、イスラム教徒であるフランス人は、カトリックの信徒、ユダヤの信徒、プロテスタントの信徒、不可知論者、無神論者であるフランス人と同じように、愛国者でありうる。

「フィス・ド・フランス」のカメル・ベシク会長*は、ロベール・メナールらが立ち上げた極右系のウェブサイト「ブールヴァール・ヴォルテール（ヴォルテール大通り）」に投稿されたインタビューの中で、「フランスのイスラム教徒が伝統的家族を擁護するのは当然である」と宣言し、「マニフ・プール・トゥス」運動への正式参加と、同運動団体のリーダーであるリュドヴィーヌ・ド・ラ・ロシェールへの讃辞を表明している。その考え方は、サルコジ政権下で住宅・都市相を務めたクリスティーヌ・ブータンやモンフェルメイユ市長グザヴィエ・ルモワーヌらが二〇〇九年に結成した「キリスト教民主党」に近い。二〇一五年二月に行われたカメル・ベシク会長とグザヴィエ・ルモワーヌとのクロスインタビューでは、カトリック系団体「イクトゥス」の代表ギヨーム・ド・プレマールが司会を務めている。「イクトゥス」

は「マニフ・プール・トゥス」による同性間結婚反対運動の激化を誘導したカトリック原理主義団体「シヴィタス」に近いグループである。

道徳観の見地に立った同性間結婚への反対は、郊外大衆地区のイスラム教徒のどちらかと言えば保守的な立場に呼応していた。しかし、イスラム教徒の大衆層が実際にデモに参加することは稀であり、デモ参加者のほとんどは、勃興しつつある「イスラム教ブルジョワジー」であった。彼らにとっての政治的優先課題は、もはや経済・社会問題を超え、価値観の領域へと広がっていた。

これに対し、郊外大衆地区において明確なインパクトを与えたのが、同じ時期に始まった抗議運動「子どもを学校へ行かせない日（ＪＲＥ＝Journées de retrait de l'école）」である。これは、ジェンダー理論と「男女平等のＡＢＣＤ」プログラムを学校教育で教えることへの反対運動で、「こうした教育は、同性愛を助長し、伝統的家族の価値観を揺るがす」というのがその糾弾理由であった。運動による動員

＊（二八九頁）　保守政党「国民運動連合（ＵＭＰ）」を離党して二〇〇七年に自党「立ち上がれ共和国」を結成。正統的ド・ゴール主義を標榜してきた。二〇一七年四月の大統領選第一回投票では得票率四・七％を獲得。対マクロン候補として党首マリーヌ・ルペンが決戦投票に残った極右ＦＮとの間で、マリーヌ・ルペン候補が大統領に当選した場合には首相氏名を受けるとの約束を取り付けて選挙協力を結び、物議を醸した。「立ち上がれ共和国」内からも多数の離反者が出た。

＊＊（二八九頁）　現在（二〇一七年六月時点）は南仏ベズィエ市長。極右ＦＮに近い（本著一六二頁参照）。

＊＊＊（二八九頁）「イスラム教のスカーフ着用」を批判する発言を行って「共和国の導師（イマム）」とも呼ばれる人物。二〇一六年に入ってＩＳＩＳによる明確な殺害呼びかけの標的となった。

＊　ムスリム同胞団系のフランス・イスラム教組織連合（ＵＯＩＦ）にも極右ＦＮにも近い人物として知られる。

の主なターゲットはイスラム教徒の親で、計画が取り下げられるまで、各月に一回、子どもを学校に行かせない日を決め、その実行を促すために親への説得が行われた。二〇一四年一月、最初の「子どもを学校へ行かせない日」が実施された。この日、イスラム教徒住民が多く住むパリ郊外のいくつかの学校では欠席率が三〇％に達した。

「子どもを学校へ行かせない日」を呼びかけたのは、アルジェリア移民二世の女性作家で社会活動家のファリダ・ベルグールである。ベルグールの歩んだ道のりは、高学歴の移民出身者が辿る典型例の一つであった。一九八三年の「ブールの行進」〔本著四一頁訳注＊参照〕に参加したベルグールは、翌八四年、パリで反差別主義の集会「コンヴェルジャンス84」を主導した（「コンヴェルジャンス84」は、「ブールの行進」を政治利用したとして社会党を糾弾した極左運動であり、六万人の参加者を集めた）。その後、政治活動の前面から姿を消すが、二〇一三年、今度は極右アラン・ソラルと接近するのである。ベルグールはジェンダー理論に反対する主張をソラルのウェブサイト「エガリテ・エ・レコンシリアシオン（平等と和解）」に投稿する。この主張が極右の伝統主義カトリック勢力に支持された。こうしてベルグールの「子どもを学校に行かせない日」運動は奏効し、二〇一四年六月、「男女平等のＡＢＣＤ」のプログラム計画は取り下げとなった。ベルグールは「イスラム教とカトリック教との収斂」を歓迎する。しかし、「子どもを学校へ行かせない日」運動を契機に始まったアラン・ソラルとの蜜月はわずか一年足らずで終わり、ベルグールはソラルと袂を分かつ。

イスラム教徒とカトリック教徒がベルグールが言うように価値の問題で「収斂」したかといえば、そうではない。両者の伝統主義勢力は、同性間結婚とジェンダー理論を除けば対立的な関係にあるのが実情である。非宗教性《ライシテ》の点では、カトリック教徒側はそのほとんどがこれをフランス社会の「イスラム化」に抗するための盾と考えている。対してイスラム教徒側は、共和国の非宗教性《ライシテ》の名の下に導入された、公立学校における「宗教的帰属を示す目立った徴」の着用禁止措置や公共スペースにおける「ニカブ」の着用禁止措置には反発し続けている。ジェンダー理論に関して両教徒の立場が政治的に収斂した背景には、一部のイスラム教徒の家庭で、校内暴力が蔓延する郊外大衆地区の公立学校を避け、カトリック系の私立学校に入学させる傾向が表れはじめたため、カトリック教徒との間に社会的近接性が生じたという事情がある。

非宗教性《ライシテ》という刺激物

非宗教性《ライシテ》はときとしてイスラム教徒への差別を助長する原則と受け止められ、イスラム教徒の宗教的慣習（特定の衣服の着用、飲酒の禁止など）を制限する口実にすぎないと、たびたび糾弾されてきた。

二〇一二年九月、オランド政権下で着任したヴァンサン・ペイヨン新国民教育相は学校教育における新教科として、「非宗教的倫理《ライック》」を翌二〇一三年九月の新年度から採用する提案を行った。これまで学校教育外のテーマとみなされてきた非宗教性《ライシテ》についての考察の場を根本から見直そうとするものである。*（二九五頁）ペイヨン国民教育相は「ル・ジュルナル・デュ・ディマンシュ」紙上で、「学校でこうした問題が提起され、考察され、教育されなければ、ありとあらゆるタイプの商人や原理主義者が学校に代わってこれを行うことになる」と述べ、さらにこう続ける。

非宗教性《ライシテ》の出発点とは、良心の自由の絶対的な尊重である。したがって、非宗教的倫理《ライック》の目的は、各生徒に自らを解放する可能性を与えることである。選択の自由を与えるためには、家族、民族、社会、知性上のあらゆる決定論から生徒を解放し、そのうえで生徒が選択を行えるようにしなければならない。

ちょうど同じ頃、「バビー・ルー保育園」をめぐる裁判が話題となり、公共スペース外での非宗教性《ライシテ》をめぐる問題が浮上する。バビー・ルー保育園は非営利法人の民間保育園で、二〇〇八年、出産休暇後に職場復帰した女性職員を、イスラム教のスカーフ着用を理由に解雇した。裁判は宗教実践の自由を主張する職員側が園長を相手取って起こしたものである。この保育園は、公共サービスの民間委託という枠内で自治体から予算の一部を得ている。数年にわたる裁判を経て二〇一四年六月二五日、破毀院（最高裁判所）は園長側の主張を認め、職員側の主張を認めたパリ控訴院（高等裁判所）の判決を覆す。破毀院の判決は、「私的な人格、この場合には非営利法人が、職場における宗教的信条の自由を制限できる要件」を規定したうえで、「宗教的信条を表明する自由の制限は、［…］一般的性格の制限とは異なり、職員が行う職務の性質によって明確に正当化され、かつ、求められる目的に相応したものでなければならない」とし、園長側の主張をこれに該当するとみなす一方で、「民間企業内での非宗教性《ライシテ》の原則は、宗教的実践全般に適用されるわけではない」との判断を示した。

民間企業内における宗教的帰属の表明とその制限についての議論は、政治的にも法律的にも結論が出ていない。バビー・ルー保育園をめぐる裁判は二つの反応を引き起こし、伝統的に非宗教性《ライシテ》擁護の立場をとってきた団体は園長側を支持し、他の団体、特にイスラム主義系の団体は解雇された職員側を支持した。

非宗教性《ライシテ》の議論をめぐっては、状況をさらに不安定化させた要因がある。二〇一三年一二月に発表された「移民統合政策に関する報告書」がそれである。報告書の作成はジャン＝マルク・エロー*首相の指示でなされたものだが、結果的には社会党内および内閣を構成する諸党派間の対立を白日の下にさらす結果となった。報告書はその一部で、「公立学校において宗教的帰属を示す目立った徴の着用を禁じる」二〇〇四年法〔本著七七頁訳注**参照〕の見直しを提言した。これは、ペイヨン国民教育相が打ち出した先の方針の真逆を行く提言である。報告書の作成者はこう主張している――「包摂的でリベラルな非宗教性《ライシテ》、すなわち非宗教性《ライシテ》が適用されるコンテクストとその適用結果との双方に配慮する、共有化された非宗教性《ライシテ》の発展条件を検討することが重要である」。

この報告書は、非宗教性《ライシテ》の原則の適用緩和を目的に、その内容や手続について妥協と交渉を呼びかけており、現行制度の脆弱なコンセンサスに亀裂をもたらすものであった。政府・与党内ではすぐさま対

---

*（二九三頁）二〇一三年七月の「共和国の学校の再構築のための基本方針・計画法」により「倫理・公民教育」として規定され、二〇一五年九月の新年度から実施された。共和国の非宗教的（ライック）な価値観の教育に重点を置き、小中高の全課程で計三百時間が割かれる。

*　第二次エロー内閣（当時）の閣僚はほとんど社会党であったが、伝統的同盟政党である左翼急進党（ＰＲＧ）からトビラ法相、環境派であるヨーロッパエコロジー＝緑の党（ＥＥＬＶ）からデュフロ地方平等・住宅相などが入閣していた。

立の様相がくすぶりはじめる。その証左として、報告書は数週間も経たないうちに首相府のウェブサイトから削除された。報告書を擁護する左派の一部からは「文化的多様性の認知」を求める声が上がるものの、結局、政府は二〇〇四年法による現状維持を選ぶこととなる。

　こうして、与党左派勢力は二〇一二年の大統領選挙と国民議会議員選挙の勝利から一年余りで、左派の歴史的テーマの一つである非宗教性《ライシテ》の問題をめぐって分裂する。一九八〇年代、発足二年後のミッテラン社会党政権が経済面で「緊縮財政への転換」を余儀なくされた際には、非宗教性《ライシテ》や反差別主義というイデオロギー面でのテーマが左派結束を維持する力となった。これに対して、二〇一〇年代における左派は、「宗教実践に制限を加えつつ差別主義と戦う」というこの伝統的戦略をめぐって分裂していくのである。

　今日の状況は、二十世紀最後の四半世紀、すなわち一九七〇年代後半から二〇〇〇年までの時期とは明らかに異なる。当時、北アフリカ系の移民子弟にとって社会的な上昇を目指す方法といえば、多くは、行動の非宗教化《ライシゼーション》と並行して、社会への異議申立て、進歩主義運動への参加（共産党、共産党系労組連合「労働総連合（CGT）」、社会党への加入、あるいは極左への傾斜など）という形をとるのが普通であった。ところが、二〇〇〇年代に入ると、サラフィー主義の浸透に伴ってこの図式が次第に変化していく。特に二〇〇一年のアメリカでの九・一一事件、続いて起こる二〇〇五年秋の暴動を経るとこの変化はさらに進み、かつての「ブルジョワ社会」との断絶を模索するモデルに代わって、「不信仰者の社会」との断絶を提唱するモデルが登場してくる。また、こうした変化を背景に、自由市場原理と保守的な右派の価値観を称賛する、イスラム教を文化的バックグラウンドに持つ大卒者・管理職・起業家層が勃興してくる。

そこでは、サウジアラビアから輸入されたサラフィー主義の規範が「ハラム（非合法）」に対する「ハラル（合法）」の行動・消費様式をとる形で、個人のアイデンティティーとして宣揚されていく。高等教育を修了したイスラム教徒層は、異教の文化を否認《デザヴエ》しつつイスラム教の規範に付き従うことで、郊外の貧しい若者たちにとっての「有機的知識人」*たらんとする願望を育むようになる。彼ら高学歴層は、「イスラム・アンテグラル」の厳格主義によってイスラム教の共有化を目指し、周縁化された若者たちとの間の階層格差や矛盾を超越して、これらの若者たちから政治的支持を得ようとしていく。

一方、この時期は、社会党政権が提出した同性間結婚法案に反対する大規模な抗議運動が巻き起こった時期でもあった。**

厳格なイスラム教の立場からすれば、「ハラム」であり「大罪」である同性間結婚を厳しく排斥することは、郊外大衆地区の有権者が長年維持してきた左派政党との結びつきを断ち切る一つの政治的手段であった。同性間結婚はソドムの住民ロトが犯した罪であり（原注）、これを合法化した社会党は「地上に腐敗

＊　道徳的、政治的、組織的な行動を通じて社会の変革を先導する知識人。イタリアのマルクス主義思想家グラムシが提唱した。
＊＊　本段落よりG・ケペル執筆。
（原注）　ロトは旧約聖書の人物。アラビア語では「lout」。その派生語の「louti」は「男色家」を意味する。

をもたらした者」に降りかかる呪いを受けることになる。

イスラム教の厳格主義の伝統は男色に極めて厳しく、男色家には死刑を命じる。二〇一五年一月に発行されたＩＳＩＳの英語ウェブ機関誌「ダービク」第七号では、ＩＳＩＳの支配下にあるシリアのラッカでなされた風俗粛清の公開処刑の様子を写真入りで伝えている。目隠しされた「男色家」の男性が建物の最上階から突き落とされ、打ち砕かれたその死体を見物人が冒瀆する写真が掲載されている。写真に付された解説にはこの処刑を正当化する聖典が引用されている。続いて今度はシリアのホムスで執行された投石による同性愛カップルの処刑現場の写真が掲載され、「ハディース」の一節がアラビア語で次のように書き込まれている。

アラーの使徒――使徒にアラーの祝福と救いがあらんことを――はこう言った。「ロトの同類のように振る舞う者を見つけたら、攻めの者も、受けの者も、殺してしまえ」。

イスラム教において同性愛は罪深いものである。ゆえにモスクでは導師《イマム》が説教壇からこの罪深さに憎悪の言葉を投げつけ、信徒はこの罪深さに辱めを与える。これは「宗教上の罪」という側面である。ところが同性間結婚を認める二〇一三年五月法に対してはさらに、一部のイスラム教徒から「法の普遍主義に関わる原則」の問題が提起されることになる。

すなわち次のような展開である。これまで結婚に関するシャリア（イスラム法）の適用は、フランスの法体系が普遍的な性格を有するゆえに退けられてきた。しかし、ロビー団体の圧力によって、かつては非合法とされていた同性間結婚が合法化されるというなら、もはやフランス法は不可侵なものでも何でもなく、シャリアに則った婚姻を望む人にもそれを拒否することはできないはずである。よって、フランス国内においてシャリアに合法性を与えるためには、イスラム教徒も同性愛者のようなロビー団体を結成しさえすればよいのである。

この論理でいけば、フランスにおいてシャリアを合法化すること、具体的にはフランス国内においてシャリアに則った婚姻が法的に認められ、夫による妻の一方的離縁や一夫多妻制を実現することはもはや不可能ではない。しかも、合法化を待ちつつ、内縁関係の下で離縁や一夫多妻を実践することには何ら法的障害もないのである。実際、多くのフランス市民が内縁関係すなわち事実婚を実践しており、オランド大統領自身もその一人であった。

もちろん、同性愛の拒否というスローガンのみで全イスラム教徒が結束することは容易でない。しかし、同性間結婚法案への反対をきっかけに、かつて社会党を支持していたイスラム教徒有権者層の一部が反社会党の立場に転じたことは確かである。また、フランス市民権を得たばかりの若い有権者たちが、イスラム教徒共同体のために選挙ロビーを加速させたことも事実である。

それは二〇一四年三月の市町村議会議員選挙の結果にも現れた。「ハラル起業家」の政界進出に拍車がかかり、セーヌ・サン・ドニ県の県庁所在地ボビニー市や、人口の多い同県内のオルネー・スー・ボワ市など、伝統的に大衆層の多い都市では、市議会与党が左派から右派へと移った。この選挙では、オランド政権の経済政策への失望から、シテのイスラム教徒有権者層が左派への投票を控えた。同時に、イスラム教徒共同体の活動家が右派の候補者リストに名を連ねた。特に、セーヌ・サン・ドニ県ドランシーのジャン＝クリストフ・ラガルド市長率いる候補者リスト（中道右派の「民主主義・独立議員連合（ＵＤＩ）」、二〇一二年結成）にこうした活動家が合流し、「地上に腐敗をもたらす」社会党候補に反発するイスラム教徒有権者の票を集めた。

二〇一四年三月のこうした選挙結果は、全国的に見ればまだ限られた地域での現象であったが、今後の「イスラム教徒票」の変化の前兆と考えることができる。将来的には、「イスラム・アンテグラル」のようなアイデンティティー上の問題に依拠した基準が、社会・経済的状況に依拠した基準（二〇一二年六月の国民議会議員選挙で採用された基準）に取って代わる可能性はある。また、二〇一四年には、「生粋」のフランス人の大衆層においても左派への拒否感が広く浸透していた。そして、それと反比例するように、同年五月と九月のその他の二つ選挙*でも極右ＦＮが躍進した。ＦＮは二〇一二年以降、工員・事務職・店員層からの支持が最も高い政党となり、二〇一四年五月の欧州議会議員選挙ではついに、得票数においてフランスの第一党となった。ＦＮに投票するイスラム教徒有権者もおり、さらにＦＮ候補として出馬、当選したイスラム教徒も何人かいる。これらイスラム教徒のＦＮ議員は、貧困・不安定化の最大要因として「グローバル化」とＥＵの存在を挙げている。

「ガザのためのマニフ」と反ユダヤのジハード

二〇一四年夏の初め、フランスで「アイデンティティー」をめぐる社会の分断が先鋭化しつつあった頃、中東では一連の事件が発生している（事件は断食月《ラマダン》とも重なっていた）。中東での諸事件はフランスでも激しい反響を呼び起こし、国内の社会的亀裂をさらに深めることになる。

二〇一四年六月一〇日、ＩＳＩＳがイラクのモスルを制圧し、聖なる断食月《ラマダン》の初日にあたる六月二九日に「カリフ制国家」の樹立宣言を行った。シリアでは、紛争の激化に揺らぐバシャール・アル・アサド政権がスンニ派のジハーディスト反乱勢力と戦うため（彼らはダマスカスとホムス、さらには地中海沿岸のアラウィー派地区を結ぶ道路を切断していた）、レバノンのシーア派イスラム主義勢力「ヒズボラ」の民兵に援軍を要請した。ヒズボラ（アラビア語で「神の党」の意）の民兵はこれに応え、後ろ盾であるイランの了解を得たうえでシリアに入り、イラン政府から「シオニスト国家」と戦うために提供されていた武器を使って、シリアのスンニ派勢力を攻撃した。

ヒズボラは、二〇〇六年夏に勃発した三十三日戦争＊＊（三〇三頁）において、中東最強の軍隊であるイスラエル軍を相手とする非対称戦争で極めて効果的な戦いぶりを見せた。ところが、このヒズボラが二〇一四年夏にシリア内戦に合流すると、レバノン－イスラエル戦線には空白が生じ、イスラエルのネタニアフ首相は、パレスチナ自治区ガザを実効支配する敵対勢力ハマスを軍事排除できる好機と判断した。実際、ヒズボラはシリアに足止めされ、ハマスの援護に戻ることも、ハイファ〔イスラエル北西部の貿易港〕にミサイ

＊　二〇一四年三月に行われた市町村議会議員選挙に続き、同年五月の欧州議会議員選挙ではＦＮが得票率二五・四％を獲得した（右派「国民運動連合〔ＵＭＰ〕」は二一・〇％、社会党は一四・五％）。九月の上院議会議員選挙（間接投票による半数改選）でも、過半数が左派から右派に移ると同時に、ＦＮ上院議員が二人誕生した。

ル攻撃を仕掛けることもできなかった。ガザ地区南端のエジプトとの国境においては、エジプトが封鎖を監視していた。ハマスはエジプトのムスリム同胞団のパレスチナ支部を母体として創設された組織であるが、エジプトでは同年六月初め、ムスリム同胞団と敵対するシーシ元帥が大統領に就任したばかりであった。パレスチナ自治区ヨルダン川西岸のラマッラを本部とするパレスチナ自治政府は、パレスチナ人民に対する往年の威光を回復するためにも、ハマスの排除を待ち望んでいた。

他方、イスラエルへの軍事的圧力としてヒズボラとハマスを利用してきたイランは、ハマスがバッシャール・アル・アサド政権（親イラン）と戦うシリアのスンニ派反乱勢力と連帯し、ハマスのダマスカスにあった政治局をカタールのドーハに移転したことにかなり失望していた。しかも、アラブ世界のみならず、世界の関心は当時、ＩＳＩＳによる「カリフ制国家」樹立宣言とスンニ派対シーア派の衝突の方に完全に集中していた。

したがって、イスラエルにとっては軍事的にも外交的にも、ガザ地区を実効支配するハマスを潰す理想的な条件がそろっていた。攻撃開始のチャンスをもたらしたのは、二〇一四年六月一二日に発生したイスラエル人入植者拉致殺害事件である。ヨルダン川西岸地区で、ヘブロンに住む入植者の少年三名がユヤダ教神学校《イェシーヴァ》からの帰途、ヒッチハイクをしていたところを拉致され、六月三〇日に死体で発見された。事件はハマスの犯行とみなされ、翌々日には報復としてパレスチナ人の少年がイスラエル人に生きたまま焼き殺されるという事件が発生した。この報が伝わると、今度はガザ地区からイスラエルへ向けて多数のロケット砲弾が打ち込まれる事態へと発展したため、ついにイスラエルは七月八日に「境界防衛作戦」を開始する。この作戦は八月二六日まで続いた。

この「境界防衛作戦」ではイスラエル軍によるガザ地区爆撃で約二千人が死亡し（イスラエル側の死者は七十二人）、うち七〇～八〇％が一般市民となった。爆撃に際しイスラエル軍が事前通告した軍事・政治的目標はカッサムロケット弾格納庫の破壊とハマスの根絶であったが、この目標に比して一般市民の犠牲者があまりに多かったことから、イスラエルは国際社会の厳しい非難にさらされた。イスラエルでは翌二〇一五年三月の総選挙で右派政党リクードが勝利し、党首ネタニヤフは連続三期目の首相就任を果たしたが、この勝利は、ガザ地区における多くの犠牲者と国際的なイスラエル非難という大きな代償を払って得られたものであった。一方、軍事施設の一部を破壊されただけのハマスは、反イスラエル勢力としての正当性と被害者としての立場を我がものとした。消滅どころか、ハマスの威光にいっさい陰りはないまま、イスラエルのガザ侵攻は終わった。

フランスでは、イスラエル軍のガザ侵攻に対して激しい抗議運動が巻き起こった。同性間結婚反対運動「マニフ・プール・トゥス」によって露呈した民族・宗教を背景とする社会の亀裂はいっそう激化し、オランド大統領に対しては多数の異議申立て運動がこれまでにない新たな結びつき方を伴って結集する。「境界防衛作戦」が開始された翌日（七月九日）、フランス大統領府はオランド大統領とネタニヤフ首相の電話会談内容を伝える次のようなコミュニケを発表した。これが火に油を注ぐ結果となった。

＊＊（三〇一頁）　二〇〇六年七月一二日に発生したヒズボラによるイスラエル国境侵犯をきっかけに、イスラエルがレバノンに侵攻してヒズボラを追跡し、八月一四日の停戦まで三十三日間にわたって戦争が続いた。

大統領はネタニヤフ首相に対してフランスの連帯を表明し、ガザ地区から発射されたロケット弾による攻撃を強く非難した。大統領はこの攻撃を断固糾弾する旨、ネタニヤフ首相と確認した。あらゆる手段を講じて自国民を脅威から守るのは、イスラエル政府としての当然の責務である。

オランド大統領は、イスラエルによるガザ侵攻を無条件に認めた。これまでフランス政府はイスラエル・パレスチナ紛争に対し均衡的な立場を堅持してきたが、これを崩したオランド大統領には多くの非難が浴びせられることになる。コミュニケの翌日、オランド大統領はすぐにパレスチナ自治政府のマフムード・アッバス大統領と電話会談の場を設け、「イスラエルの軍事作戦がすでに多数のパレスチナ人犠牲者を出していること」に遺憾の意を表し、イスラエルに自制を呼びかけるが、前日のコミュニケの波紋はもはや打ち消しようがなかった。大統領の専権事項である外交分野は国としての立場表明が決定的な重要性を持つ。しかし、こうした右顧左眄《うこさべん》の結果、フランスの立場は一貫性を失い、街頭にはあらゆる抗議運動があふれ出し、政府への糾弾はエスカレートしていった。

「マニフ・プール・トゥス」に続くこの「マニフ・プール・ガザ（ガザのためのデモ）」によって、文化的・宗教的な対立を背景とするフランス社会内の亀裂はさらに深刻化した。ガザ攻撃が始まったのは、ISISによる「カリフ制国家」樹立宣言（二〇一四年六月二九日）の直後である。「カリフ制国家」の樹立宣言は、それまでバラバラなイニシアチブにすぎなかったジハードに統一的な帰属意識をもたらしていた。イスラエルへの抗議デモはちょうど断食月《ラマダン》の月と重なることにもなった。そのためイスラエル軍の蛮行に対する政治的次元の抗議運動が、イスラム主義者の介入する宗教的次元の問題に容易に置き替わっていった。

「フランスのイスラム教の第三世代」が勃興する二〇〇〇年代以降、郊外大衆地区で活動するイスラム主義者にとっての課題は、ポストコロニアル時代の移民の子弟として成長したこの若者たちの社会的な不満をどのようにして普遍性のある運動へと導くかにあった。その意味では、パレスチナとの連帯、なかでもハマスとの連帯はつねに、イスラム主義者の運動に政治的視認性を与える好機であった。すでに二〇〇六年夏の三十三日戦争（イスラエルがヒズボラ追跡を目的にレバノンへ侵攻）の際にも、あるいは二〇一〇年と二〇一一年の海上封鎖突破（パレスチナ支援の活動家がイスラエルによるガザ地区海上封鎖に対して試みた抗議行動）の際にも、こうした連帯運動は行われていた。

二〇一四年当時、パレスチナ支援は依然として人々に結束を促す重要なテーマであった。パレスチナ支援は、左派支持層の一部にとっては反帝国主義の大義であり、また、より広範なフランス社会の市民層にとってはヒューマニズムの大義であった。イスラエル軍の空爆により多くのガザ市民が犠牲となり、イスラエル軍の艦砲射撃によりガザ地区の海岸で遊ぶ子どもたちが犠牲となっているなか、そうした場面がテレビやインターネットで放映されると、イスラエル軍の蛮行に対するフランス市民の憤りは支持政党の違いを超え、広く共有されていった。

二〇一四年七月一三日、フランス革命記念日の前日に行われたパリの抗議デモには、左派や極左の団体と、イスラム主義団体あるいは極右の嫌ユダヤ主義・アイデンティティー系団体とが揃って参加した。

イスラム主義団体のデモ隊列からは、「ハマスのミサイルでテルアビブを爆撃せよ」といったアラビア語の叫びが聞かれた。ハマスの創設者シェイク・アフメド・ヤシン（二〇〇四年、イスラエルにより殺害）の名前を冠した団体「シェイク・ヤシン」からは、「市民たちよ、抵抗を！　ハマスよ、抵抗を！　ジハードよ、抵抗を！」というスローガンが唱和された。「イスラエル、殺人者。オランド、共謀者」というプラカードが並び、「ユダヤ人に死を」「イスラエルに死を」というシュプレヒコールが響き渡った。林立するパレスチナの旗に混じって、白と黒の文字でイスラム教の二つの信仰告白*を浮き出させたサラフィー主義者の旗（ＩＳＩＳが使用し、よく知られるようになった旗）も翻った。

すぐ近くでは、「ディユドスフィア（ディユドネ系のウェブサイト）」のシンパが派手な行進を行った。ボール紙で作ったハマスのカッサムロケットを振りかざしながら、ディユドネの発案で有名になった「クネル」**をしている若者グループもいた。これは、イスラム主義のイデオロギーとディユドスフィアのイデオロギーとの間に相互浸透が生じていることを示していた。

このデモは、イスラム教徒と進歩主義左派勢力との同盟関係の崩壊を顕在化させた。同時に、イスラム主義者とアラン・ソラル系の極右の過激主義者とが、嫌「シオニズム」を共有し、接近しはじめたことを裏づけた。極右ＦＮは当時、マリーヌ・ルペン新党首の下、「フランスの第一党」として反ユダヤ主義のレッテルを払拭するのにやっきになっていたが、ＦＮ創設者である父ジャン＝マリー・ルペンの方は、党の思惑を意に介することなく、パレスチナ市民の受難に対してイスラエルを激しく糾弾していた。

デモの解散時にはパリ市内の二つのシナゴーグ（ユダヤ礼拝堂）の前で激しい衝突が起きた。原因は、シナゴーグの警護にあたるユダヤ系極右組織「ユダヤ防衛同盟」（原注１）のメンバーが挑発したという主張と、反ユダヤ主義勢力が「ユダヤ人に死を」と叫びながら襲撃したという主張とが交錯した。治安当局はこの事件を深刻にとらえ、後日予定されていた二つのデモを禁止した。

しかし、この禁止措置にもかかわらず、数日後、七月一九日と二〇日には新たなデモが組織された。一九日のデモはパリ十八区のバルベスで行われた。バルベスはパリのアルジェリア移民居住区の象徴であり、現在もフランスに到着した不法移民が最初に定着する場所である。一方、翌二〇日のデモはパリ北郊のサルセル（ヴァル・ドワーズ県）で行われた。サルセルは一九五〇年代以降の高度成長期にフランスの大都市郊外に続々と出現した高層団地群（「シテ」）の象徴と言える町である。[原注2] サルセルがデモの舞台として選ばれたのは、フランスのコミューンの中では唯一、住民の三分の一がユダヤ教徒（ほとんどが北アフリカ出身者）、三分の一がイスラム教徒という構成になっていたためである。

中世のリュネルがそうだったように、サルセルは現代における「小エルサレム」と呼ばれ、ユダヤ教の戒律に従った「カシェル」の食品を扱う店やユダヤ人学校などが集中し、シナゴーグの数も多い。し

＊　「アラーの他に神はなし」「ムハンマドはアラーの使者なり」。

＊＊　ディユドネが反ユダヤ主義的な言動と合わせて使いはじめた動作で、右手を下方に伸ばし、左手を右肩近くに当てる。ディユドネは「システムへの不服従」を示す動作であると説明している。肘を曲げて前に突き出し相手に対する愚弄を示す動作とナチス式敬礼の動作との中間的な動作とみなせる。

（原注1）アメリカの差別主義者であるラビ、メイル・カハネが創設した運動で、過激主義で知られる。メイル・カハネは一九九〇年に暗殺された。

（原注2）サルセルはパリ郊外に最初に高層団地群が出現した町であり、一九六二年には、無機質な高層団地の住民に見られる倦怠感などの症状を指して「サルセル病（サルセリット）」という新語も登場した。

かしながら、若年者に限定した人口構成比を見ると、一九九九年には十八歳未満の若者の六二・二%が外国系住民（両親のうち少なくとも一人が移民）で、二〇〇五年にはマブレブ系やサブサハラ系、あるいはトルコ系の、イスラム教徒を親に持つ若者が多数派を占めるようになっていた。一方、地元では宗教別の人口構成バランスが崩れるのを防ぐため、トルコおよびイラクから亡命してきたカルデア派カトリック教徒の定住を奨励し、結果、サルセルはフランスにおけるカルデア派カトリック教会の中心地にもなっていた。二〇〇四年には東方教会の祖である聖使徒トマに因んだサン・トマ・ラポートル大聖堂が建立され、サルセルをとりまく近隣コミューンにはカルデア派キリスト教徒約一万人が住み着くようになっていた。

こうした背景を持つ二つの地区でデモは再開された。バルベスではデモ隊を解散させるために共和国保安機動隊（ＣＲＳ）が出動した。デモ参加者にとっては、フランスの国家警察ＣＲＳが投げる催涙弾はイスラエルによる爆撃であり、自分たちが行う略奪・破壊行為はハマスによる抵抗であった。彼らにとりパリの街路はまさに、テレビに映るパレスチナ紛争の舞台そのものとなった。衝突の象徴的相似性を通じて、中東紛争がメタファーとしてフランス社会に移植された。こうしてイスラエルに抑圧されたパレスチナ人が、ポストコロニアルの共和国に虐げられた移民の若者たちに重ね合わされる。二〇〇五年秋の暴動の際にクリシー・モンフェルメイユでＣＲＳによる「ビラル・モスクの毒ガス攻撃」〔本著六五頁以降参照〕事件が発生したときも、暴動に参加した一部の若者たちはフランス社会をパレスチナに重ね合わせた。

これに対して、サルセルでのデモの標的はバルベスでのそれとは異なっていた。デモ隊が目論んだのは、イスラエルになぞらえられる「コロニアル」なフランス国家との衝突ではなく、「小エルサレム」の中に立てこもる地元のユダヤ人との衝突であった。デモ隊にとって、これらユダヤ人は自分たちが忌み嫌うシオニズムの権化であった。デモに乗じて略奪も起きたが、同地区にあるショッピングセンター「レ・フラナード」内のテナントで略奪を受けたのはユダヤ人の商店とカルデア派キリスト教徒の商店であり、イスラム教徒が経営する商店にはまったく被害が及ばなかった。

サルセルのデモを組織したのは選挙出馬の野心を持ついわゆる「多様性」*の活動家であったが、デモは早々に、組織者側の統制のきかない暴動に発展した。サルセル周辺のイスラム主義者グループが郊外電車「パリ首都圏急行鉄道網（ＲＥＲ）」の最寄り駅ガルジュ・サルセルから町に入り、シナゴーグのある地区への進入を阻むＣＲＳの隊列に向かって「アラーは偉大なり（Allahou Akbar）」と叫ぶ想定外の展開となった。蔓延する社会・文化的な不満を噴出させるかのように、非行少年らも略奪行為に加わった。そして彼らの場合も、イスラム教徒以外の共同体に属する商店のみを標的にした。

バルベスのデモは、イスラム教徒地区バルベスが「コロニアルかつシオニスト国家」の機動隊によって包囲される、というメタファーが適用されるケースであった。ところが、サルセルのデモではこれが逆転し、「小エルサレム」の中のユダヤ人居住区（mellah）がイスラム教徒のデモ隊によって包囲される、という形となった。のみならず、サルセルのデモでは、モスルに樹立された「カリフ制国家」がイラクのキリスト教徒を迫害するのと同じように、東方のキリスト教徒も迫害の対象としたのである。

＊　国内のマイノリティ出身者を指す。

『グローバルなイスラム抵抗への呼びかけ』を著したアブ・ムサブ・アル・スーリのプリズムを通してみるとき、サルセルでのこの暴動は、スーリが予見した「飛び地戦争」の前哨戦とも言える様相を呈していた。スーリのジハーディズム理論によれば、まずテロによってヨーロッパ社会内に亀裂が生じてイスラム教徒地区が独立化し、民族・宗教的に均質な地域が各所に形成される。そして、こうした均質な地域の間で衝突が起こり、内戦つまり「飛び地戦争」が発生する。

サルセルの高層団地群は、すでに宗教的帰属によって住民の棲み分けが行われていた地域である。そのサルセルで、イスラム教徒移民の子弟を中心とする若者が暴徒化し、ガザ地区への連帯を口実に、地元のユダヤ教徒、さらには東方のキリスト教徒の商店を攻撃した。この攻撃は、トゥールーズで二〇一二年三月一九日に発生したメラによるユダヤ人学校を標的とした殺戮、ブリュッセルで二〇一四年五月二四日に発生したネムーシュによるユダヤ博物館を標的とした襲撃、そして、サルセルでのデモの一週間前、七月一三日に組織されたパリの反イスラエルデモでの「ユダヤ人に死を」という叫びと呼応していた。こうして六カ月後の二〇一五年一月九日、「シャルリー・エブド」編集部殺戮事件の翌々日に、アメディ・クリバリがユダヤ系食品店「イーペル・カシェール」を襲撃する。

イスラエル軍による空爆に苦しむパレスチナ住民への連帯が、新しい言語体系に従って表現されはじめる。この新しい言語は、フランス社会の亀裂から生まれた言語であったが、グローバル・ジハーディズムの用語からも言葉を借りはじめていた。グローバル・ジハーディズムの文法を取り決めたのはスーリである。

二〇一四年六月二九日に建国を宣言した「カリフ制国家」の呼びかけに応え、何百人ものフランス人の若者がシリアへ旅立った。その彼らが、たどたどしいながらも、グローバル・ジハーディズムの用語を混ぜ合わせ、その新しい言語を話しはじめていたのである。

第6章 ＃シャルリークリバリ（＃CharlieCoulibaly）

二〇一五年一月七日、フランスではミシェル・ウエルベックの新作小説『服従』が発売され、朝のラジオで著者のインタビューが流れた。タイトルの『服従』とは、アラビア語の「イスラム」の文字通りの訳である。前作『地図と領土』でゴンクール賞〔フランスで最も権威ある文学賞〕を受賞したウエルベックは、世界で最も広く読まれているフランス現代作家の一人である。しかし、新作『服従』に対しては文学評論家の一部が「イスラムフォビア〔嫌イスラム〕」の疑いを向けたことで、プレスの論調はかなり敵対的であった。物語の設定は二〇二二年。この年、フランスでは大統領選挙が行われ、ムスリム友愛団の党首モアメド・ベン・アベスなる人物が新大統領に選出された。モアメド・ベン・アベスはチュニジア人食品店主の子息で、フランス共和国の学歴エリート《メリトクラシー》の最高峰である国立理工科学院《エコール・ポリテクニーク》と国立行政学院（ＥＮＡ）の両校を卒業した人物である。舞台はオランド大統領が惨憺たる二期目を務めた後の荒廃したフランスであり、一方では極右「国民戦線（ＦＮ）」が、もう一方ではサラフィー主義集団が市民の支持を集め、国内はアイデンティティー共同体に分裂し、スーリが奨励する「飛び地戦争」を彷彿とさせる暴動と、武装集団の跋扈で揺れていた。

主人公フランソワは、パリのソルボンヌ・ヌーヴェル大学サンシエ校で文学を教える大学教員である。専門はジョリス＝カルル・ユイスマンス*。国に軽視され、薄給に甘んじる現代フランスの典型的な大学教員として平々凡々たる生活を送っている。そうしたなか、ソルボンヌ大学がサウジアラビアに買収されるという事件が発生する。サウジアラビアはイスラム教徒の教員のみを採用する方針をとり、イスラム教徒教員には世界の有名大学並みの高給――フランスの給与水準の三倍――を提示する。同時に、イスラム教への改宗を望まない教員には、勤続年数いかんにかかわらず年金満額支給を保証したうえで即時退職、という教員側にとっては極めて好条件の取引を提案する。主人公フランソワは、いったんは退職を検討するが、新学長――アイデンティティー系極右からイスラム教に改宗した人物――から、権威ある「プレイヤード叢書**」にユイスマンス作品集を収録する計画があり協力しないかと誘われ、また、改宗すれば一夫多妻が認められるという話を持ち出されて心が動き、「服従」してイスラム教徒となる。

＊　十九世紀末のフランスの小説家、美術評論家。俗悪な現実を嫌悪して人工美の世界を追求する『さかしま』（一八八四年）が代表作。

＊＊　「プレイヤード叢書」はガリマール出版社が出版する古典的名著のコレクションで、同叢書に収録されることは「殿堂入り」と受け止められる。

ウエルベックの過去の作品と同じく、この未来予見小説で展開されるブラックユーモア的な筋書きは、作者の卓越した社会観察眼とフィクション（虚構）とによって社会の現状や人間の情念を極限化したものであり、ここにはアリストテレスの言うカタルシスの基本原理*が見てとれる。不安を呼び起こす社会・文化的現象を極限まで昇華させた文学作品が登場すると、ジャーナリズム次元の批評は判定者としての自らのポジションを保持するために、かつて褒めそやしたものを酷評するという機械的な反応をする以外、批評するすべを持たない。ウエルベックは、『服従』の発売日である一月七日、ラジオ局「フランス・アンテール」の朝番組に出演し、文芸欄担当者や視聴者からのインタビューや質問に答えた。質問の中にはエッセイストのカロリーヌ・フーレスト**に関するものがあり、これについてウエルベックは次のように答えた。

> カロリーヌ・フーレストの本は読まなかったと思う。［…］もちろん資料にはあたったが、自分の調査ではむしろジル・ケペルの本を資料にした。

この番組が終了して数分後、本著の著者〔Ｇ・ケペル〕の下には同僚から、「胡散臭い人物からの仲間呼ばわりを否認し《デザヴエ》」「大学人としての名誉を守る声明文の発表を！」という強いメッセージがＳＭＳやメールを通じて届きはじめた。本人は特に反応することなくパリ政治学院の研究室にいた。そこに「シャルリー・エブド」編集部襲撃の報が入った。

二〇一五年一月七日の「シャルリー・エブド」編集部の襲撃は、二〇一二年のメラ事件〔ユダヤ人学校の児童・教師殺害事件ほか）や二〇一四年のネムーシュ事件（ユダヤ博物館襲撃事件）と同様、『グローバルなイスラム抵抗への呼びかけ』が唱えるジハーディズムの論理を文字通り実践したテロの一つであり、それらの事件が一つの極点に達したことを示す事件であった。「預言者に対する冒瀆の仇を討つ」ために襲撃の挙に出たクアシ兄弟は、その直後には「背教者」である北アフリカ出身の警官を殺害する。翌八日にはアメディ・クリバリがアンティル諸島出身の女性警官を殺害し、さらにその翌日九日にはそのクリバリがポルト・ド・ヴァンセンヌにあるユダヤ系食品店「イーペル・カシェール」に立てこもり人質を殺害する。

一月七日から九日にかけての襲撃の開始当日に出版された小説の虚構と、「事実は小説より奇なり」という成句を地でいく現実の事件とが、これほど明白に呼応し合ったことはかつてなかった。パリの街中で何人もの人々が平然と殺害されたことへの衝撃に加え、犠牲者たちのプロフィールが極めて強い象徴性を持っていたことから、この事件はまさに天変地異の様相を呈し、文化的な九・一一の勃発という印象を与えた。メラ事件のときは、それまでに見られなかった新しい型の犯罪であったため、事件は様々な事情が重なって生じた偶発現象として捉えることもできた。しかし、二〇一五年一月の一連の殺戮事件は、これが実は、フランス社会、さらには欧米社会の基本である社会・政治契約を根底から突き

＊　アリストテレスは『詩学』の中の悲劇論において、「悲劇が観客の心に怖れと憐れみを呼び起こし、感情を浄化させる効果」を「カタルシス」と呼んだ。

＊＊　女性解放、同性愛者の権利、非宗教性（ライシテ）の擁護、宗教的原理主義批判で知られる。

崩そうとするテロではないのか、メラ事件、さらにはネムーシュ事件と同じ性質のテロがその極点をなす形でついに噴出したのではないかという意識をもたらした。ジハーディズムのテロが目指すのは、その活動家と「殉教者」の下にレトロコロニアル時代のイスラム教徒移民子弟を過激化させて集め、フランス社会を内部から崩壊させることである。そこでは移民の子弟のみならず、様々な排除のシステムに憎しみを抱く社会の「不満分子」のすべて（とりわけ、将来への展望が得られず行き場を見出せない若者たち）が動員の射程に入れられる。こうした「不満分子」にとりジハーディズムを伴うイスラム主義への改宗は、極左または極右に見られる戦闘的行動主義と結びついたものであるか、もしくはこれに取って代わるものである。

以上のような意味において、一月七日から九日にかけて発生した事件のメカニズムは、ウエルベックが『服従』の中で予見したそれを想起させるものであった。しかしながら、この事件への反発として一月一一日に行われた大規模デモや、そのデモが呼び起こした、デモの本質に関する激しい議論を見るとき、そこには現実社会の持つ回復力《レジリエンス》もまた表現されており、虚構の小説が描く衝撃的なまでに単純化された図式とは異なる道が、険しいながらも存在していると考えられるのである。

先に述べたように、「シャルリー・エブド」編集部、警官二名、そしてユダヤ系食品店「イーペル・カシェール」を標的としたこの連続殺戮事件は、メラ事件を起点とする一連のプロセスの極点をなす事件として位置づけられる。このプロセスの起源にあるのはアブ・ムサブ・アル・スーリの著作である。ただし、二〇一五年一月七日から九日にかけてのこの事件は、そのプロセスの極点ではあったが最終到達点ではなかった。二〇一五年はその後も、一月の衝撃の余震とみなせる諸事件によって犠牲者が断続的に発生し、一一月には百三十人もの人々が殺戮された。一連の余震のうち最初のものは、四月一九日にパリ南郊のヴィルジュイフ（ヴァル・ド・マルヌ県）で二十四歳のアルジェリア人学生、シド・アメド・グラムが奇想天外な経緯を経て逮捕された事件である〔本著四三頁訳注＊＊参照〕。シド・アメド・グラムは当時、フランス政府の奨学生であり、風刺紙「カナール・アンシェネ」によれば、イスラム主義者学生の票集めを狙う学生組合から後押しを受け大学の学生寮に一室を得ていた。四月一九日の朝、シド・アメド・グラムは自ら発砲した銃弾二発を被弾して負傷し、自分で救急サービスに電話して救助を求める。グラムが負傷した経緯ははっきりしないが、複数の筋によれば、グラム自身が銃の扱いに不慣れであったためとされる。現場に到着した警官はグラムの車から武器を押収し、グラムは早々に、ヴィルジュイフで前日に発生した若い女性の殺害事件と、ヴィルジュイフのカトリック教会――日曜日のミサで多数の礼拝者がいた――でのテロ計画の容疑者となる。グラムはこのテロ計画について、過去にアルティガットのグループ〔本著一七〇頁以降参照〕の一員だった人物で当時はシリアに居住していたフランス人ジハーディストの指示を受けたとされる。

もともとグラムはシリア渡航の可能性のある人物として当局がマークしていた若者で、二〇一四年以降は警察のいわゆる「Sファイル」＊にリストアップされていた。二〇一五年二月にトルコへ入国し、アルジェリア系のフランス人ジハーディストと接触していることが確認されている。このフランス人ジハ

＊「Sファイル」は、捜査対象者ファイル（FPR）と呼ばれる二十一種類ほどある記名リストの一つで、国家の安全を侵害する恐れのある人物がリストアップされている。

ーディストはパリ北郊ヴィルパント（セーヌ・サン・ドニ県）の出身で、ＩＳＩＳに合流した人物と言われる。この人物がグラムに、シリアに入国せずフランス国内でテロを行うよう厳命したとされる。治安当局によれば、この人物はグラムに当初、ヴィルパント駅周辺でのテロを指示し、グラムは現場を下見に行っている。しかしこの計画は放棄された。プレスが報道した予審捜査情報によると、理由は、ヴィルパント駅界隈には「ほとんどアラブ人しかいない」とグラムが判断したためである。グラムは、武器の入手方法を指示する「手配人」と連絡をとり、最終的にヴィルジュイフのカトリック教会を標的として選ぶ。ヴィルジュイフが選ばれたのは、おそらく「ユダヤ人の街」とも聞こえる地名のせいであろう。「ユダヤ人の街」を連想させるこのヴィルジュイフでテロが成功すれば、無知なイスラム主義者のシンパは「イスラエルに勝利したも同然」と考え、テロの実行者とその黒幕を讃えるというわけである。「シャルリー・エブド」編集部の殺戮事件があった翌日にもこのヴィルジュイフで車が爆破される事件があり（犠牲者はなかった）、アメディ・クリバリが犯行声明を出している。*

一月の衝撃の余震はその後も続いた。南アルプスに近いイゼール県では六月二六日、頭部切断事件が発生する〔本著四三頁訳注＊＊＊参照〕。ＩＳＩＳがレバントで行ってきた人質や捕虜の斬首については以前からインターネット上に多数の動画が投稿されていたが、フランス国内ではこれが初めてのケースとなった。地元の会社員ヤシン・サリが勤務先の輸送会社の社長を殺害し、切断した頭部をイスラム主義のスローガンとともに化学工場の外柵に括り付けたのである。しかも、化学工場を爆破し汚染を撒き散らす計画を立てていた。このヤシン・サリも、過激化したイスラム主義者として警察の「Ｓファイル」にリストアップされていた人物である。「フォルサン・アリザ」〔本著一八三頁参照〕に近い人物と接触があったとされ、この事件のときには被害者の写真や被害者とともに映る自撮り写真を、ワッツアップ・メッセンジャー〔スマホ向けのメッセージ交換アプリ〕を使ってシリアのジハーディストに送信していた。ヤシン・サリが事件を起こした六月二六日は断食月《ラマダン》の第二週目の金曜であり、「カリフ制国家」樹立宣言一周年の三日前にあたる。この日は、チュニジア中部の保養地スースでも多数の観光客が殺害された。チュニジア人学生セイフェディン・レズギによる犯行で、ホテルのビーチで日光浴をしていた水着姿の「不信仰者」が狙われた。クウェートでも「異端」であるシーア派のモスクが狙われ多数の死者を出し、シリア北方コバネの町でも百人以上のクルド人がＩＳＩＳによって処刑された。

八月二八日には、家族とスペインに居住していたテトゥアン（モロッコ北部）生まれの青年アユブ・エル・カザニが、アムステルダムからパリへ向かう国際高速列車タリスの車内で、乗客に機銃掃射を浴びせようとして失敗している〔本著四三頁訳注＊＊＊参照〕。犯人アユブ・エル・カザニもまた、警察の「Ｓファイル」にリストアップされていた。だが彼の場合も、フランスからドイツ、ベルギー、さらにはシリアへと、特に支障なく自由に移動していた。フランスでは、マグレブ諸国との通話を専門とする電話サービス会社で働いていたこともある。カザニは犯行の直前、ジハードを呼びかける説教の一文を携帯電話の画面上で読んでいたことがわかっている。タリス車内では幸いなことに機関銃が正常に作動しなかったため、カザニは車内で乗客に取り押さえられ、惨事はあやういところで回避された。カザニ

＊　現代フランス語では「ヴィルジュイフ」の「ヴィル」は「街」、「ジュイフ」は「ユダヤ人」という言葉と重なり、「ユダヤ人の街」という意味を連想させる。ただし、実際の語源はユダヤ人とは関係がない。

を取り押さえた乗客の中には休暇中のアメリカ兵もいた。

こうして二〇一五年には一連のテロが継起し、一一月の大量殺戮で新たな極点を迎えることになる。テロが継起し、その背景にあるデータ・軌道・物語が蓄積されるにつれて、第三期ジハーディズムのジグソーパズルのピースが嵌まりはじめ、これがまとまりを持った像として姿をなしはじめてきた。この像を手掛かりにすれば、われわれはスーリの構想したモデルが継続するか衰退するかを考察することができる。果たしてスーリの第三期ジハーディズムのモデルは、フランスやヨーロッパ社会の亀裂をさらに深くえぐり、ＩＳＩＳの建国神話に共鳴する若者を今後もジハードの隊列へと合流させていくのであろうか？　それとも、第一期、第二期ジハーディズムがそうであったように、スーリの第三期ジハーディズムもまた、その失敗を導く致命的な弱点によって力を失っていくのであろうか？

第二期ジハーディズム、すなわちビンラディンとアルカイダに象徴されるジハーディズムにおいては、九・一一同時多発テロが全世界に大きな衝撃を与えたにもかかわらず、「イスラム諸国における権力奪取」という目的は達成できなかった。失敗の原因の一つは、彼らのとったテロの手法が政治面での効果に結びつかなかったことにある。第二期ジハーディスムは二〇〇一年以降、マドリード、ロンドン、ケニア、インドネシアと、各地で多くのテロを発生させてきたが、標的となった社会は、テロの衝撃を被りながらも究極的には不安定化せず、むしろテロの暴力性が持つ象徴的な影響力を涸渇させ、テロリスト予備軍とされる潜在的シンパの意気を挫くことができた。同じような現象は、第一期ジハーディズムにおいても見られた。一九九七年秋、アルジェリアの「武装イスラム集団（ＧＩＡ）」は民間人に対して無差別殺戮を激化させたことで国民の支持を失ったし、同じ時期、エジプトの「イスラム集団（Gama'at islamiyya）」も同国のルクソールで多数の外国人観光客を殺害したことでやはり国民の支持を失い衰退の道を辿った。

では、第三期ジハーディズムはどうであろうか。第三期ジハーディズムは「貧者のテロ」とも形容される。これは九・一一のような周到な準備と資金力を前提としないためである。それゆえ実行犯がところどころで致命的なミスを犯すことさえある。ところが、その一方では、同じ第三期ジハーディズムに位置づけられるＩＳＩＳの「カリフ制国家」が中東において広大な領土を制圧した。第三期ジハーディズムは、第一期、第二期の流れを汲みながらも、それらとは異なる特徴を有する。その特徴がどのようなものであるかを、二〇一五年に発生した一連のテロの展開、論理、影響を総合的に辿り直すことで改めて吟味したい。

「フランスにアラーの天罰を！」

まず、二〇一五年一月七日から九日にかけて発生した一連の事件の殺人犯たち（サイド・クアシ、シェリフ・クアシの両兄弟とアメディ・クリバリ）に関し、民族的・社会的観点からのプロフィールや個人史を見ると、彼らは二〇一二年三月にトゥールーズとモントーバンで発生したテロの殺人犯モアメド・メラや、二〇一四年五月にブリュッセルのユダヤ博物館で発生したテロの殺人犯メディ・ネムーシュと一見したところ同じタイプの人物と言える。同時にまたこの三人にはメラやネムーシュと明らかな相違点が存在し、三人のそれぞれの間にもやはり相異なる特徴が観察されるのである。

二〇一五年一月の一連のテロではクアシ兄弟に関心が集中した。「シャルリー・エブド」編集部への襲撃という形で十二人を殺害しテロの口火を切ったのはクアシ兄弟であり、犠牲者の数とインパクトの象徴性から見て、この一月のテロのうち最も重要な部分を占めていたのは確かに彼らであった。「シャルリー・エブド」という風刺メディアへのテロがあまりにも衝撃的だったことで、このメディアの名称が一連の事件全体の総称となり、「私はシャルリー」という隠喩《メタファー》的なスローガンが世界中にいっきに広まることにもなった。さらに、このスローガンを「イスラム教風刺を肯定するもの」と解釈した人々からは異議申し立ても盛んに行われた。スローガンをめぐるこうした議論も、直後に発生した他の事件の影を薄めさせる効果を生んだ。他の事件、すなわち警官二人の殺害事件とユダヤ食品店「イーペル・カシェール」襲撃事件（人質四人を殺害）が軽視されてしまったもう一つの理由は、おそらく、それらの事件が二〇一二年のメラ事件や二〇一四年のネムーシュ事件と類似する事件であったためであろう。殺害された警官二人はそれぞれ、アルジェリア系とアンティル諸島（海外県マルティニーク島）の出身であったが、二〇一二年のメラ事件でも同じく、モロッコやアルジェリアの北アフリカ系の軍人三人が殺害され、アンティル諸島（海外県グアドループ島）出身の軍人一人が負傷した。また、ユダヤ食品店「イーペル・カシェール」の襲撃は、二〇一二年のメラによるユダヤ人学校の襲撃や、二〇一四年のネムーシュによるユダヤ博物館の襲撃と同じく、ユダヤ人を標的としたものであった。

しかし、二〇一五年一月の三人のテロ犯の中で最も重要な人物はクアシ兄弟ではなく、アメディ・クリバリであった。クリバリは自分の行為を最高のプロ意識をもって喧伝した。三人が射殺された後、*

ＩＳＩＳが発行するぎらぎらとした《グロッシー》、血生臭い《ゴア》英語ウェブ機関誌「ダービク」や、「カリフ制国家」のメディアセンターが発行するフランス語ウェブ機関誌「ダール・アル・イスラム（Dar al-islam＝イスラム世界）」第二号（二月一一日号）の追悼記事で熱烈な讃辞が送られたのも、クアシ兄弟ではなくクリバリの方であった。「ダール・アル・イスラム」第二号の表紙には、軍人の警護するエッフェル塔の写真をローアングル・ショットで使用し、「フランスにアラーの天罰を」というタイトルが付されている。「フランスにアラーの天罰を」は、ラップ歌手アブド・アル・マリクの著書『フランスにアラーの祝福を』（二〇〇四年）をもじったタイトルであり、「ジュンヌ・ミュズュルマン・ド・フランス（フランスの若きイスラム教徒たち）」＊＊のリーダーだったファリド・アブデルクリムの著書『フランスに天罰を（Na' al bou la France?!）』（二〇〇二年）を踏襲したタイトルでもあった。（原注）

兄サイド・クアシ（一九八〇年生まれ）と弟シェリフ・クアシ（一九八二年生まれ）は、モアメド・メラやメディ・ネムーシュと同じく、深刻な家庭環境の下で育った。クアシ兄弟は家庭崩壊の境遇にあ

＊　クアシ兄弟は、「シャルリー・エブド」編集部襲撃から二日後の一月九日朝、パリ北東郊外の印刷工場に立てこもる。同日午後、クリバリがパリ市内の「イーペル・カシェール」を襲撃して籠城。同日夕方、この印刷工場と「イーペル・カシェール」に特殊部隊が同時に突撃をかけ、全員を射殺した。

＊＊　ムスリム同胞団系のフランス・イスラム教組織連合（ＵＯＩＦ）に所属する団体の一つ。

（原注）なお、ファリド・アブデルクリムはその後、転向し、二〇一四年秋には『なぜ私はイスラム主義者であることをやめたか』というエッセーを出版した。

るアルジェリア系移民の子弟で、父親はおらず母親は一九九五年に死亡している。母親は死亡当時、父親のわからない六番目の子どもを妊娠しており、自殺であったとされる。母親の死後、クアシ兄弟は児童保護課の世話で、パリ市内の暴力的な雰囲気の大衆地区から、遠くの地方都市で保護を受けることになった。その地でサイドはホテル部門の職業教育修了書（ＢＥＰ）を取得し、シェリフはスポーツのインストラクターとなるが、二〇〇〇年には二人とも、子ども時代を過ごしたパリ十九区に戻って来た。

その後、クアシ兄弟はモアメド・メラと同じような道筋を辿って過激化していく。メラは、「イスラム・アンテグラル」を信奉する家庭環境→トゥールーズの「ベルフォンテーヌのモスク」→アルティガットの共同体→刑務所→ジハードの土地への滞在、という経路を辿り過激化していったが、クアシ兄弟の場合は、「サラフィー主義の師範役」を務める長髪のファリド・ベンイェトゥーの下で過激化していった〔本著九七頁参照〕。ベンイェトゥーは、パリ十九区の「アダワ（Adda'wa＝イスラムへの呼びかけ＝宣教）・モスク」、通称「スターリングラードのモスク」で毎週金曜の大礼拝の後、時間をもてあまし社会的なフラストレーションの捌け口を求める若者たちに少人数の「授業」を施しながら、彼らをイスラム主義の「ビュット・ショーモン・ネットワーク」に勧誘し、彼らの暴力性を神聖なる大義であるジハードへと駆り立てた。ベンイェトゥーは信者をイラクへ送り込んだ罪状で二〇〇五年一月に逮捕・収監され、二〇〇八年に有罪判決を受け服役している。出所後は更生のために看護士養成コースを選択していたが、二〇一五年一月七日のテロ発生の日には、弟子であるクアシ兄弟の事件で犠牲となった人たちが救急搬送された病院（パリ市内サルペトリエール病院）で研修中だった。

弟シェリフ・クアシは二〇〇五年一月、イラクのジハードに旅立とうとしているところを逮捕され、収監された。収監先はフルリー・メロジス刑務所である〔本著一〇二頁参照〕。十年後の悲劇が噴出する萌芽を育んだのはこのフルリー・メロジス刑務所であり、この場所が孵化装置《インキュベーター》の役割を果たした。シェリフはフルリー・メロジス刑務所で、銀行強盗その他の強盗事件で服役中だったアメディ・クリバリや、さらにはジャメル・ベガル〔本著八七頁訳注＊＊＊＊参照〕と知り合う。刑務所内では、ベガルはシェリフやクリバリよりも上の階の独房に収監されていた。その彼が、窓越しの会話や、鉄格子越しの「ヨーヨー」＊の受け渡しにより容易にコミュニケーションをとり、見習いジハーディストのシェリフや強盗犯のクリバリを魅了していった。ベガルはアフガニスタンでアルカイダの訓練を受け、テロ実行のためにフランスへ送り込まれるところを電話盗聴されて、アラブ首長国連邦で逮捕、収監された。つまりベガルは、第二期ジハーディズムの世代と、第二期ジハーディズムの「ソフトウェア」を取り締まる諜報当局の成功の時代を同時に体現する人物であった。フルリー・メロジス刑務所は、窓に取り付けられた鉄格子を除けば、建物の概観も服役者の構成も、郊外のシテそのものの印象であった。この場所でベガルは、第二期ジハーディズム世代から第三期ジハーディズム世代への、すなわち、失敗に終わったアルカイダのピラミッド型組織（tanzim）からスーリの「網状システム（nizam）」への橋渡しの役割を果たした。第三期ジハーディズムにおいては、テロの実行は大幅に現場に委ねられることとなる。

シェリフ・クアシは未決勾留中の二〇〇八年に、「イラクへ向けたテロリスト・リクルート」のため

＊ 刑務所内で、メッセージや物を紐にくくりつけて窓の鉄格子越しに渡す方法。

の「テロ計画を目的とする犯罪結社」の罪状で有罪判決を受けた。この裁判では、ベンイェトゥー、さらには現在ＩＳＩＳのチュニジア系フランス人戦闘員の中で最も名の知れた一人ブバケル・アル・アキム（別名アブ・ムカテル）も同時に有罪判決を受けた。シェリフはその後、減刑措置を受けて釈放され、カンタル県ミュラ（南仏セヴェンヌ山地の北）のホテルに「居住地指定処分」とされていたベガルの下をクリバリとその妻アヤト・ブーメディエンヌとともに足しげく訪ねている（ベガルは二〇〇九年まで服役し、「居住地指定処分」の後、二〇一〇年に再び逮捕、現在も服役中）。フルリー・メロジス刑務所の上階と下階を結んで始められた密談は、このミュラにおいて新たな展開を見せたと思われる。会合場面はベガルを監視していた憲兵隊の望遠レンズで捉えられてはいたものの、遠隔ゆえに当局が話の内容までキャッチすることはできなかった。二〇一一年、シェリフ・クアシはイエメンに向かい、サリム・ベンガレムとともに「アラビア半島のアルカイダ（ＡＱＡＰ）」の保護下で訓練を積む。サリム・ベンガレムはアレッポのＩＳＩＳの地下牢でメディ・ネムーシュの上役として看守をすることになる人物で〔本著二一九頁参照〕、現在では「カリフ制国家」のフランス人として最も高い階級に昇進した一人となっている。クアシ兄弟は「シャルリー・エブド」編集部襲撃後の逃亡中、遭遇した通行人にＡＱＡＰのことを引き合いに出している。

シェリフの兄サイド・クアシも、二〇〇〇年代初めに弟と同じように「ビュット・ショーモン」のグループに接近し、弟と同じく活動家としての道を辿るが、収監された経験はない。サイド・クアシが初めて警察の捜査対象となるのは、二〇一〇年五月一八日のスマイン・アイト・アリ・ベルカセムの脱獄未遂事件〔本著二二〇頁参照〕に際してである。スマイン・アイト・アリ・ベルカセムは、一九九五年にフランスで発生した一連のテロで爆発物の製造を担当し、二〇〇二年に終身刑判決を受けた第一期ジハーディズムの世代である。この脱獄未遂事件でサイド・クアシは、ジャメル・ベガル、アメディ・クリバリ、サリム・ベンガレムとともに家宅捜索を受け、警察留置される。これらの人物はクリバリを除けばみなアルジェリア人もしくはアルジェリア系移民の子弟であるが、マリ移民の子弟のクリバリも、アルジェリア系のアヤト・ブーメディエンヌと結婚したという点ではアルジェリア化されていた。彼らの相関関係を見ると、彼らの間には第一期から第三期まで、それぞれのジハーディズムに足跡を残した人物たちが出会うための架け橋と継続性が存在したと言える。この脱獄未遂事件に絡みベガルとクリバリは再び服役するが、サイド・クアシは警察留置後に釈放され、二〇一一年から二〇一四年にかけて、イエメンのＡＱＡＰの下にある弟シェリフと行動を共にする。この時期、クアシ兄弟は電話盗聴によりアメリカのテロリスト名簿に加えられ、アメリカ行き航空機への搭乗を禁止された。フランスでもクアシ兄弟に対する電話盗聴は行われたが、テロに絡む決定的証拠が見つからないという理由から、「シャルリー・エブド」編集部襲撃事件が起きる数カ月前には盗聴が中止されていた。

クアシ兄弟は、メラやネムーシュの延長線上に位置するタイプのテロリストであり、事前に検知されてブラックリストに名前を連ねていた「潜在的テロリスト」と言える。「シャルリー・エブド」編集部襲撃事件は、こうした「潜在的テロリスト」による犯罪に対し、警察が予防することの難しさを例証するケースとなった。

一方、アメディ・クリバリのプロフィールはクアシ兄弟らのそれとは大きく異なる。彼は第三期ジハーディズムにおいてより中心的な役割を担う重要人物であった。アメディ・クリバリは一九八二年にパリ南郊のグリニー（エッソンヌ県）に生まれ、同市のグランド・ボルヌのシテで育った。両親はサブサハラのマリからの移民で、クリバリは十人兄弟姉妹の中でただ一人の男子であった。マグレブ諸国からの移民家族が少子化傾向を見せはじめていたのに対し、サブサハラ諸国からの移民の家庭では、大人数の兄弟姉妹を抱える伝統的なモデルが移住先のフランスにおいても継承されていた。その中でクリバリは、その姉妹によれば、結束の強い「幸福な」家族環境の中で育った。ところが、高校二年の頃から、クリバリは押し込み強盗に加担し、麻薬の密売にも手を染め、暴力行為を働くようになった。同時に、社会と国家への憎悪を強めた。クリバリのこの憎悪は、二〇〇〇年一〇月に共犯者の友人が警官に射殺されたことに端を発すると言われている。この友人は、車で警官に突進したところを射殺された。

アメディ・クリバリの辿った道筋は、ニースのアリアーヌ地区で育ったセネガル人オマール・オムセンのそれを想起させる〔本著一九〇頁以降参照〕。オマール・オムセンも強盗の常習犯であり、クリバリと同じく、両親はサブサハラのサヘル地帯の出身であった。また、暴力、欺瞞、打算、手段の目的化、世渡りの才覚といった、悪党としてのハビトゥスをジハーディストとしての使命に応用していく点も、両者は類似していた。札付きの犯罪人となったクリバリは、逮捕されて有罪判決を受け、フルリー・メロジス刑務所で服役する。クリバリの育った家庭には過激なイスラム教の影はなかった。先述の通り、クリバリはフルリー・メロジス刑務所でシェリフ・クアシ、ジャメル・ベガルの知己を得た。刑務所での偶然の出会いによってクリバリは戦闘的な「イスラム・アンテグラル」と接触する。それによって強盗や麻薬の密売を清算する神聖なる贖罪の展望が開かれ、彼の内なる暴力性はジハードへと向けられていく。

アメディ・クリバリとオマール・オムセンのもう一つの類似点は、動画の撮影に手を染めたことである。自作のプロパガンダ動画「19HH、人類の歴史」を制作したオムセンの域には達しないとはいえ、クリバリは服役者の生活条件についての告発動画を刑務所内で隠し撮りし、ちょっとした名声を得る。クリバリが釈放されると、この動画の抜粋がテレビで放映され、クリバリ自身もインタビューを受けた。また、動画を基にした『監獄リアリティー――鉄格子を越えて』と題する本がクリバリの地元グリニーで出版された。こうしてクリバリは「社会復帰を果たした」人間となり、コカコーラに採用される。後にアメリカ・シオニスト帝国を糾弾することになる人物が、コカコーラに就職したのである。クリバリにとってもう一つの、そして最後の動画作品は、「イーペル・カシェール」襲撃事件の直前に録画された動画である。この中でクリバリは、ＩＳＩＳの旗を背に「カリフ制国家」の名の下で犯行声明を出し、動画は、クリバリの死後に投稿された。

フルリー・メロジス刑務所を出所後、模範的な社会復帰ケースとして評判を得たクリバリは、二〇〇九年七月、アヤト・ブーメディエンヌとの結婚、フランス大統領府への招待という華やかな出来事を経験する。この二つの出来事は、「プロジェクトを立ち上げ人間関係のネットワークを構築する」というクリバリの優れた能力の証左であった。クリバリは、自分の家族を「不信仰者」と決めつけ関係を断ったうえで、アルジェリア人を両親に持つアヤト・ブーメディエンヌと宗教上の婚姻をした。アヤト・ブーメディエンヌはレジの仕事をしていた。しかし、全身を覆うベールを着用したために失職した。彼女もまた、メラ、ネムーシュ、クアシ兄弟と同じように、崩壊した家庭に育ち、母親の死後、六歳のときから児童養護施設、続いて里親に引き取られた。クリバリとアヤトは強い絆で結ばれた夫婦となる。結婚生活という枠組みが与えられたことで、ジハーディストとしての正体は隠すことができた。いわば「人生の事故の犠牲者」であった二人は、生まれ落ちてこのかた見出し得なかった人生の目標を、ジハーディストとしての展望を開くことで初めて獲得した。結婚を通じて二人の道筋はより明確になった。二人は外国旅行にも出かける。東南アジアのホテルのプールの縁で、小柄で幸せそうな水着姿の妻が夫の逞しい腕に抱えられている写真がある。こうした一心同体の夫婦のイメージは、ジハーディストが奨励する欺瞞（taqiyya）の一つのモデルである。しかし、「イーペル・カシェール」襲撃の準備とこれに続く自分の死に向けた準備を進めていたときのクリバリは、アヤトをシリアまで逃がすことになっていた「同胞」宛に次のようなＳＭＳを送り、自分の死後の、妻の将来を気遣う正直な言葉を残している。

アヤトには、アラビア語、コーラン、宗教学を学んでほしい。アヤトがきちんと宗教に従った生活を送れるよう頼みたい。一番大事なのはディーン（dine）〔宗教、イスラム教〕と信仰で、そうした宗教生活を続けるためにアヤトには手助けが必要だ。アラーの加護があらんことを。

クリバリが「ハラル」に則って婚姻したのは二〇〇九年七月である。そして、同じ七月、フランス革命記念日の翌日にあたる一五日にクリバリはエリゼ宮（大統領府）に招待され、社会復帰成功の模範ケースとしてサルコジ大統領から祝福を受けた。

数年後に発生する「フランス版九・一一」事件の中心人物が、共和国の最高府であるエリゼ宮においいて栄誉を授かったのである。運命の辛辣な目配せとも言えるこの出来事は、ある種の政治実践の無意味さについて、また、第三期ジハーディズムの挑戦にまったく無防備であった政治制度の無知について、長々しい解説よりもはるかに多くを語っている。エリゼ宮へ招待された人間が、実は、カンタル県ミュラのホテルで「居住地指定処分」を受けているジャメル・ベガルを毎月訪問し、この「アルカイダの伝道師」の下でジハーディズムへの傾倒をますます深め、これを隠蔽していた。二〇一〇年の初めにカンタル県の山岳地帯で撮影された写真には、積雪した森の中で武器の操作を訓練するクリバリと、ビキニの水着に代わって「ニカブ」を身に着け、顔を覆うベールの隙間から目だけを覗かせ弩《おおゆみ》を構えるアヤト・ブーメディエンヌの姿が収められている。このジハーディズムのスーパーウーマンといった体のアヤトの写真は、二〇一五年一一月のテロ犯アブデラミド・アバウドの従妹アスナ・アイト・ブーラセンの目にとまり、ブーラセンは同年八月三日（つまり一一月の殺戮の三カ月前）、フェースブックの自分のアカウント上にこの写真を投稿している。

二〇一〇年五月一八日、「社会復帰の模範ケース」であったはずのクリバリが再び逮捕される。一九九〇年代のテロ犯スマイン・アイト・アリ・ベルカセムの脱獄を企てた容疑でジャメル・ベガルとともに逮捕、懲役五年の刑となる。その後、「社会復帰の模範ケース」であったクリバリは、今度は「模範囚」として二〇一四年三月に繰り上げ出所、同年五月には出所時に装着された監視用電子ブレスレットを取り外されることとなった。ＩＳＩＳが「カリフ制国家」樹立宣言をする数週間前である。彼の服役中、刑務所当局は、社会復帰のための救急隊員トレーニングを熱心に受けていたこの模範的服役者に讃辞を惜しまなかった。こうしてクリバリは、出所後、二〇一五年一月の襲撃に向けてフルタイムでその準備に専念できたのである。

　犯行当時のクリバリについては、二つの貴重な証言資料が残されている。その一つは、おそらく二〇一五年一月八日、つまり「イーペル・カシェール」襲撃の前日にクリバリのアパートで撮影された動画（クリバリの死後、共謀者がクリバリの殉教を讃えるコメントを付し編集、投稿）、もう一つは、「イーペル・カシェール」店内でクリバリが人質をとって立てこもったとき、偶然に、誰も気づかぬうちに電話録音されていた音声である。この動画と録音は、当事者の証言を記録した非常に重要な資料であり、第三期ジハーディズム世代が、ジハード史上の画期においてどのように思考し、行動したかを明らかにしている。

　クリバリの最後の動画は、フルリー・メロジス刑務所での劣悪な生活環境を告発すべく隠れ撮りしたときの動画と同じく、素人が苦労して撮影したという印象を拭えない。しかし、この動画は同時に、視聴覚ツールとインターネットさえ使いこなせれば、クリバリのようなごく普通の移民子弟でも、二〇〇五年にアブ・ムサブ・アル・スーリがそのポテンシャルを予見した「網状システム」の論理に容易に潜り込んでいけることを物語っている。

　この動画から、二〇一五年一月のテロの主要人物がクリバリであったこと、そして、おそらくクアシ兄弟は「シャルリー・エブド」編集部襲撃のためにクリバリから「数千ユーロ《メントル》」で雇われた単なる実行犯であったことが推察される。実際、クリバリは、シリア在住の指導者と見られる人物と交わしたＳＭＳ（二〇一五年一一月にプレスがスクープした）の中で、クアシ兄弟を「単なる目立ちたがり屋」と形容している。

ところで、このテロ計画の監理に携わったのは、強盗上がりのアメディ・クリバリだけではなかった。クリバリはテロの直前、二〇一四年一二月三一日の大晦日に妊娠中のアヤト・ブーメディエンヌを伴って車でマドリードへ向かい、一月二日にアヤトをイスタンブール経由でシリアへ出発させている。この旅にはモアメド・ベルーシンとメディ・ベルーシンの兄弟を含む十名が参加しており、イスタンブール空港の監視カメラには、アヤトと並んで警察の入国審査を通過するメディ・ベルーシンの映像が映っていた。ベルーシン兄弟はパリ北郊オルネー・スー・ボワ（セーヌ・サン・ドニ県）の出身で、ジハードの理系頭脳であった。弟のメディは当時二十三歳で、パリ第七大学（ジュスィユー）に籍を置く電子機械学科の学生、四歳上の兄モアメドは南仏アルビの国立高等鉱山学校を卒業したエンジニアであった。アルビの町は、先に見たように、改宗イスラム教徒トマ・バルヌアンの出身地である（本著一七四～一七五頁参照）。トマ・バルヌアンはアルティガットへ通うかたわらアルビでジハードを説教し、誤射により負傷し逮捕されたアルジェリア生まれの学生シド・アメド・グラムの手配人だった疑いが持たれている。イスラム主義のエンジニアであるモアメド・ベルーシンは、フランス人ジハーディストをアフガニスタンやパキスタンへ送り込む作戦に加担したことで、二〇一四年七月に有罪判決を受けていた。

これらの情報から見て、彼らが二〇一五年一月のテロを準備するために支援グループを形成していたことは容易に想像できる。彼らが「カリフ制国家」に合流した理由は、ジハーディズムのユートピアを実現するためだけではなく、テロ後に予想される警察の捜査から身を守るためでもあったと考えられる。翌二月、「アブ・バシール・アブド・アラー・アル・イフリキ」（アル・イフリキは「アフリカ人」の意、クリバリの戦士名）の若い未亡人となったアヤトへのインタビュー記事が、ＩＳＩＳの英語およびフランス語ウェブ機関誌に掲載された。この中でアヤトは、ニューヨークとワシントンを標的とした「二つの祝福された襲撃」（二〇〇一年九・一一テロ）がアルカイダの輝かしい伝説となったことに倣い、一月に起きたパリのテロを、「カリフ制国家」の「大きな物語」の中に位置づけて語っている。

さて、クリバリの死後すぐに編集された、彼の犯行声明を収めた七分九秒間にわたる動画は、クリバリがかつて撮影した服役者生活についてのルポの抜粋で始まる。画面にはまず、フルリー・メロジス刑務所内を散歩したり、腕立て伏せをするクリバリの姿が映る。続いて床に並べられた武器が映し出される。この映像とともにアラーの敵を標的とする「正当なるテロリズム（irhab mashrou'）」の根拠として、有名なコーラン八章「戦利品」第六十節がアラビア語で朗誦され、次にそのフランス語訳が字幕に映る。この一節は、ムスリム同胞団のユセフ・アル・カラダウィ師が一九九〇年代にハマスによる対イスラエル・テロを支持したときに引用されたものであり〔本著二七三頁参照〕、以来、イスラム主義勢力にとってこれを引用することは一種の儀式となっている。この一節が映し出された後、英雄の戸籍上の氏名「アメディ・クリバリ」と、黒地に白文字で書かれたその戦士名「アブ・バシール・アブド・アラー・アル・イフリキ」、そして最後にその身分としての「カリフ制国家の兵士」という肩書が、三行に分けて表示される。その後、女性の声によるオフ台詞で一月七日、八日、九日のテロが淡々と物語られ、クリバリの三つの勲功を記した文章が仮想《バーチャル》の「墓碑」のごとく次々と画面に映し出される。

一月八日のモンルージュにおける祝福された襲撃の実行者として、この襲撃において女性警官一名を殺害した。

翌日、ポルト・ド・ヴァンセンヌにおいて襲撃を行い、ユダヤ系食品店で十七名を人質にとり、ユダヤ人五名［実際には四名］を処刑した。

さらにまた、自動車のガソリンタンクに爆発物を仕掛け、自動車はパリ市内［実際には郊外のヴィルジュイフ］の通りで爆発した。


「祝福された襲撃」という表現は、ジハーディズムのプロパガンダにおいて九・一一テロを指すアラビア語の常套句となっている「ガズワ・ムバラカ（ghazoua moubaraka）」の訳である。動画ではこの表現を使うことで、二〇一五年一月の殺戮を九・一一以来のテロの系譜に位置づけたと考えられる。第三期ジハーディズムの世代はビンラディンを自分たちのジハーディズムの祖とみなしており、ビンラディンの死後にアルカイダの最高指導者となったアイマン・アル・ザワヒリのみをその継承者とみなす見方を拒否している。上記の「墓碑」については、犠牲者の数と車の爆破地点に関して事実認識の誤りを指摘できるが、おそらくこれは、クリバリの死後に急いで編集されたためであろう。

この導入部に続いて、出来事を客観的かつ中立的に伝えようとするジャーナリズムの手法に倣って、クリバリへの質問が四つ、インタビュー形式で収められている。政治家へのインタビューを思わせるが、「お前・僕」でのやりとりや語調から見て、質問者はクリバリと近い関係を感じさせる。また、このインタビューは、潜在的シンパやイスラム教徒一般へのメッセージとなっており、最後の質問と回答は彼らに行動を起こすよう呼びかける内容である。質問と回答には、黒地に白文字の字幕が付けられている。

インタビューを受けるクリバリは、預言者ムハンマドの伝統に従って地面に直かに腰を下ろし、四つの質問のそれぞれのテーマに合わせて服装を変え、落ち着いて回答する。個々の回答場面の冒頭では、回答内容の要約が文字で表示される。クリバリは質問者から、その「戦士名」であるアブ・バシール・アブド・アラー・アル・イフリキの一部である「アブド・アラー」とのみ呼ばれる。「アブド・アラー」の文字通りの意味は、アラーの「崇拝者」（あるいは「奴隷」）である。「アブド・アラー」は改宗者や改悛者に頻繁に用いられる呼称であり、イスラム教徒であることを示す最小限の定義でもある。つまり、この動画のコンテクストにおいて「アブド・アラー」という呼称は、クリバリがすべてのイスラム教徒を代表していること、そしてすべてのイスラム教徒がクリバリに自己同一化し、クリバリを模倣する使命を負っていることを暗示するものとなっている。通常、「アブド・アラー」という名前は「アブダラ」という表記で一続きに綴られるが、画面上では常に「アブダラ」を「アブド・アラー」という二つの単語に分け、かつ、「アラー」という単語の頭文字を大文字で表記している。これは創造者アラーへの敬意を強調するためである。

——お前はどのグループに所属し、お前の指揮官《アミール》は誰か？

〔字幕〕アブド・アラーはカリフ・イブラヒム*への忠誠を告げる）

——アッサラーム・アレイクム・ラフマットラー・ワ・バラカトゥーフー（As salam ́aleikoum rahmat Allah wa barakatouhou）［こんにちは（平和を）、アラーの慈悲と祝福を］。イスラム教徒のカリフであるアブ・バクル・アル・バグダディ、カリフ・イブラヒムに申し上げます。私は、カリフ制が宣言されるとすぐに、カリフへの忠誠を誓いました。

［続いてクリバリは、アラビア語でバイア（bayʻa）、すなわち「忠誠の誓い」を、言葉につかえながら苦労して読み上げる。クリバリのアラビア語はたどたどしい初歩的な水準である］。

この場面のクリバリは、ＩＳＩＳの旗を張った壁を背に、ベージュ色のジェラバ（長衣）と黒いマフラーを身に着けている。シリア・イラク地方での戦闘員を思わせる服装である。クリバリがアラビア語で「忠誠の誓い《バイア》」を読み上げるのは、インターネットでこの動画を観るシンパの目に、クリバリが「一介のカリフ制国家の兵士」であるという印象を付与することが目的である。ただし、一分間にわたって続くこのアラビア語の誓いはあまりにたどたどしく、フランスをはじめ多数のメディアがこの動画の抜粋を放送した際には、ほとんどのメディアがこの部分をカットした。とはいえ、この「忠誠の誓い《バイア》」により、クリバリの行動はカリフの宗教的権威の下に置かれ、クリバリによるフランスへの戦いはカリフのために遂行される大義であることが示唆される。したがって、カリフへの忠誠を誓ったクリバリによる戦いは、それ以前に決行されたテロとの比較で特別な性格を帯び、称揚されることになる。

＊「カリフ・イブラヒム」は、「カリフ制国家」を宣言したＩＳＩＳの最高指導者、アブ・バクル・アル・バグダディ（本名はイブラヒム・アワド・イブラヒム・アリ・アル・バドリ・アル・サマライ）を指す。

——お前は、シャルリー・エブドを襲撃した同胞たちとつながりがあったか？

（〔字幕〕アブド・アラーは作戦の詳細を説明する）

——僕たちのチームの同胞は二つに分かれて、一方がシャルリー・エブドをやった、ハムドゥリッラー（Hamdoulillah）［アラーに讃えあれ］。僕はちょっと外へ出て警察を攻撃して、まあそういうことだ。みんなで一緒にちょっとやって、別々にもちょっとやったが、これはインパクトを大きくするためだ、つまりは。僕は、彼が必要なものをちゃんと買えるよう数千ユーロ渡して、計画を助けた、というわけで、ハムドゥリッラー、時間を合わせて、同時に外へ出るようにしたわけだ…。

この場面では、クリバリは迷彩柄の防弾ジャケットを身に着け、右向き四分の三のポーズでクローズアップ撮影されている。「攻撃する」を意味するアラビア語の「カラジャ・アラ（kharaja ʿala）」を直訳した、サラフィー主義者が使うフランス語「～を攻撃しに外へ出る」という表現を使うことで、言葉遣いのうえでもＩＳＩＳへの忠誠を表明している。ここで「ちょっと外へ出て」と言っているのは、一月八日朝にモンルージュで発生した女性警官の殺害を指しているのだろう。ここから推察して、動画が撮影されたのは八日の夜であると見られる。編集によりカットされた部分があるため、クリバリが「数千ユーロ」を渡した「彼」が誰であるかはこの動画では確認できないが、シェリフ・クアシであるとみなすのが妥当である。いずれにせよ、この打ち明け話により、クリバリが共謀者であるクアシ兄弟よりも優位に立っていること、したがって、クリバリが忠誠を誓ったＩＳＩＳの方がイエメンでクアシ兄弟を庇護した「アラビア半島のアルカイダ（ＡＱＡＰ）」よりも優位に立っていることが強調されるのである。「シャルリー・エブド」編集部襲撃直後、「ＡＱＡＰの犯行声明」がインターネット上に流れた。アルカイダの最高指導者アイマン・アル・ザワヒリが襲撃を指示したと主張する内容であった。しかし、クリバリの動画によって、ＡＱＡＰによるこの主張は否定され、一連のテロがもたらした栄光はすべて「カリフ」であるアブ・バルク・アル・バクダディに帰属することになった。これにより、ＩＳＩＳ以前のジハーディズム世代に属するライバル組織ＡＱＡＰがその栄光に与ることはなくなった。

――お前たちはなぜフランス、シャルリー・エブド、ユダヤ系食品店を攻撃するのか？

〔〔字幕〕アブド・アラーは攻撃の理由を説明する〕

――僕たちが今やっていることは、彼ら〔テロの標的を指す〕がやっていることから見て、まったく正当だ。預言者の復讐をするのは、サララー・アライヒ・ワ・サラーム（Sala Allah ʹalayhi wa salam）〔彼にアラーの祝福と平安あれ（預言者に言及するときに必ず添える讃辞）〕、まったく正当だ。マーシャアラー（Ma shaʹAllah）〔アラーがお望みになったこと〕、当然すぎるほど当然の報いだ〔…〕。あんた方〔テロの標的を指す〕はカリフ制国家を攻撃している、イスラム国を攻撃している、だから今度は僕たちがあんた方を攻撃する！　あんた方が攻撃しなければ、仕返しを受けることもないだろうに！　しかも、数人の死者が出たぐらいであんた方はひどく動揺し、自分たちが犠牲者であるかのように振る舞う。ところがあんた方と連合軍、いや、もはやあんた方は、ほとんど連合軍の先頭に立って、あちらで繰り返し爆撃を行い、兵力を投入し、市民を殺し、戦闘員を殺し、人を殺している［…］。なぜだ？　我々がシャリアを適用しているからか？　我々の場所においてさえ、もはやシャリアを適用する権利がないのか！　地球上で起こることを決めるのはあんた方なのか？　そうなのか？　そんなことはない！　そんなことをさせておけるか、戦うんだ、インシャラー（In sha' Allah）［アラーの御心のままに］！　アラーの言葉を高めるのだ、スブハナフ・ワッタアラー（Sobhanohou wa ta`ála）［アラーが讃えられんことを］。

この好戦的な宣言を発する場面では、クリバリは都市での戦闘服、つまり黒い革ジャンパーと、同じく黒の毛糸の帽子を身に着けている。横の壁にはカラシニコフが立てかけられている。壁に沿って本棚があり、本が四冊挿され、その背中が見える。動画の解像度が低いため本の背文字を読みとることはできない。しかし、本が存在するというそれだけで、クリバリの主張する理屈がただの悪党の戯言ではなく、高度な理論に基づいている印象を与える。

この動画中のクリバリの言葉を、前出のニコラ・ボン（アブ・アブデル・ラーフマン）、あるいはマクシム・オシャール（アブ・アブダラ・アル・フランシ）の言葉と比べてみると、台本《スクリプト》が非常に似ていることがわかる〔本著二一五頁および二八一頁参照〕。「シャルリー・エブド」編集部襲撃の三日前、オシャールは、シリア爆撃への報復としてフランスを攻撃すると予告し、クリバリの発言と同じ「当然の報い」という表現を使った。クリバリが「イーペル・カシェール」店舗内でユダヤ人の人質と言葉を交わしたときの録音記録には、「目には目を、歯には歯を」という同害報復刑《タリオ》の掟にはっきりと言及するクリバリの声が収められている。タリオはイスラム教のみならず、ユダヤ教の聖典（旧約聖書）にも依拠する原理であり、郊外のシテのギャングや非行少年グループの行動原理でもある。

先のクリバリによる回答を締めくくるのは、お決まりの「イスラムフォビア」という決めつけの下で自分たちを犠牲者とみなす古典的な論法である。クリバリによれば、西洋は、特にフランスは「ほとんど」その先頭に立って「カリフ制国家」を爆撃しておきながら、自分の国内でその仕返しに合い「数人の死者」が出ると、機嫌を損ねる。また、西洋のダブルスタンダードは、西洋の大義にのみ倫理的な価値があると主張するが、真の正義は、「我々の場所においてさえ、もはや適用する権利がない」シャリアを取り戻すことである。

クリバリが「我々の場所」というとき、そこにはクリバリのアイデンティティーの投影が見られる。「我々の場所」とは、一義的には爆撃を受ける「カリフ制国家」である。ただし、クリバリはこの「カリフ制国家」に足を踏み入れたことはない。フランスの市民である（両親の出身国マリでは、クリバリが死亡したとき、マリ国内への埋葬を拒否している）クリバリが理想とする「イスラム・アンテグラル」は、もっぱら「カリフ制国家」というイスラム教の地に自らを同一化することであった。この心理的メカニズムは、フランスのユダヤ教徒の一部がイスラエルの土地に対して抱く同一化と類似している。例えば、二〇一二年のメラによるユダヤ人学校襲撃事件（トゥールーズ）の犠牲者も、二〇一五年のクリバリによる「イーペル・カシェール」襲撃事件（パリ）の犠牲者も、その一部は家族が希望するイスラエルの地に葬られた。さて、クリバリの言う「我々の場所」とは、二義的には、クリバリが生まれ育ったフランスのイスラム教徒大衆地区を指す。こうした地区では、次の最後の回答にも見られるように、非宗教的《ライック》な共和国がスカーフの着用を禁じ、「我々の姉妹を攻撃」している。

——フランスにいるイスラム教徒へお前は何を助言するか？

（〔字幕〕アブド・アラーはイスラム教徒に戦闘を呼びかける）

——僕はあらゆる場所にいるイスラム教の同胞たち、特に西洋諸国のイスラム教徒に呼びかけたい。同胞たちにこう尋ねたい。お前たちはどうするのか？　同胞たちよ、お前たちはどうするのか？　彼ら〔テロの標的を指す〕がタウヒード（Tawhid）［アラーの唯一性（サラフィー主義によるイスラム教の定義）］を直かに攻撃するとき、お前たちはどうするのか？　彼らがアラーの法を直かに攻撃するとき、お前たちはどうするのか？　彼らが預言者を、アライヒ・アッサラーム（ʻalayhi as salam）［彼にアラーの平安あれ］、繰り返し直かに侮辱するとき、お前たちはどうするのか？　彼らが我々の姉妹を攻撃するとき、お前たちはどうするのか？　彼らが民衆を皆殺しにするとき、お前たちはどうするのか？　お前たちの家の前で、お前たちの兄弟や姉妹がタワギット（tawaghit）［悪魔（弾圧者の意）］により［聞き取り不可能］されるとき、お前たちはどうするのか？　同胞たちよ、お前たちはどうするのか？　スブハナフ・アラー（Sobhanou Allah!）［アラーが讃えられんことを！］

僕は、外へ出てから、あちこちを移動した。モスクを訪れて回った。フランス全体で少しだが、パリ地方ではたくさんのモスクに行った。モスクは人でいっぱいだ、マーシャアラー（Masha'Allah）［アラーがお望みになったこと］。モスクは健康な男たちでいっぱいだ！　スポーツマンの若者たちでいっぱいだ！　健康な若者たちでいっぱいだ！　一万人の中にこうした何千人もの若者たちがいるというのに、イスラム教を守る同じだけの若者がいないことがあるものか。

この最後の回答を述べるとき、クリバリは、最初のインタビューに答えたときと同じ姿勢で、床に座ってカラシニコフを脇に置き、イスラム国（ＩＳ）の旗が張られた壁に背をもたせかけている。ただし、今度はジハーディストの日常的な服装であるベージュ色のジェラバに代えて、経帷子《きょうかたびら》のような無垢の白いジェラバを身に着けている。白いジェラバは、クリバリがこれからなろうとする殉教者の純潔さを象徴している。クリバリはさらに、格子模様のスカーフ、クーフィーヤを頭の上で結び、目立つように垂らしている。クーフィーヤはパレスチナの象徴である。クリバリはこれを身に着けた翌日、「ユダヤ人五名［実際には四名］を処刑」してパレスチナの大義の復讐を行うのである。

この七分九秒間の動画は、コーランの四章第八十四節のアラビア語の朗誦で終わる。朗誦と同時に、「アラーの道において戦え。お前は自分のことだけに責任を持てばよい」というフランス語訳の字幕が流れ、背景には警官隊によって包囲されたポルト・ド・ヴァンセンヌの「イーペル・カシェール」の画像が映し出される。

インタビューの最後の質問が、「フランスのイスラム教徒」ではなく、「フランスにいるイスラム教徒」への助言という形をとっている点に注意する必要がある。「フランスのイスラム教徒」という表現は、「フランスの地を、フランスで生活しフランスで市民権を持つ人間にとっての『イスラム教徒の地』にしよう」というフランス・イスラム教組織連合（ＵＯＩＦ）の提言を背景に、一九八九年以降、使用が一般化した表現である〔本著四九頁訳注＊＊＊＊参照〕。クリバリがそうであるように、フランスで出生しフランスで教育を受け、「イスラム化のマーカー」が多数出現するようになるフランスの郊外大衆地区で育った第三期ジハーディズムの世代は、事実上「フランスの」人間なのである。しかも、クリバリの場合はさらに、マリが二重国籍を認めていない国であることから、もっぱらフランス市民なのである。しかし、クリバリは、サラフィー主義の表現に従えばフランス市民であることを「否認《デザヴエ》」し、ＩＳＩＳの「カリフ制国家」にのみ忠誠を誓う人間である。クリバリのテロ計画をサポートしたベルーシン兄弟率いるグループとクリバリの妻アヤト・ブーメディエンヌが預言者ムハンマドに倣って「ヒジュラ(hidjra＝移住)」する目的地もまた、ＩＳＩＳの「カリフ制国家」であった（ムハンマドは、偶像崇拝のメッカを離れてメディナへ移住し最初の「イスラム国」を樹立した）。サラフィー・ジハーディストにとって、「不信仰者」の地にとどまる意味などもはやない。もし、「フランスにいる」意味があるとすれば、それは二〇一五年一月のテロがそうであったように、モスルの「カリフ制国家」の名の下で戦争を行うときだけである。

この最後の回答全体に表れる劇的な調子は、「お前たちはどうするのか？」と「（フランスのモスクは）〜でいっぱいだ」という二つの頭語反復《アナフォラ》による修辞法によって強調される。前者は九回、後者は四回繰り返されている。フランスのイスラム教徒に向けて罪悪感を感じさせるような呼びかけを行うこと。これはリクルートを目的とするＩＳＩＳの言説において、頻繁に使われるレトリックの一つである。先に見たように、ニコラ・ボン（アブ・アブデル・ラーフマン）も同じレトリックを使っていた。その論法は、自分たちを犠牲者とみなし、武器を手に取り、「イスラムフォビア」に対する正当防衛を展開せよ、というものである。ただし、クリバリが「イスラムフォビア」として列挙するのは、「民衆の皆殺し」「我々の姉妹への攻撃」「タウヒードへの直接的攻撃」「アラーの法への直接的攻撃」「預言者への直接的侮辱」等々、すべてを同列に並べた常套句にすぎず、フランス国内での暴力的ジハードを正当性しようとするためだけの、あまりに抽象的で、実体が不明瞭な決まり文句ばかりである。

この最後の回答中には、パリ地方やフランスのモスクを埋め尽くす信者に決起を呼びかける前に、「僕は、外に出てから」という表現が出てくる。これは二つの解釈が可能である。まず、ベルカセムの脱獄未遂事件で服役した後の、二〇一四年三月の釈放時点を指すと考えることができる。しかし、アラビア語の「攻撃する（kharaja ʻala）」という言葉の直訳（「～を攻撃しに外へ出る」）としてサラフィー主義的な意味で使われているとすれば、この表現は、武装ジハードへと傾斜していく最初の時点を指すとも考えられる。後者の意味でとるならば、この表現の直後に述べられる各地のモスク訪問の描写とのつながりから、クリバリらジハーディストたちがどのようなリクルート戦略をとっていたか、その具体的な姿がはっきりと見えてくる。「ビュット・ショーモン・ネットワーク」のメンバーをリクルートするためにベンイエトゥーが「スターリングラードのモスク」でどのような戦略をとっていたのか、あるいは、シリアへ若者を送り込むために「ベルフォンテーヌのモスク」や「リュネルのモスク」ではどのような方法がとられていたのか、これらについてはすでに見てきた〔本著九六～一〇四頁および二一三～二六一頁参照〕。それと同じで、クリバリらも、ジハーディストとしてリクルートできそうな信者に目をつけ、釣り上げ、洗脳するのである。「モスクは健康な男たちでいっぱいだ！」という描写は、すでに警官一人を殺害し、翌日にはユダヤ系食品店を襲撃するクリバリの言葉であることを思えば恐怖を覚えるが、それを別にすれば、極めて正確な事実認識と言える。この状況は、年配女性の多い、人が大勢集まることの稀な、パリ地方のカトリック教会の光景とはいかにも対照的である。

この動画はクリバリの死後に編集、投稿されたものだが、クリバリ自身が手をかけて演出したものであることは、回答の内容に合わせて本人が何度も服装を変えていることからも窺える。クリバリの言葉には「郊外の若者」に特徴的な言い回しや、クリバリ自身の個人的な表現と見られる部分も散見されるものの、全体的にはＩＳＩＳの台本《スクリプト》に沿った内容となっている。ニコラ・ボン〔アブ・アブデル・ラーフマン〕が動画の中で読み上げた文章も南西フランスの強い訛りで語られているため、ＩＳＩＳの台本としての性格が薄れた形になっているが、その内容は後のクリバリによる呼びかけを十分に予感させるものであった。自分たちを犠牲者とみなし、復讐は正当なる行為だと主張するクリバリの論理は、イスラム教徒の子弟をはじめ、この動画が洗脳のターゲットとする郊外大衆地区の若者全般にとっても馴染み深い論理であった。ジハーディストが行う殺戮には二つの目的がある。一つは、西洋の「不信仰者」の社会にパニックを引き起こすこと、もう一つは、新たな殺戮に加わるシンパをリクルートすることである。クリバリによる殺戮の大義を説明するこの動画も、一月のテロを正当化して、新たな殺戮に加わるよう若者らに呼びかける役割を担っていた。そうした呼びかけに応えた若者たちの一部が、十カ月後、二〇一五年一一月のテロを引き起こしたのである。

このように、クリバリの最後の動画には綿密な演出と編集が施されていた。また、クアシ兄弟の逃避行は印刷工場への立てこもりという意表を突くものであった〔本著三三三頁訳注＊参照〕。これらを根拠に、一月七日から九日にかけての出来事はすべて仕組まれたものであるという陰謀説が、アラン・ソラルやディユドネ、そしてその取り巻きである陰謀論者の間から出てくる。陰謀論者の主張に従えば、ジハーディストはジハーディズムの大義に真に身を捧げた人間ではなく、「帝国」により操られた単なる工作員ということになる。これに対し、ＩＳＩＳや、ＩＳＩＳを支持する文筆家マルク＝エドゥアール・ナーブラは陰謀論者を激しく糾弾する。陰謀論者がシリアのバッシャール・アル・アサド政権やその後ろ盾であるイラン政府とつながり、さらに極右勢力全般がアル・アサド政権支援のロシア・プーチン政権とつながっていることは事実である。その意味で、アル・アサド政権を悪とみなすジハーディストらが陰謀論者の主張を激しく否定するのは当然である。しかし一方で、一連のテロをアメリカ・シオニスト帝国による画策とみなすこうした陰謀論者の主張は、郊外大衆地区の若者が漠然と抱いていた被包囲妄想の感情——自分たちは犠牲者であり、「イスラムフォビア」が存在しているという感情——をいっそう強める作用としても働いたのである。陰謀論主義のサイト「アルテランフォ」は、シオニズムによるでっち上げの典型例がこのクリバリの動画であると主張しており、その証拠として、イスラエルの日刊紙「ハアレツ」が自社のウェブサイトで公開した同紙のヘブライ文字イニシャル入りのクリバリの動画コピーをそのまま投稿している。このように、一種の入れ子構造《ミザナビーム》に置かれたクリバリの動画は、一月七日から九日にかけての事件の解釈に混乱を生じさせた。フランスの権威ある知識人が一人ならず、事件の理解に混乱を来たした背景にはこうした事情もある。

クリバリの動画を補完する資料として、クリバリと人質との会話を収めた電話録音がある。一月九日の犯行当時、ＲＴＬラジオ局が「イーペル・カシェール」店内に電話をかけた。立てこもっていたクリバリがいったん受話器を取り、すぐに電話を切ったが、その際、受話器が外れたままになっていたために、偶然、録音記録として残されたものである。重武装したクリバリと人質となったユダヤ人買物客は、ネコと追いつめられたネズミにも似ている。クリバリは、メラやネムーシュと同じくＧｏＰｒｏカメラを装着しており、その音声記録によれば、すでにこの電話器を通じた偶然の録音が作動する前に、クリバリは店内にいた四人を「ユダヤ人」であると確認したうえで殺害していた。クリバリの声を聞いてみると、彼は演出され編集された動画の場合とは異なり、台本なしで、自分の言葉として、ＩＳＩＳのイデオロギーを自分なりに咀嚼して語っていることがわかる。動画に見られたような「カリフ制国家の兵士」としての落ち着いた口調に代わって、郊外の若者の、細かく切り刻むような話し方に戻り、四体の亡き骸が横たわる脇で機関銃を手にしているという緊張感のせいか、極度に興奮している様子が窺える。

録音されていた人質とのやりとりは、人質行為を正当化するクリバリの語りで始まっている。クリバリによれば、こうした事態を招いたのはフランス人が「マリや他の国に露骨に戦争を仕掛けるような」政府を選び、その政府に税金を払っているからである。これは、九・一一後、ビンラディンが西洋人殺害を正当化するために用いた論理と同じである。これに対して人質の一人が、「税金を払わないわけにはいかないだろう！」と応酬する。すると、クリバリは答える――「俺は税金を払ってないよ、俺は！［…］。［答えた人質に向けて］あんたにだって他に選択肢があるさ。イスラエルに住みつくこともできるだろう！［…］イスラム教徒に手出しさせないように、あんた方がデモをしろよ！」。しかしながら、クリバリの論理の決め手は別にある。それは、シテのギャングの論理でもあり、ユダヤ教の聖典（旧約聖書）やイスラム教の聖典（コーラン）を持ち出して正当化される同害報復刑《タリオ》の掟である。こうした文化的交雑性は、録音された以下の語りの冒頭部、「我々のところでは」という表現に集約される。

いや、我々のところでは、タリオの掟だ。あんた方はよく知ってるよな！　つまり、アラーはコーランの中でこう言った。法を犯せば、同等の報いがある。つまり、俺たちの女に害を与えれば、俺たちの戦闘員に害を与えれば、俺たちの年寄りに害を与えれば、俺たちは俺たちに戦いを仕掛ける人間を攻撃しなければならない。今、俺はあんた方に言っておく。あんた方にな。あんた方の軍隊は、あそこに足を踏み入れることはできないんだ！　絶対に俺たちを負かすことはできないんだ、俺たちにはアラーがついているからだ！

このあと、クリバリは人質に向けてこう語る。

オサマ・ビンラディンが言ったように、――オサマ・ビンラディンを知ってるか？――オサマ・ビンラディン、ラヒモ・アラー（Rahimo Allah）［アラーの慈悲があらんことを］、彼はこう言った。あなた方は決して平和をもたらすことはできないだろう！　パレスチナに平和をもたらすのは私たちだ！［イスラエルを消滅させることで］。

つまり、クリバリの論理によればこうなる。「カリフ制国家」の領土は、空爆を被ってはいるがアラーによって聖域化されている。したがって、フランスの軍隊がこの地に入って地上戦を行うことは不可能である。それゆえＩＳＩＳは主にフランスの国内においてフランスに戦いを仕掛ける。「イーペル・カシェール」店内の人質らはフランスの選挙民および納税者として、ＩＳＩＳにとっては殺すべき敵兵の代替物であり、また彼ら人質はイスラエルを支持するユダヤ人であるがゆえに、ＩＳＩＳにとっては二重に殺すべき存在である。

「カリフ制国家」の報道官シェイク・アブ・ムハンマド・アル・アドナニは、アブ・ムサブ・アル・スーリの『グローバルなイスラム抵抗への呼びかけ』が示した戦略を継承し、フランス人不信仰者を飽くことなく殺し、傷つけ、辱め、罵るよう呼びかけた。アメディ・クリバリはアル・アドナニの呼びかけに従って、この第三期ジハーディズムのあり方を徹底して体現し、実践した人物であった。

シャルリーであるか、シャルリーでないか

すでに見たように、二〇〇五年発表の『グローバルなイスラム抵抗への呼びかけ』の著者アブ・ムサブ・アル・スーリが戦略的目標として掲げたのは、多数のテロを発生させることで段階的な「飛び地戦」を誘発し、社会の内破を招き、最終的に西洋を破壊することであり、その最初の標的が西洋の「柔らかい腹（弱点）」、ヨーロッパであった。この展望に立つならば、ヨーロッパの各社会における民族・文化的構成要素を互いに対立させることが最優先の課題となる。そのためには、イスラム教徒を均質化させ、彼らを包含するヨーロッパ社会全体を「否認《デザヴエ》」させ、ヨーロッパ社会に対し戦いを仕掛けさせる必要がある。この「否認《デザヴエ》」（アラビア語の「バラー（bara'a）」の訳語）を導くための主たる政治的手段の一つ

が「被害者意識の煽動」であり、「イスラムフォビア」糾弾はその最も有効な方策であった。「イスラムフォビア」を絶えず糾弾し、この「イスラムフォビア」こそ、ヨーロッパ社会の先天的欠陥であると主張する。西洋の大罪として、反ユダヤ主義に代えて「イスラムフォビア」を据える。そうすることでイスラム主義者は、イスラム教徒の血を引くすべてのヨーロッパ市民に向けて越えることが不可能な文化的共同体の境界を打ち立て、彼らを、自分たちが指導する共同体の専属構成員に変貌させようとするのである。

暴力的でないイスラム主義としては、一方にタブリーグ運動〔本著二三九頁訳注＊＊参照〕やサラフィー主義の敬虔主義者、他方にムスリム同胞団の流れがある。しかし、こうした暴力的でないイスラム主義の場合も、文化的共同体としての境界を設定しようとする点は共通している。タブリーグ運動やサラフィー主義の敬虔主義者は、共同体の境界線のフェンスを社会・宗教上の囲い込みの手段として利用し、その囲いの中においてイスラム教徒の社会的平和を管理しようとする。サラフィー主義の敬虔主義者においてはさらに、フランスの「不信仰者」社会の外への「ヒジュラ（hidjra＝移住）」を準備する。他方、ムスリム同胞団の場合は、境界線を政治的な道具として利用し、圧力団体を形成していく。一九八九年から二〇〇四年まで繰り返し行われた学校における「ヒジャブ」着用のキャンペーンがその一例である。この政治的境界線は、イスラム教徒としてのアイデンティティーの中心に保守的倫理感を据え、同性間結婚に反対する二〇一三年の「マニフ・プール・トゥス（すべての人のためのデモ）」以降、一部の選挙において共同体票（「イスラム教徒票」）の形をとりはじめる。特に市町村議会選挙では、右派の諸政党に対し、この共同体票による支持の見返りに何らかの約束を取りつける取引が持ちかけられるようになる。

では、敬虔主義者や政治的圧力団体とは異なる次元のイスラム主義者の場合はどうか。「サラフィー・ジハーディスト」として分類できる彼らは、共同体としての断絶を激化させ、暴力へと移行することを最重要の課題に据える。暴力への移行には大きく二つの方式がある。第一の方式は、サラフィー主義の敬虔主義者の場合と同じく「ヒジュラ」を行うことで始まる。ただし、サラフィー主義の敬虔主義者にとっては、フランスを離れて、例えば女性が「ニカブ」を着用できるようなイスラム教国で「イスラム・アンテグラル」を実践することが「ヒジュラ」であるのに対して、「サラフィー・ジハーディスト」の「ヒジュラ」は、フランスを離れて、彼の地の戦場で武器をとって戦うことを意味する。戦場としては、一九八〇年代以降はアフガニスタン、ボスニア、パキスタン、イラク、二〇一二年以降には主にシリア、（再び）イラクと続き、さらにはマリ、リビア、チュニジアもジハードの地となった。もう一つの方式は、クファル（kuffar＝不信仰者、不敬者、異教徒…）の地における暴力の実践である。コーランによれば「クファルの血を流すことは合法」とされる。この第二の方式の皮切りとなったのが二〇一二年三月のメラ事件である。この方式は彼の地の戦場での暴力と組み合わせることが可能であり、二〇一五年一月のテロにおいてもシリアの戦場とのつながりが見られた。

このように、イスラム主義者が設定する境界線はそれぞれの潮流によって異なり、宗教的な社会運動、宗教的な政治・選挙運動、暴力的ジハーディズムなど様々な形をとる。しかし、その違いを問わず、イスラム主義者はすべて、境界線を打ち立てるためにイスラム教徒犠牲者論を展開し、「イスラムフォビア」との闘いを最重要手段としていく。二〇〇五年以降、フランスではイスラム教徒を犠牲者とみなす言説が極めて強い影響力を持つようになり、フランス・イスラム教評議会（ＣＦＣＭ）のような「穏健」なイスラム教組織ですら、内部に「イスラムフォビア」対策機関を設けなければならなくなった。「イスラム教徒は公共の場での信仰表現をめぐり様々な迫害を受けている。にもかかわらず、この現実に対して彼らへの保護が手ぬるい」――ＣＦＣＭはライバルであるイスラム主義者からのこうした糾弾を避ける必要があった。イスラム教徒共同体をめぐる覇権争いに勝ち残るためには、「イスラムフォビア」との闘いに参加することが不可避となり、これを無視すればたちまち競争から脱落するというわけである。

フランス国内でイスラム教徒の祖先や文化を持つ人々の中には、これを自分のアイデンティティーの最重要要素とすることなく信仰を生きている人も多く、不可知論者や無神論者である人も少なくない。しかし、共同体としての断絶が激化すればこうした人々にも強い圧力がかかるようになる。「イスラム化のマーカー」が目立つ郊外大衆地区においては、「顔からみて」イスラム教徒と思われる人間が断食月《ラマダン》中に断食しないことは社会的に難しく、実質的に不可能な状況とさえなっている。ジハーディストは、共同体の境界線に沿った隔離を極限にまで押し進め、「背教者」を優先的に標的とし殺害することで、「悪いイスラム教徒」に恐怖を与え、閉鎖された共同体の外に出ることを思いとどまらせようとする。メラ、クアシ兄弟、クリバリはスーリの提唱するところに従い、フランス軍隊または警察の制服を着た人間*（三五五頁）を、「顔からみて」イスラム教徒と思われる人間ならなおのこと、殺戮の対象とするのを忘れなかった。ジハーディストから見て、イスラム教徒でありながらフランスの軍隊や警察の制服を身に着けることは「背教」の最たる徴であり、死をもって罰する以外にないのである。

二〇一五年一月の一連の事件の背景には以上のような心理的・文化的装置があり、事件に対する反応のみならず、この反応に対する新たな反応もまた、同じ装置を背景に構造化されている。したがって、こうした装置を考慮しない限り、フランス社会が直面する課題を分析することは不可能である。

二〇一五年一月七日から九日のテロ事件への反応として発生した一一日の全国規模のデモは、テロの衝撃と同じほどのインパクトを持つ劇的な出来事であったと同時に、テロとは異なる社会政治的範疇に属する出来事でもあった。デモの参加者数はフランス全土で推定約四百万、フランス史上最大規模のデモとなった。世界各国から多数の国家元首、首相あるいは政府閣僚がパリに集結し、世界の多くの都市でも連帯のデモが行われる前代未聞の現象となった。この日行われたデモは、テロに抗するすべての人々を包摂する普遍性を持ったものであり、参加者たちはこの行動により、特定の民族的・宗教的共同体への帰属を境界線に据える社会の分断化の動きに、拒否の姿勢を表明した。こうした社会の分断化こそ、第三期ジハーディズムが起動させようとしている破壊の歯車、すなわちヨーロッパに内戦を引き起こしヨーロッパ文明を破壊する歯車なのである。

この一月一一日の大抗議デモこそ、先験的《アプリオリ》に、スーリの追随者が遂行しようとする戦略への最強の反撃である。一九九七年秋、アルジェリアの「武装イスラム集団（ＧＩＡ）」やエジプトの「イスラム集団（Gama'at islamiyya）」の残虐行為を前に、両国の市民はこれら過激派グループへの連帯を拒否し、彼らを衰退の道に追いやった。二〇〇一年のときも、イスラム教徒の世界は九・一一のテロに追随せず、アルカイダによる動員を食い止めた。同じように、二〇一五年一月一一日、フランスの市民社会は大規模デモによって一握りのテロリストたちに抵抗の意思を表明し、辿るべき道筋をヨーロッパ社会に向けて指し示すことで、フランス社会の起源をなす「大きな物語」、すなわち非宗教性《ライシテ》に基づく統合の社会契約の重要性を改めて主張した。

このように「一月一一日の精神」とは、ジハーディズムの「野蛮」に対する「文明」の奮起を表明するものであった。ところが、デモの直後から不協和音が現れはじめた。この不協和音を結晶化させることになったのが、このときのデモのスローガン、「私はシャルリー」である。

「私はシャルリー」を発案・発信したのは、無料紙「スティリスト」のアーティスティック・ディレクター、ジョアシャン・ロンサン（三十八歳）である。ロンサンは「シャルリー・エブド」編集部が襲撃された直後の強い動揺の中でこのスローガンを考案し、事件当日の一月七日十二時五十二分、インターネット上にこれを投稿した。「＃私はシャルリー（#jesuisCharlie）」は投稿と同時に世界中にウィルスのように拡散した。世界中どこでもマウスをワン・クリックするたびに立ち現れるこのフランス語のスローガンは、フランスの人々に、すでに失われてしまったフランス語の普遍性と価値観が復活したのではないかというノスタルジックな幻想さえ抱かせた。このバーチャルな創作物を生み出したロンサンは

＊（三五三頁）　メラ、クアシ兄弟、クリバリにより殺害された犠牲者には軍人が三人、警官が二人含まれ、軍人三人のうち二人はアルジェリア系、一人がモロッコ系、警官二人のうち一人はアルジェリア系、もう一人はアンティル諸島マルティニークの出身であった。メラ事件ではもう一人、アンティル諸島グアドループ出身の軍人が負傷した。アンティル諸島出身者は黒人系であることから、アフリカのイスラム教徒と混同され得た（本著三二二頁参照）。

Y世代に属する。いわばこのスローガンはY世代に属する人間から、殺戮を犯した同じY世代の人間への応答とも言えるものであった。「私はシャルリー」はスローガンであり、またロゴでもある。音声と画像を伴ったウェブの産物であるこのスローガン、このロゴは、並外れて強力なメッセージを放った。というのも、この理解しがたい殺戮を前に多数の市民が「意味」を待ち望んでいたまさにそのときに、このスローガンはインターネット上で「意味」を探し求めるそれぞれの「私」になり代わり、「グローバル化された主体性」を持った「私」を主張することによって、そのそれぞれの「私」の期待に応えたからである。「私はシャルリーである」という断言的文章は、誰もが自分を指すと感じられる単数第一人称の代名詞である「私」を主語にして、この主語を、多義的《ポリセミック》な対象を指す述語「シャルリー」につないでいる。インターネット上のワン・クリックで述語「シャルリー」につながるこの無数のバーチャルな「私」が、数日後には各地のデモを通じて、現実の、肉体を備えた、集合的な「私たち」として集結したのである。一月一一日のデモは、バーチャルな世界とリアルな街頭デモとを混ぜ合わせた、おそらくは史上初のデモであった。

「シャルリー」は、ジハーディズムのテロに対抗する民衆を指す名詞となる。「私はシャルリーである」という統辞法自体がまさに、そのことを示している。すなわち、この文章は主語「私」の名前がシャルリーであることを意味しない。主語「私」の名前がシャルリーである場合、フランス語ではむしろ「私はシャルリーという名前である（私は自分をシャルリーと呼ぶ）」という表現を使う。これに対して、「私はシャルリーである」という文章の場合、主語と述語を結ぶ繋辞「である」は、主語の「私」を、「シャルリー」と名付けられた「新しいアイデンティティー共同体」へと結びつける役割を果たしている。

一月一一日の公道のデモは、まさにこの新しいアイデンティティー共同体が出現したことを画する集団洗礼の儀式となった。

ところが、デモの後、これに敵対する人々がデモの民衆を一つの限定的な共同体に還元しようと動き出すなか、「デモに参加した主権者たる民衆」とは誰を指すのか、その境界線をどこに引くかという難しい問題が浮上する。一月一一日の民衆がジハーディストに対抗すべく集結した以上、そこにジハーディストが含まれないことは明白である。しかし、この民衆は果たしてすべての国民を包括し、共和国としての動員を回復するだけの力を持っていたであろうか？　むしろ反対に、イスラム教文化を持つ移民子弟である郊外大衆地区の若者を、否応なしにその射程の外に置き去りにしてしまったのではないか？ここでわれわれは、ポストモダン社会におけるインターネットユーザーが突き当たる、自らの「主体性」と「抽象的市民性」との相関性の限界という問題に遭遇することになる。

言うまでもなく、「シャルリー」はクアシ兄弟によってその編集部が狙われた風刺紙「シャルリー・エブド」の名前に由来しており、「私はシャルリー」のロゴのフォントも同紙のロゴを借用している。しかし、「シャルリー」というスローガンの下に集結した民衆は、「シャルリー・エブド」紙へのシンパシーを超えた、はるかに広範な人々によって構成されていた。一方、イスラム主義の活動家やそのシンパ、あるいは「#私はシャルリーでない（#jenesuispasCharlie）」や「#シェー（#cheh = マグレブ地方のアラビア語で「いい気味だ！」の意）」のスローガンに合流した人々は、一月一一日の民衆の行動を「イスラムフォビア」であると糾弾し、反ユダヤ主義のディユドネに至っては、「#私はシャルリークリバリ（#jesuisCharlieCoulibaly）」なる挑発的なスローガンを持ち出して物議を醸した。こうした動きの根底には、「私はシャルリーである」という文章に付随する、輪郭の問題があった。

一月一一日の民衆が体現した「シャルリー」とはまず、アメリカの漫画家チャールズ・シュルツが一九五〇年代に創作し、世界的に有名になった名犬スヌーピーの漫画「ピーナッツ」に登場する子ども「チャーリー・ブラウン」*であった。自分をとりまく世界の不可解な出来事に戸迷うこの臆病で内省的な少年は、残酷な大人世界の入口に立たされた「子ども時代」の無垢の象徴である。「シャルリー・エブド」紙は一九七〇年、発禁となった風刺紙「ハラキリ・エブド」**を継承し創刊されたものだが、紙名となった「シャルリー・エブド」は実はこの「チャーリー・ブラウン」にちなんだ呼称であった。前身紙「ハラキリ・エブド」は一九六八年の五月革命の流れを汲む風刺紙であり、「ばかげていて意地悪」であることをモットーとしていたが、一九七〇年一一月一六日号の一面記事が原因で発禁処分を受けた。同月九日にコロンベ・レ・ドゥー・ゼグリーズ村のラ・ボワスリーの館で他界したド・ゴール将軍の死去を、同月一日に百四十六人の死者を出したイゼール県のダンスホールでの大火災になぞらえ、「コロンベの悲劇的な舞踏会、死者一名」という見出しで全面掲載したことが冒瀆的とみなされ、極左撲滅の姿勢をとる内相レーモン・マルスランによって発禁に付されたのである。

このように、一月一一日のデモのスローガン「私はシャルリー」は、「シャルリー・エブド」紙を知らない世界中のインターネットユーザーの共同体にとっては、まずは「ピーナッツ」のシャルリー（＝チャーリー）、すなわち、野蛮に対峙する無垢なる子どもをイメージさせた。スローガンの考案者ジョアシャン・ロンサン自身は、これを作っていたとき、幼い息子と一緒にイギリスのマーティン・ハンドフォード作の子ども向けゲーム絵本『ウォーリーをさがせ！』を見ていたという。『ウォーリーをさがせ!』は、群衆の絵の中に隠れている少年ウォーリーを探し出す絵本シリーズで、フランスではウォーリーの名前がシャルリーに変えられ、『シャルリーをさがせ!』というタイトルで出版されている。「私はシャルリー」というスローガンが大反響を呼んだ背景には、第一段階としてまず、「シャルリー」という名前が呼び起こすこうしたキャラクターの存在があった。そしてもう一つ、ジョアシャン・ロンサンが創作したロゴにも反響の理由があった。このロゴは、通常の死亡通知と同じく白と黒の二色を使いつつ、通常とは反対に文字を白抜きにして色使いを反転させた。この反転には犠牲者の死への抗議が含意されている。つまり、人々がこのスローガンとロゴに即座に自己同一化反応を起こしたのは、罪なき人々(七日から九日のテロの犠牲者)の死への純粋な抗議の感情からであって、「シャルリー・エブド」紙の編集方針を支持したためではなかった。

以上の要素に加え、テロの犠牲となった個々の人物やその作品に対する自己同一化反応も見られた。犠牲者のうち何人かはフランスでは稀にみる高人気を誇ってきた人物であり、世代を超えて多くの人々が彼らの作品に親しんできた。犠牲者のうち、漫画家のウォリンスキーとカビュは享年八十歳と七十六歳。「モン・ボーフ」「カトリーヌ」「副隊長クロネンブール」といった人気漫画の主人公を創作し、五月革命以後、半世紀にわたってフランス的感性に満ちあふれたサブカルチャー世界を牽引してきた。バンド・デシネ(漫画)というマイナーな媒体を使って現代人のアイデンティティーの一側面を体現して

* チャーリー(Charlie)のフランス語式の発音がシャルリーである。
** 日本語の「ハラキリ(腹切り)」の意。フランス語式発音では「アラキリ」。

きた。もう一人の犠牲者、エコノミストのベルナール・マリスは享年六十八歳。左派の活動家で、アルテルモンディアリスト（もう一つの世界主義者）〔新自由主義とは異なるグローバル化を提唱する運動家〕としての活動歴があり、「シャルリー・エブド」編集部に所属しながらラジオやテレビでも時評を担当してきた。作家ミシェル・ウエルベックを高く評価するマリスは、二〇一四年秋にエッセー『エコノミスト・ウエルベック』*を刊行したばかりであった。移民の人権擁護活動にも数十年間携わってきたマリスの殺害は、彼が体現してきた非宗教的《ライック》な進歩主義の伝統と、イスラム教アイデンティティーの高揚に酔う移民子弟との間に生じた、「離反」の到達点とも言うべき事件と言えよう。

　こうした「離反」はすでに、イスラエルのガザ侵攻に抗議する二〇一四年七月のデモにも現れていた。前述の通り、このデモは、パレスチナを支持してきた「反帝国主義」の進歩主義者と、ハマスおよびＩＳＩＳを信奉する熱烈なイスラム主義者との間の断絶を浮き彫りにした。ジャーナリストのディディエ・フランソワがＩＳＩＳに拉致され、シリアのアレッポの地下牢でメディ・ネムーシュに虐待されたという巡り合わせも、こうした「離反」関係を象徴するエピソードと言える〔本著二一七頁参照〕。ディディエ・フランソワは一九八〇年代に反差別主義団体「ＳＯＳラシスム」が採用した「私の仲間に手を出すな」というスローガンの発案者であるが、地下牢に拘束されたとき（二〇一三年六月〜二〇一四年四月）、その後ブリュッセルのユダヤ博物館襲撃事件（二〇一四年五月）の犯人となる看守役のネムーシュから虐待を受けた。ネムーシュは、ディディエ・フランソワらが擁護しようとした「私の仲間」である移民たちの子孫であった。

　かつてフランスの左派が移民やその子弟との間に築いていた政治的連帯は、宗教（ここではイスラム教）に対する立場の違いを理由とするフランスの左派勢力内部の「文化闘争」**によって断ち切られていた。この亀裂が、預言者ムハンマドの風刺画出版をめぐる「シャルリー・エブド」紙への賛否の対立となって現れてくる。逆に言えば、この対立こそが、「私はシャルリー」と叫ぶデモ参加者が望んだコンセンサスを脅かし、その理想を揺るがす亀裂の断層線をなしていったのである。

かつて、宗教的権威との分離を目指す反教権主義は五月革命の精神を形づくる重要な要素の一つであった。したがって、五月革命の流れを汲む風刺紙「シャルリー・エブド」が極左勢力の忌み嫌う勢力（すなわち道徳的秩序、社会的ヒエラルキーを擁護するキリスト教信徒たち）をこき下ろしていた時代は、読者との間に波長のずれはなかった。一九七〇年代初頭のこの時代、イスラム教はまだフランスの政治的議論の対象にはなっていなかった。イスラム教が政治的議論の場になだれ込んでくるのは一九七八年から七九年にかけてのイラン革命のときである。極左インテリゲンチャの教祖にして、同性愛の象徴的な人物であったミシェル・フーコーは当時、啓蒙《リュミエール》の時代から継承されてきた普遍的規範に異議を唱え、同性愛者共同体の要求を正当化することに強力に貢献した。そして、一方ではこれと並行して、イランのイスラム革命とシーア派の最高指導者《アヤトラ》ホメイニ師を無批判に称えた。

マルクス主義者は当初、マルクス主義者でもあったオリエント学者マクシム・ロダンソンの言葉を借

* Bernard Maris, *Houellebecq Economiste*, Flammarion, 2014.

** 文化闘争はもともと、一八七〇年代の統一ドイツにおいてビスマルクがカトリック教会を国家の統制下に置くために行った政治闘争を指す。カトリック教徒の多い西南ドイツではプロシア主導のドイツ統一への反発が強かった。

りれば、「イスラム主義は『退行的ファシズム』以外の何物でもない」とする立場をとっていた。しかし、一九八〇年代に入ると、反帝国主義を旗印に、イスラム主義者との接近を探りはじめる。八一年一〇月にはエジプトでイスラム主義者によるサダト大統領暗殺事件が発生するが、マルクス主義者はあくまで、社会的に恵まれない階層によって構成されるイスラム主義グループを、自らの反ブルジョワジー闘争の利害共有者、客観的同盟者とみなした。こうした接近の試みには、トーマス・ミュンツァー率いる再洗礼派（アナバプテスト）のように、農民層を糾合し「地上における神の国」を実現しようとした、十六世紀ドイツのメシア運動を思わせるものがある。＊八〇年代末になると、ベルリンの壁の崩壊とともに共産党の凋落が決定的となる。マルクス主義者の間では共産党から離反していく大衆層をどう取り込むかという課題が浮上する。結果、宗教を「人民のアヘン」とみなす伝統的な宗教批判は取り下げられ、「人類の輝かしい未来」を生み出すはずであった「プロレタリア」に代わり、「イスラム教徒」が登場しはじめる。「イスラム教徒」は「被抑圧者」に打ってつけの代名詞となる。これはイラン革命に先立ち、同国の知識人アリ・シャリアティが打ち立てようとした等式である。アリ・シャリアティは、アンティル諸島出身のフランスの革命思想家フランツ・ファノンの著書『地に呪われたる者』＊＊（一九六一年）を翻訳する際、ファノンが使う「被抑圧者―抑圧者」というマルクス主義の概念を「モスタダフィン（mostadafin）―モスタクビリン（mostakbirin）」というコーランの言葉で訳出した。「モスタダフィン」と「モスタクビリン」の文字通りの意味は「弱き者」と「奢れる者」であり、社会・政治的な次元よりも、むしろ道徳・宗教的次元に属する範疇である。

イスラム主義の言説と極左主義の言説との相互浸透は、イギリスの有名なトロツキスト運動家、クリス・ハーマンによる著作『預言者とプロレタリア』（一九九四年）にも現れている。この中でハーマンは、イスラム主義者との協力関係は状況に応じて可能との見解を示した。フランスにおいてその延長線上にくるのが、二〇〇三年のヨーロッパ社会フォーラム***（開催地サン・ドニ）に、「ル・モンド・ディプロマティーク」****紙とアラン・グレシュ（当時の同紙編集長、フランス共産党幹部）がタリク・ラマダン*****と並んで参加したことである。民衆の支持を失った古参のマルクス主義者にとって、郊外の貧困化した大衆地区はもはや共産党から離れ否応なくイスラム化されていると映ったが、こうした状況の下で新しい

＊　トーマス・ミュンツァーはドイツの急進的プロテスタント。既存制度と迎合するルターと袂を分かち、「地上における神の国」の実現へ向けて武装闘争を指揮、農民反乱を率いた。

＊＊　フランツ・ファノンはアンティル諸島マルティニーク出身の精神科医、革命思想家。反植民地主義の立場からアルジェリア民族解放戦線（ＦＬＮ）に参加した。

＊＊＊　ヨーロッパ社会フォーラムは、ダボスの世界経済フォーラムに対抗して二〇〇一年から始まったアルテルモンディアリスト系の地域社会フォーラムの一つ。いわゆるトービン税の導入を目指す団体「アタック（ＡＴＴＡＣ＝市民支援のために金融取引への課税を求める協会）」が組織する。

＊＊＊＊　「ル・モンド・ディプロマティーク」紙は、「ル・モンド」紙の補完的な月刊紙として一九五四年に創刊。主に国際問題を扱う。一九九六年の子会社化（「ル・モンド」が五一％出資）以降、編集・財務の両面で「ル・モンド」紙に対する独立性を確保した。

＊＊＊＊＊　タリク・ラマダンはムスリム同胞団の創設者の孫。両親の亡命先であるスイスで出生し、スイス国籍。イスラム学者、説教師。二〇一六年にフランス国籍取得を申請したが、ヴァルス首相（当時）は、「タリク氏の説教はフランス共和国の価値と相容れないものであり、タリク氏がフランス国籍を取得すべき理由はない」（同年五月）と言明した。

同盟勢力たるイスラム主義者の信仰を批判することは、苦労して繋ぎとめた大衆地区との絆を断つ危険を冒すことであった。タリク・ラマダンに魅了されたこれら年かさの左翼の面々と、反教権主義を貫き宗教を嫌う旧来の極左主義者との間の価値観をめぐる断絶は不可避となり、これが「シャルリー・エブド」紙をめぐる議論を通じて極度に先鋭化していくわけである。しかし、両者の間の議論は純粋なイデオロギー上の衝突に終始した。激烈な論説記事や皮相的なテレビ討論、短命のベストセラー物が無数に出現し、そうした場でフランスのインテリゲンチャは終始「フランス社会の分析」を試みたが、彼らはすでに「フランス社会の現実」を見失っていた。

一方、右に辿ったような歴史の中で、「シャルリー・エブド」紙の歩みは直線的ではなかった。一九八一年、同紙は販売部数の低迷によっていったん休刊する。反差別主義、エコロジー、反軍国主義を掲げてきた同紙はその持ち前の切れ味を失い、ミッテラン政権下の「時代の空気」にそぐわない存在となりつつあった。同紙が看板としてきたかつての辛辣なユーモアは安易な糞尿趣味《スカトロジー》に転じ、読者を困惑させた。休刊から十年後の一九九二年、コメディアンのフィリップ・ヴァルが同紙を復刊させ、発行人を務めるが、二〇〇九年、サルコジ大統領により国営ラジオ放送「フランス・アンテール」の会長に任命されると同時に同紙を離れる。フィリップ・ヴァルのように、かつての極左主義者がこうして右派へと偏流していく背景には、郊外大衆層の間に広がるイスラム化への反発があった。こうした偏流の最たる例としては、旧トロツキストのウェブサイト「リポスト・ライック（非宗教的反撃）」（二〇〇七年開設）が極右FNの支持勢力へと変貌していったケース（本著一一八頁および一八六頁参照）、あるいは同じくトロツキスト活動家で「国境なき記者団」の創設者ロベール・メナールがFNの支持を得てベズィエ市長選（二〇一四年）に出馬し当選したケース〔本著一六三〜一六四頁および二三五頁参照〕が挙げられる。

「シャルリー・エブド」紙が編集方針をめぐり亀裂を深めるのは、九・一一事件後、イタリアの政治ジャーナリスト、オリアーナ・ファラーチが『怒りと誇り』（二〇〇一年）を出版したときである。この書は、イスラム主義者やアルカイダへの批判にとどまらず、イスラム教全般に対して激烈な批判を展開する内容であり、広範な論議を呼んだ。このとき「シャルリー・エブド」紙は同書を称賛する書評を掲載した。続いて二〇〇三年、「シャルリー・エブド」紙は非宗教主義《ライシスム》を掲げる極左の一部と足並みを揃え、サン・ドニで開催されたヨーロッパ社会フォーラムへのタリク・ラマダンの参加を批判する。以後、「イスラム原理主義」との闘いが同紙の編集方針の柱の一つとなり、このテーマをめぐって緊張が蓄積していく。緊張が炸裂するのが、二〇〇六年二月である。この月の号で「シャルリー・エブド」紙は、デンマークの「ユランズ・ポステン」紙が前年九月に掲載した預言者ムハンマドの風刺画を転載する。フランス・イスラム教組織連合（UOIF）とグランド・モスケ・ド・パリ（パリ大モスク）は「シャルリー・エブド」紙を相手取って訴訟を起こすが、これは却下された。しかし以後、イスラム教徒や、前述の理由からイスラム教への批判を自らに禁じる左派および極左勢力の間では、「シャルリー・エブド」＝「イスラムフォビア」という評判が定着することになる。

二〇〇九年にフィリップ・ヴァルが同紙を去った後、風刺画家であるシャルブが発行人となるが、その編集路線は十分な読者を獲得するに至らず、同紙は再び販売部数の低迷と資金難に直面する。

二〇一一年一一月、ジャスミン革命後のチュニジアで実施された制憲議会選挙において穏健イスラム主義政党アンナハダが勝利する。このとき同紙は「ムハンマドが編集長である」と銘打った号を発行した。これがもとで同紙事務所は放火された。また、ハッキングされた同紙のウェブサイトにはメッカとコーランの画像が表示されるという事件も発生した。二〇一二年九月、在カリフォルニアのコプト教徒が「イスラム教徒の無垢」と題する反イスラム的な動画を作成し、これがいくつかの国で暴動を誘発したときも、同紙はこの暴動への反発として、「ムハンマド、スター誕生」という表題の下で一連の風刺画を掲載した。表題と同じタイトルが付された風刺画はとりわけ衝撃的なものとなった。頭にターバンを巻いた裸の人物がひれ伏して祈りを捧げている絵で、背中四分の三の角度から描いたその構図により、毛の生えた睾丸と雫をしたたらせた陰茎が丸見えとなり、さらに、肛門にはユダヤ教を象徴する黄色い星が押し込まれているというものである。

本著の著者〔G・ケペル〕は、この二〇一二年九月号が発刊された直後、ラジオ放送局「フランス・アンテール」の朝番組でインタビューを受けた際、この風刺画はもはや宗教の教義への批判という次元を超え、信仰を実践するすべてのイスラム教徒の、人間としての尊厳を傷つける猥褻であると発言した。その後、「シャルリー・エブド」紙のリシャール・マルカ弁護士からラジオ上で激しい非難を受け、何通かの憎悪に満ちたメールを受け取ることにもなった。

以後、フランスでは、イスラム教のイメージに関わる問題のメディア上での反応は、「シャルリー・エブド」紙をめぐる緊張という形をとって分極化していく。二〇一三年秋、「ブールの行進」三十周年記念映画が都市省の財政支援を得て制作されたとき、ラップ歌手ネクフーが映画の中で以下のようなラップを歌っている。

どのみち差別主義者《レイシスト》ほど時代遅れなものはない。
あの理論家どもはイスラム教を黙らせたいんだ。
テロリズムとテーラーシステムと、ほんとの危険はどっちだ？
俺の家族は早起きしてる、俺の仲間《ポトタフェ》も働くのを見たぜ。
シャルリー・エブドの犬どもを異端の火あぶり《オトダフェ》にしてくれ。

「シャルリー・エブド」紙を反イスラムとして糾弾するこの歌詞は物議を醸す。同時にこの歌詞は、いくつかの点で重要な意味を持っている。まず、「ブールの行進」当時の「平等のための闘い、差別主義に反対する闘い」を思い起こさせる文明の匂いのする語彙の使用と、そうした語彙を駆使する若者、すなわち一九九〇年（「ブールの行進」から七年後）にブルターニュ地方ラ・トリニテ・シュル・メールの中流家庭で生まれ、ミラン・クンデラとジャック・ロンドンを愛読者する現代のラップ歌手が作り出すパンチライン（歌のさわりの部分）との間に、いかに大きな距離が存在しているかという点である。*
問題となった「シャルリー・エブドの犬どもを異端の火あぶり《オトダフェ》にしてくれ」という詩句に先立つ詩句を

＊　ラップ歌手ネクフーの本名はケン・サマラス。父親はギリシャ、母親はスコットランドの出身。ミラン・クンデラは現代文学の代表的作家の一人。チェコ出身で一九七五年にフランスに亡命した。代表作は『存在の耐えられない軽さ』。ジャック・ロンドンは二十世紀初頭のアメリカのジャーナリスト・作家。『野生の呼び声』『どん底の人々』などの作品がある。

見ると、労働者に対する抑圧を指す極左の語彙＝「テーラーシステム」〔労働者の能率増進を目指す効率優先の科学的管理法〕と、イスラム教を抑圧する者の呼称＝「差別主義者《レイシスト》」「イスラム教徒を黙らせたい〔理論家ども〕」とが混在している。「テーラーシステム」はラップの歌詞としてはいかにも唐突だが、「テーラーシステム」と「差別主義者《レイシスト》」の抑圧を受けた「仲間《ポト》」が「働く《タフェ》」という状況描写、すなわち「ポト・タフェ」という二語の連辞からなるメッセージが呼び水となって、母音が見事に揃った「オトダフェ（異端者の火刑）」という言葉を導いている。(原注)

被抑圧者＝イスラム教徒という像は、ラップ音楽やラップ歌手がベクトルとなっているフランスの大衆文化においては頻繁に見られる紋切り型の一つである。また、自らのアイデンティティーをイスラム教徒であることに求めるケースが多いのもラップ歌手の特色である。その典型例が、一九八三年ル・アーヴル生まれのアルジェリア系ラッパー、メディーン・ザウイーシュ（芸名メディーン）である。メディーンは、メディナ、すなわち預言者ムハンマドが西暦六二二年に偶像崇拝の都市メッカから聖遷（「移住」）してイスラム国を創設した土地の名前である。

メディーンは、あご髭を伸ばし頭を剃り上げた「サラフィー主義のヒップスター」と言えるルックスであり、二〇一二年一〇月にパスカル・ボニファス（社会党系シンクタンク「国際・戦略研究所（ＩＲＩＳ）」所長で地政学者としても多方面の著書を持つ）との対談集『ドント・パニック（パニックになるな）』*を出版している。一時、「アンディジェーヌ・ド・ラ・レピュブリーク（共和国の原住民）」**と行動を共にしたが、やがてディユドネや、二〇一四年秋には黒人至上主義者のケミ・セバ***にも接近する。ケミ・セバは黒人至上主義の立場から人種間の隔離を唱えるグループ「トリビュ・カ」を二〇〇四年に結成した人物で、このグループは反ユダヤ主義の暴力を理由に二〇〇六年に解散命令を受けている。メディーンが二〇一五年一月一日に発表した新曲「ドント・ライック（Don't laïk）****」のプロモーションビデオには、ケミ・セバが二〇一三年に出版した『スュープラ・ネグリチュード（ネグリチュードを超えて）』の書影が映っている。「ドント・ライック」は「シャルリー・エブド」編集部襲撃事件の一週間前にインターネット上で発表されたものだが、その歌詞の一部がまもなく論議を呼ぶことになる。

ゴルゴタの丘での〔イエスの〕磔のように、ライックの奴らを十字架にかけよう。［…］
お前のあご髭*****（三七一頁）、ルブーのお前、この国ではドント・ライック！

（原注）二〇一五年一月の「シャルリー・エブド」編集部襲撃事件の後、礼儀正しく笑みを絶やさぬこのブロンドの青年は、「パリジアン」紙によるこの歌詞についてのインタビューに答え、「二〇一三年当時、自分は、『九・一一後のイスラムフォビアの臭いがするコンテクスト』において『抑圧されていると自分が判断した人』を擁護したかった。『自分は宗教共同体に属しているわけではなく』、翻ってみて『バカなことをした』と感じる」と語っている。

* Pascal Boniface, Médine, *Don't panik : "N'ayez pas peur!"*, Desclée de Brouwer, 2012.「怖がるな」という副題の付いたこの対談集では、郊外の移民系の若者、イスラムフォビア、反ユダヤ主義などがテーマとなっている。

** 「北アフリカにおいてフランスが果たしたポジティブな役割を学校教育のプログラムに盛り込む」ことを定めた二〇〇五年二月法への反動として発足した団体（同法の問題の条項は翌年撤廃された）。「フランス共和国において、かつての植民地の原住民と同様の不当な差別を受けている」ことを主張。イスラム主義者と同盟するようになる。

*** ケミ・セバは古代エジプト語で「黒い星」を意味するペンネーム。両親はベナン系。

**** laïkは、英語のlikeと、仏語のlaïque（ライック＝非宗教的な）を掛け合わせた造語。

お前のベール、妹よ、この国ではドント・ライック！

奴らには、神もなければ、メットル・カンテール*以外に主人《メットル》はない。

俺は、奴らのライシテの木をノコギリで切って、埋葬する。

マリアンヌは、乳房に「ファック・ゴッド」と入れ墨したフェメン**だ。［…］

フリーメーソンに宗教を、無神論者に教義問答《カテキズム》を。

ライシテは、今はもう、照らされて賢くなった女《エクレレ》と照らされて気が狂った女《イリュミネ》の間にある影でしかない。

俺たちは共和国のカカシ。

エリートたちはウルトラ・ライック宣教家の新しい信者。

俺はアラーの神で十分だ、俺をライックにする必要はない。


この下手な詩句からなるラップの新曲がウェブに投稿されると、七日後の悲劇の幕開けのようにたちまち大ヒットする。大規模デモが行われた一月一一日時点の閲覧回数は五十万回を超え、一月末には百万回に迫る。メディーンのラップは、「私はシャルリー」というスローガンの下に集まったコンセンサスの精神をすぐそばから突き崩す、文化的断層線を浮かび上がらせることになった。

二〇一五年五月、市民に向けて意見表明を行うパブリック・インテレクチュアル（公共知識人）の一人、人口学者エマニュエル・トッドが『シャルリーとは誰か？――宗教的危機の社会学』***を出版する。

著者によれば、「感情が激しく高ぶる中で書いた」この本は「出来事の発生直後の社会学」に取り組むことが意図であった。出版は、ポスト・トラウマティックな感情的コンセンサスが広く表明された大規模デモから四カ月後、感情的コンセンサスに代わって、フランス社会全体の社会維持能力に対して具体的な問いかけが出はじめる時期であった。

この問いかけは、宗教的性格の亀裂がフランス社会の内に現れはじめたことに対する問いかけであった（宗教的亀裂を極限にまで先鋭化したのがジハーディズムであるが、メディアでは連日、こうした亀裂が日常レベルでも様々な症状として現れはじめていることを報道していた）。亀裂の症状は、「中東における残虐行為のフランス国内への投影」という形をとることもあれば（当時は中東の状況を否応なく思い起こさせる事件、一月のテロの余震と言える事件が継起していた）、「フランス国内における社会的対立や疎外をフランス社会対イスラム教徒共同体の対立・疎外と捉える」という形をとることもあった。

＊＊＊＊＊（三六九頁）　ルブー（rebeu）はマグレブ系の移民二世を指す逆さ言葉であるブール（beur）をさらに逆さにした言葉で、同じくマグレブ系の移民の子弟を指す。ブール（beur）もアラブ（arabe）の逆さ言葉である（本著四一一頁訳注＊参照）。

＊　メットル・カンテールは、ビールのブランド「カンテールブロー」のロゴであるジョッキを持った男性像を指す。レストラン・チェーンの名称でもある。

＊＊　マリアンヌはフランス共和国を象徴する女性像。フェメンはウクライナで発足したフェンミニズム運動。トップレスでの示威活動が有名。

＊＊＊　Emmanuel Todd, *Qui est Charlie? : Sociologie d'une crise religieuse*, Seuil, 2015（エマニュエル・トッド『シャルリとは誰か？――人種差別と没落する西欧』堀茂樹訳、文藝春秋・文春新書、二〇一六年）。

とりわけ、共和国が国喪として、一月のテロの犠牲者を追悼する行事を執り行った際に、学校ではイスラム教徒の一部生徒が一分間の黙禱を拒否し、騒いだり足を踏みならしたり、「私はシャルリーじゃない」「いい気味だ！（Cheh!）」「アラーは偉大なり（Allahou Akbar!）」といった抗議の声を発するひと幕も見られた。共和国としては、共和国としての「聖体拝領の儀式」を行うことで社会の和解を回復する必要があった。ゆえに大統領令に基づく国喪の行事を取り決めた。したがって、共和国が「神聖なる性格」を突然取り戻したこの状況下での黙禱の拒否は、神聖なる共和国への冒瀆と解釈された。プレスも大きく報道したように、生徒たちのこの拒否反応は、教員の間に多くの当惑を呼び起こした。生徒たちのほとんどはフランス国籍を持つ。ところがその生徒たちの一部にとっては、共和国の学校が宣言する非宗教的《ライック》な価値よりも、ラッパーやモスクに由来するパラレルな文化の方が優位にある。この事実を前に教員たちは対応に苦慮した。

　エマニュエル・トッドが五月に刊行した著作『シャルリーとは誰か？』はこうした状況の中で書かれたものであり、彼なりの社会科学をベースに事象を解釈し、社会通念《ドクサ》とは正反対の現実を証明しようとする意図に導かれている。トッドによれば、一月一一日のデモのバネとなったのは、テロの暴力に反発して寛容なる共和国の再建に乗り出す奮起の力ではなく、その真逆の力、すなわち、「イスラムフォビア」を旗印とする攻撃的な非宗教主義《ライシスム》であった。フランスのエリートたちは生け贄の羊であるイスラム教徒に烙印を押すべく、社会の中間層に対して町に繰り出すようイデオロギー操作を行った、というのがトッドの分析である。トッドは言う。このデモ以来、共和国のイスラム教徒がフランス人としての資格を証明するためには自分たちの預言者を冒瀆しなければならなくなったのだと。そして、それは、中世の宗教裁判においてマラーノが（原注）、すなわちレコンキスタ後に強制的にキリスト教に改宗させられたイベリア半島のユダヤ人が、ユダヤ教を放棄した証拠として豚肉を食べるよう強制されたのと同じであるのだと。

再建されるべき共和国が価値の中心に据えたのは「冒瀆の権利」であった。そして、社会の恵まれない集団が担う少数派の宗教の象徴的な人物を「冒瀆」することこそが、この権利を即時適用するための義務であると宣言されたのである。マグレブ系の若者の大量失業、彼らに対する雇用差別、さらにはテレビ局からアカデミーに至るまでイスラム教を絶えず悪魔視するイデオローグたちの存在を考えたとき、一月一一日のデモに内包されていた暴力性については強調しても強調しすぎることはないだろう。

弱者の宗教に唾を吐きかける権利。これを自分たちの社会の最優先事項とするために、何百万人ものフランス人が街頭デモに繰り出したのである。

エマニュエル・トッドのこの逆説的テーゼは、社会・イデオロギー的に洗練された言い回しを用いてはいるが、その内容はメディーンが歌う「ドント・ライック」のパンチラインを思わせ、強い反発を引

（原注）「マラーノ」という呼称はスペイン語で豚を意味する。「マラーノ」というスペイン語自体はアラビア語のマフラム（mahram）、すなわちシャリアに照らして違法であることを指すハラム（haram）に由来している。

き起こした。『シャルリーとは誰か？』が飛ぶように売れたのはそのためである。

一月一一日に形づくられた脆いコンセンサスを解体する作業は、批判的知識人エマニュエル・トッドが担うべき当然の役割である。また、フランス社会の亀裂の分析についてのトッドの貢献は、批判的知識人による一つのアプローチとして当然受け入れられなければならないし、歓迎すべきものである。とはいえ、トッドの論理の基盤に隠蔽があることは問題とせざるを得ない。トッドは著書の中で直裁に次のように述べる――「二〇一五年一月という月を真摯に受けとめるためには、一月七日の虐殺ではなく、それによって表出したフランス社会の情動的反応を分析の中核に据えることが重要である。〔…〕一月一一日のデモはフランス社会の集団的ヒステリーの瞬間であった。この出来事は、現在のフランス社会におけるイデオロギーと、現在のフランス政治における権力のメカニズムを理解するための、素晴らしい鍵を提供している」。

しかしながら、クアシ兄弟による一月七日の事件、そして、これに続いてクリバリが動き、動画で虐殺の合理性を説明した八日と九日の事件を考慮することなく、一一日日曜のデモにのみ焦点を当て続ける限り、フランスで現在進行中の現象を正しく理解することはできない。ある出来事の原因に目をつむって結果にのみこだわり、原因と結果の相互作用について考慮しないというのは、これほど重大な問題であるからにはなおのこと、エマニュエル・トッドにはふさわしくないアプローチである。ジハーディズムやイスラム主義の現象を分析するには複雑な作業を要する。そのためにはアラビア語の習得と、イスラム教徒文化の研究をはじめとする学識と知見が不可欠となる。社会的荒廃が進行し、「イスラム化のマーカー」が強い影響力を持ちはじめている郊外大衆地区の分析については、フィールドワークを通じて住民の声に辛抱強く耳を傾け、その声に意味を見出す作業が必要となる。中東、マグレブ、そしてフランス各地の「シテ」を歩いて回るこうした作業は、いくつかの地図を並べて軽業師的に社会史的比較を行う手法とは異なり、はるかに困難な作業が伴うものである。残念ながらエマニュエル・トッドはこうした手続を踏んでいない。彼は、一月一一日のデモの先陣に立ったのは「ゾンビ・カトリック教徒」*（根強く残ってきたカトリック信仰の伝統が近年急激に薄れ、その権威主義的価値観だけが今も残存する地域の住民を指す）、すなわちイスラム教徒を毛嫌いする層であると主張した。そして、その証拠として、全国のデモ参加者の比率を示す地図、全国各地の「ゾンビ・カトリック教徒」度を示す地図、あるいは一七九〇年のフランス革命下において聖職者民事基本法への宣誓を拒んだ忌避僧侶**の割合を示す地図、さらには一九九二年のマーストリヒト条約（EU創設の基本条約）批准の国民投票における承認票の比率を示す地図、等々を示し、これらすべてを相関させせようとした。

　エマニュエル・トッドは二〇一五年五月四日、『シャルリーとは誰か?』の刊行に合わせてラジオ放送局「フランス・アンテール」の朝番組にゲスト出演する。番組は一月七日にミシェル・ウエルベックがゲスト出演したとき〔本著三一二頁参照〕と同程度に、しかし議論としては逆をなす方向に緊張したも

*　「ゾンビ・カトリック教徒」はエマニュエル・トッドが二〇一三年刊行の著作『不均衡という病』（Emmanuel Todd, Hervé Le Bras, *Le Mystère fançais*, Seuil, 2013）の中で、フランス国内の地域格差を説明するために提唱した概念。

**　フランス革命初期の制憲議会は一七九〇年、国内のカトリック教会を国家の統制下に置く聖職者民事基本法を採択した。僧侶は同基本法に対する宣誓を義務づけられたが、これを受け入れる宣誓僧侶と拒否する忌避僧侶とが対立した。

のとなった。インタビューに答えてトッドは、自らのアプローチを基礎づけているのは人口学者としての仕事と、自分の「ユダヤ・ボルシェヴィキ」としての系譜であると強調した。トッドはこの「ユダヤ・ボルシェヴィキ」という言葉を、「フツパ（chutzpah＝大胆、厚かましい）」と呼ばれるアシュケナージ（東欧系ユダヤ人）独特のユーモアで覆いながら使ってはいるが、この言葉こそまさに、ユダヤ人としての個人史と、過去半世紀にわたるボルシェヴィキとしての政治参加というトッドの二つの立場を改めて明るみに出すものであり、『シャルリーとは誰か？』を読解する重要な鍵である。

トッドは番組の中で、「私が最も不安を抱くのは反ユダヤ主義である」と語った。この発言の文言は、番組がインターネット上で放映された際のタイトルにもなった。すなわち、トッドは、反ユダヤ主義の記憶をそのまま「イスラムフォビア」上に投影することで、すべての理解に代えようとしているのである。フランスにおいて現在ジハーディズムがどのような動きを見せているのか、具体的に言えば、ジハーディストがイスラム教徒の政治的表現を独占しつつあることや、ジハーディストがフランス国内でテロを行うために動員力（ターゲットはもちろん若者）を蓄えていることは、すべて隠蔽される。トッドは、実質的なカトリック信仰を失ったにもかかわらず、その権威主義的傾向を温存している人々を「ゾンビ・カトリック教徒」と呼び、こうした人々が、キリスト教に内在する伝統的な反ユダヤ主義を無意識のうちに反イスラムという形にすり替えているとして、彼らこそが一月一一日のデモを主導したフランスの悪の権化と決めつける。

二〇一三年から二〇一五年のデモを分析した本著の著者〔G・ケペル〕は、トッドのこうした大胆極まりない論理を前に当惑せざるを得ない。すでに見てきたように、二〇一三年の「マニフ・プール・トゥス（すべての人のためのデモ）」では同性間結婚に反対する道徳的・家族的価値観をコンセンサスとして、「イスラム・アンテグラル」信奉者とカトリック教徒との間に、新しいタイプの保守的同盟関係が生まれた。続く二〇一四年の市町村議会議員選挙では、イスラム教徒の支持票がはっきりと右派へと流れた。イスラム教徒の票は、二〇一二年五月の大統領選挙では社会学的立場を反映した左派支持として社会党のオランド候補の勝利に貢献したが、その後、右派支持へと移りはじめた。さらに、二〇一五年一月一一日のデモの六カ月前、二〇一四年夏の反イスラエルのデモ（「マニフ・プール・ガザ」）で見られた現象も無視できない。このデモでは、左派・極左勢力とポストコロニアルの移民子弟との伝統的な同盟関係（パレスチナ連帯と反シオニズム）に代わって、極右の反ユダヤ主義者（アラン・ソラルやディユドネ）の影響を受けた陰謀論主義者とISISの「カリフ制国家」樹立宣言で士気上がるイスラム主義者との相互浸透性が白日の下にさらされた。このイスラエル抗議デモではパリ市内のシナゴーグが攻撃され、サルセルにあるユダヤ人の商店やカルデア派キリスト教徒の商店が略奪される事件も発生したが、このケースで問題となったのは「ゾンビ・カトリック教徒」の反ユダヤ主義ではなく、大衆の間に存在する反ユダヤ主義であった〔本著三〇七〜三一〇頁参照〕。一月一一日のデモを深く理解するためには、一月一一日のデモ以前に発生した街頭デモの検証から得られるヒューリスティックな分析能力（発見的学習能力）を活用する方が、辻褄の合わない超歴史的な理論を展開するよりも適切なのである。

青年期に共産主義の活動家であったトッドは、「ユダヤ・ボルシェヴィキ」という表現によって「ボルシェヴィキ」としての自らの古い素地を強調した。しかし、トッドはボルシェヴィキであったことによってまさに、フランスの左派および極左勢力の一部と同じ論理に陥った。つまりトッドは、「人類の輝かしい未来」をメシア的に産み落とすはずであった共産主義の消滅、そして労働者の極右ＦＮへの転向に落胆するあまり、かつての「プロレタリア」の美徳を「その本質に還元されたイスラム教徒」に移転させてしまったのである。トッドは、「一月一一日のデモ参加者はイスラム教に『唾を吐きかける権利』を表明した」と語り、イスラム教を形容するのに「弱者の宗教」という表現を使った。この「弱者の宗教」という考え方には、政治的なものに代えて道徳・宗教的なものを打ち出そうと企図したイランのイスラム革命（一九七八〜七九年）との連続性が見てとれる。「弱き者」を意味するコーランの「モスタダフィン（mostadafin）」という言葉は、すでに見たように、マルクス主義の「被抑圧者」という社会・政治的な概念の範疇をイスラム教の範疇として翻訳するためにイランの理論家アリ・シャリアティが用いたもので、道徳・宗教的次元の言葉であったことを見落としてはならない。

さらに、「シャルリー・エブド」紙が掲載した風刺画をきっかけとして、左派勢力がいかに、「ライカルド（非宗教主義派）」と「イスラムフィリア（好イスラム）」の二つの陣営に分かれ亀裂を深めていったかについてもすでに見た。メディア・大学界のインテリゲンチャの間では、依然、ライカルド‐イスラムフィリア間の滑稽で不毛な戦いが繰り広げられている。彼らの戦いの場はメディアである。そこでは両陣営が、精神を強張らせる固い鎧を身につけ、意識を曇らせるイデオロギーの兜を被って論戦している。自分をとりまく現実社会のビジョンについてはすでに時代遅れとなった幻の表象しか持たず、この表象に合わせて徒らに現実を曲げようとしながら、虚構の中で議論を戦わせている。

エピローグ 「カラシニコフ」と「カール・マルテル」の間に

二〇一五年九月二一日、リュネルに隣接する住宅地区リュネル・ヴィエルの村議会は、シリア難民の一家族を村のカトリック教会付属の司祭館に受け入れる措置を決定した。司祭館はしばらく前に空き家となっていた。* ヨーロッパ諸国の政府と世論はこの日も、「アラブの春」に続いて勃発した内戦を逃れやって来るシリアなどからの難民、あるいはより良い生活を求めてヨーロッパを目指す経済難民ら数百万人の受け入れに関し、二つの考え方の狭間で揺れ動いていた。苦境にある人々への人間的な連帯感を重視する考え方と、危機的状況にある各国経済が新たな社会的負担によりさらに減速することを懸念する考え方の二つである。そのほぼ二カ月後の一一月一三日に大スタジアム「スタッド・ド・フランス」

＊ 一九〇五年の政教分離法に則り、カトリック教会の建物はコミューンの公共財産であるが、教会に付属する司祭館はコミューンの私的財産であり、コミューンが司祭に賃貸している。

を狙うことになる二人のテロリストも、この時期、シリア難民に混じってフランスに入国していた。国境では多くの人々が足止めされ、イスラム教徒女性の被るスカーフが多数見られた。難民のほとんどはイスラム教徒であった。連日テレビで放映されるこれら難民の姿は極右政党「国民戦線（FN）」の主張に新たな材料を提供していた。二〇一五年一二月の州議会議員選挙に関する事前世論調査では、FNがフランス本土の二つの大きな州で初勝利を収めるという予測が立てられていた。*

リュネルにおいても、フランス現代史上で象徴的意味を帯びることになるこの二〇一五年は、とりわけ象徴的で対照的な入れ違い《シャッセ・クロワゼ》が出現する年となった。フランスのキリスト教の衰退に伴い空き家となった司祭館に、人道的見地からシリア難民の一家が迎えられる一方で、そこからわずか数百メートル先の真新しい大モスクからはその前年に、信者である二十人ほどの若者が不信仰者の地フランスを発ってシリアのジハードに旅立っていた。もし彼らが戻って来るとすれば、それはフランスの住民を殺戮するためであるかもしれなかった。二〇一五年のフランスは、一月のパリ連続テロという衝撃で幕を開けた。その後も余震とみなせるジハーディズムのテロが連続したことで、「フランスのイスラム化」を糾弾する極右はさらに勢力を伸張させていた。「フランスのイスラム化」という表現は、フランス社会の内に存在する社会的・人種的対立を、宗教の対立と文明の衝突を意味する誇張表現に置き換えようとする含意を持つものであり、FNは「フランスのイスラム化」を糾弾することで、究極的にはこれを選挙での支持票に変えることを狙っていた。

極右FNの創設者ジャン＝マリー・ルペン前党首は、センセーショナルな警句を政治キャリアの身上としてきた人物であり、そのいかがわしい内容ゆえに裁判所から有罪判決を受けたこともある人物である。日々拡大するＦＮ支持層の不満とフラストレーションを代弁するには、ルペン前党首のこうした発言ほど効果的なものはなかったはずである。しかし、二〇一一年一月に三女マリーヌ・ルペンが新党首に就任し政権奪取を射程に入れはじめるなか、ジャン＝マリー・ルペンは二〇一五年春にＦＮ指導部から追放されることになる。＊＊

　ＦＮ党内でこのお家騒動が起こったのは、「#私はシャルリー（#jesuisCharlie）」というスローガンとともに生じた大規模デモからわずか四カ月後であった（ＦＮがこのデモへの参加を拒否された事実を、エマニュエル・トッドは見落としている）。一月一一日の大規模デモに際して、郊外大衆地区の若者のフェイスブック上では、「#私はシャルリー（#jesuisCharlie）」に対抗して「#私はシャルリーでない（#jenesuispasCharlie）」あるいは「#私はクリバリ（#jesuisCoulibaly）」といったスローガンが書き込まれていた。このときジャン＝マリー・ルペンは、自らの長い政治生活の最後の痙攣反応とも言うべき、「#私はシャルリー・マルテル（#jesuisCharlieMartel）」という究極のスローガンを投稿した。「シャルリー・マルテル」とは、シャルル・マルテル、すなわちフランク王国メロヴィング朝の宮宰カール・マルテルのことである。預言者ムハンマドの死後ちょうど百年目にあたる七三二年のいわゆるポワチエの戦

＊　この選挙でＦＮは左派陣営に迫る高得票を獲得したものの（右派四〇・二四％、左派二八・八六％、ＦＮ二七・一〇％）、最終的にはいずれの州でもトップに立つことはできなかった（本著三八七頁原注参照）。

＊＊　ジャン＝マリー・ルペンと距離を置こうとするＦＮ党指導部は、二〇一五年五月、彼の名誉党首職を取り消す。しかしジャン＝マリー・ルペンは裁判所に提訴し、党員資格は剥奪されるが名誉党首の地位は維持されるという二〇一六年秋の判決をもって一応の決着がついた。

いで、アンダルシア総督アブド・アッラフマーン率いるイスラム軍のジハード「祝福された襲撃」を食い止めた人物、フランク王国を統一して成立するカロリング朝の基礎固めを行った人物として知られる。イスラム軍を食い止めたカール・マルテルの名前を持ち出すのはＦＮの常套手段である。二〇〇二年大統領選でジャン＝マリー・ルペンが決選投票に残ったとき、その支持者は「七三二年はカール・マルテル、二〇〇二年はルペン」というスローガンを掲げて選挙運動を行った。

この二〇〇二年大統領選の決戦投票では、ＦＮの台頭に強い危機感を抱いた諸政党が足並を揃えジャック・シラク候補支持に回ったことで、ジャン＝マリー・ルペンの得票率は一七・九％にとどまり、右派の現職シラク大統領が得票率八二・一一％で大勝、再選された。一方、その十五年後の二〇一七年大統領選の事前予測では、すべての世論調査機関が揃ってマリーヌ・ルペンＦＮ党首の決戦投票進出を確実視し、二〇〇二年のジャン＝マリー・ルペン党首のときを凌いで第一回投票でも断然トップに立つという見方を示した。

*

右派・左派を問わず既成政党は、こうしたＦＮの伸長と折り合いをつけ、場合によっては自陣営に有利となる方向で誘導する戦略を採用してきた。マキアヴェリストであったフランソワ・ミッテランは、一九八一年スタートの大統領任期第一期を通じて、ジャン＝マリー・ルペンを国営テレビにアクセスさせ、認知度が上がるよう仕組むことで右派を分裂に導き、一九八八年の再選につなげた。また、二〇〇二年に再選を狙ったジャック・シラクの場合は、ジャン＝マリー・ルペンとの決戦投票で左右の反ＦＮ票を糾合して悠々当選を果たした。さらに二〇〇七年には、二〇〇五年秋の暴動のトラウマがまだ癒えぬ折から、ジャン＝マリー・ルペンのレトリックをみるみる吸収したニコラ・サルコジがＦＮ支持票を吸い上げて快勝した。このように、ミッテラン、シラク、サルコジの三人はいずれも極右を利用した。そのやり方は、極右を悪と位置づけて間接的にライバル政党を弱体化させるか（ミッテラン、シラク）、自分の有権者市場を拡大するために極右の言説を取り込むか（サルコジ）のいずれかであった。

すなわち、二〇〇七年の大統領選挙までは、極右ＦＮと党首ジャン＝マリー・ルペンは、フランスの政権を争うビリヤードのテーブル上で、的玉を落とすために突く白い手玉でしかなかった。

ところが、ジャン＝マリー・ルペンの娘、マリーヌが二〇一一年に党首に就任し、その顧問フィリップ・ペナンクがＦＮの「悪魔的イメージの払拭」に乗り出すにつれ、白い手玉だったＦＮは点数の入る赤玉に変貌していく。

選挙戦は予測困難な多くの偶発的要因に左右される。しかし、右に述べたような状況を踏まえたとき、今後はジハーディズムのテロという要因が選挙に大きな影響を与えうること、すなわち、フランス政治の等式においてこれまでＦＮが担わされてきた手玉としての役割を、今度はジハーディズムのテロが受け持つことになるのは確かである。脇役の悪玉から立役者へと出世したＦＮに代わり、打ち倒すべき悪

＊　しかしながら、本著の原著刊行後から約四カ月後の二〇一六年四月、オランド政権の経済相であったエマニュエル・マクロン（三十九歳）が中道系新党「前進」を立ち上げて二〇一七年の大統領選に参入、一年足らずで支持率を決選投票進出圏内まで伸ばすという展開となった。二〇一七年四月二三日の大統領選挙第一回投票ではマクロン候補が得票率二四％でマリーヌ・ルペン候補（二一・三％）を押さえてトップに立ち、決選投票でも得票率六六・一％を獲得してルペン候補（三三・九％）を大差で破った。ただし、ルペン候補は第一回投票で七百七十万票、決選投票で一〇六〇万票というＦＮとしては過去最高の得票数を獲得した。

を体現する新しい脇役としてジハーディズムのテロが舞台に登場する。政敵を糾弾するには「ジハーディズムのテロに加担している」と主張しさえすればよく、「テロを取り締まる能力がない」と指摘するだけでも、十分な糾弾の理由となる。

二〇一二年のメラ事件以降、対テロをめぐる政治姿勢は、政府与党にも野党にも様々な明暗をもたらしてきた。二〇一二年大統領選で再選を目指した現職サルコジ大統領はメラ事件から有利な効果を引き出すには至らず、反対に、警察による対応の失敗や、諜報機関職員がメラと接触していたといった闇関係が明るみに出たことで、世論はこれを大統領の責任であるとみなした。また一方では、対立候補のオランド候補に大量の「イスラム教徒の票」が流れるという状況があり、結果、オランド候補が僅差でサルコジ大統領を敗り当選を果たした。一方、勝利したオランド大統領は、二〇一五年一月の連続テロ直後に行われた大規模デモで、各国の主だった首脳とともにパリの大通りを先頭に立って歩くなど国家元首としての権威を見せ、低迷が続いていた支持率をわずかながら上昇させることができた。しかし、その支持率上昇もほどなく構造的不人気要因によって相殺され、同年一一月に発生したテロの少し前には再び一三%という低水準の支持率に落ち込んでいた(原注)〔本著二八六頁参照〕。

こうしてみると、ジハーディズムのテロに対する国民の不安からほぼ自動的に利益を得ている政党は極右FNのみであるように思われる。カラシニコフを携えたジハーディストが「アラーは偉大なり」と叫び罪なき人々を殺戮するたびに、極右が主張する「フランスのイスラム化」との戦い、「国境閉鎖」といった被包囲妄想のレトリックに新たな論拠がもたらされる。しかも、クアシ兄弟、アメディ・クリバリ、アブデラミド・アバウドをはじめ、二〇一五年のテロ犯のほとんどが警察や司法当局にすでにマークされていた人物であるからには、もはや従来の政府の下ではこうした現象を阻止することはできないという印象が国民の間にも広がることになる。実際、彼らテロ犯は、ジハーディズムで有罪判決を受け服役したか、刑務所が孵化装置《インキュベーター》となってジハーディズムに洗脳されたかの違いはあるにせよ、すでに刑務所を経験していた人物であった。＊

ＥＵ諸国の中で最も多くのジハーディストを輸出しているのがフランスである。この事実は、テロ問題に関するフランスのエスタブリッシュメントの無能と無関係ではない。この無能さの原因は、政治エリートのリクルート手法に由来する、フランス特有の文化的特殊性にある。フランスの政治エリートの出身母体は、すでに時代遅れとなった既成政党内の旧体質の人脈と、「どんなことでも知っている」振りをする上級官僚の支配構造とを組み合わせた世界である。既成政党お抱えの偽専門家は、自分たちのまやかしが暴露されかねない抜本的研究には公的資金を投入させようとせず、上級官僚はと言えば、彼

（原注）　オランド大統領の支持率は二〇一六年一一月には四％という歴史的最低水準に下降し、同年一二月初め、オランドは二〇一七年大統領選への不出馬を発表した。

＊　本著で名前の挙がったテロ犯の多くは、国家の安全を侵害する危険のある人物としてすでに警察の「Ｓファイル」（本著三一七頁訳注＊参照）にリストアップされていた。モアメド・メラ、メディ・ネムーシュ、クアシ兄弟、アメディ・クリバリ、シド・アメド・グラム、ヤシン・サリ、アユブ・エル・カザニ、サミ・アミムール等々、いずれもそうである。二〇一六年に発生したテロ事件についても同様で、六月にパリ郊外で警官夫婦を刺殺したラロッシ・アバラ、七月にノルマンディー地方ルーアンに近いサン・テティエンヌ・ド・ルーヴレ教会で高齢のカトリック司祭を殺害したアデル・ケルミッシュ、アブデル・マリク・プティジャンはいずれも警察の「Ｓファイル」にリストアップされていた人物である。

らの養成学校である国立行政学院（ＥＮＡ）のカリキュラムにない分野、特に国家の安全保障といったセンシティブな分野については普通に無知である。特にサルコジ、オランド政権下の二〇〇七年以降、しばらく前まで他国を凌ぐ水準にあったイスラム世界研究は特に危機的な状況に陥った。ルイ・マシニヨン、ジャック・ベルク、マクシム・ロダンソンといった世界的に著名なオリエント学者を輩出したフランスのイスラム世界研究は、現在、最も有望な若い世代が外国で教育を受けざるをえない状態にある。イスラム世界に関する知見はフランス社会が直面する中心課題にとって不可欠な要素であるにもかかわらず、この分野の学識の持続的な生産が脅かされている。

フランスの治安機構も同様である。今やジハーディズムのテロは、警察組織に似たピラミッド型モデルから、ミツバチが巣分かれするように広がるネットワーク型モデルに移行している。ところが、治安当局においてはこの変化への対応が遅れている。新しい形態のテロに対応するためには、徹底してヒエラルキー化されてきた治安機構自体を抜本的に改革する必要がある。この状況変化に意図的に目をつむり、耳をふさいだ結果として支払わされてきた代価はすでに非常に大きい。ジハーディズムの挑戦にいかなる解決法も持たず、ＦＮのテロ弾劾演説を前に沈黙するだけの無能な政治屋の下では、その代価はさらに大きなものとなるだろう。*

二〇一五年秋、ジハーディズムのテロと中東の大量難民流入が同時に起きたとき、ＥＵ諸国はそれぞれバラバラに、感情的でその場しのぎの反応に終始した。結果、フランスでは同年一二月の州議会議員選挙を前に、マリーヌ・ルペン率いるＦＮが望外の選挙テーマを得ることになった。実際、世論調査は

ＦＮ優勢の予測を出し、叔母と姪の関係にあるマリーヌ・ルペンとマリオン・マレシャル＝ルペンはそれぞれ、北仏ノール・パ・ド・カレと南仏プロヴァンス・アルプ・コートダジュールの二州において、ＦＮとしては初となる州議会議長の座を狙っていた（原注）。

ＦＮ党首マリーヌ・ルペンは同年一〇月二日、英仏海峡トンネル（ユーロトンネル）のフランス側の入口にあたるカレー（ノール・パ・ド・カレ州）を訪れる。カレーでは、トンネルの入口周辺に「ジャングル」と呼ばれる地区が形成されていた。** 当時は、闇労働の天国、イギリスへの不法渡航を目指す移民（三千人という数字が流れていた）が、「ジャングル」内のテントや掘っ建て小屋に住んでいた。治安悪化と衛生状態の悪化が進み、地元住民の間から強い懸念の声が上がっていた地区である。このカレーでマリーヌ・ルペンは、「移民の侵入」と「イスラム主義のテロ」をテーマに次のように演説した。

＊　フランスでは、二〇一六年八月以降（原著刊行は二〇一五年一二月）、二〇一七年六月一九日現在まで、市中を警備中の警官・軍人を標的とした襲撃事件が五件発生し、警官一人が死亡（二〇一七年四月二〇日）した。ただし、ドイツや特にイギリスとは対照的に、この間、多数の犠牲者を伴うテロは途絶えており、大統領選決選投票（二〇一七年五月七日）直前のマルセイユにおける逮捕など、何件かのテロ計画の事前摘発にも成功している。この点に関してケペルは、フランスの治安当局が新しいジハーディズムのテロに対応するノウハウを習得し、組織の適応を図った成果が出はじめたと評価している。

（原注）　両州議会ともにＦＮは与党ならびに議長の座は獲得できなかったが、第一回投票では、二〇一四年五月の欧州議会議員選挙で獲得した「フランスの第一党」としてのポジションに相当する得票数を獲得した。

＊＊　二〇一六年一〇月に強制撤去が始まり、六千四百から八千百人と推定される移民のうち約四千人が全国各地の受入れ施設に移送された（政府発表）。

カレーは文字通り包囲された町である。住民はバリケードに立てこもっている。［…］フランス人が自分の国で、まるで外国人であるかのように感じることを私は許さない。降伏してはいけない。ここは私たちの国であることを忘れてはならない！

昔から、フランスの小学生なら誰でも、百年戦争の只中の一三四七年にカレーがエドワード三世率いるイギリス軍に包囲され降伏したときの、屈辱的な逸話を学ばされてきた。降伏後カレーは包囲の解除と市民の安全保障の見返りとして、市民六名をイギリス軍に差し出すことを余儀なくされたという逸話である。このときの六名の市民の姿（上着もズボンも身に着けず、首に縄を付けられ、頭を垂れた姿）を描いたのが、あの世界的に有名なオーギュスト・ロダンのブロンズ彫刻「カレーの市民」である。カレーは以後、二百年にわたりイギリスの支配下に置かれる。五〇〇年後、この「カレーの市民」の逸話はいくらか脚色され、第三共和政（一八七〇～一九四〇年）の建国神話に祭り上げられた。ロダンのブロンズ像がカレーの市長舎前に設置されたのは一八九五年のことである。マリーヌ・ルペンの右の発言は、こうした歴史を持つ町であればこそ、いっそう強いインパクトを持った。

ＦＮの潜在的支持者のうち、ＦＮの漠然とした公約（フランスのＥＵ離脱、外国人居住者抜きの社会保障・家族手当支給など）を真に受ける人はごくわずかである。しかし、父から娘へと世襲王朝のごとく指導者を刷新したＦＮが、娘マリーヌの党首就任以降、かつてフランス共産党が果たした「護民官機能《トリブヌス》」を担うようになったことは確かである。「護民官機能《トリブヌス》」とは、社会の中で政治的発言力を持たない層の不満を代弁する機能であり、今は亡き法学者ジョルジュ・ラヴォーによれば、一九七〇年代にはフランス共産党がこの役割を担った。ＦＮがフランス共産党に取って代わったのである。しかも、かつてのフランス共産党は「労働者の政党」としてその支持層が社会的に限定されていたのに対し、今日のＦＮの支持層は社会階層的には極めて多様である。かつての共産党は「ブルジョワのイデオロギー」が隠蔽する「階級闘争」を呼びかけることで「人々の側に立つ」という印象を与え、有権者の票を動員したのに対し、今日のＦＮは「エスタブリッシュメント」が隠蔽する「真実」を語るとの触れ込みで同じ効果を獲得している。多数の有権者がＦＮを護民官《トリブヌス》にして「平民《プレブス》」のごとくその支持者となり、記録的レベルの票をＦＮに与えることとなった。先に見たように、二十人もの若者がジハーディストとしてシリアへ出発し、モスク運営協会会長がこれを正当化するような発言をしたばかりのリュネルでは〔本著二五三〜二五八頁参照〕、二〇一五年三月の県議会議員選挙において左派候補が勝利したとはいえ、ＦＮ候補との得票率の差はわずか〇・六四％にすぎず、しかも、この票は、「問題の温床であった〔…〕モスクに票をかき集めに行って」ようやく確保できたものであった。

リュネルというフランスの田舎町で見られたこうした駆け引きは、イスラム主義を政治的にどのように利用するかで選挙結果が左右されるという、ジハーディズムの時代に入った現代フランスを象徴する出来事であった。ジハーディストがカラシニコフを構え、ＦＮが槌《マルテル》を振り上げてこれに応じる。ジハーディストのカラシニコフとカール・マルテルの名の下に振り上げる槌《マルテル》という二つの極への社会の分極化は、アブ・ムサブ・アル・スーリが『グローバルなイスラム抵抗への呼びかけ』の中で提唱した第三期ジハーディズム戦略の一つの帰結であり、スーリはこれをヨーロッパにおける内戦の前段階と位置づけた。実際、スーリの呼びかけに応酬するかのように、極右の側からはイスラム教徒に勝利してフランク王国を統一したカール・マルテルという建国神話が持ち出され、これにより、カラシニコフとカール・マルテルは互いにほぼ完璧な鏡像効果をなすこととなった。

インターネットのユーザーなら誰でも、ユーチューブ、デイリーモーション、オレンジといった動画共有サイトを通じて、「イスラム国がフランスにあったとき（Lorsque l'État islamique était en France）」というタイトルの十五分間ほどの動画を観ることができる。「真の歴史」「フランスのタリバン」「反キリスト（Dajjal＝ダジャル）・マガジーン」を名乗るいくつかのソースが投稿している。この動画では、八世紀前半に現在のフランスの一部を席巻したジハードの武勲が語られている。イスラム教勢力によるこの史上初のフランス侵攻は、カール・マルテルの息子小ピピン（ピピン三世）が南仏ナルボンヌ＊（イスラム教勢力の最前線の要塞＝アラビア語でribat）を七五九年に奪還するまで続いた。サラセン人〔中世ヨーロッパで、イスラム教徒の総称〕はこのナルボンヌ要塞から「祝福された襲撃」を繰り返し、ローヌ川流域を遡ってブルゴーニュ地方まで侵攻することもあった。

本著の著者〔G・ケペル〕がこの動画を観たのは、二〇一二年六月の国民議会議員選挙にマルセイユから出馬したサリム・ライビ候補のウェブサイト上においてである。サリム・ライビはマルセイユ西方レスタックの歯科医で、一時はソラルやディユドネと並んで「陰謀論者」の一群に属していたが、罵り合いの末に彼らと決別し（こうした仲間割れは「ファショスフィア」〔本著四九頁訳注＊＊参照〕では日常茶飯事である）、当時は「イスラム・アンテグラル」の太鼓持ちのグループへ接近していた。

動画「イスラム国がフランスにあったとき」の演出とメッセージは、シリアでのジハードを目的に制作されたオマール・オムセンの「19HH、人類の歴史」のそれを連想させる。戦士を讃えるアカペラの男性合唱による陶酔させるような音楽をBGMに、方々から借用した画像をマッシュアップして編集し、イデオロギー的なコンテンツを貼り付けるという手法である。「歴史の『隠された真実』を暴露する」という制作意図も同じである。ただしその目的は、オムセンのように、ジハードを「シャームの国」へと投影することではない。逆に、イスラム教勢力が「現在のフランス国土の半分に相当する広大な地域を二百七十五年間にわたって征服」していたという隠された史実を再現してみせることである。その主張は、「フランス国家の公式の歴史は、『イスラムフォビア』の性格を帯びているがゆえにこの『真実』を隠蔽し、イスラム教徒がフランス国内を席巻していた足跡を消し去ることのみに躍起となってきた」というものであった。

動画は、極右FNと同じくカール・マルテルの建国神話にも焦点を当てる。ただし、こちらの場合は、この「隠された真実」を暴露するためである。極右FNがカール・マルテルを讃えるのとは逆に、一部のフランス史学が主張する史実の見直しを論拠にして、ポワチエの戦いは取るに足りない小事件であっ

＊　ナルボンヌは、既出のニーム、リュネル、モンペリエ、ベズィエのさらに南に位置する地中海沿岸の都市。七三二年のポワチエの戦いでフランク王国メロヴィング朝に敗れたイスラム勢力は、フランス西部から退却した後、地中海沿岸沿いに北上を図る戦略に転じ、ナルボンヌを拠点としてフランス北上を試みるが、宮宰カール・マルテルがこれを再び撃退する。小ピピン（ピピン三世）により七五九年にナルボンヌから逐われた後は、ピレネー山脈の南のイベリア半島まで撤退した。ローマ教皇の支持を取りつけた小ピピンは、七五一年に正式にカロリング朝を創始し、フランク国王となっていた。

たと結論し、マルテルの神話性を解体する。大学研究者の学識を、ジハーディズムのプロパガンダに利用するのである。実際、イスラム教徒の通念《ドクサ》に従えば、ポワチエの戦いは小競り合い程度の出来事である。この戦いは、アンダルシア総督アブド・アッラフマーンら多くの戦士が、ローマ時代に栄えたかつての敷石道で命を落としたことに因み、「殉教者の敷石道」の戦いと呼ばれているにすぎない。

動画は、カナダで制作されたイスラム主義映画の駄作、「失われた王国、アンダルシアの歴史」からの抜粋で始まる。この映画は、イスラム教勢力によるスペイン支配の終焉と「イスラムフォビア」の範たるレコンキスタを概嘆する、数多い感傷主義作品の一つである。イスラム主義の教義によれば、一度イスラム教の支配下に入った領土は永遠にイスラム教の土地でなければならず、レコンキスタはなおのこと受け入れがたい史実である（映画は、英語圏のインターネット上で活発に活動するトロントのサラフィー主義者、シェイク・ワリード・アブドゥル・ハキム師が監修している）。

抜粋されているシーケンスは「フランスとの激しい衝突」と題するセクションの中の一シーンであり、冒頭に「歴史は繰り返す」という警句が入る。このシーケンスに混じって、仏独共同文化テレビ局「アルテ」のイニシャル入りの映画の断片も挿入されるが、こちらはアラブ世界のテレビ局が頻繁に制作しているスペクタクル史劇の抜粋で、イスラム初期の領土拡張を称揚する内容である。

動画の最終部分ではド・ゴール将軍の静止画像が現れ、この画像にかぶせて、一九五九年三月五日のラジオ会談でド・ゴール将軍が腹心アラン・ペールフィットに語ったとされる有名な談話の抜粋が流れる。アルジェリアのフランスへの統合を主張するフランス領アルジェリア支持者の反対を退け、アルジェリアの独立を受け入れる理由を説くくだりである。

もし、アルジェリア統合の道を選ぶなら、そして、もし、アルジェリアのすべてのアラブ人とベルベル人がフランス人として扱われることになるなら、彼らがフランス本土に押し寄せて来るのをどうやって防げばよいというのか。しかも、フランス本土の生活水準は彼の地よりもはるかに高い。私の村は、コロンベ・レ・ドゥー・ゼグリーズという名前ではなく、コロンベ・レ・ドゥー・モスケ*という名前になってしまうだろう！

このド・ゴール将軍の画像に続いて、サルコジ大統領とオランド大統領の記者会見の場面が流れる。両者はそれぞれ、イスラム教と西洋との衝突についての懸念、そしてサヘル地域および北アフリカにおけるテロの拡散とフランス本土への脅威についての懸念を表明する。

この動画によれば、西暦八世紀になされたイスラム教勢力によるフランス南部の征服は、地中海の北岸を西から東へ進んでコンスタンチノープルを背後から攻略し、ウマイヤ朝〔サラセン帝国の王朝〕の当時の首都ダマスカスへつなげる戦略に則り行われた。過去にイスラム主義が幻想したこうした地政学は、二〇一五年にこの動画を観る者の目には「あまりに今日的な」色彩を帯びることになる。現代では、一方ではフランス人のジハーディストがその道をフランスからダマスカスへと向かい、もう一方では内戦に苦しむシリア難民が同じ道を逆方向に辿ってフランスへと向かっている。かつてのコンスタンチノープル、現在のトルコの首都イスタンブールは、まさに両者の行程が交わる十字路となっているのである。

＊　フランス語で「レ・ドゥー・ゼグリーズ」は「二つの教会」、「レ・ドゥー・モスケ」は「二つのモスク」の意味。

他方、イスラム教勢力の支配下にあった八世紀当時のフランスの地理を見ると、イスラム軍の城砦のあった場所は南仏トゥールーズであり、同じく南仏ニームである。すでに見てきたように、近年トゥールーズ（当時のムジャヒディンらはラテン語のトロサ〔トゥールーズの古称〕を変形させてタルーシと呼んでいた）はジハーディストの温床となっている町であり、ニームもまた、低家賃の高層団地が並ぶシテ出身のジハーディストを生み出している町である。ＩＳＩＳの支配下にあったイラクのラマディ*ではニーム出身のジハーディストたちが自分たちの出身地区である市内のシテの名前を壁に書きつけ、その写真を投稿したことで、ニームはイスラム主義のウェブサイト上でも有名になった。西暦八世紀にイスラム教勢力の城砦のあった場所と、現代フランスのジハーディストの拠点となった場所とは驚くほど重なっている。西暦八世紀に城砦が築かれた最北端地点はブルゴーニュ地方のサンスである。この地は、動画では「パリの南方百キロの距離にあり、イスラム教徒の軍隊が足を踏み入れたフランス最北端の地」と説明されている。

動画は、ポワチエの戦いの重要性を矮小化すべく、群衆心理学者ギュスターヴ・ル・ボンの夢想的な著書『アラブ人の文明』（一八八四年）を引用しつつ「歴史の『隠された真実』を暴露」しようとする。動画ではターバンを巻いた騎兵が現れる。十字架の付いた楯を持つ粗暴な兵士を切り裂き、勝ち誇る姿がクローズアップされ、それに重ねて以下の字幕が流れる。

一般に信じられているのは、ムジャヒディン〔ジハードの戦士〕によるフランス南部の「ガザワット（Ghazawât）」〔襲撃〕はポワチエでのカール・マルテルの戦いによって終止符が打たれたというものである。しかし、そうではなかったことがこれでよくわかるはずだ。まさに反対である！

さらに、カール・マルテル後のキリスト教徒軍のナルボンヌ奪還は南仏の住民にとっての災厄として描かれる。現代の「イスラムフォビア」を先取りするかのように、動画では十字軍の騎士が、ベールを被ったイスラム教徒の女性から子どもを取り上げる様子の絵が挿入されている。

次に、フランスにおけるこの輝かしい初期ジハードの時代の絶頂期として示されるのが、ポワチエの戦いからほぼ八百年後の、「（オスマン帝国に仕えた）海賊ハイレッディン・バルバロスによる一五四三年のニース征服」である。ニースはその後一年間にわたりイスラム教勢力の支配下に入った。そしてニースはそれからほぼ五百年後に、強盗犯からジハーディズムのプロパガンダ動画「19ＨＨ」の作者となるセネガル人、オマール・オムセンの活動拠点となった。西暦八世紀、イスラム教勢力の城砦のあったトゥールーズやニームと同じく、十六世紀にイスラム教勢力に包囲、攻撃されたニースもまた、現代のジハーディズムの拠点と重なり合ったことになる。

とはいえ、一五四三年から四四年にかけてのニース包囲の史実や地元の記憶に残ったその痕跡は、動画「イスラム国がフランスにあったとき」が示唆するほど単純ではない。ニースは当時、フランス王国の領土ではなくサヴォア公国に属する要塞都市であったのであり、ニースに対する包囲と攻撃は、実は、フランス王国のフランソワ一世とオスマン帝国のスレイマン大帝（壮麗帝）との同盟に基づき、この二

＊　ニームの「マ・ドゥ・マング」地区の名前が書きつけられていた。

大強国の軍隊が合同で仕掛けた作戦であった。

現在、ニースにはこのときの包囲の痕跡として、バルバロス軍のガレー船から打ち込まれた砲弾が旧市街のいくつかの建物の外壁に埋まったまま残っている。また、カトリーヌ・セギュラーヌという神話化された女性の英雄譚が、今も土地の人々の間に息づいている。聖母被昇天祭にあたる一五四三年の八月一五日、洗濯女であったカトリーヌ・セギュラーヌは、ニースの城壁をよじ登ろうとしたオスマン帝国の近衛兵に襲いかかり、洗濯棒で打ち殺した。つまり、伝説のカトリーヌ・セギュラーヌは、槌《マルテル》を持ったカール・マルテルの化身とも言える人物なのである。伝説によれば、地元ニースの方言でマウファダ（Maufada）と呼ばれる悲し気な表情を持つその処女は、打ち殺したトルコ兵士の手からイスラム教の旗（三日月を打ち出した旗）をもぎ取り、銃眼壁の上に立つや、自身の「豊かな肉づきの部分」を裸にして人目に曝し、旗でその部分を拭いてみせた。これを見たニースの軍隊はようやく自信を取り戻し、オスマン帝国の侵略軍とその同盟軍たるフランス王国軍を押し返すことができたという。カトリーヌ・セギュラーヌは今もニースの守護聖人として市民に親しまれ続けている。

二〇一五年九月一三日、バタクラン劇場での殺戮のちょうど二カ月前のこの日、ニースの極右アイデンティティー系グループ「ニッサ・レベラ（反乱するニース）」が、毎年恒例の「セギュラーヌへのオマージュ」と呼ばれるデモをニース港の近くで行った（このデモはグループ発足以来一〇年間続いている）。折しも、地中海を渡ってきた移民や難民がイタリアとの国境近くの町マントンに押し寄せるという緊張した状況下でのデモとなり、同グループは「レミグレーション」（移民を出身国へ帰国させること）という主張の下、フランス政府に対してこれら移民や難民の国外退去を要求した。

その前年、二〇一四年九月八日に行われた「セギュラーヌへのオマージュ」デモでは、赤い煙の発煙筒をふんだんに焚きながら、伝統衣装を纏った子どもたちがデモ隊の最前列に配され行進した。伝統衣装によるこの行進は、「ニッサ・レベラ」によれば、「カトリーヌ・セギュラーヌの思い出は民間伝承ではなく歴史の記憶であること」を、そして「セギュラーヌこそが『灯台』であり『道』であること」を象徴するものであった。「ニッサ・レベラ」の代表はプレスに対してこう語る――「統治者が裏切ったり、諦めたりしたときに立ち上がるのが民衆である。そのことをわれわれに思い出させてくれるのが、洗濯女カトリーヌ・セギュラーヌなのである」。「統治者の裏切り」とは、フランソワ一世がイスラム教のスルタン、スレイマン大帝と妥協し同盟した史実を指している。代表はさらにこう述べた。「ニースから旅立った数十人を含め、千人ほどの『フランス人』ジハーディストが現在イラクとシリアで戦闘に加わっている。奴らはいずれ、かつてのオスマン帝国の侵略者に倣ってこの地へ戻り、戦争を続けるはずだ」。

✧

「ニッサ・レベラ」のデモが行われた同じ二〇一五年九月、哲学者ピエール・マナンが新たな著作を上梓する。同年一月に発生したテロ事件に関する数ある考察の中でも最もしっかりした構造を備え、悲痛で、かつ、多くの点で逆説的な要素を備えた一書である。シャルル・ペギーを想起させる『フランスの状況』*(三九九頁)と題するこの著作において、ピエール・マナンは一月の一連のテロを、フランスの倫理的かつ制度的荒廃の一症状、特に、世俗宗教と化した非宗教性《ライシテ》の破綻の現れとして分析した。そのうえで、キリスト教徒やユダヤ教徒との「友愛」の下にイスラム教徒についても、その慣習を一つの「共同体」の慣習として法的に受け入れ、承認する、新しいタイプの国家協約の形を提唱した。レイモン・アロンの弟子ピエール・マナンはフランスの中心的なカトリック系哲学者の一人であり、雑誌「コマンテール」の共同創刊者、政治的自由主義の徹底した支持者であることでも知られる。そうした人物から発せられたこの提案には相対立する激しい反応が起こった。カトリック系日刊紙「ラ・クロワ」、保守系日刊紙「ル・フィガロ」、そして「イスラム・アンテグラル」のプロパガンダ・ウェブサイト「イスラム&アンフォ」はこの提案を称賛した。他の各紙はこの提案を、シャリアを正当化しかねない「フランスの降伏」とみなし厳しく糾弾した。

この著作は、エマニュエル・トッドの先の著作『シャルリーとは誰か?』と同様、ニーチェが『善悪の彼岸』(一八八六年)の中で「哲学者の直感」と呼んだもの、すなわち、「世界の思惟に先立って存在する、哲学者の倫理的理想」に従ってなされた考察と言える。マナンはフランスをカトリシズムの内側にあるものと考えるところから、また、トッドは自分を「ユダヤ・ボルシェヴィキ」と定義するところから出発するのである。しかし、一月の一連の事件が誘発したこの二つの考察は、「哲学者の直感」に基づく考察であることを共通点としたうえで、それぞれの射程ははっきり異なっている。

自論を展開するにあたり、トッドは、一月一一日に行われた大規模デモにのみ目を奪われ、クアシ兄弟とアメディ・クリバリが犯した殺戮について分析することの必然性を隠蔽した。そしてこのデモを、「ゾンビ・カトリック教徒」たるフランス人中流階級が、フランス人エリートの遺伝的特性である反ユダヤ主義に代わるものとして自分たちのイデオロギーである「イスラムフォビア」を宣言したデモと位置づけた。一方のマナンは、反対に、デモやデモが求める非宗教性《ライシテ》には関心を示さず、七日から九日にかけて発生した一連のテロ事件の方を、真剣に受けとめるべき意味ある総体として位置づけたのである。

われわれに対して宣戦布告がなされ、戦争が進行している。この戦争では、あるときはユダヤ人だけが標的となり［…］、あるときは、ユダヤ人に加えて、キリスト教徒、瀆神者、警官、西洋諸国の当局・諸制度が標的となり、またあるときは、ユダヤ人に加えて、キリスト教徒、瀆神者、警官、西洋諸国の当局・諸制度のみならずイスラム教徒の中の「背教者」も標的となる。

ピエール・マナンのこの著作は、「診断」であると同時に「処方箋」である。マナンはまずこう診断する。それ自体が希薄化の道を辿るＥＵの内に国家が希釈されたことで、また、かつてキリスト教が築いていた社会的絆が人権という非宗教的《ライック》なイデオロギーに取って代わられたことで、国家は「弱い」ものとなり、その内部に倫理的、制度的な荒廃を引き起こしている。しかも「ヨーロッパの生は、政治的問題と宗教的問題を取り除いてしまえばすべて意味を失ってしまうにもかかわらず」、ヨーロッパ人は「二世代にわたりこの二つの問題に取り組むことを拒否してきた」。したがって、現代フランス社会の内にこの空白が生じたのと同時に、「強い」イスラム教がなだれ込んできたのであり、一月の一連の殺戮

＊（三九七頁）Pierre Manent, *Situation de la France*, Desclee de Brouwer, 2015. シャルル・ペギー（一八七三〜一九一四年）は社会主義からカトリックに傾斜した詩人・思想家で、〝Situations（状況）〟と題した評論を一九〇七年から一九〇八年に発表した。

事件は、こうした状況の誇張的な表れであったのだと。これに対する処方箋としてマナンが提唱するのは、イスラム教徒が自らの教義への愛着を裏切ることなくフランス国家の完全なる構成員となれるよう、共和国内における一つの「共同体」として、イスラム教に正当なる場所を法的に保証することである。この新しいタイプの国家協約によってこそ、共和国のイスラム教徒は、過激派の影響力やアラビア半島の資金から切り離され、強制力を行使しなくとも女性のニカブ着用や一夫多妻制を自らの意思で捨て、この良識的な調整を受け入れるであろう——マナンはそう確信する。

フランスで現在最も注目されている右派の知識人の一人が、その主たるテーマとして「フランスにおけるイスラム教の存在」を組上に載せ、『フランスの状況』という表題の著書として二〇一五年に刊行した事実は、改めて強調する必要がある。「フランスにおけるイスラム教の存在」というテーマは、長い間、専門的研究領域のみに限定されてきた。公的な討論の場でこのテーマが取り上げられることがあっても、それは、政治的操作かメディアの過剰報道が背景にあった。ピエール・マナンの著作の登場により、それが今や、国家の将来に関わる存在論的考察の中心に据えられ、社会の最重要問題の一つとみなされるようになった。この貢献は極めて大きい。しかしながら、異論は残る。ピエール・マナンの著作では、イスラム教はフランスという一つの領域に存在する社会的対象としては記述されていない。つまり、彼の分析においてイスラム教は、フランス社会内の表現をめぐり行為者同士が覇権を競ったり対立したりする一つの社会的存在としてではなく、あらゆる社会的構築物に先立って存在する宗教的実体として、あるいはその信者に帰属すると想定された独特の「慣行」様式一式によって特徴づけられる超越的な共同体として提起されている。

これに対して、われわれの社会科学のアプローチ、すなわち本著全6章の記述を支える文化は、一つの社会集団をその「慣行」によって、先験的《アプリオリ》に、その本質とされるものに還元することを禁じている。「慣行」という言葉を、「一つの人間集団に一般に見られる生き方の総体」というラテン語の意味で捉えた場合でもそれは同じである。もちろん、フランス各地の郊外大衆地区で「イスラム化のマーカー」が浸透度を深めつつあることは調査でも明らかにされている。現時点におけるその影響度は、われわれが三十年前に同じ大衆地区を調査した『イスラム教の郊外―フランスにおける宗教の誕生』*（一九八七年）での分析当時に比べ、はるかに拡大している。しかしながら、イスラム教を文化として持つ、あるいはイスラム教徒を先祖に持つフランスの住民の多様性がこうした現象にのみ還元されるわけではない。「イスラム化のマーカー」の拡大という現象はむしろ、タブリーグ運動からムスリム同胞団、サラフィー主義者、ジハーディストに至る「イスラム・アンテグラル」指向の勢力が、これら住民に対して覇権を争ってきた結果生じた現象である。こうした狂信的勢力の勝利を認め、彼らが空想するイスラム共同体なるものの代表権を彼らに与えることは、イスラム教を文化として持つ、あるいはイスラム教徒を先祖に持つフランスの住民の多様性を見誤ることになるだろう。

本著においてわれわれは、イスラム教の表現に関する覇権詐取のプロセス、特に、アブ・ムサブ・アル・スーリの『グローバルなイスラム抵抗への呼びかけ』とY世代の勃興という政治・社会的な二つの現象の交錯を分析することによって、覇権争いの標的にされたイスラム系の住民たちこそが最も厳しい

---

* Gilles Kepel, *Les Banlieues de l'islam : naissance d'une religion en France*, Seuil, 1987.

戦いの矢面に立たされている事実を示そうとした。ジハーディストが「背教者」を殺害し、他のイスラム教徒を怖気づかせ、自分たちの見解に力ずくで従わせようとする状況はまさにその極致である。

二〇一五年のテロの殺人者たちは勝負に勝ったわけではない。しかし、新たな息吹もビジョンも打ち出せない政治家たちが呪文のように「共和国の非宗教性《ライシテ》」の原則を唱えるだけでは、フランスのジハード——本著は過去十年間、さらにはそれ以前にまで遡ってその「起源」を辿ろうとした——がわれわれに突きつける挑戦に応えることは到底できない。この点について、われわれはピエール・マナンと認識を共有する。テロの殺人者たちがフランスに対して、おぞましい犯罪を犯したことは間違いないのだ。しかし、その犯罪を犯した若者が、フランスの子どもたちの一部をなしていることもまた事実なのである。たとえフランスの子どもであることが彼らにとって意に染まないことであっても、あるいは、その彼らが道を踏み外した人間であっても、彼らがフランスの若者である事実は変わらない。

ピエール・マナンは、フランスの恐怖《テロ》は文明の危機の症状であると語ったが、この認識についてもわれわれは彼の考えに同意する。しかし、ピエール・マナンが次のように主張するとき、果たしてわれわれはマナンを支持すべきであろうか——「『キリスト教の刻印を押された国家』が打ち立てる非宗教性《ライシテ》という新しいイデオロギー的虚構の下で、人々が市民であるとか個人であるとか、単にそういう振りをしなければならないのだとすれば、むしろある種の『共同体化』を進める方が望ましい」。われわれが本著を通じて明らかにしてきたのは、これとは反対の事実である。すなわち、暴力への傾斜を招くまでに、アイデンティティーを過度に掻き立てようとする行為者、あるいは「アンテグラル（intégral）」なイスラム教を援用しようとする行為者は、往々にして宗教に訴えることによって、自分たちの社会的な怒りを政治戦略に変貌させているという事実である。こうしたコンテクストの下では、たとえカトリック教会であれモスクであれユダヤ礼拝堂《シナゴーグ》であれプロテスタント礼拝堂であれ、あるいはまたフリーメーソンの集会所であれ、つまり、共和国の非宗教性《ライシテ》が「人間社会の内における正当な拠りどころ」であることを認めた場所であるにしても、それが信仰や忠誠の場所である以上は、そのいずれも、国家が介在していくにあたっての主たる中継点とはなり得ないのである。以上のような分析の道筋を辿ったとき、われわれに突きつけられた重大なる挑戦に対し、長期的展望の下で取り組むために再建し、再構築しなければならないと思われる制度が一つある。小学校から大学に至るまでの「公教育」、現在、政界全体の罪深き無能さゆえに貧窮の状態に陥っている公教育がそれである。

二〇一四年、束の間とはいえ「フランスのジハードの首都」と呼ばれるようになっていたリュネルを訪れたとき、われわれは、リュネルの町のすべての構成員が、ピエール・マナンの言葉を借りれば「友愛」のうちに生活することのできるただ一つの場所、換言すれば、遺伝的特性や共同体主義を、仕事と価値の共有を通じて乗り超えることのできる唯一の場所のイメージを持ち帰った。それは高校《リセ》であった。フランスにおける恐怖《テロ》に対処するためには、国民的議論と公共政策の実施を成功させなければならない。しかし、この場合、われわれの「大学」が生産しうる知見――この先どれほどの間、大学がその知見を生み出し続けられるであろうか?――を足場としない限り、そうした試みの成功は望めないであろう。本著を締めくくるにあたり、われわれは、この事実を示すことに貢献できたと信ずる。

謝辞

本著は、モンテーニュ研究所の援助を受けて実施したフィールドワークの結果をもとに執筆された。前著『共和国の郊外―クリシー・スー・ボワとモンフェルメイユにおける社会、政治、宗教』（二〇一二年）、『フランスの情熱―シテの声』（二〇一四年）*も、同じく同研究所の援助を受けて実施したフィールドワークの結果を基にしている。二〇一五年秋まで同研究所の理事長を務められたクロード・ベベアール氏、および現理事長であるアンリ・ド・カストル氏の信頼がなければ、本著を含めた三部作の執筆は不可能であった。また、同研究所のローラン・ビゴルニュ所長にこれらフィールドワークの進展を一貫して見守っていただいたことは、大きな知的刺激であった。

ユーゴー・ミシュロン氏は、『フランスの情熱』の企画以来、調査の助手として不可欠な存在であり、極めて貴重な役割を担ってくれた。近々、氏による新しいプロジェクトが開始されるが、氏の能力をもってすればプロジェクトの成功は間違いないものと確信する。

本著のプランとテーマは、ミシュロン氏と、共著者アントワーヌ・ジャルダン氏の協力の下で練り上げられた。共著者ジャルダン氏は新進気鋭の政治学博士であり、大衆地区住民の選挙行動を専門とするフランス国立科学研究センター（ＣＮＲＳ）所属の研究エンジニアである。若いジャルダン氏と、アラブ世界研究者としてキャリアの終盤に差しかかった筆者とのこの共同作業は、学際間、世代間の対話として構想された。二〇一五年のテロ事件という極めて特殊な事象の分析や、これらを歴史的コンテクストの中に据え直す作業を成就させるには、二人によるこの共同はこれまで以上に欠かせないものとなった（ジャルダン氏は本著の第2章および第5章の二八二頁から二九七頁七行目までを、筆者はそれ以外の部分を執筆）。

ガリマール出版による支援と、同社社長アントワーヌ・ガリマール氏の厚意がなければ、この息の長い作業の継続は困難であった。校正者オリヴィエ・サルヴァトーリ氏からは要求度の高い貴重な助言をいただいた。

パリ高等師範学校では、同僚のモアメド・アリ・アミール・モエズィ氏、ベルナール・ルージエ氏、優秀なポストドクターであるアレクサンドル・カズルーニ氏とともに、本著

＊　モンテーニュ研究所は二〇〇〇年設立の民間シンクタンク。挙げられている二著は、Gilles Kepel, *Banlieue de la République.Société, politique et religion à Clichy-sous-bois et Montfermeil*, Gallimard, 2012, Gilles Kepel, *Passion française. Les voix des cités*, Gallimard, 2014. 前者は二〇〇五年秋の暴動の発端となったパリ郊外の二つの都市において、二〇一〇年と二〇一一年の夏、住民百人を対象に二回にわたって行った面談の結果をまとめている。後者は二〇一三年から二〇一四年にかけて、二〇一二年の国民議会議員選挙に出馬した約四百人の移民子弟のうち約百人を対象に行った面談をベースとしている。南仏マルセイユと北仏ルーベに焦点が当てられている。

と密接に関わる「暴力とドグマ」をテーマとするセミナーを指導することができた。パリ政治学院のアラブ世界講座が二〇一〇年に閉鎖されて以降、大学教育機関への信頼を失いつつあった筆者に希望を与えてくれたのが、パリ高等師範学校におけるこれら同僚研究者である。

以上の方々と機関に記して御礼を申し上げる。

最後に、フランス全国を対象としたこのフィールドワーク調査への協力を快く受け入れてくださった多くの方々に心から感謝したい。テロの犠牲者の家族、シリアへ旅立ち一部はそこで命を落とした子どもたちの家族、これらの方々は、その悲嘆をわれわれと共有し、その悲嘆をもってわれわれの質問に答えてくださった。われわれのこの取り組みが、これらの方々の闘いにいくらかでも資するところがあれば、本著の執筆は無用な試みではなかったと考える。

G・K

訳者解題

本著『グローバル・ジハードのパラダイム―パリを襲ったテロの起源』は、二〇一五年一二月一六日にパリのガリマール出版から刊行された『フランスにおけるテロ―フランスのジハードの起源』の日本語訳である（Gilles Kepel avec Antoine Jardin, *Terreur dans l'Hexagone, genèse du djihad français*, Gallimand, 2015）。本著は、ドイツ語版、スペイン語版の刊行に続き、二〇一七年五月にはプリンストン大学出版会より英語版が英米同時出版された。英語版では副題を「西洋におけるジハードの起源」に変えて射程を大きく広げているが、本日本語版ではさらに、このジハードが西洋世界を超え、今や世界的な現象として立ち現れているという認識の下、主著者ジル・ケペルの了解を得て、「グローバル・ジハード」の語をメインタイトルに冠した。共著者アントワーヌ・ジャルダンの執筆部分は、本著巻末の「謝辞」で触れてあるように第2章および第5章の一部に限られている。ケペルを主著者とするゆえんである。二人のプロフィールは奥付の「著者紹介」を参照されたい。現代イスラム主義研究に大きな足跡を残してきたケペルの業績については、本「訳者解題」で詳述する。

フランスでは、原著刊行の一カ月前にあたる一一月一三日、パリと郊外サン・ドニで一連のテロ事件が発生し、百三十人の犠牲者が出ていた。事件の衝撃が覚めやらぬなか、ちょうど一カ月後のタイミングで本著は刊行されたことになる。ジハードを称するテロのフランスにおける「起源」をテーマとする本著が、現代アラブ・イスラム世界研究の権威ジル・ケペルを主著者として刊行されたことは、それ自体が大きな反響を呼び起こした。ケペルは国際的にも著名な、現代イスラム主義、および過激な派生現象としてのジハーディズムの先駆的研究者である。あまりにも時宜を得た出版に、多くの読者は驚きをもって本著を手にし、販売部数はみるみる伸びてベストセラーとなった。

本日本語版は原著の刊行からほぼ一年半を経ての刊行となる。巻頭「日本語版への序文」で言及されているように、この間、フランスでは二〇一六年八月以降になると多数の死傷者を伴う無差別テロは途絶えているものの、警官・軍人を標的とする襲撃事件やテロ計画の摘発は途切れなく続き*、ヨーロッパでは直近のイギリスをはじめ、ベルギー、ドイツ、スウェーデンで、またヨーロッパと中東との接点にあるトルコ、さらにはアメリカやアジア（インドネシア、バングラデシュ、フィリピン、アフガニスタン）、イランでも同種のテロが発生している。それぞれの様態には相違点や変化は存在する。しかし、諸地域への拡散に歯止めがかかったとは言いがたい。アフリカのサヘル地域、東部のソマリアを中心としたジハーディズムの問題も無視できない。

一方、ジハーディストに求心力を及ぼしていた「イラクとシャームのイスラム国（ＩＳＩＳ）」は、二〇一四年六月にシリア・イラク地域において極度に暴力的な全体主義的統治機構「イスラム国（ＩＳ）」の樹立を宣言し、その勢力拡大を誇示したが、二〇一七年に入り、米英仏を中心とする有志連合軍が支援するイラク軍およびクルド人治安部隊の進攻を受けて著しい後退局面を迎えている。七月一〇日にはＩＳの最大拠点だったモスル（イラク）の奪還が発表され、ＩＳが首都と称するラッカ（シリア）への進攻も始まった。ただ、ＩＳＩＳは同年三月には中国を標的とするテロ予告動画の発表といった動きを見せたほか、先述の各地でのテロについても、その多くにＩＳＩＳの犯行声明が出ている。さらに、ＩＳＩＳの弱体化に伴って各地へ避難したり、出身国へ帰還しようとするジハーディスト（女性を含む）とその子どもたちの問題もあり、今後、ジハーディズムがどのような変容を遂げていくかは予断を許さない。

第三期ジハーディズム

本著は、フランスにおいて二〇一二年以降に発生した「アルカイダ後の新たなジハード・テロ」（ケペルはこれを「第三期ジハーディズム」（後述）と分類）の起源を、特に「二〇〇五年秋の暴動」（本著六一頁）以後のフランスにおける社会、経済、政治状況、そして「フランスのイスラム教」の変化に焦点をあてながら探る。この二〇〇五年は、フランスという領域を超え、

「第三期ジハーディズム」イデオロギーの指針たるアブ・ムサブ・アル・スーリの大著『グローバルなイスラム抵抗への呼びかけ』が発表された年であり、その主な拡散ベクトルとなるインターネット上の動画共有サイト、ユーチューブが始動した年でもあった。これらすべてが同期した年として、ケペルは二〇〇五年を、アルカイダ後の「第三期ジハーディズム」が勃興する「転換点」と位置づけている。

「パリを襲ったテロ」は、植民地支配の過去と植民地独立《ポストコロニアル》以後の移民政策、高失業率、非宗教性《ライシテ》の原則など、フランスが抱える環境の特殊性と無関係ではない。一方、テロリストらが称揚する「グローバル・ジハード」のイデオロギー自体は、世俗国家の国境に意味を認めない世界的な戦略を有するものである。二〇〇八年に発生した国際金融危機に国境がなかったように、** ジハーディズムもまた、インターネットとグローバル化時代を生きる世俗化した現代社会に、国境を越えた共通の挑戦を突きつけている。

本著は、フランス市民として育った若いイスラム教徒移民二世あるいは改宗者が、家庭環境や社会・経済・政治状況に方向づけられつつ、アルカイダ後の「第三期ジハーディズム」の遂行者へと変貌するプロセスのケーススタディーでもある。現代のジハードのイデオロギーに曝された個人と社会は、どのような局

＊　二〇一七年二月にルーブル美術館入口、三月にオルリー空港、大統領選第一回投票直前の四月二〇日にシャンゼリゼ大通り、六月七日にはノートルダム大聖堂前、六月一九日にも同じシャンゼリゼ大通りで警備中の警官・軍人を狙った単独犯による襲撃事件があり、四月二〇日のシャンゼリゼの事件では警官一人が死亡した。未遂事件としては、二〇一六年九月にパリ市内でガスボンベを積んだ自動車が発見され、十九歳から三十九歳までの女性四人、男性一人が逮捕、また四月一八日から二五日にかけてはマルセイユとナンシーで男性七人が逮捕された。三月二一日の政府発表によると、二〇一六年に十七件、二〇一七年に入ってからで五件のテロ計画が摘発された。

＊＊　二〇〇七年のアメリカにおけるサブプライム危機が発端だが、世界的に金融危機が拡大したのは二〇〇八年九月のリーマンブラザーズの経営破綻以降。

面を生き、今後どのような反応を示すことになるのか。個人史・イデオロギー・暴力が一体化して形づくられるジハーディズムの世界、そのフランスでのケースを詳細に記述した本著は、全世界の人々が共有すべき大きな教訓を含んでいる。

二〇一五年のフランス

二〇一五年のフランスは、一月の「シャルリー・エブド」編集部およびユダヤ系食品店「イーペル・カーシェール」襲撃、さらに警官二名の射殺というテロの衝撃（死者十七人）とともに年が明けた。国内ではその後もジハードの性格を帯びた複数のテロ未遂や殺人事件が継起し、これと並行して中東からはＩＳＩＳによる残虐行為のニュースが次々と入っていた。また、フランス国籍を持つ、少なくとも数百名の若者がジハーディストとしてＩＳＩＳに合流している前代未聞の事実も驚愕をもって周知されつつあった。さらには、シリアなどからの大量難民流入に伴うヨーロッパ内の緊張や人道上の悲劇が連日ニュースとなり、異常な混乱を引き起こしていた。これらはすべて、ヨーロッパの一般市民の日常生活の枠をはるかに超える尋常でない事象であった。一方、こうした激動と不安を呼び水として、政界では、前年の欧州議会議員選挙で国内第一党へ躍進した極右政党「国民戦線（ＦＮ）」が、二〇一五年一二月の州議会議員選挙と二〇一七年春の大統領選挙および国民議会議員選挙を射程に入れて、着々と支持層を拡大しつつあった。

これに先立つ二〇一三年一月、フランスは西アフリカのマリへ派兵している。二〇一〇年末に始まる「アラブの春」以降、サヘル・サハラ地域の不安定化を背景に、ジハーディスト勢力がマリ北部に侵攻し首都バマコへ迫ったことで、マリ政府が旧宗主国フランスに軍事支援を要請したためである。この軍事介入は、ジハーディストがフランスを最優先の標的とみなす理由の一つとなった。二〇一五年九月になるとフランスは、それまでイラク領内に限定していた対ＩＳＩＳの空爆をシリア領内へ拡大する。このときインターネット上では、市民や子どもの犠牲者を映した画像が「フランスによる空爆の犠牲者」という解説付きで流れた。ジハーディストやそのシンパが発信源と見られる。フランスへの抗議の声が高まり、日本においても「フランス＝弱者攻撃＝イスラムフォビア（嫌イスラム）」と評する反応が散見された。

二〇一五年一一月一三日にはパリ・バタクラン劇場等を標的とする無差別テロが発生し、計百三十人が死亡した。直後に発令された非常事態宣言は二〇一七年七月時点の現在も延長され続けている。

原著刊行まで

こうした情勢下にあって、多くの市民が、自分たちの理解を超えたこれら一連の事象に何らかの回答を見出すべく、思わず本著を手に取ったのは当然であった。しかし、何年間にもまたがる詳細な分析を盛り込んだ浩瀚な本著は、右のような一連の出来事を受けて急遽企画されたわけではない。

ケペルによれば本著のプランが定まったのは二〇一四年である。ケペルは「二〇〇五年秋の暴動」以降の様々な事象、すなわち、フランス国内における「郊外《バンリュー》」（「フランスのイスラム教」の換喩《メトニミー》でもある）の変貌、グローバル・ジハードの変容、情報の受信者が発信者へシフトするいわゆる「ウェブ二・〇革命」等を一つの大きな「転換点」とみなしていた。したがって、本著のプランはこの二〇〇五年以降に照準を合わせて、ケペルら研究者チームによる郊外でのフィールドワークと、ケペルによるアラビア語一次資料の分析、さらには郊外有権者の投票行動分析を専門とする若い政治学者アントワーヌ・ジャルダンの協力を軸にして組まれた。

すでに二〇一二年三月には南仏トゥールーズでメラ事件（本著四二頁）が、二〇一四年四月にはブリュッセルでユダヤ博物館襲撃事件が発生していた。また、二〇一四年九月二二日にはＩＳＩＳのシェイク・アブ・ムハンマド・アル・アドナニ報道官が、西洋人、なかでもフランス人を攻撃対象とするようジハーディストへ呼びかけを行っていた。

すなわち、本著は、フランスにおけるジハードの脅威が急激に高まりつつあった時期に企画され、二〇一五年を通じて続いたジハードの「噴出」と同時に執筆、刊行へと至った。執筆と刊行の時期がジハードの「噴出期」と重なったことで、これに先立つ十年間の「潜伏期」の分析を基にテロの「起源」を見極めようとした本著のスタンスも、より際立つことになった。バタクラン劇場等を狙った一一月一三日のテロの時点ではすでに脱稿し、事件当時ケペルはチェコに滞在中だったが（ケペルの父方の祖父はチェコの出身である）、テロ発生を受けて急遽、「ＩＳＩＳによる犯行声明文」と「パリ、サン・ドニ、二〇一五年一一月一三日金曜」の二本の補遺を巻頭に付し、翌一二月の刊行となった。『フランスにおけるテロ―フランスのジハードの起源』という原題は一一月一三日以前に決定していた。

ケペルの足跡

現代イスラム主義およびジハーディズムの研究をライフワークとするケペルは、本著以前にも、時代の流れに対する鋭敏な知覚から、あるいは知見の蓄積が指し示す方向に導かれるように、時代の画期と遭遇する著作を多数発表してきた。

その最初の著作が、二十九歳のときの博士論文『預言者とファラオ―現代エジプトにおけるイスラム主義運動』（一九八四年）である。

ケペルは一九八〇年から八三年までエジプトに留学した。「ジハード団」の将校によるサダト大統領暗殺事件（一九八一年）の時期であり、当時のケペルは新聞報道を通じて、「ムスリム同胞団」発祥の地エジプトで激化するイスラム主義運動に強い関心を抱いていた。『預言者とファラオ』の「預言者」とはムハンマド、すなわちイスラム主義を指し、「ファラオ」とは世俗権力（ここでは特にサダト）を指す。ケペルはこの留学時代、イスラム主義運動が「体制転覆を狙うテロ（暴力的なジハード）」として顕現した瞬間に立ち会った。「アラブの春」以後のエジプトがなお、「預言者とファラオ」の間で揺れ動いていることは周知の通りである。この書は現代イスラム主義運動を分析した世界初の著作であり、今も同分野での研究の基礎文献となっている。

ケペルはその後も、『宗教の復讐』（一九九一年）、『アラーの西』（一九九四年）、『ジハード―イスラム主義の発展と衰退』（二〇〇〇年）、『ジハードとフィトナ―イスラム精神の戦い』（二〇〇四年）、『テロと殉教―「文明の衝突」をこえて』（二〇〇八年）など、宗教と政治、西洋におけるイスラム、イデオロギーと暴力、イスラム内の分裂等をテーマにした著作を次々と発表する。これらはすべて数カ国語に翻訳され、その業績は国外でも高く評価されている。一九九一年刊行の『宗教の復讐』は、イスラム教、ユダヤ教、キリスト教における宗教的政治運動の比較分析であり、一九カ国語に翻訳された。また、一九九四年刊行の『アラーの西』（「西洋におけるイスラム教」の意）はニューヨーク大学客員教授時代のもので、アメリカの黒人イスラム教徒を対象に実施したフィールドワークがベースとなっている。サルマン・ラシュディの小説『悪魔の詩』問題や、*フランスの学校における「ヒジャブ」（イスラム教のスカーフ）着用問題等を検証しながら、社会的疎外の問題に有効な解決策を見出せない西洋世界の内側に根を下ろしたイスラム教のもたらす問題を英仏米の比較によって分析したものである。さらに、二〇〇〇年刊行の『ジハード―イスラム主義の発展と衰退』は、一九七〇年代以降のイスラム主義運動の多様な変貌をやはり資料の渉猟とフィールドワーク（インドネシアからアフリカ、二年間実施）によって裏づけ、今日のグローバル・ジハードの潮流をなすサラフィー・ジハーディズムの生成過程についても詳細に分析した著作であり、十二カ国語に翻訳された。この書では、イラン革命（一九七九年）後、八〇年代のアフガニスタン戦争でのジハードが九〇年代に入るとイスラム教徒民衆を動員できずに分裂し、その一部は社会的基盤を失ってグローバル・ジハードへと「衰退」したことを資料で裏づけた。しかし、奇しくも刊行翌年、サラフィー・ジハーディズムの組織アルカイダによるアメリカ九・一一同時多発テロが発生。ケペルの著書は激しい批判を受けることになった。

やがてケペルは、その後の著作を通じて、「現代のジハード」すなわち「ジハーディズム」を次の三つの画期に分類する。第一期＝「近くの敵」が標的（アフガニスタンでのジハード）。第二期＝「遠くの敵（アメリカ）」が標的（ピラミッド型組織のアルカイダ）。第三期＝「ヨーロッパ」が標的（その内破を目指すネットワーク型システム）。「ジハードの弁証法」という概念の下で、歴史的にその変貌を捉える手法である（本著六頁および八三頁以降）。ＩＳＩＳは第三期に分類さ

＊　一九八八年の出版と同時にイスラム世界の一部から冒瀆の書として糾弾され、数カ国で発禁措置や焚書を招いたほか、作者に対してはイランのホメイニ師が死刑宣告（ファトワ）を発令した。一九九一年には邦訳者の筑波大学助教授が殺害された（犯人は判明していない）。

れる。

一方、ケペルは、ポストコロニアル時代の北アフリカ移民が形成する「フランスにおけるイスラム教」という現象にも早くから注目した。エジプト留学を終えたケペルは、フランス各地のイスラム教の礼拝堂（モスク）やイスラム教団体、あるいは個々の住民のもとに足を運び、内外のイスラム主義運動の動向を視野に入れながら、国内の移民系住民への聞き取り調査を行ってこれを『イスラム教の郊外―フランスにおける宗教の誕生』（一九八七年）にまとめた。当時、フランスのイスラム教徒住民人口は急増しつつあり（一九七〇年代初めに十カ所程度だったイスラム教のモスクは一九八〇年代半ばには千を数えた）、この研究はそれら住民の生活と宗教、その多様性と国外からの影響を探ろうとする試みであった。

「フランスにおけるイスラム教」の変貌を探るこうした聞き取り調査に基づく研究は、ケペルの重要な業績の一つである。主な著作としては、二〇〇五年秋の暴動の発端となった郊外大衆地区の住民百人を対象とした『共和国の郊外―クリシー・スー・ボワとモンフェルメイユにおける社会・政治・宗教』（二〇一二年）や、二〇一二年の国民議会議員選挙に立候補したイスラム移民系市民約四百人のうち百人を対象とした『フランスの情熱―シテの声』（二〇一四年）などが挙げられる。

このように本著のベースには、中東・北アフリカのみならず、フランス国内を包括した三十年以上に及ぶ複眼研究の蓄積がある。この蓄積があったからこそ、ケペルは本著において、中東由来のジハードのイデオロギーとフランス生まれの移民二世との接点において最も特徴的に具現化した新たなタイプのテロ（第三期ジハーディズム）に関し、その分析ツールを提出することができたのである。

イスラムの果てへの旅

現代のジハーディズムの台頭に大きく影響したサラフィー主義とは、徹底した本質主義・象徴主義の体系としてこれを捉えることができよう。それは、聖典の一定の解釈から導き出した千四百年前の初期「イスラム国」像を絶対的規範とする教義であり、あらゆる進化論を退け、その絶対的規範の投影によって解釈されない限り、歴史にも現前の現実にも「真の意味」を認めない教義である。こうした世界観においては、二〇〇一年の「九・一一」は一四五三年の「コンスタンチノープル陥落」によって予告されていた「西洋の不可避なる敗北」以外の何ものでもない。本著第4章の4節目「『ジハードの終末論』と『心理戦争』」で詳述されているように、ジハーディズムの世界においてはさらに、現世での戦闘は「終末論」によって意味を与えられる。大殺戮を経て地上にあまねくイスラム教が勝利するとき、ジハードの「殉教者」は贖罪され、義者として、アラーの下での真理に到達するのである。

本著では触れていないが、ケペルは折に触れて、一部イスラム主義者が数秘術（数字を使う占術）に傾倒する事実を指摘している。これも象徴主義の次元の一つと言えよう。彼らの数秘術に則れば、二〇〇一年の「九・一一」はソ連崩壊の象徴である「一一・九」（ベルリンの壁が崩壊した一九八九年一一月九日）の逆転であり、したがって、アルカイダのジハードによるアメリカ崩壊の「九・一一」はアフガニスタンのジハードが導いた「一一・九」の落とし子であった。イスラム主義者の間には宗教的イデオロギーを基盤とするこのような現実解釈、行動原理がある。

しかし、こうした考え方を受け入れることは、実証主義に慣れた世俗社会の現代人にとっては極めて難しい。その意味でケペルの著書は、われわれ読者に、「世俗の論理とは異なるイデオロギーに支配された領域」が確実に存在すること、そしてその事実を理解する努力が強く求められていることを説いていると言える。ケペル自身はすでに前掲の博士論文『預言者とファラオ』の序文で、「避けて通ることのできない、知性による異郷への旅」――「イスラムの果てへの旅」――として、この努力の必然性を見通していた。

社会的対象としてのイスラム

ケペルは五十代後半、『予言者とファラオ』の再版にあたって書き下ろした「まえがき」の中で、極左の活動家であった学生時代をこう回想する――「サラフィー主義やムスリム同胞団と同じくらい、毛沢東主義者やトロツキストは互いに激しく排斥し合っていた。その組織に身を置き、ビラ配りをしていた自分は、政治的、宗教的なイデオロギーの毒に、耐性を得ることになったのではないか」*（四一七頁）。そして、このイデオロギーの毒を制するための有効な手段をケペルに与えたのは、デュルケム以来の社会科学の手法、「観察」ではなかったか。エジプト留学時代を振り返る一文でケペルはこう述べている――「近代性と混じり合った一つの回復力《レジリエンス》が、マルクス・レーニン主義とは異なる範疇を使って表明されていた。私は、人々のアラビア語のやりとりに注意深く耳を傾けるようになっていた。街頭やモスクで聞こえてくる、イスラム教の政治文化に依拠する言葉を真剣に受けとめるようになっていた*」。

本著「エピローグ」でケペルは、現代フランスのカトリック系哲学者ピエール・マナンが提起した「フランスにおけるイスラム教の存在」についての考察手法を次のように批判する（本著四〇〇頁）。

> ピエール・マナンの著作では、イスラム教はフランスという一つの領域に存在する社会的対象としては記述されていない。つまり、彼の分析においてイスラム教は、フランス社会内の表現をめぐり行為者同士が覇権を競ったり対立したりする一つの社会的存在としてではなく、あらゆる社会的構築物に先立って存在する宗教的実体として、あるいはその信者に帰属すると想定された独特の「慣行」様式一式によって特徴づけられる超越的な共同体として提起されている。

これに対し、ケペルが提起しようとする「フランスにおけるイスラム教」の像は、マナンのそれの鏡像である。すなわち、社会学者ケペルにとって「フランスにおけるイスラム教」とは、「その『慣行』によって、先験的《アプリオリ》に、その本質とされるものに還元」（本著四〇一頁）されることのない、対立や競争を内包しうる多様な行為者の全体である。こうした全体が構成員である社会は、宗教により理想化された過去や固定的規範への服従から解放され、各個人に対して、一定のルールの下に自由で多様な現在と将来を創り出す可能性――ケペルは後にこれを「プロジェクト」と呼ぶ――を保障しようとする民主主義の社会と重なり合う。こうして、社会学者としての立場から、ケペルはフランスにおけるイスラム教やイスラム教徒の統合の問題を捉えるに至る。

イスラム化のマーカー、イスラムフォビア、亀裂

「フランスのイスラム教」をめぐりケペルが警鐘を鳴

らすのが、前述のサラフィー主義をその骨頂とする「イスラム・アンテグラル」（本著二九頁訳注＊＊）に依拠した一連の動きである。すなわち、「イスラム化のマーカー」（ヒジャブ、ニカブ、ラマダン、ブルキニ…）を増殖させることで、マーカーへの適合を心理的に住民に強制し、それによってイスラム教徒を周囲のフランス社会から隔絶する。そのうえで彼らに均質性のレッテルを貼って共同体の覇権を握り、その政治的代表性を独占しようとする動きである。

「イスラム化のマーカー」の増殖と対をなすもう一つの動きは、「イスラムフォビア（嫌イスラム）」なる概念の操作によるイスラム教徒の被害者意識の煽動である。ケペルによれば、「イスラムフォビア」という言葉は、「学校でのイスラム教のスカーフ（ヒジャブ）着用問題」がフランス国内で問題になった一九九〇年代に、ムスリム同胞団によって使われたのが最初である。この言葉はその後、「公共スペースにおいて顔を覆う服装を禁じる二〇一〇年一〇月一一日の法律」（本著一二三頁訳注＊＊）が議論された際、これに反対するイスラム主義者の挑発活動に盛んに利用された。最近では、ニースでトラック突入による花火見物客殺傷テロが発生した直後の二〇一六年八月、コートダジュール海岸（ニースもこの海岸地域にある）でブルキニ（顔と手足の先端を除いて全身を覆うイスラム教徒女性用の水着）着用をめぐり地元自治体とＣＣＩＦ（フランスにおけるイスラムフォビア反対グループ）との対立が発生した際にも、ＣＣＩＦによる裁判闘争のスローガンとして大々的に利用された。そこには、社会を「少数派の被害者」と「多数派の加害者」との対立により捉えるレトリックがある。こうした二元論は、「善」と「悪」、「良きイスラム教徒」と「不信仰者」の対立として容易に敷衍され、ジハーディストに格好

＊（四一五頁）　Gilles Kepel, *Le Pruphète et le Pharaon*（預言者とファラオ）, Gallimard, 2012（再版）の「まえがき」（再版時に執筆）より。

＊　Propos recueillis par Christian Makarian, "Gilles Kepel : On assiste à une guerre sur le sens de l'islam", *l'Express*, le 21 juin 2016.

の論拠と標的を提供する。また、こうしたイスラム主義者によれば、すでにシオニストが「反ユダヤ主義」なる概念を使って自分たちを、西洋社会の「被害者」と位置づけ、ユダヤ・イスラエル批判を封じ込めている以上は、イスラム教徒が「イスラムフォビア」を主張するのは、同じ「被害者」として同等の扱いを求めているだけなのである。

ジハードの危険を念頭に置くケペルは、「イスラム化のマーカー」や「イスラムフォビア」によって生み出される社会の「亀裂」をとりわけ危惧する。ケペルは本著（原著）刊行の翌年（二〇一六年の秋）、数カ月後に迫った次期大統領選を視野に、ラジオ局「フランス・キュルチール」の番組で二〇一五年から二〇一六年にかけて語った時評をまとめた『亀裂』と題する著書を刊行した。「亀裂」は、社会の内に共同体ごとの「飛び地」を形成するものであり、「ヨーロッパ社会の内破」を掲げるジハーディストの戦略にとっては前段階的な現象とされている。しかし、「亀裂」は、過激なイスラム主義の側だけが仕掛ける戦略ではない。フランス国内の極右「国民戦線（ＦＮ）」の台頭（そしてケペルが本著「日本語版への序文」で指摘しているヨーロッパ諸国内の極右勢力の台頭）もまた、現代ヨーロッパの内部に生じつつあるもう一つの大きな「亀裂」の現れに他ならない。ジハーディストと極右は、「カラシニコフとマルテル（槌）」（本著「エピローグ」）が互いにこだまし合うかのごとく、「将来」へ向けた社会の統合の力を打ち消す力として、相乗し合うのである。

この点についてケペルは、アラン・ソラルなど極右系の陰謀論者がイスラム主義運動との相互浸透性を持ち、また、同性間結婚反対運動や愛国者たることを任ずる「フィス・ド・フランス」（本著二八九頁）に見られるように、保守・ナショナリズム系の伝統主義勢力がイスラム主義運動の保守的価値観と収斂する傾向を持っていることにも言及している。さらには、イスラム教に改宗した極左テロリストのカルロスを例に引きつつ（本著二七八〜二七九頁）、極左の革命運動の精神的遺産が、イスラム主義革命のビジョンの中に継承されている事実を指摘することも忘れていない。現代ジハーディズムの大きな転換点となったイラン革命は、「被抑圧者」による「抑圧者」に対する階級闘争の勝利としての側面と、「被抑圧者」＝「弱き者《モスタダフィン》」（本著三六二頁）という宗教的側面を併せ持つ事件であった。

シャルリーとは誰か？

本著においてケペルは、二〇一五年五月刊行のエマニュエル・トッドの著書『シャルリーとは誰か？』について、批判的論考を展開する（本著三七〇～三七八頁および三九八頁）。すぐれた人口学者であり、「フランス最大の知性」といった触れ込みで日本でもその論評が紹介されることが多いトッドは、「シャルリー・エブド」編集部襲撃事件の直後、「私はシャルリー」を合言葉に結集した一月一一日のデモの大群衆について、「フランス社会の多数派である権威主義のゾンビ・カトリック教徒が非宗教主義《ライシスム》のエリートと結託し、『弱者の宗教に唾を吐きかける』ことを共和国市民であるための踏み絵として宣言した出来事」と分析した。「主流派コンセンサスを斬る」タイプの議論の愛好者にはたまらなく小気味よい弾劾である。これに対しケペルは、トッドによるコンセンサス解体の試みには敬意を評しつつ、一方でトッドが、デモの発端である襲撃事件は分析対象として無視すると宣言したこと、トッド自身が「自分の系譜はユダヤ・ボルシェヴィキであり、自分に関心のあるのは反ユダヤ主義である」と発言したことに触れて、一月一一日のデモの意味は「イスラム教を冒瀆する権利の宣言」以外の何ものでもなかったとするトッドの結論に異議を呈する。トッドはおそらく、テロリストとなった若者に提供されていたジハーディズムのイデオロギーの詳細に関しては門外漢であり、若者らが「社会的差別に曝された弱者の宗教」に属する者であるというボルシェヴィキ由来の常套句以外は状況分析のツールを持ち合わせていなかった。また、大規模デモでこれに応えたフランス社会の有様についても、二百年以上も隔たりのあるいくつかの地図を比較するという大胆な推論の次元にとどまり、デモの群衆を社会学の対象として緻密に分析する手続きを踏まなかった。これがケペルによる反論の要点である。

トッドの性急さにはまさに、ヨーロッパ社会に内在してきた「反ユダヤ主義」への懸念を、先験的《アプリオリ》に、同じくヨーロッパ社会内の被害者とみなされるイスラム教徒に投影しようとする論理が働いている。この論理が、「イスラムフォビア」を主張するイスラム主義者が「反ユダヤ主義」を叫ぶユダヤ人と同等の扱いを求めるのと同じ論理の、逆方向からの展開であることは、前述の通りである。

非宗教性《ライシテ》 対 亀裂？

ケペルは二〇〇三年発足のスタジ委員会のメンバーでもあった。同委員会はフランス共和国の原則である「非宗教性《ライシテ》」の適用として、翌二〇〇四年三月に制定された「公立学校において宗教的帰属を示す目立った徴の着用を禁止する法律」（本著五九頁訳注＊）につながる提案を行い、ケペルもこの提案に賛成した。

「非宗教性《ライシテ》」の原則は、フランス革命後百年続いた「共和国」と「カトリック教会」との緊張に終止符を打つ目的で、一九〇五年の政教分離法に基づいて確立されたものである。しかし、ポストコロニアル時代のイスラム教徒移民やその子孫を多数含む二十一世紀初頭のフランス社会は、複数の宗教の共存と個人の信仰の自由を保障する枠組みづくりの観点に立って、改めてこの原則を点検する必要に迫られていた。具体的には、ムスリム同胞団系のフランス・イスラム教組織連合（ＵＯＩＦ）が一九八九年以後に主張しはじめた「公立学校におけるイスラム教のスカーフ着用の自由」、特にこの問題をめぐって行政裁判が繰り返し発生することへの、制度的対応が求められていた（本著七七頁）。前述のブルキニ規制条例をめぐるＣＣＩＦの裁判闘争（二〇一六年八月）は、スカーフをめぐるＵＯＩＦの裁判闘争のリメイク版と言えよう。

スタジ委員会の提案から十年以上を経て、ケペルの立場は変わっていない。二〇一七年四月五日付け「ニューヨーク・タイムズ」日曜版上でも、ケペルは、「宗教を境界線とするフランスの『バルカン化』を避けるためには、フランス共和国の統合原理として非宗教性《ライシテ》の原則を確認したスタジ委員会の方向性は正しく、不可欠であった」との見解を改めて表明している。＊民主主義の下で個人の自由と多様性を尊重し、共和国の公序維持を図り、複数の宗教の共存を実現していくには、非宗教性《ライシテ》というルールの適用が不可欠であるとする立場である。この立場は、二〇一七年五月に刊行したブックレットタイプの新著『非宗教性《ライシテ》 対 亀裂』においても明快にまとめられている。

もちろんケペルは、移民子弟に対する雇用面での差別や、郊外《バンリュー》における高失業率が若者の過激化《ラディカリザシオン》、ひいてはジハーディズムの温床となっている実態についても鋭い認識を持ち、非宗教性《ライシテ》の基盤づくりのためには経済的、社会的「包摂」の努力こそが不可欠であるとも主張する。言い換えれば、経済的な新自由主義《ネオリベラリズム》下で加速した社会的矛盾の是正は、宗教的イデオロギーに基づく「自由の枠組み」への攻撃によってではなく、非宗教性《ライシテ》の原則を支える弛まぬ「包摂」の努力によって進められねばならないということである。社会の多様な成員の共存こそが求められている。そのための経験と養成の場としてケペルが特に強調し、大きな希望を寄せているのが「小学校から大学に至るまでの『公教育』」であることは、本著（四〇三頁）に明記されている通りである。

リュネル

本著で読者は、パリ郊外の刑務所から南仏の小村に至るまで、ジハーディストとなった若者たちの様々な足跡を辿る。とりわけ、第4章の3節目「リュネルのパラダイム」では、南仏の豊かではない小都市の、過去と現在を形づくる多様な側面に立ち会うこととなる――「小イスラエル」と呼ばれた十三世紀のユダヤ文化の繁栄／十字軍と関係の深い中世のテンプル騎士団の建物跡／一九世紀の植民地帝国で斃れた軍人を顕彰するブロンズ像／アルジェリアとモロッコからの移民の生活／旧市街地の荒廃と新モスクが建つ再開発地区／麻薬中毒者とタブリーグ運動／ペスカリューヌの闘牛の祭り／非宗教性《ライシテ》を実践するルイ・フイヤード高校／モロッコ系ユダヤ人を父に持つ改宗イスラム教徒の青年ラファエル／「フランスのジハードの首都」と形容されてジャーナリストが殺到した二〇一四年／モスク運営協会の内紛…。

ケペルの筆致の特徴の一つは、こうした具体的記述の密度の高さであり、細部についての訳出は訳者にとっても非常に息の長い作業であったが、これらの記述が確かに描き出してみせたのは、地中海に隔てられながら連綿と形づくられてきた、フランス－中東・北アフリカ間の重層的な「歴史」であった。イスラム教、ユダヤ教、キリスト教の文化が錯綜する小都市リュネルの記憶を呼び覚ますケペルの証言は、世界は決して

* Robert F. Worth, "The Professor and the Jihadi", *The New York Times Magazine*, April 5 2017.

一つのイデオロギーには還元し得ないことを証明するための、社会学者ケペルの確かなる闘いの営為と言えよう。

マニャンヴィル

二〇一六年六月一三日の夜、すなわち本著（原著）刊行から半年後、パリ郊外マニャンヴィルで警官カップル殺害事件が発生した。事件の犯人が、イスラム国（ＩＳ）の名の下に、ジャーナリストや歌手らの実名を挙げて新たな殺害を呼びかける動画（フェイスブックのライブ動画）を現場から発信した。ケペルがその標的の一人として名指しされたことを付記する。

この事件の黒幕とされる元ラッパーのフランス人ジハーディスト、ラシド・カシムは、二〇一七年二月、アメリカ軍のドローン攻撃を受けてイラクのモスル付近で死亡した。ラシド・カシムは、マニャンヴィルの事件からほぼ二カ月後の八月一〇日、「テレグラム」（高セキュリティーのためＩＳＩＳ関係者の利用が多いことで知られるメッセンジャーアプリ）上で発表した「標的型攻撃」のリストでも、三十五名の標的の一人として再びケペルを挙げていた。ケペルはこの「死刑宣告」について、イスラム教に関する自分の「学識」、特にイスラム教の「歴史」に関する知識が、他者による解説を嫌い、「歴史」を退けて「真理」のみを奉じるジハーディストに敵視されたと推測する。

＊　＊　＊

このように、ジハード・テロが破壊しようとするのは、学識、すなわち明晰な科学的知見であり、また各個人が多様かつ自由に将来へ向けて共存できるような民主主義の枠組みである。その根底には、社会的包摂の機会を得られず、民主主義制度への参加の意欲を断たれた若者のフラストレーションがあり、これを利用する暴力的イデオロギーのオファーがある。グローバル・ジハードは現代世界におけるテロ活動の主たる源泉である。二〇一五年以降このテロの最も激しい活動舞台となったフランスについて、その直接の「起源」を分析しようとする本著は、日本におけるテロ対策が寄ってたつべき根幹を見極めるにあたって、改めて貴重な視点をもたらすことになろう。

本著にはアラビア語の人名・地名・組織名、あるいはアラビア語によるイスラム教の理念・概念をはじめ、日本の読者には馴染みの薄い用語が数多く盛り込まれている。これらの用語のカタカナ表記については最大限の簡素化を心がけた。例えば「Islam」は原音に近い「イスラーム」表記が一般化しつつあるが、本訳書では音引なしの「イスラム」表記に統一した。また、アラビア語氏名を持つフランス語圏の人々の人名表記については、例えば「Mohamed」は「モハメッド／ムハンマド」とせず、フランス語式の発音「モアメド」を採用した。もとよりイスラム・アラブ世界の専門家でない訳者としては、こうした表記上の処理以外にも、訳出上の不安が残ることは否めない。専門家および読者諸賢のご指摘を仰ぐ覚悟である。

なお、本日本語版では、原著刊行後に著者が行った加筆・修正を反映させている。また、主著者の一任を受け、日本の読者にとって二次的情報と判断されうる細部については訳者の判断で整理・割愛の調整を行った。

こうした細部の作業に関し、信頼をもって任せてくださったケペル氏に厚くお礼申し上げる。氏の信頼にふさわしい質の作業ができたことを心より念じる。氏は、多忙な身でありながら、訳者からの質問や依頼にも耳を傾け、的確な指示を与えてくださった。稀代の学識者であり、鋭い論争家であるケペルは、あくまで張りつめた知性の持ち主である。その氏の「聞く耳」は、訳者にとっては心強い助けであり、新鮮な驚きであった。氏の三十年にわたるフィールドワークやアラビア語文献の読解の根底にも、優れた学者ならではの、謙虚さに満ちた「耳を傾ける力＝観察力」があったのではないか。本著翻訳を終えるにあたり、改めて心を馳せている。

この翻訳の機会を与えてくださり、また校正から出版まで、的確かつ要求度の高いサポートを、しかし寛容さをもって行ってくださった新評論の山田洋氏にも心よりお礼申し上げる。日本語版刊行までには準備の全段階に携わる出版のチームの方々の協力が不可欠であった。同じくお礼を申し上げたい。

訳者からの連絡に親切な返事をくださった共著者のアントワーヌ・ジャルダン氏、ガリマール出版のクリステル・マタ氏、何かにつけお手を煩わせることになったパリ高等師範学校のダミアン・サヴロー氏、情報確認のサポートをしてくださった在ベルリンの佐藤正俊氏にも、この場を借りて謝意を表する。

二〇一七年七月一〇日

義江真木子

ジル・ケペルの主な著書

・*Le Prophète et Pharaon — Les mouvements islamistes dans l'Egypte contemporaine*（預言者とファラオ—現代エジプトにおけるイスラム主義運動）, La Découverte, 1984 / Nouvelle édition avec l'avant-propos inédit de l'auteur, Gallimard, coll. Folio histoire, 2012（再版）。

・*Les Banlieues de l'Islam. Naissance d'une religion en France*（イスラム教の郊外—フランスにおける宗教の誕生）, Seuil, 1987.

・*La Revanche de Dieu. Chrétiens, juifs et musulmans à la reconquête du monde*, Seuil, 1991（『宗教の復讐』中島ひかる訳、晶文社、一九九二年）。

・*A l'ouest d'Allah*（アラーの西）, Seuil, 1994.

・*Jihad, expansion et déclin de l'islamisme*, Gallimard 2000 / Nouvelle édition refondue et mise à jour, 2003（『ジハード—イスラム主義の発展と衰退』丸岡高弘訳、産業図書、二〇〇六年）。

・*Chronique d'une guerre d'Orient (automne 2001), suivi de Brève chronique d'Israël et de Palestine (avril-mai 2001)*, Gallimard, 2002（『中東戦記—ポスト9・11時代への政治的ガイド』池内恵訳、講談社選書メチエ、二〇〇一年）。

・*Fitna. Guerre au coeur de l'islam*, Gallimard, 2004（『ジハードとフィトナ—イスラム精神の戦い』早良哲夫訳、NTT出版、二〇〇五年）。

・*Terreur et martyre. Relever le défi de la civilisation*, Flammarion, 2008（『テロと殉教—「文明の衝突」をこえて』丸岡高弘訳、産業図書、二〇一〇年）。

・*Banlieue de la République. Société, politique et religion à Clichy-sous-bois et Montfermeil*（共和国の郊外—クリシー・スー・ボワとモンフェルメイユにおける社会・政治・宗教）, Gallimard, 2012.

・*Passion arabe. Journal, 2011-2013*（アラブの情熱—日記二〇一一〜一三年）, Gallimard, 2013.

・*Passion française. Les voix des cités*（フランスの情熱—シテの声）, Gallimard, 2014.

・*La Fracture*（亀裂）, Gallimard / France Culture, 2016.

・*La Laïcité contre la fracture?*（非宗教性《ライシテ》対亀裂？）, Privat, 2017.

マ行

ナ行

ハ行

タ行

サ行

カ行

事項・地名索引

マ行

ハ行

タ行

ナ行

サ行

カ行

人名索引

著者紹介

ジル・ケペル（Gilles KEPEL）
1955 年生まれ。政治・社会学者。現代アラブ・イスラム世界研究。パリ高等師範学校地中海・中東研究講座ディレクター。パリ政治学院教授。ニューヨーク大学、コロンビア大学、LSE（ロンドン経済・政治学院）などで教鞭をとった。現代イスラム主義研究の先駆者として著書多数。主著：『預言者とファラオ』（1984）、『宗教の復讐』（1991／邦訳、中島ひかる訳、晶文社、1992）、『ジハード』（2000、2003／邦訳、丸岡高弘訳、産業図書、2006）、『中東戦記』（2002／邦訳、池内恵訳、講談社選書メチエ、2011）、『ジハードとフィトナ』（2004／邦訳、早良哲夫訳、NTT 出版、2005）、『テロと殉教』（2008／邦訳、丸岡高弘訳、産業図書、2010）、『亀裂』（2016）。大都市郊外でのフィールドワークによる「フランスにおけるイスラム教」、さらに「西洋におけるイスラム教」の研究でも著名。

アントワーヌ・ジャルダン（Antoine JARDIN）
フランス国立科学研究センター（CNRS）研究員。パリ政治学院欧州研究センター。パリ、マドリード、バーミンガム郊外の大衆地区における投票行動の比較研究で博士号取得（2014 年）。

訳者紹介

義江真木子（よしえ・まきこ）
東京大学仏語仏文学修士。フランス政府給費留学生として渡仏（パリ第３大学、パリ高等師範学校）。パリ在住。翻訳・リサーチ活動に従事。パリ第３大学通訳翻訳大学院（ESIT）講師。訳書：ミカエル・フェリエ『フクシマ・ノート―忘れない、災禍の物語』（新評論、2013）。

グローバル・ジハードのパラダイム
パリを襲ったテロの起源 （検印廃止）

2017年９月５日 初版第１刷発行

訳 者 義江 真木子
発行者 武市 一幸
発行所 株式会社 新 評 論

〒169-0051 東京都新宿区西早稲田3-16-28
http://www.shinhyoron.co.jp
TEL 03（3202）7391
FAX 03（3202）5832
振 替 00160-1-113487

定価はカバーに表示してあります
落丁・乱丁本はお取り替えします
装 幀 山田英春
印 刷 フォレスト
製 本 中永製本

ISBN978-4-7948-1073-1
Printed in Japan